U0899590

使命与探索

中国人民大学纪念建党90周年文集

中国人民大学党委宣传部
中国人民大学中国特色社会主义理论体系研究中心
组织编写

SHIMING YU TANSUO

ZHONGGUO RENMIN DAXUE
JINIAN JIANDANG 90 ZHOUNIAN WENJI

中国人民大学出版社
·北京·

《使命与探索》编写委员会

目　录

光辉历程与基本经验

马克思主义中国化研究

党的执政能力建设

学习型政党建设

中国道路

中国共产党与高等教育

光辉历程与基本经验

实事求是是党的生命线

——在中国人文社会科学论坛 2011 上的演讲

(2011 年 5 月 28 日)

纪宝成

各位领导、各位专家、老师们、同学们：

你们好！

我们学校的“中国人文社会科学论坛”与新世纪同步，现在已进入第十一个年头。今年是中国共产党建党 90 周年，我们今年论坛的主题就确定为“革命、建设、改革——中国共产党 90 周年”。我发言的主题是“实事求是是党的生命线”，实事求是既是党的思想路线，又是中国传统文化的精华。在马克思主义中国化过程中，我们党的实事求是思想路线，是马克思主义与中国传统文化相结合的一个卓越典范。

“实事求是”，语出东汉班固所著《汉书》中的《河间献王传》。书中说汉景帝的儿子刘德“修学好古，实事求是”，本意是赞扬刘德的治学态度的。在中国历史上，实事求是是重要的文化传统和文化遗产，但主要还是体现在治学和为人方面。毛泽东汲取中华民族文化传统的精华，结合中国革命的经验，在《改造我们的学习》中，对实事求是作出了马克思主义的解释，赋予它作为中国共产党人思想路线的新含义。从此，中国传统文化中“实事求是”这四个字，永远镌刻在党的历史丰碑上，熠熠生辉。

中国共产党建党 90 周年，是全体共产党员的盛大节日，也是全中国人民的盛大节日。值得庆贺的不单纯是因为建党已经有 90 个年头，而是因为中国共产党的 90 年是极不平常、极为艰巨而又极为辉煌灿烂的 90 年。可以说，中国共产党 90 年的历史，是无数先烈和社会主义建设者用生命和汗水书写的可歌可泣、波澜壮阔的英雄史，不屈不挠的斗争史，中华民族的觉醒史。

在世界共产主义运动史上，建党满 90 年的不算少，特别是在工人运动兴起较早的欧美各国。但像中国共产党这样始终高举马克思列宁主义大旗，坚持马克思主义中国化，在 90 年艰苦卓绝的斗争中，把一个贫穷落后的旧中国建设成世界第二大经济实体，成为拥有七千多万名党员、具有重大国际影响的社会主义国家的执政党，并在执政 60 年中，始终坚持与时俱进，不断进行理论创新、实践革新、自我改革，在世界共产主义运动中是少有的。中国的和平崛起举世瞩目，中国共产党 90 年的历程灿烂辉煌。

中国共产党 90 年的历史，并不像以往有些理论家说的是党内路线斗争史。路线斗争史观是片面的。当然，党内有过路线斗争，如反对陈独秀、反对王明，但这只是历史的片段。中国共产党历史的本质和主流，不是党内斗争，而是寻求人民解放和民族独立，领导被压迫、被剥削的中国人民同帝国主义、旧的统治者作斗争；是为建设社会主义新社会，根本改变中国面貌，实现现代化，同贫穷、落后作斗争；是为进行改革，同各种“左”的和右的思想、保守僵化以及鼓吹全盘西化和私有化的新自由主义思潮作斗争。90 年的历史是中华民族浴火重生的历史。90 年党史的主流，归纳起来是六个字：革命、建设、改革。

为计算方便，90 年大体上可以分为前后相继的三个 30 年。第一个 30 年，是革命的 30 年，是中国共产党领导全国人民推翻三座大山，争取民族解放和民族独立，进行革命和武装斗争的 30 年；第二个 30 年，是进行社会主义改造和社会主义建设的 30 年；第三个 30 年，是改革开放的 30 年，至今这个过程仍在攻坚和向纵深推进。三个 30 年进行了三种探索：第一个 30 年，是探索中国革命的道路，探索如何在一个农民占绝大多数的中国，通过走农村包围城市的道路夺取政权；第二个 30 年，是探索“走自己的路”，即探索如何在中国进行社会主义和平改造和社会主义建设；第三个 30 年，是探索社会主义如何自我完善，通过改革开放建设具有中国特色的社会主义，建设富强、民主、文明、和谐的现代化新中国。

三种探索产生了三大实际成果。第一个 30 年的伟大成果，是中华人民共和国的成立。毛泽东在天安门城楼上用“中国人民从此站起来了!”这个响彻世界的口号，为第一个 30 年画上了一个完美的句号。第二个 30 年的伟大成果，是社会主义基本经济制度和基本政治制度的确立，中国从此进入了社会主义初级阶段。第三个 30 年的伟大成果，是找到了一条社会主义自我完善之路、中华民族伟大复兴之路，中国开始了和平崛起。这三大实践成果的理论升华，就是毛泽东思想和中国特色社会主义理论。

历史从来是不可分割的。三个 30 年，前后相继，但又各具特色。没有第一个 30 年，就不可能有随后开始进行的社会主义改造和社会主义建设；而没有第二个 30

年，就不可能有进行改革开放的社会主义基本经济制度和政治制度的前提与保证。但每一个30年都是一次跨越。我们现在正进行的改革和开放，就是在总结第二个30年的成绩和失误的基础上的具有革命意义的巨大跃进，是一次具有重大历史意义的转折。

三个30年间不仅存在历史的继承，而且在思想路线上也是一脉相承的。贯穿这三个30年正确探索的一条红线，就是在实践中逐步形成并成熟的实事求是的思想路线。马克思主义中国化的本质和核心，就是从中国实际出发，实事求是，坚持马克思主义普遍真理与中国实际相结合。不坚持实事求是，就不可能有马克思主义中国化和中国化的马克思主义。实事求是是马克思主义的本质，也是中国传统文化的精华。

苏联共产党和中国共产党是世界上的两个大党；中国与苏联是世界上两个最大的社会主义国家。历史并没有注定苏联必然解体，没有注定列宁缔造的苏联共产党执政70年后必然被解散的命运。由于各国具体情况不同，社会主义发展道路存在多种选择，关键是要坚持马克思主义与本国实际情况相结合的实事求是路线。苏联社会主义和中国社会主义、苏联共产党和中国共产党两种完全不同的结局和现状，根源于苏联共产党和中国共产党采取的不同的路线、方针、政策。苏联共产党在斯大林时期推行具有“左”的倾向的教条主义。斯大林逝世后，斯大林的继任者通过全盘否定斯大林，在长达几十年中逐步走向反对马克思主义、推行新自由主义，最终葬送了苏联社会主义和苏联共产党，国民经济和人民生活也都付出了沉重代价。中国共产党不同。毛泽东逝世后，中国共产党坚持实事求是路线，总结了第二个30年的经验和教训，正确评价毛泽东和毛泽东思想，在中国特色社会主义理论旗帜和道路的引导下，创造性地继承马克思列宁主义、毛泽东思想，沿着不同于斯大林逝世后的苏联社会发展的方向前进，不仅在中国避免了苏联社会主义和苏联共产党的命运，而且在苏联解体后的世界格局中，重新树立了马克思主义的威信、社会主义的威信和共产党人的威信。尽管在苏联解体后，西方国家的政治家和理论家们一直期待中国成为第二个苏联，期待发生所谓的“颜色革命”，但他们等到的是社会主义中国的和平崛起。取得这一切伟大成就最根本的一条原因，就是由于中国共产党始终坚持实事求是路线。即使有过失误和挫折，也是按照实事是原则予以总结、纠正，而不是由一个极端跳到另一个极端。

改革开放的30多年来，我们各项事业的伟大成就都证明，只有坚持实事求是的路线，只有从中国实际出发，才能发展、巩固和完善社会主义。在当代中国，坚持中国特色社会主义理论体系，就是坚持马克思主义；坚持中国特色社会主义，就是坚持社会主义。正是中国共产党的实事求是路线，使中华民族复兴和崛起的百年梦想变为现实。

实事求是是辩证唯物主义和历史唯物主义哲学世界观的凝结。它是唯物主义的，因为实事求是强调从实际出发，反对主观主义；它又是辩证的，因为它强调要立足变化着的实际，反对形而上学和思想保守僵化。毛泽东曾把实事求是喻为“有的放矢”。这个比喻生动、形象、恰当。一个射手的箭术是否高明，当然以是否中“的”为准。不以中“的”为胜，任何人都可自称为射神手。可“的”是变化的。有的放矢中的“的”不是固定不变的。实际工作中“的”是活靶子，而不是死靶子。如果党的方针政策不能随着情况变化而变化，实事求是思想路线就落不到实处。改革开放30多年来，中国特色社会主义理论不断丰富、发展，就是因为我们党把坚持从实际出发与坚持与时俱进结合在一起，根据实际情况变化不断调整政策的重点。从反对绝对平均主义，强调效率优先到强调初次分配也要公平；从一部分人先富起来到强调共富；从经济总量增长到强调关注民生；从强调发展到倡导科学发展；从重视发展速度到转变经济发展方式。可是任何一个重点的调整，都不是对前一段的绝对否定，而是辩证扬弃。科学发展观就包括发展是硬道理。如果不再重视发展，发展的可持续性就没有必要；共富是以先富起来的人越来越多为前提的，富人增多意味着社会财富总量增加；我们反对巧取豪夺的非法致富，注意分配不公和贫富两极化，但不抽象反对富人增多。在都是穷人基础上的所谓“共富”只能是共穷，是贫困的普遍化和人均化。只有在经济总量增长到一定程度时，才有可能转变经济发展方式，没有一定发展速度的经济方式的转变必然阻碍发展。总之，实事求是的路线，要求我们学会辩证思考。如果把由于社会发展而进行的政策调整视为后一阶段对前一阶段的绝对否定，就会犯片面性的错误。真理向前跨越一步就是谬误，这同样背离实事求是的路线。

党的90年的历史证明，坚持实事求是的路线，我们就能无往而不胜，或转败为胜；相反，违背实事求是路线，就会遭受失败，断送大好局面。革命战争时期如此，社会主义建设时期同样如此。我们党处于执政地位，由于地位的变化，坚持实事求是的路线尤为重要。提高党的执政能力，不单是个人的工作才能问题，从根本上说就是贯彻党的实事求是路线的决心和能力问题。违背实事求是路线，工作能力越强、能量越大，破坏性越大。我们应该捍卫、坚持和珍惜党的实事求是的思想路线，重视我们传统文化的精华。实事求是既凝结着我们先人的智慧，又包含着中国革命的成功与失败、建设中的成就和挫折、正反两方面的经验和教训，甚至是曾经用血和泪浇灌而成的思想路线。

实事求是是中国共产党的思想路线，也是我们每个共产党员应该永远牢记、永远遵循的工作原则。尤其对负有领导责任的领导干部来说，能不能坚持实事求是，是我们能否做好工作的关键。长期以来，我们有些人存在误解，仅把坚持实事求是当成一个哲学命题，当成认识论问题，其实并非完全如此。对每个党员来说，敢不敢实事求是首先是政治品质问题，是党性纯不纯的问题；如何做到实事求是，才是认识方法问题。

对每个共产党员尤其是领导干部来说，能坚持实事求是，在党内民主集中制正常的情况下比较容易，相反的情况下则很难。中国共产党人没有死谏一说，我们是马克思主义者，但因为坚持实事求是而酿成悲剧的事是有的。《皇帝的新衣》中的小孩敢于说皇帝是光屁股，原因是他没有恐惧，没有私心，心中只有事实，或者说只有真理，大臣们则不然。安徒生这篇童话的永久价值正在于它揭示了一个真理：无私才能无畏，心实才能真诚。没有党性或党性不纯、私心太重，只能望风办事，是决不能也不敢实事求是的。对这种人，光讲认识论是不够的，必须进行党性教育，进行道德教育包括传统文化教育。

当然，要做到实事求是，科学的认识方法是非常重要的。毛泽东当年提出实事求是问题时，既从党性角度讲到反对主观主义问题，批评主观主义是没有党性或党性不纯的问题，也从哲学角度讲到如何实事求是的问题，教导我们要从国内外、省内外、县内外、区内外的实际情况出发，从中引出固有的而不是臆造的规律性，即找出周围事物变化的内部联系，作为我们行动的向导。而要这样做，就要不凭主观想象，不凭一时的热情，不凭死的书本，而凭客观存在的事实，在调查研究中详细地占有材料，在马克思列宁主义一般原理指导下，从这些材料中引出正确的结论。这里包括极为丰富的需要认真研究的认识论和方法论问题。历史事实证明，一个人不管自以为党性多强，如果在思维方法上不坚持从实际出发，在工作作风上不深入实际调查研究、掌握充分可靠的材料，不善于运用马克思主义基本原理进行分析，往往容易误以僵化为立场坚定，误以保守为坚持原则。可见，务实的思维方法和工作作风对坚持实事求是路线是不可或缺的。

社会在发展，时代在前进，变化了的新情况、新问题总是层出不穷，坚持实事求是的思想路线总是具有鲜明的现实性和强大的生命力。当前，在关乎我国改革开放、现代化建设、人民生活福祉大局的政治、经济、文化、社会生活、生态环境等方面，既不断取得历史性的巨大成就和进步，也不断面临新的严峻挑战和问题。正确地认识和处理这些新情况、新矛盾、新问题，需要我们坚定不移地一切从实际出发，从广大人民群众的根本利益出发，而不是从概念出发、从一部分人的利益出发。这就需要我们继续大力弘扬实事求是的政治勇气和思想路线。坚持实事求是路线是下一个新的30年，沿着科学发展道路和包容性发展道路前进，沿着强国富民、和谐、幸福、民主、公正的伟大社会主义道路前进的根本路线保证。

在纪念中国共产党90周年的喜庆时刻，我们回顾中国共产党领导中国人民革命、建设和改革的光辉历程，更加清楚地认识到实事求是路线是党的生命线。实践一再向我们昭示：实事求是之树常青，而坚持实事求是则需要大智大勇。中国人民大学将立足并结合当代国内外尤其是中国特色社会主义建设的实践，加强对马克思主义经典文献的研究，并努力深入研究和发掘中国历代思想家著作中包含的实事求是的思想智慧，争取对党的思想路线的深化、对中国社会主义文化建设和马克思主义中国化作出新的贡献。谢谢！

中国共产党90年理论创新的基本经验初论

秦　宣

中国共产党成立90年来，始终围绕着在中国这样一个经济社会发展水平落后的国家如何建设、巩固、发展社会主义这个根本性问题，紧跟时代前进步伐，时刻把握世情、国情、党情新变化，不断从人民群众的创造性经验中汲取力量，大胆进行实践创新和理论创新。90年来，中国跨越了社会发展的几个阶段。我国从一个半殖民地半封建社会进入到崭新的社会主义社会，从一个典型的农业国发展到享誉全世界的工业国，从一个封闭半封闭的社会进入到全方位对外开放的社会，从被别人瞧不起的弱国发展到全球瞩目的世界大国。90年来，我们党在实践创新方面取得的最重大成果是成功开辟了中国特色的革命、建设和改革道路；在理论创新方面取得的最重大成果是形成了毛泽东思想和中国特色社会主义理论体系两大理论成果。

本文拟对我们党在90年的理论创新实践中积累的宝贵经验，作初步的探讨。

一、始终坚持一个原则：坚持把马克思主义基本原理同推进马克思主义中国化结合起来

中国共产党是以马克思主义为指导而建立起来的马克思主义政党。党成立90年来，最重要的就是“把坚持马克思主义基本原理同推进马克思主义中国化结合起来”，不断进行理论创新和实践创新。

马克思主义是由辩证唯物主义、历史唯物主义、政治经济学和科学社会主义等学

说组成的完整严密的理论体系，揭示了自然界、人类社会和思维发展的本质规律。马克思主义产生160多年来，世界历史发展进程，特别是我国革命、建设和改革的实践昭示我们，至今没有哪一种理论、学说能像它这样，保持着如此强大的历史活力，对推动社会进步起到那样巨大的作用。这是马克思主义从欧洲逐步走向世界，并被世界各国无产阶级所接受的重要原因，也是世纪之交马克思被评为“千年伟人”、“千年思想家”和“最伟大的哲学家”的重要原因，也是今天在国际金融危机爆发后为什么人们很快想到马克思、“重读马克思”、试图从马克思的著作中找到走出危机之路的重要原因。

中国共产党是在马克思主义的指导下建立起来的，从诞生之时起，它就确立了马克思主义的指导地位，一直把马克思主义“作为解放我们民族的最好的武器”①，“作为观察国家命运的工具”②，视之为破坏旧世界、建设新世界的行动指南，视之为我们观察一切现象、处理一切问题的科学方法。新中国成立以来，马克思主义作为国家的指导思想和行动指南，已经写进《中华人民共和国宪法》。虽然我们党在相当长一段时间内对于“什么叫马克思主义……这个问题的认识不是完全清醒的”③，但对于“为什么要坚持马克思主义、如何坚持马克思主义”这个根本性的问题，我们党始终是十分清醒、十分清楚的。

毛泽东不仅是一位伟大的无产阶级革命家、战略家和理论家，而且是一个坚定的、伟大的马克思主义者。作为一个马克思主义者，他十分清楚：“马克思主义必须和我国的具体特点相结合并通过一定的民族形式才能实现。马克思列宁主义的伟大力量，就在于它是和各个国家具体的革命实践相联系的。对于中国共产党说来，就是要学会把马克思列宁主义的理论应用于中国的具体的环境……因此，使马克思主义在中国具体化，使之在其每一表现中带着必须有的中国的特性，即是说，按照中国的特点去应用它。”④ 毛泽东针对我们党内曾经盛行的把马克思主义教条化、把共产国际和苏联经验神圣化的错误，最先强调要反对本本主义。他教育和领导全党，从中国的历史和现实出发，深刻研究中国革命的特点和规律，终于找到了中国革命的正确道路，使中国革命取得胜利；接着，依据新民主主义革命所创造的向社会主义过渡的社会历史条件，寻找到中国社会主义改造的正确道路，使中国确立起社会主义基本制度。毛泽东最早提倡和实行马克思主义基本原理与中国具体实际相结合，使全党树立了二者相结合的自觉意识，并在二者相结合的过程中积累了丰富的经验，取得了伟大的成功。

---

① 《毛泽东选集》，2版，第3卷，796页，北京，人民出版社，1991。
② 《毛泽东选集》，2版，第4卷，1471页，北京，人民出版社，1991。
③ 《邓小平文选》，1版，第3卷，63页，北京，人民出版社，1993。
④ 《毛泽东选集》，2版，第2卷，534页，北京，人民出版社，1991。

在改革开放新时期，邓小平强调，我们党是一个马克思主义的大党，我们国家是马克思主义指导下建立起来的社会主义大国，我们要建立的现代化是社会主义现代化。因此，在当代中国必须始终坚持马克思主义不动摇。他反复告诫我们："坚持马克思主义对中国十分重要，坚持社会主义对中国也十分重要……对马克思主义的信仰，是中国革命胜利的一种精神动力……所以，我们多次重申，要坚持马克思主义，坚持走社会主义道路。"① 同时，他还强调，马克思主义的生命力就在于它始终同各国的具体实际相结合。他曾指出："我们多次重申，要坚持马克思主义，坚持走社会主义道路。但是，马克思主义必须是同中国实际相结合的马克思主义，社会主义必须是切合中国实际的有中国特色的社会主义。"②

20 世纪 80 年代末 90 年代初，当有人企图借国内 1989 年政治风波和国外发生的苏联解体、东欧剧变而再一次否定马克思主义的指导地位时，是邓小平和以江泽民同志为核心的党的第三代中央领导集体，继续强调坚持马克思主义，成功地抵制了否定马克思主义的逆流。邓小平在南方谈话中语重心长地指出："我们搞改革开放，把工作重心放在经济建设上，没有丢马克思，没有丢列宁，也没有丢毛泽东。老祖宗不能丢啊！"③ 江泽民同志强调："把马克思主义普遍真理同我国具体实际结合起来，是一件具有根本意义而又很不容易的事情。社会主义在中国所以具有旺盛的生命力和强大的凝聚力，就在于这种结合；有中国特色的社会主义，也只有在这种结合的过程中才能形成、丰富和发展。"④

进入新世纪，当国内有人借我们改革开放中存在的问题而否定改革开放，进而否定马克思主义，企图走新自由主义之路或民主社会主义之路时，是以胡锦涛同志为总书记的党中央，强调继续坚持和发展马克思主义，继续走中国特色社会主义道路。中国改革开放进程，以具体生动的实践和无可争辩的事实，充分证明了马克思主义理论的威力。苏联解体、苏共垮台，一个重要原因就是放弃了马克思主义的指导地位。正反两方面的经验教训告诉我们，能否坚持马克思主义的指导地位，能否推进马克思主义理论创新，关系着党和国家的生死存亡与社会主义事业的兴衰成败。

我们党自成立以来，正是准确把握了马克思主义与时俱进的理论品质，准确把握了"实事求是"这个马克思主义的精髓，始终坚持科学的马克思主义观，把坚持马克思主义基本原理同推进马克思主义中国化结合起来，在研究新情况、解决新问题的过程中进行锲而不舍的理论探索，才提出了一系列新思想、新论断、新观点。90 年来，

① 《邓小平文选》，1 版，第 3 卷，62～63 页，北京，人民出版社，1993。

② 同上书，63 页。

③ 同上书，369 页。

④ 中共中央文献研究室编：《十三大以来重要文献选编》(中)，1430 页，北京，人民出版社，1991。

我们党的理论创新始终贯穿了马克思主义的红线。

我们党理论创新的实践昭示我们：理论创新必须以坚持马克思主义基本原理为前提，否则就会迷失方向；坚持马克思主义，又必须以实践基础上的理论创新为条件，否则马克思主义就会丧失活力。中国共产党成立以来，我们党始终坚持马克思主义的思想路线，做到思想上不断有新解放，实践上不断有新创造，理论上不断有新发展，不断推进马克思主义中国化，使马克思主义在中国大地上焕发出勃勃生机，展示了强大的生命力。因此，始终坚持以马克思主义基本原理和中国具体实际相结合，是我们党推进理论创新的一条最根本的重要经验。

二、始终站稳一个立场：始终代表中国最广大人民群众的根本利益

理论创新，必须坚持正确的政治立场。共产党作为工人阶级的先锋队，是无产阶级利益的忠实代表。由于无产阶级是历史上先进生产力和生产关系的代表，是最革命、最有前途的阶级，因而无产阶级所反映的利益是绝大多数人的共同利益，是人民群众的公利。正如马克思、恩格斯在《共产党宣言》中明确指出的，“过去的一切运动都是少数人的或者为少数人谋利益的运动。无产阶级的运动是绝大多数人的、为绝大多数人谋利益的独立的运动”，“他们没有任何同整个无产阶级的利益不同的利益”①。

代表最广大人民群众的根本利益，全心全意为人民服务，既是马克思主义的政治本色，又是共产党的政治宗旨和一切工作的出发点与落脚点。我们党的历代中央领导集体都十分重视最广大人民群众的利益。毛泽东将关心人民疾苦、代表人民群众的利益视为“一点也不能看轻”的大事和中国共产党区别于其他一切政党的显著标志之一。他指出：“共产党是为民族、为人民谋利益的政党，它本身决无私利可图。”②“全心全意地为人民服务，一刻也不脱离群众；一切从人民的利益出发，而不是从个人或小集团的利益出发；向人民负责和向党的领导机关负责的一致性；这些就是我们的出发点。”③

在改革开放新时期，以邓小平为核心的党的第二代中央领导集体，始终把人民利益放在第一位。邓小平讲，我是中国人民的儿子，我深情地爱着自己的祖国和人民；我出来工作可以有两种态度，一个是做官，一个是做点工作。我想谁叫你当共产党人呢？既然当了，就不能做官，不能有私心杂念，不能有别的选择。他强调，人民利益标准是压倒一切的标准，要把人民拥护不拥护、赞成不赞成、高兴不高兴、答应不答

① 《马克思恩格斯选集》，2版，第1卷，283、285页，北京，人民出版社，1995。

② 《毛泽东选集》，2版，第3卷，809页，北京，人民出版社，1991。

③ 同上书，1094～1095页。

应，作为制定各项方针的出发点和归宿。邓小平说："中国共产党员的含意或任务，如果用概括的语言来说，只有两句话：全心全意为人民服务，一切以人民利益作为每一个党员的最高准绳。"①

党的十三届四中全会以来，以江泽民同志为核心的党的第三代中央领导集体一再强调：要立党为公、执政为民；党的一切工作必须以最广大人民的根本利益为最高标准，在任何时候、任何情况下，都要想人民所想、急人民所急、谋人民所求、解人民所忧，真正代表人民掌好权、用好权，努力实现好、维护好和发展好最广大人民的利益。党的十六大以来，我们党提出的科学发展观等一系列重大战略思想，其核心是坚持以人为本，即以最广大人民群众的根本利益为本，做到发展为了人民、发展依靠人民、发展成果由人民共享。

作为中国化的马克思主义，毛泽东思想、邓小平理论、"三个代表"重要思想和科学发展观等重大战略思想，尽管创新点不同，但其根本立场都是引导中国人民清除一切压迫和剥削，争取民族独立和解放，实现人民当家做主的权利，继而迅速摆脱贫困和落后面貌，提高人民生活水平，实现富民强国和中华民族伟大复兴的宏伟目标。这正是最广大人民群众根本利益的集中体现。正因如此，它们才能被中国人民所接受而成为中国革命、建设和改革的指导思想，并在中国革命、建设和改革事业中发挥出巨大威力。也正因如此，在革命战争时期，广大人民群众才始终跟着中国共产党闹革命，前仆后继，坚贞不渝；在和平建设年代，广大人民群众更是满怀信心地投入到中国特色社会主义的建设事业之中。

总之，始终代表最广大人民群众的根本利益，是马克思主义的根本立场，也是我们党的根本立场。90年来，我们党的所有理论创新，都是围绕着如何实现最广大人民群众的根本利益这个社会主义的根本目的的。这与资产阶级只关注有产者，新自由主义只关注银行家、企业家是根本不同的。这也是我们党理论创新最根本的一条基本经验，是我们党能够赢得革命胜利，赢得人民群众支持并能长期执政的一条重要经验。

三、始终围绕着一个主题：建设、巩固、发展中国特色的社会主义，实现中华民族的伟大复兴

理论创新必须有明确的主题，也就是理论要解决的核心问题。回顾中国共产党成立以来的全部历史不难发现，探索像在中国这样的经济文化落后国家，如何建设、巩固和发展社会主义，实现中华民族的伟大复兴，是90年来我们党理论创新和实践创新

① 《邓小平文选》，2版，第1卷，257页，北京，人民出版社，1994。

的主题。

实现中华民族的伟大复兴，是近代以来无数进步的中国人孜孜以求的奋斗目标。世界各国现代化的历史经验和中国的实践都表明，一个国家要实现经济社会发展、实现长治久安，必须找到一条既适合自己国情、又符合时代要求的振兴道路。而对于中国共产党来说，无论是领导革命、建设还是改革事业，都经历了寻找正确道路的艰难过程。这是因为：第一，近代中国是一个落后的东方大国，具有几千年的历史文化传统和特殊的经济、政治、文化、社会条件，不可能照搬照抄他国的经验和模式；第二，中国要解决的问题都是马克思主义和社会主义发展史上从未遇到过的新课题，都不可能从马克思主义经典作家的论述中找到现成的答案，必须根据马克思主义基本原理，从中国具体实际出发进行探索。

中国共产党成立 90 年，大致可以分为三个 30 年。第一个 30 年，主要是探索符合中国国情的革命道路，在这个过程中，我们党实现了从“走俄国人的路”到“走自己的路”的历史性转变；第二个 30 年，主要是探索符合中国国情的社会主义道路，在这个过程中，我们党实现了从照抄照搬苏联模式到“以苏东为借鉴，走自己的路”的历史性转变；第三个 30 年，主要是探索具有中国特色的社会主义发展道路，在这个过程中，我们党成功地开辟了中国特色社会主义道路，形成了中国特色社会主义理论体系。三个 30 年，硕果累累，成绩斐然，令世人刮目相看。

先说第一个 30 年。中国共产党成立后，面对着农民占人口的绝大多数，分散的小农经济、小生产广泛存在，又遭受着西方列强侵略和压迫等特殊国情，如何运用马克思列宁主义来指导中国革命，寻找适合中国实际的革命道路，并作出科学的理论概括，这是关系中国革命能否取得成功的关键。以毛泽东为核心的党的第一代中央领导集体，创造性地运用马克思列宁主义基本原理，深刻分析中国社会形态和阶级状况，经过艰苦的实践和探索，明确了中国革命的性质、对象、任务和动力，提出通过新民主主义革命走向社会主义的两步走的战略，制定了新民主主义革命的总路线，开辟了以农村包围城市、最后夺取全国胜利的革命道路，实现了近代以来几代中国人梦寐以求的民族独立和人民解放。30 年的历史证明，没有马克思列宁主义传入中国并与中国实际结合，就没有共产党。没有马克思主义指导下的理论创新，就没有新民主主义革命的胜利。

再说第二个 30 年。新中国成立后，如何在中国这样一个经济文化比较落后、人口众多、在国际社会中处于边缘的情况十分特殊的东方大国建设社会主义，是以毛泽东为主要代表的中国共产党人面临的又一个全新课题。新中国成立初期，由于缺乏经验，中国的社会主义建设基本上照搬苏联模式，虽然取得了巨大成绩，但也付出了一定的代价。1956 年 2 月苏共二十大后，毛泽东指出，搞社会主义建设不一定完全按照苏联那一套公式，可以根据本国具体情况，提出适合本国国情的方针、政策。为此，毛泽东强调：在社会主义革命和建设时期，我们要进行马克思主义与中国实际的第二次结合，找到在中国进行社会主义建设的正确道路。① 从1949年到1976年，毛泽东提出了许多关于中国社会主义建设的重要观点，涉及政治、经济、文化、国防、外交、党的建设等各个方面。但由于多种极为复杂的原因，我们党在探索社会主义道路的过程中出现了失误、经历了曲折，付出了沉重的代价，留下了深刻的历史经验和教训。但毛泽东对中国社会主义建设道路的初步探索及其取得的理论成果，为中国共产党实现马克思主义基本原理和中国具体实践相结合的第二次历史性飞跃提供了良好的开端，为我们在新的历史条件下坚持和发展马克思主义奠定了基础。

再说第三个30年。1978年底召开的党的十一届三中全会，开启了中国现代化建设的一个新时代。1982年9月，邓小平在党的第十二次代表大会开幕词中明确提出了“建设有中国特色社会主义”这一命题。此后，我们党召开的历次全国代表大会，都围绕着一个共同的主题：建设中国特色社会主义。改革开放30年来，我们党始终坚持解放思想、实事求是的思想路线，围绕建设中国特色社会主义这个主题，紧紧抓住“什么是马克思主义，如何对待马克思主义”、“什么是社会主义，如何建设社会主义”、“建设什么样的党，如何建设党”、“实现什么样的发展，如何发展”这几个基本理论问题，在社会主义思想路线、发展道路、发展阶段、根本任务、发展动力、外部条件、政治保证、战略步骤、领导力量和依靠力量、祖国统一等重大问题上，形成了一系列相互联系的基本观点，构成了较为系统的中国特色社会主义理论体系。十一届三中全会后我们党制定的基本路线和基本纲领也都统一于发展中国特色社会主义的伟大实践之中。

如果说第一个30年我们党对适合中国国情的社会主义革命道路进行了探索并积累了宝贵经验，第二个30年我们党对适合中国国情的建设道路进行了探索并积累了宝贵的经验，那么第三个30年，邓小平理论、“三个代表”重要思想和科学发展观等重大战略思想，则是在毛泽东探索的基础上，不断深化对中国特色社会主义的认识，开辟了马克思主义在中国发展的新境界，把人们对社会主义的认识提高到了一个新的科学水平。

回顾中国共产党成立90年来的历史，我们可以清楚地看到，中国共产党人正是始终围绕着建设、巩固和发展中国特色的社会主义这一理论主题，解放思想，大胆创新，才开辟了中国特色的社会主义革命道路和建设道路，才形成了毛泽东思想和中国特色社会主义理论体系这两大理论成果。毛泽东思想和中国特色社会主义理论体系对马克

---

① 参见吴冷西：《忆毛主席》，9～10页，北京，新华出版社，1995。

思主义的最大贡献，就是解决了像中国这样的经济文化落后国家如何建立、建设、巩固和发展社会主义的问题，并进而推进了整个社会主义事业的发展。

四、始终遵循一个方法：不断总结正反两方面的历史经验

善于从正反两个方面总结经验，是政党成熟的一个重要标志。对于中国这样国情比较特殊的国家，开展社会主义革命、建设和改革，面临的最大问题是没有现成的经验可借鉴。因此，丰富的历史经验是党的事业的宝贵财富。列宁说过，马克思的学说“是用深刻的哲学世界观和丰富的历史知识阐明的**经验总结**”①。中国共产党是一个勇于和善于总结历史经验的马克思主义政党，每到重要历史关头，每到关键的发展阶段，都会自觉地总结汲取过去的经验教训。通过总结马克思主义理论创新的经验，我们党不断加深对马克思主义和中国实际相结合的理解，逐步认清了人类社会发展规律，理论上日臻成熟；通过总结国际共产主义运动的历史经验，我们党掌握了社会主义发展规律和中国革命与建设的客观规律，政治上日臻成熟；通过总结国内外无产阶级政党建设的经验，党不断加强和改进自身建设，坚持真理，修正错误，逐步深化了对共产党执政规律的认识，组织上日臻成熟。一句话，党的90年的历史就是一部在不断总结经验中探索前进的历史。

中国共产党成立初期，之所以选择马克思主义作为指导思想，选择社会主义作为社会发展的方向，选择广大工人农民作为革命的依靠力量，就是因为中国共产党总结了1840年以来中华民族寻求民族独立、人民解放正反两方面的历史经验，总结了资本主义现代化的历史经验、国际共产主义运动尤其是俄国十月革命的历史经验。

1945年，党的六届七中全会通过的《关于若干历史问题的决议》，在全党整风的基础上成功地总结了新民主主义革命的经验，特别是几次“左”倾路线的教训，使党在七大达到政治上的完全成熟、思想上的高度一致和组织上的团结统一，七大后仅4年时间就夺取了民主革命的胜利。

新中国成立后，尤其是改革开放以来，党的每次全国代表大会都要回顾和总结前一次大会到这一次大会之间的工作。1981年召开的党的十一届六中全会通过的《关于建国以来党的若干历史问题的决议》，正确总结了新中国成立以来、特别是10年“文化大革命”的经验教训，顺利地完成了拨乱反正的任务，打开了社会主义建设和改革开放的新局面。十一届三中全会以后，我们党逐步形成了正确的路线方针政策。对此，邓小平曾指出：“我们现在的路线、方针、政策是在总结了成功时期的经验、失败时期

---

① 《列宁选集》，3版，第3卷，134页，北京，人民出版社，1995。

的经验和遭受挫折时期的经验后制定的。历史上成功的经验是宝贵财富，错误的经验、失败的经验也是宝贵财富。”① 1992 年召开的党的十四大总结了改革开放以来 14 年伟大实践的基本经验，并把这些经验总结概括为建设中国特色社会主义理论。1998 年，在纪念十一届三中全会召开 20 周年的时候，江泽民同志全面准确地总结概括了我国改革开放 20 年来社会主义现代化建设取得的巨大成就和 11 条重要经验。

进入新世纪以来，我们党更加重视历史经验的总结。2001 年 7 月，在庆祝中国共产党成立 80 周年大会上，江泽民同志深刻总结了中国共产党成立 80 年奋斗的基本经验，系统阐发了“三个代表”重要思想。2002 年，党的十六大又总结了从 1989 年到 2002 年 13 年间建设中国特色社会主义十个方面的基本经验。2007 年 10 月，胡锦涛同志在党的十七大上总结了改革开放近 30 年的伟大成就，概括了我们党改革开放进程中积累的“十个结合”的宝贵经验。2008 年 12 月，在纪念党的十一届三中全会召开 30 周年大会上，胡锦涛同志结合改革开放近三十年的实践，对“十个结合”的宝贵经验作了系统阐发，强调指出：“30 年的历史经验归结到一点，就是把马克思主义基本原理同中国具体实际相结合，走自己的路，建设中国特色社会主义。”

我们党在领导中国革命、建设、改革的长期实践中，把马克思列宁主义基本原理同中国具体实际和时代特征相结合，不断推进马克思主义中国化，实现的“两次结合”，完成的两次历史性飞跃，产生的两大理论成果，都是我们党正确总结历史经验和大胆进行理论创新的成果。毛泽东思想就是中国长期革命和建设实践中的一系列独创性经验的理论概括，而中国特色社会主义理论体系是我国社会主义建设正反两方面历史经验和改革开放以来新鲜经验以及其他社会主义国家兴衰成败经验教训的理论概括。

总的来看，中国共产党自成立以来，中国经济社会发展取得的辉煌成就是与我们党成功的理论创新分不开的，而我国经济社会发展中遭遇的挫折，与我们党理论创新方面的失误有着十分紧密的联系。90 年来，我们党在理论创新方面积累的经验是十分丰富的，可以从不同的视角进行总结。本文只是分析了其中几条主要经验，反映了我们党理论创新经验的一个侧面。回顾历史，我们深感党的理论创新经验需要深刻总结；展望未来，面对中国特色社会主义事业发展中出现的新情况、新问题，我们深感继续推进党的理论创新的重要性和紧迫性。从某种意义上说，中国特色社会主义事业的未来，仍然取决于我们党的理论创新。

---

① 《邓小平文选》，1 版，第 3 卷，234～235 页，北京，人民出版社，1993。

共产党领导的社会建设的成就与问题

郭春生

就本质而言，社会主义社会就是以社会为中心的社会。社会主义国家建立后，在社会建设上取得了很大成就，也存在着许多问题。新时期中国共产党领导的和谐社会建设紧紧抓住了社会主义社会建设的目标。

一、社会与社会建设

与资本主义的个人主义核心价值观不同，社会主义的核心价值是围绕“整体社会”利益而展开的，它要求从社会整体利益出发进行社会建设。

随着人类社会的不断发展，特别是随着社会分工越来越细密，人类的政治生活、经济生活和思想文化生活越来越具有各自的鲜明特性，从而也被人们从社会生活中分离出来单独进行认识和研究。这样，社会的内涵就大大地缩小了，由此形成了广义的大“社会”概念和狭义的小“社会”概念。广义的大“社会”概念仍然是指原来意义上的人类整体社会，包括经济、政治、文化和社会生活的各个领域与各个方面；狭义的小“社会”概念则是单指与经济、政治、文化相并列的人类社会生活领域。不过，虽然“社会”概念的内涵在不断变化，但有两点是永恒不变的：其一是社会的整体性，整体性依然是人类社会的本质，政治、经济、文化、社会四位一体，“四位”相互联系和影响，密不可分，并“一体”于“整体社会”之中；其二，概念内涵的变化也不影响“社会主义”概念中的“社会”，它显然还是指人类的整体社会，而非社会的某一个方面。

相应地，社会建设也有广义和狭义之分。广义的社会建设包括经济建设、政治建设、文化建设、社会建设；狭义的社会建设是指同经济建设、政治建设、文化建设相并列的社会事业、社会制度（体制、机制）、社会结构等方面的建设，以及社会管理建设、社会价值整合等方面。而因为人类社会具有整体性属性，并且社会主义建设也是指包括政治、经济、文化和社会建设在内的社会整体的建设，所以社会建设一定要围绕“整体社会”这个核心价值而展开，抛开政治、经济、文化建设而孤立地进行社会建设是没有任何意义的，而缺少社会建设支撑的其他各方面的建设也将成为无源之水和无本之木。

新时期提出的社会建设的概念，反映了中国共产党对社会主义认识的进一步深化。2002年，党的十六大在阐述中国建设小康社会的战略目标时，提出要建设包括“社会更加和谐”在内的更高水平的小康社会。这种小康社会自然包括社会生活的各个方面，而不仅仅是社会生活的某一个方面。2005年2月，胡锦涛同志在讲话中专门提出了加强社会建设的问题：“做好任何一项工作都离不开理论指导，与社会主义经济、政治、文化建设一样，我们对社会主义社会建设的理论研究和实践探索还有大量工作要做。因而尤其需要在实践的基础上加强理论研究。要加强马克思主义、毛泽东思想、邓小平理论和‘三个代表’重要思想关于社会主义社会建设理论的研究，并用来指导我们构建社会主义和谐社会的各项工作。要加强对我国历史上关于社会建设理论的研究，按照去伪存真、去粗取精的要求，努力做到古为今用。要注意研究国外社会建设理论，借鉴其积极成果。”① 2007年10月，中国共产党第十七次代表大会修改通过的《中国共产党章程》指出：“必须按照中国特色社会主义事业总体布局，全面推进经济建设、政治建设、文化建设、社会建设。”② 由此可见，在中国特色社会主义建设的新时期，社会建设是被放在如何建设社会主义问题的大框架之中的，它不是包括政治、经济、文化等一切方面的社会总体建设，而是把社会建设的概念作为与经济建设、政治建设、文化建设相并列的狭义上的概念来使用的。但是，这并不表示社会建设在社会主义建设中地位的降低，恰恰相反，中国共产党特别指出社会建设问题，是因为在此前的社会主义建设中，社会建设有意无意地被忽视了，社会建设成为中国特色社会主义建设大局中的薄弱环节，进而影响了建设的大局，所以，必须加强对社会建设的重视，加大社会建设的投入。

生产力和生产关系这一对矛盾在社会主义的社会建设中起着决定性作用。社会主义国家的社会建设要求以高度发达的生产力为基础，如果这种生产力基础不够牢固，经济基础长期处于薄弱状态，就会出现许多与较低生产力水平相并行的消极社会现象，出现生产关系和其他社会关系的倒退。因此，快速提高生产力水平是社会主义社

① 胡锦涛：《加强调查和研究，着力提高工作本领，把和谐社会建设各项工作落到实处》，载《人民日报》，2005-02-23。

② 《中国共产党第十七次全国代表大会文件汇编》，61页，北京，人民出版社，2007。

会建设的关键。现实中，社会主义社会就是在生产力相对落后的国家率先出现的，代表社会最广大人民群众根本利益的新型国家政权是促进社会建设的关键力量。在这些国家的社会建设中，新型政权首要的任务就是要大力发展社会生产力，利用政权的力量尽快增加社会生产力的总量；同时，新型政权还要时刻严防社会消极现象的泛滥，保证社会的健康稳定发展。

二、党（国家）与社会的一体化

在创建第一个社会主义国家的过程中，列宁领导的俄国社会民主工党（布尔什维克）起了关键作用。十月革命胜利后，逐步建立了由清一色的布尔什维克组成的政府——人民委员会。随着1918年立宪会议的解散和《布列斯特和约》的签订，俄国其他政党先后退出了政治舞台，苏维埃俄国也形成了俄国共产党（布）一党独存的局面。政党政治是现代社会政治运行的基本形式，由政党组织政府也是现代政治运行的基本规律。在一党独存的情况下，这个唯一的政党自然也就成为政府的组织者。此后，俄国共产党（布）领导了苏维埃国家，也组织了苏维埃国家的历届政府。由此，也同时形成了党和国家一体化的体制，即所谓党（国家）体制。

在党和国家一体化体制形成的同时，苏联共产党和苏维埃国家在全国各地、社会各领域设立了各级、各类领导机构，社会各阶级、阶层，各社会领域，均处在党和国家的领导与控制下。党（国家）不仅领导、管理着社会，而且直接主持、操办着各种社会事务，社会也因此成为党（国家）的一部分，社会的功能也由党（国家）承担。这种体制可以称为党（国家）和社会一体化体制。20世纪20年代末30年代初，随着工业化和农业集体化的完成，以及伴随着权力斗争而来的政治领域的一系列剧烈变化，苏联确立了自上而下的高度集中的政治经济体制。这时，苏联党、国家、社会三者同质同构，高度一体化，社会的独立属性消失了。

随着第二次世界大战的结束，社会主义由一国发展为多国，特别是在东欧建立了一系列社会主义国家。这些社会主义国家建立后，仿效苏联模式，建立了党（国家）和社会一体化体制，由党（国家）领导和包办了一切社会事务。这种体制一直延续，苏联到勃列日涅夫时期仍然在强调："苏联人民完全相信党，把党看作是能够团结千百万人的创造精力、组织和鼓舞他们、保证苏联社会不断进步的唯一力量……我们在前进的同时，将提高党的责任及其在社会生活中的领导作用和组织作用……"①

① 上海人民出版社编译室编译：《勃列日涅夫言论》，第一集（1964年10月—1965年12月），5页，上海，上海人民出版社，1974。

党（国家）和社会一体化体制既是历史发展的产物，或者说是苏联和东欧国家历史上长期的强国家、弱社会模式的延续，也是处在资本主义包围下的新生社会主义国家为了生存和发展而形成的体制，同时这种体制也是新生社会主义国家内部政治斗争的结果。党（国家）和社会一体化体制保证了党对国家和社会的强有力的领导，无产阶级政党得以依据自己的理想蓝图对国家和社会进行改造，这可以迅速清除国家和社会中的消极腐朽现象，大大加快了建立人类理想社会的进程；这种体制也有利于动员与集中国家和社会力量，克服困难，应对各种各样的重大挑战。事实上，正是依托这种体制，苏联共产党巩固了新生的社会主义政权，迅速完成了社会主义工业化，建立了世界上第一个社会主义模式的国家和社会，并且保证了反法西斯战争的胜利。此外，在党（国家）的主导下，苏联等国的社会建设也取得了很大的成就，尤其是在医疗、养老等社会保障事业上取得了令世人瞩目的成绩。但是，党（国家）和社会一体化体制存在着很大的缺陷，社会独立性、自主性的缺失会带来许多不良后果。主要在于，其一，由党（国家）包办社会事务，在使社会受到庇护的同时，也使社会失去了自身的独立自主性，使社会的积极性和创造力受到钳制与约束，不利于长远的社会建设事业的发展。20世纪六七十年代社会主义国家科技发展的滞后和科技成果社会化的步履维艰，就是其消极后果的体现。其二，党（国家）无法顾及社会建设的所有方面，也不可能了解到社会的所有需要。因此，完全由党（国家）主导的社会建设不可避免地会出现许多缺陷，使社会建设的全面发展受到影响。比如70年代苏联的零售、维修等社会服务行业十分缺乏，就是相关领域社会建设的缺陷所导致的。

党（国家）和社会一体化体制在现实社会主义国家社会建设中曾起到重要作用。随着和平与发展时代的到来和社会主义建设的正常展开，特别是随着知识经济和信息化时代的到来，这种体制已经不能充分调动和发挥社会的积极性，出现了许多不适合现代政治和社会发展需要的方面，对这种体制进行改革的必要性也就越来越大。对党（国家）和社会一体化体制进行改革的方向就是适应社会自主性越来越强的需要，给予社会自身应有的权利，使社会的积极主动性能够得到充分发挥。也就是说，新时期的社会建设必须发动社会自身的力量，激发社会的活力和创造力。社会在自身的建设中应该起到越来越重要的作用。

三、中国特色社会主义社会建设的初步展开

中国社会主义制度建立以后，社会建设取得了很大成就，建立了工人阶级领导的、以工农联盟为基础的人民民主专政的国家政权，实现了各地区、各民族的大统一和大团结，逐步缩小了地区差别和民族不平等。在社会阶级结构上，通过社会主义改造，

消灭了旧的剥削阶级，建立了由工人、农民和知识分子组成的新型社会阶级结构，社会各阶级阶层的差别明显缩小。教育、医疗、卫生等社会事业取得很大成就，建立了初步的免费义务教育、公费医疗、合作医疗等服务体系，广泛开展了群众性卫生运动和体育活动。

但是，十一届三中全会之前的30年，主要是在“以阶级斗争为纲”的思想指导下，社会建设基本上没有被摆在正确的位置。这一时期的社会建设体制存在着两大问题。一是权力过度集中，社会组织缺乏自主性。社会组织的权力集中于党和政府，使社会组织因缺少自主性而缺乏积极性和创造力，社会欠缺活力。二是社会的国家化和相应的社会组织的行政化，即形成了类似党（国家）和社会一体化的体制。社会组织成为党和国家的行政领导或办事机构，而自身的社会功能却得不到发挥。与此同时，这一时期的社会建设的许多方面都是很初级、很不到位的，尤其是社会服务处于低水平；在城乡二元结构下，广大农村的教育、医疗、卫生等社会事业有待进一步建设。

党的十一届三中全会以后，改革开放的基本国策为社会建设开辟了广阔的前景，社会建设蓬勃展开。社会保障体系正在逐步形成，在城镇职工中开始建立基本医疗保险制度，截止到2008年年中，参保人数已经多达1.9亿人；养老保险制度也在逐步铺开，参保人数已经超过两亿人；失业保险制度也已经建立起来，众多的失业者从中受益。改革开放以来，中国还推行了住房制度改革，人均住房面积大幅度提高，截止到2008年的30年间，人均住房面积已经由7平方米提高到20多平方米，其中，截止到2006年底，城镇居民人均住房建筑面积达到27.1平方米，住房严重短缺时代已成为过去。中国的人口结构发生快速转变，城镇人口数量大幅度提高。1978—2007年，城镇人口占总人口的比重逐年提高，从原来的17.9%上升到2007年的44.9%，年平均上升达0.9个百分点。

从消费品的生产和消费来看，1978年以来中国逐渐成为世界消费品生产大国，并且逐渐发展为生产消费大国。从耐用消费品的拥有情况看，目前，彩电、洗衣机、电冰箱、空调、电话等在城镇地区逐步普及，汽车、家用电脑等高档耐用消费品拥有量大幅提高。农村居民中，彩色电视机、洗衣机等消费品的普及率也不断提高。教育事业也获得了大发展，截止到2007年，普通高等学校在校学生1 885万人，比1978年增加1 799万人。公共卫生事业成效明显，截止到2007年末，全国已经有卫生机构29.8万个，比1978年增长75.8%；中国拥有医生的数量世界第一，卫生技术人员479万人，比1978年增长94.3%；医院和卫生院床位343.8万张，比1978年增长86.1%。体育事业获得巨大发展，1984年，中国首次参加在美国洛杉矶举行的奥林匹克运动会，实现了中国奥运代表团在奥运史上金牌“零”的突破；2008年，中国北京成功举办了第29届夏季奥运会，中国代表团取得了51枚金牌，首次名列奥运会金牌榜第一。

中国的全民健身运动也蓬勃开展，人民的体质普遍得到增强。

但是，和迅速发展的社会主义市场经济相比较，中国社会建设的脚步明显滞后，社会建设成为中国特色社会主义建设的软肋。经过30多年的建设，中国社会总体上是和谐的，同时也存在不少影响社会和谐的矛盾和问题，主要包括：城乡、区域、经济社会发展很不平衡，人口资源环境压力加大；就业、社会保障、收入分配、教育、医疗、住房、安全生产、社会治安等方面关系群众切身利益的问题比较突出；体制机制尚不完善，民主法制还不健全；一些社会成员诚信缺失、道德失范，一些领导干部的素质、能力和作风与新形势新任务的要求还不适应；一些领域的腐败现象仍然比较严重；敌对势力的渗透破坏活动危及国家安全和社会稳定。所有这些矛盾和问题都需要下大力气去克服与解决，否则就将严重影响社会建设事业的健康发展。

四、中国特色社会主义和谐社会建设

在改革开放的新时期，中国正处于并将长期处于社会主义初级阶段，人民日益增长的物质文化需要同落后的社会生产之间的矛盾仍然是社会的主要矛盾，统筹兼顾各方面利益的任务艰巨而繁重。特别重要的是，中国已进入改革发展的关键时期，经济体制深刻变革，社会结构深刻变动，利益格局深刻调整，思想观念深刻变化。这种空前的社会变革，在给中国发展进步带来巨大活力的同时，也必然会带来这样或那样的矛盾和问题。中国共产党要带领人民抓住机遇、应对挑战，把中国特色社会主义伟大事业推向前进，必须坚持以经济建设为中心，把构建社会主义和谐社会摆在更加突出的地位。2002年11月，党的十六大在阐述全面建设小康社会的奋斗目标时，明确提出“社会更加和谐”的发展要求。此后，中国共产党对社会和谐的认识不断深化。2004年9月，党的十六届四中全会明确提出构建社会主义和谐社会的战略任务。2006年10月，中国共产党第十六届中央委员会第六次全体会议通过《中共中央关于构建社会主义和谐社会若干重大问题的决定》，明确了构建社会主义和谐社会在中国特色社会主义事业总体布局中的地位，把构建和谐社会的问题提到中国特色社会主义本质属性的高度。该《决定》围绕构建社会主义和谐社会作出了一系列决策部署，将大大推动和谐社会建设的进程。①

社会主义和谐社会不是一蹴而就的，它有着阶段性的目标和任务。中国共产党规划了构建社会主义和谐社会的长期目标和主要任务，近期社会建设的基本要求是：社会建设明显加强，逐步完善覆盖城乡居民的基本公共服务体系，全民受教育程度稳步

① 参见《中共中央关于构建社会主义和谐社会若干重大问题的决定》，载《人民日报》，2006-10-19。

提升，全民族思想道德素质、科学文化素质和健康素质不断提高；社会主义民主法制更加健全，人民权益得到切实保障；文化事业和文化产业加快发展；社会管理制度趋于完善，社会更加和谐稳定。“十二五”期间社会建设的主要任务是：促进就业和构建和谐劳动关系；合理调整收入分配关系；健全覆盖城乡居民的社会保障体系；加快医疗卫生事业改革发展；全面做好人口工作；加强和创新社会管理，特别是要完善法律法规和政策，健全基层管理和服务体系，加强和改进基层党组织工作，发挥群众组织和社会组织作用，提高城乡社区自治和服务功能，形成社会管理和服务合力。到2020年，社会主义和谐社会建设要实现的目标和任务是：社会主义民主法制更加完善，依法治国基本方略得到全面落实，人民的权益得到切实尊重和保障；城乡、区域发展差距扩大的趋势逐步扭转，合理有序的收入分配格局基本形成，家庭财产普遍增加，人民过上更加富足的生活；社会就业比较充分，覆盖城乡居民的社会保障体系基本建立；基本公共服务体系更加完备，政府管理和服务水平有较大提高；全民族的思想道德素质、科学文化素质和健康素质明显提高，良好道德风尚、和谐人际关系进一步形成；全社会创造活力显著增强，创新型国家基本建成；社会管理体系更加完善，社会秩序良好；资源利用效率显著提高，生态环境明显好转；实现全面建设惠及十几亿人口的更高水平的小康社会的目标，努力形成全体人民各尽其能、各得其所而又和谐相处的局面。

在建设中国特色社会主义的新时期，中国社会日益多元化，社会结构越来越复杂，相应地，出现了多种多样的社会要求和呼声。这时，在构建社会主义和谐社会过程中，就需要一定的全社会共同遵循的原则。这些原则包括：第一，必须坚持以人为本。始终把最广大人民的根本利益作为党和国家一切工作的出发点和落脚点，实现好、维护好、发展好最广大人民的根本利益，不断满足人民日益增长的物质文化需要，做到发展为了人民、发展依靠人民、发展成果由人民共享，促进人的全面发展。第二，必须坚持科学发展。切实抓好发展这个党执政兴国的第一要务，统筹城乡发展，统筹区域发展，统筹经济社会发展，统筹人与自然和谐发展，统筹国内发展和对外开放，转变增长方式，提高发展质量，推进节约发展、清洁发展、安全发展，实现经济社会全面协调可持续发展。第三，必须坚持改革开放。坚持社会主义市场经济的改革方向，适应社会发展要求，推进经济体制、政治体制、文化体制、社会体制改革和创新，进一步扩大对外开放，提高改革决策的科学性、改革措施的协调性，建立健全充满活力、富有效率、更加开放的体制机制。第四，必须坚持民主法治。加强社会主义民主政治建设，发展社会主义民主，实施依法治国基本方略，建设社会主义法治国家，树立社会主义法治理念，增强全社会法律意识，推进国家经济、政治、文化、社会生活法制化、规范化，逐步形成社会公平保障体系，促进社会公平正义。第五，必须坚持正确处理改革发展稳定的关系。把改革的力度、发展的速度和社会可承受的程度统一起来，维护社会安定团结，以改革促进和谐、以发展巩固和谐、以稳定保障和谐，确保人民安居乐业、社会安定有序、国家长治久安。第六，必须坚持在中国共产党的领导下全社会共同建设。坚持科学执政、民主执政、依法执政，发挥党的领导核心作用，维护人民群众的主体地位，团结一切可以团结的力量，调动一切积极因素，形成促进和谐人人有责、和谐社会人人共享的生动局面。

社会公平正义是社会和谐的基本条件，而制度是社会公平正义的根本保证。所以，必须加紧建设对保障社会公平正义具有重大作用的制度，保障人民在政治、经济、文化、社会等方面的权利和利益，引导公民依法行使权利、履行义务。当前和谐社会建设中的制度建设主要需要做好六个方面的工作。第一，完善民主权利保障制度，巩固人民当家做主的政治地位，保障人民享有广泛的民主权利。第二，完善法律制度，夯实社会和谐的法治基础，全面推进依法行政。第三，完善司法体制机制，加强社会和谐的司法保障，发挥司法维护公平正义的职能作用。第四，完善公共财政制度，逐步实现基本公共服务均等化。第五，完善收入分配制度，规范收入分配秩序，促进共同富裕。第六，完善社会保障制度，保障群众基本生活，逐步建立社会保险、社会救助、社会福利、慈善事业相衔接的覆盖城乡居民的社会保障体系。

此外，社会主义和谐社会建设必须打破原有的社会一元治理模式，广泛吸收社会群体参与社会建设。具体地说，政府要主动地、有选择地逐步退出一些领域，引导相关的社会群体积极地进行自我治理，体现社会群体的主体性，发挥其积极性和主动性。

只有在社会稳定的局面下，才能持续有效地推进社会建设的各项事业。所以，加强社会管理，维护社会稳定，是构建社会主义和谐社会的必然要求。在建设社会主义和谐社会的新形势下，旧的社会管理体制在许多方面已经不能适应新的要求，这就必须创新社会管理体制，整合社会管理资源，提高社会管理水平，健全党委领导、政府负责、社会协同、公众参与的社会管理格局，在服务中实施管理，在管理中体现服务。具体说来，就是要建设服务型政府，强化社会管理和公共服务职能；推进社区建设，完善基层服务和管理网络；健全社会组织，增强服务社会功能；统筹协调各方面利益关系，妥善处理社会矛盾；完善应急管理体制机制，有效应对各种风险；加强社会治安综合治理，增强人民群众安全感；加强国家安全工作和国防建设，保障国家稳定安全。

中国共产党的领导与中国人权的发展历程

——纪念中国共产党建党90周年

谷春德

中国共产党已经走过了90年的光辉历程。中国共产党的90年，是领导中国人民进行革命和建设并取得伟大胜利的90年，同时也是领导中国人民争取、改善和促进中国人民人权并取得举世瞩目成就的90年。在纪念中国共产党建党90周年的时候，回顾中国共产党领导中国人民争取、改善和实现中国人权的奋斗历程，总结中国人权发展的基本经验，对于进一步推动中国人权事业的全面、协调和可持续发展，无疑具有重要的理论意义和实践价值。

一、革命根据地时期的中国人权

在旧中国，中国人民在三座大山的压迫下，毫无人权可言。1921年中国共产党诞生后，即领导中国人民进行反帝反封建的民主革命，为实现国家的独立和人民的基本人权而不屈不挠地斗争。

早在1922年，中国共产党就在《第一次对时局的主张》中，鲜明地提出了取消列强在华特权、消灭军阀统治的革命主张，以及实行无限制普选制度，保障人民结社、集会、言论、出版自由权，废止肉刑，承认妇女平等权等一系列人民权利要求。党的二大进一步提出推翻国际帝国主义的压迫，达到中华民族完全独立，打倒军阀，统一中国为真正民主共和国的政治纲领；提出保障人民享有选举权和言论自由等权利，号召全国人民“为自由而战，为独立而战”。同年9月，毛泽东在领导安源煤矿工人大罢工时又提出了“从前是牛马，现在要做人”的口号。后来，党在领导“二七”大罢工时，更明确地提出“争人权，争自由”的口号，在全国范围如火如荼地展开了争取人权的斗争。

在第二次国内革命战争时期，毛泽东领导了秋收起义，并于1927年10月创建了井冈山革命根据地，建立了工农红军和苏维埃政权，将一切权力交给工农劳苦大众。1931年11月7日在江西瑞金召开了第一次全国工农兵代表大会。大会通过的《宪法大纲》规定：中华苏维埃共和国“是工人和农民的民主专政的国家。苏维埃全部政权是属于工人、农民、红军兵士及一切劳苦民众的。在苏维埃政权下，所有工人、农民、红军兵士及一切劳苦民众都有权选派代表掌握政权的管理”。《宪法大纲》还具体规定了工人、农民、红军兵士以及一切劳苦民众享有的一系列政治、经济、文化和社会权利。

为了保证《宪法大纲》规定的“中华苏维埃政权以彻底改善工人阶级的生活状况为目的”的实现，1931年12月中央苏区政府颁布了《中华苏维埃共和国劳动法》，规定保障工人的政治权利，废除封建剥削和陈规陋习，反对无故解雇工人，改善劳动条件，提高工人工资，坚持同工同酬，实行劳动保护和社会保险等。为了保证《宪法大纲》规定的“苏维埃政权以保证彻底地实行妇女解放为目的”、“承认婚姻自由”、“保护妇女”等的实现，1932年4月，中央苏区政府颁布了《中华苏维埃共和国婚姻法》，规定男女婚姻以自由为原则，废除一切包办强迫和买卖的婚姻制度，禁止童养媳，实行一夫一妻制，禁止一夫多妻，同时也禁止一妻多夫，并对结婚、离婚、离婚后财产的处理、离婚后子女的问题作了具体规定。根据该法的规定，广大妇女获得了解放，切身利益获得保障。

在抗日战争期间，党于1935年在《为抗日救国告全体同胞书》即著名的《八一宣言》中，号召一切不愿做亡国奴的同胞起来抗日救国，“为祖国生命而战！为民主生存而战！为国家独立而战！为领土完整而战！为人权自由而战！”之后，毛泽东又进一步号召全国人民“为民族独立、民权自由、民生幸福这三大目标而奋斗”。他还强调“抗日”、“民主”是目前中国头等大事，必须将两者结合起来。他说：“抗日与民主互为条件”，“历史给予我们的革命任务，中心的本质的东西是争取民主”①。为此，他主张必须保障“全国人民除汉奸外，都有抗日救国的言论、出版、集会、结社和武装抗敌的自由”②。1940年，毛泽东在《论政策》一文中明确提出：“关于人民权利。应规定一切不反对抗日的地主资本家和工人农民有同等的人权、财权、选举权和言论、集会、结社、思想、信仰的自由权。”③ 1941年11月6日，毛泽东《在陕甘宁边区参议会的

① 《毛泽东选集》，2版，第1卷，274页，北京，人民出版社，1991。

② 《毛泽东选集》，2版，第2卷，355页，北京，人民出版社，1991。

③ 同上书，768页。

演说》中再次强调："全国人民都要有人身自由的权利，参与政治的权利和保护财产的权利。全国人民都要有说话的机会，都要有衣穿，有饭吃，有事做，有书读，总之是要各得其所。"①

根据毛泽东上述指示，各抗日根据地政府制定了一系列保障人权的纲领、条例或法规。如：《陕甘宁边区抗战时期施政纲领》（1939 年 4 月）、《陕甘宁边区施政纲领》（1941 年 11 月）、《晋冀鲁豫边区政府施政纲领》（1941 年 7 月）、《对于巩固与建设晋西北的施政纲领》（1942 年 10 月）、《山东省战时施政纲领》（1944 年 2 月）。这些施政纲领中有关人权保障的规定主要有：政治权利、财产权利、劳动权利、文化教育权利、健康权利、妇女权利、少数民族权利等。再如 1940 年 11 月的《山东省人权保障条例》、1942 年 2 月的《陕甘宁边区保障人权财权条例》、1941 年 11 月的《冀鲁豫边区保障人民权利暂行条例》、1942 年 11 月的《晋西北保障人权条例》、1943 年 2 月的《渤海区人权保障条例执行细则》等。这些人权保障条例更具体地规定了各施政纲领所确定的抗日人民的人身权、自由权、财产权和平等权等各项权利。不仅如此，它们还具体规定了保障人权（尤其是人身权）的各种措施。

在解放战争时期，毛泽东号召全国人民为"保障人权，解救民生，完成统一"而奋斗，号召国统区人民进行"反饥饿、反内战、反迫害"的斗争，反对蒋介石的独裁统治。在党领导的新老解放区，民主选举了各界人民代表会议及民主政府，全面进行了土地改革运动，农村政权归雇贫农掌握。各解放区民主政府继续加强保障人权的立法与实践，制定和实施了以保障人民"人权、财权、公民权"为主要内容的施政纲领和条例，如：1946 年的《陕甘宁边区宪法原则》，1945 年的《晋察冀边区行政委员会施政要端》，1945 年的《苏皖边区临时行政委员会施政纲领》，1947 年的《内蒙古自治政府施政纲领》，1948 年的《华北人民政府施政方针》，1948 年的哈尔滨特别市政府关于禁止非法拘捕、审讯及侵犯他人人权、严禁乱抓乱打肉刑逼供的规定，1947 年的《关于各级司法机关暂行组织条例草案》等。这些施政纲领和条例都明确宣布"保障人权为我民主政府的一贯政策"和"我解放区建立秩序主要政策之一"，特别是明确宣布，解放区民主政府保障人民享有免于经济上偏枯与贫困的权利，免于愚昧与不健康的权利。正如毛泽东所指出的："人民的言论、出版、集会、结社、思想、信仰和身体这几项自由，是最重要的自由。在中国境内，只有解放区是彻底地实现了。"②

中国人民在毛泽东为主席的中国共产党的领导下，英勇奋斗了 20 多年，终于推翻了压在中国人民头上的三座大山，赢得了国家的独立和人民的基本生存权利，于 1949

---

① 《毛泽东选集》，2 版，第 3 卷，808 页，北京，人民出版社，1991。

② 同上书，1070 页。

年10月1日建立了中华人民共和国。这是中国人民在中国共产党和毛泽东等人领导下争取人权斗争的历史性总结。

二、新中国成立初期的中国人权

中华人民共和国成立后，毛泽东对人民权利问题同样是非常重视的。

毛泽东对民主、自由、权利、义务等问题进行过多次精辟论述。他深刻揭露了资产阶级民主、自由、人权、人性的阶级本质及其虚伪性、局限性和欺骗性。他还领导制定政策和法律规定，保障人民权利。1954年，毛泽东主持制定的我国第一部社会主义类型的宪法——《中华人民共和国宪法》是中国第一个社会主义的人民权利宣言。该宪法对人民权利作了全面系统的规定，主要是：

第一，宣布中华人民共和国是工人阶级领导的，以工农联盟为基础的人民民主专政国家。第二，宣布我国的根本政治制度是人民代表大会制度，国家的一切权力属于人民。人民行使权力的机关是全国人民代表大会及地方各级人民代表大会。第三，公民在法律上一律平等，享有选举权和被选举权，享有言论、出版、集会、结社、游行、示威的自由，享有宗教信仰的自由、人身自由、居住和迁徙的自由，享有劳动权和休息权、物质帮助权、受教育权、从事科学研究与文学艺术创作及其他文化活动的自由，妇女在政治、经济、文化、社会和家庭生活方面享有同男子平等的权利，享有控告权和赔偿权以及民族平等与民族自治权等一系列权利和自由。国家还通过制定其他法律和政策将上述权利具体化，保障公民行使和实现上述权利，把中国人权事业不断推向前进。

毛泽东在《读苏联〈政治经济学教科书〉的谈话》中还特别强调，劳动者管理国家、管理军队、管理各种企业、管理文化教育权利，实际上，这是社会主义制度下劳动者最大的权利、最根本的权利，没有这种权利，劳动者的工作权、休息权、受教育权等等权利，就没有保证。

在以毛泽东为核心的党的第一代中央领导集体的正确领导下，20世纪50年代的中国人权建设取得了巨大进步，中国的人权状况发生了根本性变化，主要体现在：

第一，新中国实现了国家独立和主权完整，为中国人民享有广泛的人权创造了条件。国家的主权和独立是实现人权的前提条件。

第二，国家通过进行土地改革，铲除封建统治的基础，使农民获得了土地，从根本上改变了农民的经济地位和生存条件。

第三，国家通过建立社会主义经济基础，恢复和发展国民经济，改善了人民生活，保障了人民的生存权利。

第四，国家通过建立和实行人民民主专政制度与人民代表大会制度，确立了人民的主人翁地位，由人民管理国家和社会事务，保障人民行使当家作主的民主权利。

第五，国家根据《共同纲领》和《宪法》的规定，建立和实行民族区域自治制度，反对民族压迫和歧视，发展民族平等、互助、团结的关系，保障少数民族的自治权利和平等权利。

第六，国家通过《共同纲领》和“54 宪法”，保障公民的各项民主自由权利，包括选举权和被选举权以及思想、言论、集会、出版、结社、通讯、人身、居住、迁徙、宗教信仰及示威游行的自由。

第七，国家通过颁布和实施《婚姻法》，废除包办强迫的封建婚姻制度，实行婚姻自由、一夫一妻、男女平等、保护妇女和子女合法利益的新婚姻制度，保障了广大妇女的权益。

但是，中国人权发展道路是曲折的。从 20 世纪 60 年代起，受“左”倾思想影响、各种政治运动的干扰，人权建设出现了严重的失误。特别是“文化大革命”期间，人权同民主、法治一样惨遭践踏，几十万干部和群众惨遭迫害，冤假错案层出不穷，根本无人身自由和人格尊严可言。中国人权发展之所以出现这种失误和曲折，其根本原因在于，“长期封建主义在思想政治方面的遗毒仍然不是很容易肃清的，种种历史原因又使我们没有能把党内民主和国家政治社会生活的民主加以制度化，法律化，或者虽然制定了法律，却没有应有的权威。这就提供了一种条件，使党的权力过分集中于个人，党内个人专断和个人崇拜现象滋长起来，也就使党和国家难于防止和制止‘文化大革命’的发动和发展”（参见《关于建国以来党的若干历史问题的决议》）。在这种情况下，民主、法治和人权必然受到忽视、轻视甚至践踏。

三、改革开放新时期的中国人权

1976 年，党中央一举粉碎了“四人帮”，结束了“文化大革命”。以 1978 年底召开的党的十一届三中全会为标志，中国进入了新的历史发展时期，即社会主义现代化建设和改革开放的时期。

（一）改革开放新时期中国人权发展大体经历了四个阶段

第一个阶段自党的十一届三中全会始至 1988 年止。这是人权思想开始启蒙的阶段。改革开放初期，正值“文化大革命”结束不久，鉴于“文化大革命”践踏民主、法治、人权的惨痛教训，人们呼唤民主、法治、人权，这是很自然的事情。邓小平在 1978 年 12 月召开的中共中央工作会议的讲话中明确指出：“宪法和党章规定的公民权利、党员权利、党委委员的权利，必须坚决保障，任何人不得侵犯。”又说：“要切实保障工人农民个人的民主权利，包括民主选举、民主管理和民主监督。”① 1982年宪法关于公民基本权利的规定达28条，超过历部宪法。但是，当时有一小部分人，利用人们的心理和要求，歪曲党的拨乱反正的方针，别有用心地提出“争取人权”的口号，叫喊“只有人权才能救中国”。针对这种情况，1985年邓小平在一次讲话中尖锐指出：“什么是人权？首先一条，是多少人的人权？是少数人的人权，还是多数人的人权，全国人民的人权？西方世界的所谓‘人权’和我们讲的人权，本质上是两回事，观点不同。”② 邓小平这一精辟论断，严格区分了社会主义人权和资产阶级人权、社会主义人权观和资产阶级人权观，强调批判资产阶级人权观，揭露资产阶级人权的本质，从而为中国人权事业的发展指明了正确的政治方向。另一方面，也有些人仍未从“左”的思想束缚中解放出来，仍然错误地认为人权仅仅是资产阶级的口号和意识形态，在无产阶级专政条件下仍然坚持“尊重人权”的口号，实际上就是向党和政府“示威”，从而干扰了中国人权事业的正常发展。因此，对干部和青年学生进行人权启蒙教育，使其树立正确的人权观，仍是十分必要和迫切的。

第二个阶段始于1989年，止于20世纪末。这是开始举起人权旗帜的阶段。在这个阶段，中国人权事业的发展面临着相当复杂的历史背景。1989年，北京发生了一场政治风波，极少数资产阶级自由化的人兴风作浪，再次提出“争取人权”的口号，他们建立人权小组织，煽动学生、工人闹事。当我国政府采取果断措施，平息了风波以后，他们跑到国外，建立反动组织，继续散布人权谬论，攻击党和政府。另外，早在80年代初，美国就提出并推行“人权外交”政策，西化、分化和瓦解社会主义国家。90年代初，苏联、东欧社会主义国家先后瓦解以后，他们又将攻击的矛头集中对准社会主义中国。他们培植、支持达赖集团搞分裂，支持少数资产阶级自由化的人闹事。当闹事被制止以后，他们对我国实行各种制裁，继续支持少数资产阶级自由化的人从事攻击中国的各种活动。他们连续11次在联合国人权委员会上炮制反华提案，攻击所谓“中国侵犯人权”。他们在其所谓“人权的年度报告”中，更是造谣中伤，颠倒黑白，道听途说，罗织种种罪名，攻击所谓“中国的人权问题”。面对这样复杂多变的国内国际大背景及挑战，一方面，我们要粉碎西方大国西化、分化我国的图谋，戳穿西方大国“人权外交”的实质，彻底揭露和批判西方国家人权与人权观的本质和欺骗性；另一方面，我们要坚持党的基本路线，推进民主法制建设，促进和保护中国人民的人权。为此，1991年11月，我国国务院新闻办公室发表了第一个关于人权的官方文

① 《邓小平文选》，2版，第2卷，144、146页，北京，人民出版社，1994。

② 《邓小平文选》，1版，第3卷，125页，北京，人民出版社，1993。

件——《中国的人权状况》，也是第一份人权白皮书，第一次使用了“人权”这个伟大的名词，理直气壮地举起人权旗帜，明确宣布“享有充分的人权，是长期以来人类追求的理想”，申明实现这一目标是“中国人民和政府的一项长期的历史任务”，宣布了中国在人权问题上的立场、观点和政策，明确提出“生存权是中国人民的首要人权”。江泽民同志也多次明确指出：“中国是一个有十二亿多人口的发展中国家，这一国情决定了在中国生存权和发展权是最基本、最重要的人权。”① 这样，就在国际社会树立起中国承认人权、尊重人权、维护人权的良好形象，受到国际社会的称赞和好评。

值得强调指出的是，1997 年 9 月党的十五大报告第一次明确提出“共产党执政就是领导和支持人民掌握管理国家的权力，实行民主选举、民主决策、民主管理和民主监督，保证人民依法享有广泛的权利和自由，尊重和保障人权”。这样就将“尊重和保障人权”提高到我们党执政的宗旨和治国理政原则的高度来认识与对待，成为发展中国人权事业的正确指针，推动了中国人权事业的发展。

新世纪伊始，中国人权事业发展进入第三个阶段。这是中国人权事业的大发展阶段。

2002 年，党的十六大报告重申“健全民主制度，丰富民主形式，扩大公民有序的政治参与，保证人民依法实行民主选举、民主决策、民主管理和民主监督，享有广泛的权利和自由，尊重和保障人权”，并将“尊重和保障人权”写进《中国共产党章程》。这里强调的“健全民主制度，丰富民主形式，扩大公民有序的政治参与”，是“公民权利和政治权利”的应有之义和基本要求，因此，必然成为发展中国人权事业的新内容和新目标。

党的十六大以来，以胡锦涛同志为总书记的党中央，科学地总结了中国改革开放和现代化建设的成功经验，根据对社会主义本质的重要判断和推进中国特色社会主义事业的需要，创造性地提出以人为本科学发展观与构建社会主义和谐社会新的发展理念及战略任务，并为贯彻落实这些发展理念及战略任务作了具体部署。“以人为本”就是以人民的根本利益为本，就是以人的权利为本。“科学发展观”就是全面、协调和可持续发展的发展观。“和谐社会”就是民主法治、公平正义、诚信友爱、充满活力、安定有序、人与自然和谐相处的社会。“以人为本”、“科学发展观”和“和谐社会”三位一体，都与人权问题有着紧密联系，有的本身就是人权问题。因此，它们必然成为科学发展中国人权事业的新理念和新指针。

2004 年十届全国人大二次会议通过的宪法修正案第一次将“国家尊重和保障人权”正式写入宪法，使尊重和保障人权由党和政府的一贯方针上升为人民和国家的意

① 《江泽民文选》，第 2 卷，52 页，北京，人民出版社，2006。

志，确定为宪法的一项基本原则。从此，发展中国人权事业有了可靠的宪法依据和保障。

2007年党的十七大报告发展了中国特色社会主义人权理论，主要是以人的权利为本的人权观形成，扩大了民主观，更新了平等观和全面发展的人权观。报告明确提出："要健全民主制度，丰富民主形式，拓宽民主渠道，保障人民的知情权、参与权、表达权、监督权。"报告强调要加快推进以改善民生为重点的社会建设，"促进社会公平正义，努力使全体人民学有所教、劳有所得、病有所医、老有所养、住有所居"。报告还强调指出："尊重和保障人权，依法保证全体社会成员平等参与、平等发展的权利。"① 2008年，在纪念《世界人权宣言》发表60周年之际，胡锦涛总书记在致中国人权研究会的信中，正确评价了《世界人权宣言》及其产生的重大影响，充分肯定了中国人权事业取得的历史性进步和发展，明确提出"要一如既往地坚持以人为本，既尊重人权普遍性原则，又从基本国情出发，切实把保障人民的生存权，发展权放在保障人权的首要位置，在推动经济社会又好又快发展的基础上，依法保证全体社会成员平等参与，平等发展的权利"②。所有这些论述，丰富并发展了中国人权的基本内涵和基本内容，为科学发展中国人权事业指明了正确的政治方向和正确的发展道路。

第四个阶段，即有计划地全面发展中国人权事业的阶段。2009年4月13日，党中央和国务院批准并授权国务院新闻办公室发布了《国家人权行动计划（2009—2010年）》，它是中国政府第一项制定的推进中国人权事业全面发展的纲领性、政策性的重要文件。它的指导思想和基本原则明确，内容丰富全面，特点突出，政策措施目标切实可行。它的制定和贯彻落实标志着中国人权事业的发展迈入有计划地全面发展的新阶段。

(二) 中国人权发展取得的巨大成就

改革开放30多年来，在中国共产党的坚强领导下，中国人权获得大发展，并取得了举世瞩目的巨大成就。

第一，保障人民的生存权、发展权有了突破性的进展。社会经济又好又快发展，居民生活条件和生活质量不断得到改善与提高，贫困人口逐渐减少，人民的健康水平不断提高，公共卫生体系不断得到完善。

第二，保障公民权利和政治权利有了实质性的进展。人民代表大会制度、中国共

① 胡锦涛：《高举中国特色社会主义伟大旗帜 为夺取全面建设小康社会新胜利而奋斗》，29、37、31页，北京，人民出版社，2007。

② 胡锦涛给中国人权研究会的信，载《人民日报》，2008-12-11。

产党领导的多党合作和政治协商制度、民族区域自治制度和基层群众自治制度不断完善，依法行政积极推进，公民在互联网上的言论自由受到法律保护，公民依法享有批评、建议、申诉、检举和控告的权利。人权的立法、执法和司法不断加强，社会主义法律体系和人权保障法律体系已经形成。

第三，保障人民的经济社会文化权利不断有新的重大进展。劳动者的就业权利受到法律保护，通过接受职业培训，提高自身就业能力；社会保障制度建立健全；公民受教育权得到法律保障；人民文化生活日益丰富，公共文化服务体系加快建立；公民的私有财产权受到法律保护。

第四，保障少数民族的平等权利和自治权利，不断出台新的重大举措。国家依法保障各少数民族平等参与管理国家事务和地方事务的权利，国家加大对少数民族地区发展的支持力度，少数民族人民的生活水平不断提高，少数民族地区的公共卫生体系建设进一步加快，少数民族的受教育水平不断提高。

第五，保障残疾人权益不断有新的进展。国家积极完善保障残疾人权益的法律法规，进一步强化残疾人权益的法律保障，残疾人社会保障体系和服务体系得到完善，残疾人的康复事业和教育事业得到不断发展，残疾人公共服务不断得到加强，文化体育生活不断丰富。

上述大量事实充分说明，中国人权事业取得了历史性的巨大进步和发展，现在的中国人权状况是历史上的最好时期。当然，我们并不讳言，由于发展不足和发展不平衡，中国的人权状况还存在一些不如人意的地方，还存在着这样或那样的问题。例如，优质教育、医疗资源总量不足、分布不均；物价上涨压力加大，部分城市房价涨幅过高；违法征地拆迁等引发的社会矛盾增多；食品安全问题比较突出；一些领域腐败现象严重，等等。这些问题都是人民群众反映最强烈的问题，都同人权息息相关，有的本身就是人权问题。中国政府正在采取有力措施（包括制定和实施“十二五经济和社会发展规划纲要”），坚持不懈地努力，加快解决这些问题，不断推动中国人权事业的更大发展，切实保障人权，让人民群众生活更加幸福，更有尊严。

四、中国人权发展的启示和经验

中国政府和人民从自己的历史与国情出发，根据马克思主义的基本原理与长时期革命和建设的实践经验，特别是30年来建设中国特色社会主义人权事业的新经验，批判地继承古今中外人类文化中有关人权的合理思想，在积极参与国际人权领域中的活动和对外人权斗争中，将人权的普遍性原则与中国历史、文化和现实的国情特殊性结合起来，形成了具有中国特色的社会主义人权观。

中国人权发展的启示和经验是：

第一，中国人权发展一定要始终坚持以毛泽东思想、邓小平理论和“三个代表”重要思想为指导，深入贯彻落实以人为本的科学发展观，全面、协调、可持续地发展中国人权事业。既要发展人民的生存权、发展权，而且要切实把保障人民的生存权、发展权放在保障人权的首要位置，又要发展人民的经济社会文化权利、公民权利和政治权利；既要发展集体人权，又要发展个人人权。同时，发展中国人权事业还要力求做到：统筹主权与人权、国内人权与国际人权、人权与社会，以及人权理论研究与人权实践。

第二，中国人权发展一定要始终坚持“既尊重人权普遍性原则，又从基本国情出发”的原则。人权的理念、主体、内容和价值都是普遍的，应当为人们所承认和尊重。“从基本国情出发”也就是从我国所处的社会主义初级阶段出发，从我国经济社会文化发展水平出发，从我国国家制度、政治制度、法律制度以及人民的愿望和要求出发，科学发展、统筹兼顾、整体推进、突出重点。要把人权的普遍性原则与从基本国情出发联系起来、统一起来，把人权的普遍性与特殊性联系起来、统一起来。任何将人权的普遍性与特殊性割裂开来、对立起来的观点都是不对的，对发展中国人权事业都是不利的。

第三，中国人权发展一定要始终坚持建立一整套促进和保障人权的基本制度，完善保障人权的法律体系，加强人权立法、人权执法和人权司法，切实促进和保障中国人权的科学发展。

第四，中国人权发展一定要始终坚持一条适合中国国情的人权发展道路。这就是：坚持从中国实际出发，坚持以人为本，将人民的生存权、发展权放在首位，在改革、发展、稳定的良性互动中全面推进人权，促进公民、政治权利与经济、社会、文化权利以及个人权利与集体权利的协调发展。[①] 这条道路的主要特点是坚持以人为本、以稳定为前提，以改革为动力，以发展为关键，以法治为保障，以科学发展观为统领，全面、协调、可持续地发展中国人权事业。

第五，中国人权发展一定要始终坚持中国共产党的领导。过去，中国共产党领导中国人民为争取、改善和实现人权进行了不屈不挠的奋斗，现在，中国人权发展的巨大成就，也同样是在中国共产党的坚强领导下才取得的。历史经验已经证明并将继续证明中国共产党的领导始终是中国人权发展的根本保证。因此，必须进一步加强中国共产党对中国人权发展的领导。在中国人权发展的指导思想、方针政策、宣传教育、

---

① 参见董云虎：《西方对中国人权认知的偏差及其原因》，载《人权杂志》，2010（5）。

发展道路、保障模式以及对外合作和对话、参与国际人权领域活动等方面，党都要适时地作出明确引导和指导，党的十五大、十六大、十七大报告确立的并为党章明确规定的“尊重和保障人权”的治国理政的基本原则要进一步贯彻落实，领导干部要带头践行这一原则，带头“尊重和保障人权”，保证中国人权沿着中国特色社会主义政治方向科学发展。

关于中共党史90年分期问题之研究述论

齐鹏飞

2011年7月1日，是中国共产党成立90周年纪念日。90年来，尤其是在中共党史90年的第三个“30年”以来，由于中共党史在“大历史观”下的规律性、阶段性特征的逐步呈现，由于中共党史专业研究及其学科建设的不断推进和深入，关于其分期问题的探讨，日益成为一个牵引学术界思想兴奋且“恒温”的热点研究课题。

所谓中共党史的分期问题，简言之，就是指依据什么样的理论、原则与方法，依据什么样的概念、逻辑与话语，或曰依据什么样的规律与特征，依据什么样的分界、分段标准，来对已经存续了90年而且仍处于“正在进行时态”的中共党史，进行大的历史时期和小的发展阶段之划分，以厘清中共党史的基本路向和发展脉络的问题。这是进行中共党史专业研究和学科建设（特别是学科体系建设）无法规避的根本问题。

在中共党史研究领域，由于其专业和学科性质的特殊性，分期问题一直是一个在不断的探索中认识逐步深化而“常温常新”并“仁智互见”的敏感问题。这是因为，分期问题不仅涉及专业研究和学科建设中的历史发展主题、主线与阶段性特征等绕不过去的基础性问题，而且直接关系到对于中共党史90年及其各个历史发展阶段的总体认识和评价问题，既是学术问题，也是一定程度上和一定范围内的政治问题。由于有作为中共领导集体与学术界基本共识和主流意见之重要标志与体现的两个“历史决议”及相关政治文件为指引和规范，中共党史90年的前两个“30年”，目前已经有了比较明晰且逐步趋同的阶段划分和界定，是共识大于歧见。至于中共党史90年的第三个“30年”，由于其距离过近，“大历史观”下的规律性、阶段性特征尚未经过充分沉淀而凸显，所以，迄今为止并没有形成一个方方面面均表示认同和接受的基本共识与主流意见。包括在最核心的阶段划分依据、标准及其分界点的问题上，一直存在着“社会主要矛盾”、“党的实践活动”、“党的任务和中心工作”、“党的纲领、路线、方针、政策”、“党的重大事件”、“党的重要会议”等多种不同观点。因此，中共党史90年的分期，也就有了三个大历史时期下的小的自“九个阶段”说至“十四个阶段”说等歧见。

一

由于中共党史专业和学科的特殊性质，国内学界关于中共党史分期问题的认识和探讨，是以中共历代中央领导人和中央领导集体的各种关于中共党史的重要论述、“历史决议”及政治文件之指导意见和主流意见为基本依据而展开与进一步深入的。

在中共党内，对于中共党史之发展阶段的划分，开始形成比较成型、成熟的指导意见和主流意见，是在抗战时期。

在抗战初期，由于已经有近20年大起大落、大开大合的曲折发展历程，民主革命时期中共党史的阶段性特征逐步显现。出于对中共党史研究并总结、揭示其历史发展规律和基本经验的现实需要，中共党内尤其是中央领导人毛泽东开始对中共党史进行了初步的阶段划分，如他在1939年10月的《〈共产党人〉发刊词》中，从统一战线、武装斗争、党的建设这一中国革命的“三大法宝”、“三个基本问题”的角度，非正式地将近20年的中共党史大体划分为“三个不同的阶段”：“这就是一九二四年至一九二七年第一次大革命的阶段，一九二七年至一九三七年土地革命战争的阶段和今天的抗日战争的阶段。”“第一阶段，是参加北伐战争……第二阶段，是土地革命战争……第三个阶段，就是现在的抗日战争阶段。”① 而这“三个不同的阶段”说，虽然由于介入问题的角度不同而在各个历史发展阶段的具体提法上有所差异，如第一个阶段之“大革命时期”、“北伐战争时期”、“党的幼年时期”，第二个阶段之“土地革命战争时期”、“十年内战时期”，第三个阶段之“抗日战争时期”、“抗日民族统一战线时期”等，但是，“三个不同的阶段”的时间上、下限都是基本一致的：1924（或1925）—1927年、1927—1937年、1937年以后，反映了当时中共党内对于此问题的基本共识。

到了抗战中期，在延安整风运动进入党的高级干部集中学习党的历史和全面总结党的历史经验阶段以后，毛泽东又对20余年的中共党史进行了比较系统的阶段划分，他在1942年3月中央学习组的讲话《如何研究中共党史》中，说仅仅是“个人意见”，

---

① 《毛泽东选集》，2版，第2卷，606、609页，北京，人民出版社，1991。

但实际上是代表中央领导集体正式提出了“三个阶段”说：“按照历史发展的顺序，我们党的历史，我觉得可以分为这样三个阶段：大革命时期是第一个阶段；内战时期是第二个阶段；抗日时期是第三个阶段。这个分法是否妥当，大家可以讨论，我只是作为一个意见提出的，不是中央的决议。如果有更适合党的历史过程的分法更好。”“中共党史分成这三个阶段，就斗争目标、打击对象、党的政治路线讲，都合乎事实，都说得通。在一九二五至二七年的大革命之前，还有一个准备阶段。一九二一至一九二四年是大革命的直接准备，可以和一九二五年开始的大革命合成一个阶段。”[①] 在这里，毛泽东第一次明确提出了中共党史不同历史发展阶段划分的依据和标准：“斗争目标、打击对象、党的政治路线”；而这“三个阶段”的具体提法是：“大革命时期”、“内战时期”、“抗日时期”；时间上、下限分别是：1925—1927 年、1927—1937 年、1937 年以后，其中，把 1921—1924 年作为第一个阶段的“准备阶段”，合并进第一阶段。这一划分法成为其后中共党内关于历史问题的政治文件和对各种中共党史的研究著作进行历史分期之最原始、最直接、最重要的“权威依据”。中共党史上的第一个“历史决议”——《关于若干历史问题的决议》（简称“1945 年决议”）以及当时编写的一些中共党史的研究、学习、宣传小册子，都遵循并体现了此划分法。

1945 年中共六届七中全会和七届一中全会两次通过的“1945 年决议”指出：“我们党一成立，就展开了中国革命的新阶段——毛泽东同志所指出的新民主主义革命的阶段。在为实现新民主主义而进行的二十四年（一九二一年至一九四五年）的奋斗中，在第一次大革命、土地革命和抗日战争的三个历史时期中，我们党始终一贯地领导了广大的中国人民，向中国人民的敌人——帝国主义和封建主义，进行了艰苦卓绝的革命斗争，取得了伟大的成绩和丰富的经验。”[②] 这里，仍然是把 1921 年中共成立以来 20 余年的历史划分为“三个历史时期”，而“三个历史时期”的具体提法也没有太大的变化：“第一次大革命”、“土地革命”、“抗日战争”。

1949 年新中国成立以后，在 1951 年纪念中共成立 30 周年之际，胡乔木接受中共中央的委托，撰写了全面、系统地反映和总结 30 年中共党史的长文《中国共产党的三十年》，并按照毛泽东的意见，以胡乔木个人的名义发表，成为中共党史上第一个在党内外、国内外具有广泛影响力的中共党史简明读本，成为中共全面执政以后在意识形态领域确立马克思主义的指导地位并以此统一全党、全国人民思想之历史教育、政治教育最重要的普及性读本。在该文中，胡乔木第一次完整地把 1921 年中共成立以来 30 年的历史划分为“四个段落”——“中国共产党成立于一九二一年七月一日，到现

① 《毛泽东文集》，第 2 卷，400、402 页，北京，人民出版社，1993。
② 《毛泽东选集》，2 版，第 3 卷，952 页，北京，人民出版社，1991。

在是三十年了……中国共产党三十年的奋斗历史可以分作四个段落来叙述，即：（一）党的成立和第一次国内革命战争时期（一九二一年——一九二七年）；（二）第二次国内革命战争时期（一九二七年——一九三六年）；（三）抗日战争时期（一九三七年——一九四五年）；（四）第三次国内革命战争时期，中华人民共和国的成立和经济恢复时期（一九四五年——）。"① 在此后各个领域——当然也包括国内学界所掀起的研究、学习和宣传中共党史的热潮中，各种研究成果、政治文件、宣传品中对于已经画了句号的28年民主革命时期中共党史之阶段划分，基本上都是依据和采纳胡乔木《中国共产党的三十年》"四个段落"的提法，并且逐步统一和规范，即：1921—1927年，党的成立和第一次国内革命战争时期；1927—1937年，第二次国内革命战争时期；1937—1945年，抗日战争时期；1945—1949年，第三次国内革命战争时期。当然，其中也有一些或者因为习惯称谓或者因为介入问题角度的不同而在提法上有所差异，如：有的中共党史研究著作中，将1921—1923年单独剥离出来，作为"党的成立时期"；有的将第一次国内革命战争时期称为"大革命时期"或"北伐战争时期"，将第二次国内革命战争时期称为"土地革命战争时期"或"十年内战时期"，将第三次国内革命战争时期称为"解放战争时期"。

进入改革开放和社会主义现代化建设的新时期以后，由于已经有20余年大起大落、大开大合的曲折发展历程，社会主义时期中共党史的规律性、阶段性特征逐步显现，在对于其历史及历史经验的研究和总结过程中，关于其历史发展阶段的划分问题也提到了新的中共领导集体的议事日程。

1981年，在纪念中共成立60周年之际，中共十一届六中全会通过了全面总结社会主义时期中共党史的《关于建国以来党的若干历史问题的决议》（简称"1981年决议"）。"1981年决议"将社会主义时期中共党史之分期，第一次明确划分为"基本完成社会主义改造的七年"（1949—1956年）、"开始全面建设社会主义的十年"（1956—1966年）、"'文化大革命'的十年"（1966—1976年）、"历史的伟大转折"（1976年以后）"四个阶段"。② 同时，"1981年决议"也涉及了对于民主革命时期中共党史的简要回顾，继续将其划分为"四个阶段"——"中国共产党在领导中国各族人民为新民主主义而斗争的过程中，经历了国共合作的北伐战争，土地革命战争，抗日战争和全国解放战争这四个阶段。"③ 这里，如果加上没有直接和单独点明的"党的成立时期"，28年的民主革命时期中共党史实际被划分为"五个阶段"。

"1981年决议"关于中共党史60年之"九个阶段"的划分法，反映了当时集中中

---

① 胡乔木：《中国共产党的三十年》，载《人民日报》，1951-06-22。

②③ 《关于建国以来党的若干历史问题的决议》，载《人民日报》，1981-07-01。

共全党的集体智慧与国内学界关于中共党史研究的学术积累和最新成果而形成的基本共识与主流意见，因此也就成为其后各种“官修”或曰“正本”的中共党史、学术界和教育界关于中共党史研究的集体或个人专著及教材之基本依据和主要参照系。

1991年，在纪念中共成立70周年之际，中共中央党史研究室推出了两部权威的“官修”或曰“正本”的中共党史，一部是关于民主革命时期的中共党史——《中国共产党历史》上卷（2002年修订为《中国共产党历史》第一卷出版），另一部是将民主革命时期中共党史和社会主义时期中共党史合编而成的“通史”——《中国共产党的七十年》（胡绳主编）。这两部著作对于28年的民主革命时期的中共党史，均依循“1981年决议”之“五个阶段”的划分法，即“中国共产党的创立（1921年7月—1923年6月）”、“党在大革命时期（1923年6月—1927年7月）”、“党在土地革命战争时期（1927年8月—1937年7月）”、“党在全民族抗日战争时期”（1937年7月—1945年8月）、“党在全国解放战争时期（1945年8月—1949年9月）”①；即“中国共产党的创立”、“在大革命的洪流中”、“掀起土地革命的风暴”、“抗日战争的中流砥柱”、“夺取民主革命的全国性胜利”②。而《中国共产党的七十年》对于社会主义时期的中共党史亦依循“1981年决议”之“四个阶段”的划分法，即“中华人民共和国的成立和向社会主义过渡的实现”、“社会主义建设在探索中曲折发展”、“‘文化大革命’的十年内乱”、“开创社会主义现代化建设的新局面”③。用《中国共产党的七十年》主要撰稿人之一郭德宏回忆起草过程时的话讲，就是：“七十年的党史应怎样分期？从历史的发展来看可分成几个大的阶段？经过讨论，认为写作时仍应按传统的分期法，即民主革命时期分五个时期，社会主义时期分四个时期。”④

2001年，在纪念中共成立80周年之际，该研究室又推出了反映中共80年发展历程的新作——《中国共产党简史》。其中，关于28年的民主革命时期中共党史，虽然是为了压缩篇幅而将1921—1927年中国共产党前7年的历史合为一章来编写，但实际上仍然是延续“五个阶段”的划分法，即“中国共产党的创立”、“投身大革命的洪流”、“在土地革命战争中开辟农村包围城市的道路”、“在抗日战争烽火中发展壮大”、“夺取民主革命的全国胜利”。关于社会主义时期中共党史的阶段划分，1976年以前与以往相比基本没有变化，仍然是“三个阶段”论——“中华人民共和国的成立和从新民主主义到社会主义的过渡”、“探索中国自己的建设社会主义的道路”、“十年‘文化大革命’的内乱”。而1976年以后尤其是1978年12月中共十一届三中全会开辟改革开放和社会主义现代化建设新时期以后的历史，则第一次以1982年中共十二大、1992

---

① 中共中央党史研究室：《中国共产党历史》，第一卷，北京，中共党史出版社，2002。

②③ 胡绳主编：《中国共产党的七十年》，北京，中共党史出版社，1991。

④ 郭德宏：《中共党史研究的重大进展——〈中国共产党的七十年〉一书简介》，载《遵义党史资料通讯》，1991（4）。

年邓小平的南方谈话和中共十四大为分界点，将其细化为“三个阶段”——“十一届三中全会开辟社会主义事业发展新时期”、“走自己的路，建设有中国特色的社会主义”、“进入社会主义改革开放和现代化建设新阶段”①。

2011年，在纪念中共成立90周年之际，该研究室推出了反映社会主义时期中共党史前29年的新作《中国共产党历史》第二卷（即最初设计的“中卷”。在“第二卷”推出的同时，也对“第一卷”进行了修订并一并出版）。在2011年出版的《中国共产党历史》第一卷、第二卷中，民主革命时期中共党史之“五个阶段”划分法基本没有变化，仍然是：“中国共产党的创立”时期（1921年7月—1923年6月）、“党在大革命时期”（1923年6月—1927年7月）、“党在土地革命战争时期”（1927年8月—1937年7月）、“党在全民族抗日战争时期”（1937年7月—1945年8月）、“党在全国解放战争时期”（1945年8月—1949年9月）。而关于社会主义时期中共党史前29年的阶段划分，则出现一个比较重要的新调整。1976年以前的社会主义时期的中共党史仍然是传统的“三个阶段”划分法——“中华人民共和国的成立和向社会主义过渡的实现”时期（1949年10月—1956年9月）、“社会主义建设的全面展开和对中国建设社会主义道路的艰辛探索”时期（1956年9月—1966年5月）、“‘文化大革命’的内乱和林彪、江青两个反革命集团的覆亡”时期（1966年5月—1976年10月）。但是，在“1981年决议”中被放置于“历史的伟大转折”（1976年以后）阶段里的“在徘徊中前进”的两年，则被单独划列为一个发展阶段，题为“在徘徊中前进和实现伟大的历史转折”时期（1976年10月—1978年12月）。② 也就是说，将社会主义时期中共党史的前29年第一次明确划分为“四个阶段”。这一重要调整，是与进入新世纪以来尤其是近年来执政党中央以及学术界关于中共党史研究的一个“大历史观”的基本共识和主流意见分不开的，即中共成立以来90年的历史发展，大体上可以划分为三个大的时期，即三个“30年”：民主革命时期“30年”（1921—1949年。准确地讲是28年）、社会主义革命和建设时期“30年”（1949—1978年。准确地讲是29年）、改革开放和社会主义现代化建设新时期“30年”（1979—2011年。准确地讲是33年）。28年的民主革命时期中共党史自不用论，已经过去62年的社会主义时期的中共党史，用曾经主持过《中国共产党历史》第二卷编撰和修改工作的中共中央党史研究室原副主任张启华的话讲就是：“新中国成立后的历史，以党的十一届三中全会为界，分为前后两个阶段：社会主义革命和建设时期，改革开放和社会主义现代化建设新时期。”③

① 中共中央党史研究室：《中国共产党简史》，北京，中共党史出版社，2001。

② 参见中共中央党史研究室：《中国共产党历史》，第一卷、第二卷，北京，中共党史出版社，2011。

③ 张启华：《用历史唯物主义观点正确书写党的历史——贺〈中国共产党历史〉第二卷出版》，载《光明日报》，2011-01-14。

换言之，随着2011年权威的“官修”或曰“正本”的中共党史——《中国共产党历史》第二卷的出版，关于中共党史90年的分期问题——至少其中的前57年，已经有了一个明晰的基本共识和主流意见——民主革命时期“30年”（1921—1949年），可以划分为“五个阶段”：“中国共产党的创立”时期（1921年7月—1923年6月）、“党在大革命时期”（1923年6月—1927年7月）、“党在土地革命战争时期”（1927年8月—1937年7月）、“党在全民族抗日战争时期”（1937年7月—1945年8月）、“党在全国解放战争时期”（1945年8月—1949年9月）。社会主义革命和建设时期“30年”（1949—1978年），可以划分为“四个阶段”：“中华人民共和国的成立和向社会主义过渡的实现”时期（1949年10月—1956年9月），“社会主义建设的全面展开和对中国建设社会主义道路的艰辛探索”时期（1956年9月—1966年5月），“‘文化大革命’的内乱和林彪、江青两个反革命集团的覆亡”时期（1966年5月—1976年10月），“在徘徊中前进和实现伟大的历史转折”时期（1976年10月—1978年12月）。至于改革开放和社会主义现代化建设新时期的“30年”（1979年至今），由于其“正在进行时”的特殊情况，这一段历史尚未与我们拉开必要的距离，尚未充分沉淀和结晶化，其内在的发展规律和阶段性特征并不是非常明显和突出，所以，没有可能也没有必要过早地对这段历史的阶段划分进行细化。也许，到了10年、20年以后，到了纪念中共成立100周年、110周年之际，中共中央党史研究室继续推出反映中共党史第三个“30年”的新作《中国共产党历史》第三卷时，可以对这30年中共党史进行具体的阶段划分，集中中共全党的集体智慧与学术界关于中共党史研究的学术积累和最新成果而形成基本共识与主流意见。而且这一工作已经有了很好的基础和开端，中共中央总书记胡锦涛在2007年中共十七大上的报告①和2008年在纪念中共十一届三中全会召开30周年大会上的讲话②中，已经对这“30年”中共党史的内在发展规律与阶段性特征进行了比较全面和系统的归纳、总结与揭示，可以成为指导我们对这段历史进行研究包括划分其阶段的“纲领性文献”——一如“1981年决议”对于中共党史第一个、第二个“30年”研究包括其阶段划分的指导意义一样。中共十七大报告和胡锦涛《在纪念党的十一届三中全会召开30周年大会上的讲话》中将新时期前30年的中共党史大体划分为中共十一届三中全会以来、中共十三届四中全会以来和中共十六大以来“三个阶段”。这一以中共重要会议为分界点、以中共领导集体的代际为时长的阶段划分法，提供了新时期前30年中共党史之历史分期的一种新思路。而以新时期中共党史为研究重心的中共中央党史研究室第三研究部，相继推出和不断修订出版的《中国改

① 胡锦涛：《高举中国特色社会主义伟大旗帜 为夺取全面建设小康社会新胜利而奋斗——在中国共产党第十七次全国代表大会上的报告》，载《人民日报》，2007-10-25。

② 胡锦涛：《在纪念党的十一届三中全会召开30周年大会上的讲话》，载《人民日报》，2008-12-19。

革开放20年史》——《中国改革开放史》——《中国改革开放30年》[①]，已经在这方面进行了长期的探索和有益的实践，如其关于新时期前30年中共党史之“四个阶段”说——中共十一届三中全会以来、中共十二大以来、邓小平南方谈话以来、新世纪以来，则提供了新时期前30年中共党史之历史分期，侧重于中共领导的中国特色社会主义事业之主题、主线发展变化的另一种新视角。这些前期的探索和有益的实践，都将成为我们对于新时期前30年中共党史之分期问题进一步深化研究的基础蓝本和重要参照系。

二

如上所述，由于中共党史专业和学科的特殊性质，国内学界关于中共党史分期问题的认识和探讨，是以中共历代中央领导人与中央领导集体关于中共党史的各种重要论述、“历史决议”和政治文件之指导意见与主流意见为基本依据而展开和进一步深入的。进入新时期以来的30余年间，学术界据此对于该问题分别在20世纪80年代、90年代和20世纪第一个十年里形成了时间持续长短不一的三次讨论热潮，使之成为中共党史专业研究和学科建设中一个非常重要的焦点问题。经过仁智互见的反复讨论，迄今为止，国内学界在关于中共党史90年的分期问题上，逐步形成了自“九个阶段”说至“十四个阶段”说等不同学术观点并立的现象。其中，对于第一个、第二个“30年”，意见比较趋同，没有太大、太多的原则性争论；但是，对于第三个“30年”，则思想认识一时间很难统一，争论比较激烈，既有形成基本共识的主流意见，也有各自坚持己见的不同学术观点。

1. 关于民主革命时期“30年”的历史分期问题

对于中共党史第一个“30年”之分期，由于国内学界的研究已经比较深入和透彻，加上中央的有关指导意见非常明晰，应该说，学者们对于“五个阶段”说的基本共识和主流意见，已经没有太大、太多的原则性争论。时段划分的上下限以及各个时段的称谓均高度趋同。目前，学术界和教育界关于中共党史研究的集体或个人专著和教材，其阶段的划分基本上都是以此为依据和参照系的。而在关于第一个“30年”中共党史之分期问题的讨论中，唯一有不同意见的特色观点，是以1935年的党的遵义会议为分界点，将其划分为“党的幼年时期”（1921—1935年）和“党的成熟时期”（1935—1949年）两个大的历史发展阶段，虽然不是什么主流意见，但也不失为可供参考的一家之言。

---

① 分别于1998年、2003年、2008年由辽宁人民出版社出版。

2. 关于社会主义革命和建设时期"30 年"的历史分期问题

同中共党史第一个"30 年"之分期一样，对于第二个"30 年"之分期，由于学术界的研究已经比较深入和透彻，加上中央的有关指导意见非常明晰，学者们对于"四个阶段"说的基本共识和主流意见，也没有太大、太多的原则性争论，时段划分的上下限以及各个时段的称谓比较一致。目前，学术界和教育界关于中共党史研究的集体或个人专著和教材，其历史发展阶段的划分，大多数也都是以此为依据和参照系的。

但是，这里需要特别指出的是，在关于第二个"30 年"之分期问题的讨论中，还是存在一些与上述"四个阶段"说的基本共识和主流意见有所不同的认识与见解的，而且这种不同的声音有时候还表现得非常激烈。其中，分歧比较严重的焦点问题，主要集中在以下两个方面：

一是关于 1949—1952 年即新中国成立之初的三年，需不需要单独划列为一个历史发展阶段，并冠之以"建立和建设新民主主义社会的三年"的主题和称谓。因为这里直接涉及非常敏感的"中共对于新民主主义社会的认识和处理"问题、"新民主主义社会在中国的历史命运"问题，所以，对于这种不同的声音，有的学者仅仅将其视为不同的学术观点，认为可以进一步讨论，但是也有的学者将其"上纲上线"到"不同的政治立场和思想倾向使然"的高度，认为必须加以否定和批判。

在中共党内和国内学界，比较早地提出并坚持将新中国成立之初的七年划分为前后两个历史发展阶段的，是胡乔木和龚育之。1989 年，胡乔木在《关于编写中华人民共和国历史的若干意见》[①] 中，对社会主义时期中共党史的阶段划分，提出了与"1981 年决议"有所不同的观点，即把"基本完成社会主义改造的七年"（1949—1956 年）又细分为"1949—1952 年"、"1953—1957 年"两个阶段。之所以将"1949—1952 年"单独划列为"建立和建设新民主主义社会的三年"这样一个历史发展阶段，胡乔木的基本依据和主要理由是其所一贯主张的——大的方面，"决议并不是认识的顶点和终点，而是为研究历史提供理论和方法的指针。我们的认识应该随着实践的发展而继续深化。不能认为有些决议上没有说过，就认为是违背了《历史决议》，如果这样，党史研究就只能是停留在 1981 年的水平，而不能再有所前进了"[②]；小的方面，"中央并未在中央正式文件中讲过 1949 年建国就标志着社会主义革命的开始。只是毛泽东同志 1953 年底在修改中宣部关于过渡时期总路线宣传提纲时加过这样一句话。但在 1949—1952 年中，中央从来就讲新民主主义，否则新民主主义共和国就从来不存在也

① 参见《当代中国史研究》，1999（1）。

② 参见郭德宏：《关于深化中共党史研究的几点思考和建议》，载《中共党史研究》，1997（4）；杜玉芳：《胡乔木对建国后党史分期的新设想及其意义》，载《党的文献》，2006（4）。

不可能存在了，新民主主义秩序能否巩固的问题也就不会发生了。如果不是这样认识问题，就会损害 1940 年《新民主主义论》发表以来直至 1949 年《共同纲领》通过并加以实行的党的信誉，使党陷入在根本理论上自相矛盾的地位”①。这个观点，得到了中共党内和国内学界相当一部分人的认同，如龚育之于 2000 年在中共中央党校主办的《学习时报》上发表的《关于建国以来党史的分期》、《再谈建国以来党史的分期》中明确指出：“把建国初的三年作为一个历史时期，也就是把历史决议所说的‘基本完成社会主义改造的七年’分为两段，是有道理的。这并不是说不遵守历史决议，历史决议也是将这三年的历史单作一条来论述的……而且这样一个部分，有它独特的历史内容。怎样来概括这三年的历史内容？我以为，最恰当的就是实施党所提出的、为各民主党派和全国人民拥护的《共同纲领》这个中华人民共和国建国纲领。”② 当然，这种观点一提出，也同时引发了非常大的争议和不同意见——代表者如蒋锡琨在 2001 年发表的《关于社会主义时期党史的分期问题》一文中提出“批评”：“龚育之同志就建国以后党史分期提出的与中央决议不同的看法，并不比中央决议的分期法更科学。龚育之同志发动对历史决议分期法的争论，可能引发对若干重大历史事件的评价的争议，那就违反邓小平同志主持起草《关于建国以来党的若干历史问题的决议》的初衷了。”③ 以及“反批评”——代表者如石仲泉在 2010 年发表《对中国共产党历史的独到研究》一文指出：“有的同志不赞成将新中国成立以后的最初 7 年分为‘前三年’和‘后四年’，认为这样的划分不符合《历史决议》，也有否定社会主义改造之嫌。这是误解。”④

二是关于 1977—1978 年“在徘徊中前进的两年”，有没有必要单独划列为一个历史发展阶段的问题。如果单独划列，那么，冠之以什么样的主题和称谓？这里，争论的焦点，其实就是在这两年究竟如何认识和如何“摆”的问题。一种观点认为，“在徘徊中前进的两年”，主基调是“徘徊”，这两年就是“文化大革命”的错误和思维的自然延续期，所以没有必要单独划列，将其与“文化大革命”的十年放置在一起，作为“文化大革命”及其延续的一个大的历史发展阶段即可。另一种观点则认为，“在徘徊中前进的两年”，主基调是“前进”，这两年是以 1978 年中共十一届三中全会的召开为发轫标志的当代中国“历史的伟大转折”之酝酿和准备期，而不能将其视为“文化大革命”的错误和思维的自然延续期。持这种观点的学者坚持认为，这两年往“上”摆

---

① 胡乔木：《关于〈历史决议〉的几点说明》（1981 年 5 月 19 日在党的十一届六中全会上的讲话），见《胡乔木文集》（第二卷），158～159 页，北京，人民出版社，1993。

② 龚育之：《党史札记》，104 页，杭州，浙江人民出版社，2002。

③ 载《真理的追求》，2001（5）。

④ 载《中共中央党校学报》，2010（1）。

还是往“下”摆的问题，绝不仅仅是不同学术观点的争论，而是反映了学者在关于中共党史专业研究与学科建设方面不同的政治立场和思想倾向。而持这两种对立观点的学者，都坚持认为自己的见解可以在“1981年决议”和邓小平关于中共党史历史评价的一系列讲话中找到支撑性的原始论据。

在中共党内和国内学界，比较早地提出并坚持将1977—1978年“在徘徊中前进的两年”单独划列为一个历史发展阶段的，也是胡乔木。而且，胡乔木的这一观点逐步得到了中共党内和国内学界绝大多数人的认同。如龚育之明确表示：“对于‘文化大革命’结束以后党史的分期，乔木的设想是，从一九七七年到一九七八年，为徘徊中前进的时期，从一九七九年，开始改革开放时期。我很赞同这个分法。这与历史决议的分法符合不符合呢？我认为是符合的。”[①] 龚育之在与其他学者共同拟定《中国共产党历史中卷分编目录初稿》时，就比较充分地吸纳了胡乔木的这一观点，把1949—1952年、1977—1978年分别作为两个历史发展阶段单列。而胡绳在主持编写《中国共产党历史》（第二卷）时，也借鉴了这种划分法，在初稿中采用了不同于《中国共产党的七十年》的分编形式，将1949—1978年的社会主义时期中共党史，划分为五个历史发展阶段即五编来编写，即：1949—1952年、1953—1956年、1957—1966年、1967—1976年、1977—1978年。[②] 龚育之讲：“把‘文化大革命’结束到十一届三中全会的两年，单独作为一编，是我们这本书的首创。”[③] 当然，在2011年最后定稿和正式出版的《中国共产党历史》第二卷中，“1977—1978年”仍然是按照原议，作为单独的一编即第四编——“在徘徊中前进和实现伟大的历史转折”；但是，对于新中国成立之初的7年的编写处理，可能是由于综合因素的考量，又回到传统的将1949—1952年、1953—1956年两个历史发展阶段合并为一编即第一编——“在徘徊中前进和实现伟大的历史转折”的处理方式。

另外，与上述通行的观点形成比较大的差异性的，还有个别学者所主张的“两分法”。这种独树一帜的新观点，把第二个“30年”划分为1949—1956年“结合中国实际学习苏联社会主义建设道路的时期”、1977—1978年“探索中国建设社会主义道路的时期”两段。[④] 也就是从经济社会发展道路或目标模式的角度来观察和划分历史发展阶段。

---

① 龚育之：《党史札记》，105页。

② 参见《龚育之论中共党史》（上卷），434～435页，长沙，湖南人民出版社，1999。另可参见石仲泉：《对中国共产党历史的独到研究》，载《中共中央党校学报》，2010（1）。

③ 同上书，504页。

④ 代表性的如朱佳木《论中华人民共和国史研究》（载《中国社会科学》，2009（1））、《对当代中国史定义、分期、主线问题的再思考》（载《当代中国史研究》，2010（1））。他这里主要谈的是中华人民共和国史的分期问题，事实上也是在谈社会主义时期中共党史的分期问题。

3. 关于改革开放和社会主义现代化建设时期“30年”的历史分期问题

在目前国内学界关于中共党史90年分期问题的讨论中，仁智互见最集中、最突出的就是关于第三个“30年”的阶段划分问题。由于这一阶段尚处于“正在进行时态”的中共党史，其距离过近，“大历史观”下的规律性、阶段性特征尚未经过充分沉淀而凸显，所以，迄今为止，并没有形成一个方方面面均表示认同和接受而通行的基本共识与主流意见。这是非常正常的现象。

关于第三个“30年”的分期问题，目前国内学界存在着以下一些不同的认识和见解：

（1）权威的“官修”或曰“正本”的中共党史所提出的“三个阶段”说或“四个阶段”说。

“三个阶段”说，即中共十七大报告和胡锦涛《在纪念党的十一届三中全会召开30周年大会上的讲话》中的概括：1978年12月中共十一届三中全会至1989年6月中共十三届四中全会；1989年6月中共十三届四中全会至2002年11月中共十六大；2002年11月中共十六大至今。这是以中共重要会议为分界点、以中共领导集体的代际为时长的阶段划分法。“四个阶段”说，即中共中央党史研究室第三研究部所编撰的《中国改革开放20年史》、《中国改革开放史》、《中国改革开放30年》中的概括：1978年12月中共十一届三中全会至1982年9月中共十二大；1982年9月中共十二大至1992年春邓小平南方谈话；1992年春邓小平南方谈话至1999年的20世纪末；2000年的21世纪初至今。这是以中共领导的中国特色社会主义事业之主题、主线的发展变化为分界点和时长的阶段划分法。这两种划分法，为目前国内学界的大多数学者所分别认同和接受。

（2）学者们在学术探索中仁智互见的不同学术观点。

目前，国内学界关于第三个“30年”的阶段划分包括不同分界点问题之探索，基本上是以“1981年决议”以后的历次党代表大会的政治报告（从中共十二大报告一直到中共十七大报告）以及邓小平以后的中央领导集体核心人物的重要讲话（如2001年江泽民《在庆祝中国共产党成立80周年大会上的讲话》、2008年胡锦涛《在纪念党的十一届三中全会召开30周年大会上的讲话》等）中关于第三个“30年”不同历史发展阶段之本质特征论述的基本精神为基础，整合国内学界的研究成果而仁智互见地进行的。由于学者们对于第三个“30年”不同历史发展阶段具有“重大转折意义”之分界点的不同认定，目前国内学界关于第三个“30年”的阶段划分，除了对于上述权威的“官修”或曰“正本”的中共党史所提出的“三个阶段”说或“四个阶段”说表示认同和接受的外，还有各种有所不同的“两个阶段”说、“三个阶段”说、“四个阶段”说等。

“两个阶段”说，是以1992年邓小平的南方谈话或中共十四大为分界点，将第三个“30年”划分为两个阶段（1979—1992年、1992年至今）。此种观点，将前一个阶段称为狭义的“党在改革开放和社会主义现代化建设的新时期”，将后一个阶段称为狭义的“党在改革开放和社会主义现代化建设的新时期之新阶段”。

“三个阶段”说，主要是由于对具体分界点的认识歧异，而产生的以下六种时间上、下限不同的划分法，即分别以1992年的中共十四大和2002年的中共十六大、以1989年的中共十三届四中全会和2002年的中共十六大、以1989年的中共十三届四中全会和2003年的中共十六届三中全会、以1992年邓小平的南方谈话和2000年的十五届五中全会、以1992年邓小平的南方谈话和2003年中共十六届三中全会、以1992年的中共十四大和2003年中共十六届三中全会为不同的分界点，而产生的1979—1992年、1992—2002年、2002年至今，1979—1989年、1989—2002年、2002年至今，1979—1989年、1989—2003年、2003年至今，1979—1992年、1992—2000年、2000年至今，1979—1992年、1992—2003年、2003年至今，1979—1992年、1992—2003年、2003年至今，这六种不同的划分法。这六种不同的“三个阶段”说划分法，其称谓却是基本上相同或相近的——“拨乱反正与改革开放和社会主义现代化建设的全面展开时期”、“中国特色社会主义市场经济体制的建立和建设时期”、“全面建设小康社会和和谐社会时期”（或“科学发展和全面建设小康社会时期”）。

“四个阶段”说，主要是由于对具体分界点的认识歧异，而产生的12种时间上、下限不同的划分法。这12种不同划分法之“四个阶段”说，其称谓却是基本上相同或相近的——“拨乱反正和伟大的历史转折时期”、“改革开放和社会主义现代化建设的全面展开时期”、“中国特色社会主义市场经济体制的建立和建设时期”、“全面建设小康社会和和谐社会时期”（或“科学发展和全面建设小康社会时期”）。

无论是“两个阶段”说，还是“三个阶段”说或“四个阶段”说，目前国内学界对于第三个“30年”不同阶段之分界点的认定，比较有共识而逐步形成主流意见的，其一是1992年邓小平的南方谈话或中共十四大；其二是2000年的中共十五届五中全会，或2002年的中共十六大，或2003年的中共十六届三中全会。各自都有一部分学者采纳。所以，目前国内学界关于“三个阶段”说，是普通认可的。

如此，归纳起来，目前国内学界关于中共党史90年分期问题的讨论，对于具体的历史发展阶段的划分，主要存在着“九个阶段”说、“十个阶段”说、“十一个阶段”说、“十二个阶段”说、“十三个阶段”说、“十四个阶段”说等不同认识和见解——即“九个阶段”说，由三个“30年”的“五个阶段”说、“两个阶段”说、“两个阶段”说构成；“十个阶段”说，由三个“30年”的“五个阶段”说、“两个阶段”说、“三个阶段”说构成，或由三个“30年”的“五个阶段”说、“三个阶段”说、“两个阶段”说构成；“十一个阶段”说，由三个“30 年”的“五个阶段”说、“三个阶段”说、“三个阶段”说构成；“十二个阶段”说，由三个“30 年”的“五个阶段”说、“三个阶段”说、“四个阶段”说构成，或由三个“30 年”的“五个阶段”说、“四个阶段”说、“三个阶段”说构成；“十三个阶段”说，由三个“30 年”的“五个阶段”说、“四个阶段”说、“四个阶段”说构成；“十四个阶段”说，由三个“30 年”的“五个阶段”说、“五个阶段”说、“四个阶段”说构成。当然，由于其中学者们对于分界点认定的不同，目前国内学界通行的“九个阶段”说、“十个阶段”说、“十一个阶段”说、“十二个阶段”说、“十三个阶段”说、“十四个阶段”说，其内部具体的历史发展阶段的划分，也是不完全一样的。

另外，就中共党史 90 年大的历史时期划分而论，进入新时期以来，尤其是在“中共十一届三中全会是具有里程碑意义的历史转折点”逐步成为中共全党和国内学界的基本共识与主流意见以来，中共党史的“三个时期”论——1921—1949 年的“新民主主义革命时期”、1949—1978 年的“社会主义革命和建设时期”、1978 年以来的“改革开放和社会主义现代化建设新时期”，已经为绝大部分学者所认可和接受。在 2007 年、2008 年、2009 年中共全党和国内学界对已经延续 30 年的改革开放与社会主义现代化建设新时期史及已经延续了 60 年的中共全国执政史、中华人民共和国史进行全面、系统的研究和总结时，三个“30 年”（即党领导革命“30 年”、党领导建设“30 年”、党领导改革“30 年”）的新概括和新提法，又逐步成为中共全党和国内学界关于中共党史 90 年之分期的通用语言，目前学术界和教育界关于中共党史研究的集体或个人专著和教材里，基本上都是采用此一新概括和新提法。以上所谓的中共党史 90 年之“九个阶段”说至“十四个阶段”说，基本上都是放置在三个“30 年”的“三个时期”论的大框架内的。当然，目前国内学界除了三个“30 年”的“三个时期”论之基本共识和主流意见外，也还存在有一些学者独树一帜的一家之言，代表性的如以 1935 年的遵义会议、1978 年的中共十一届三中全会为分界点，将中共党史 90 年之民主革命时期划分为“党的幼年时期”、“党的成熟时期”两个大的时段，将中共党史 90 年之社会主义时期划分为“党学习苏联社会主义建设道路和探索中国自己的社会主义建设道路的时期”、“党开创中国特色社会主义建设道路的时期”两个大的时段，前后共“四个时期”，虽然并非通行观点，但也不无道理和参考价值。另外，国内学界长期通用的关于中共党史之民主革命时期和社会主义时期的传统“两分法”，以及 1997 年中共十五大报告正式提出“两大历史任务”说以后出现的新的“两分法”——“党领导中国人民实现民族独立和人民解放时期”、“党领导中国人民实现国家富强和人民共同富裕时期”，也都是我们在进行关于中共党史 90 年分期问题的学术探索过程中可以参照的重要观测点。

三

中共党史 90 年的分期问题，包括大的历史时期和小的发展阶段的划分，无论是“三个时期”论、“四个时期”论，还是“九个阶段”说至“十四个阶段”说，关键在于如何认识和处理划分的依据与标准，包括具体的分界点。当然，这里，还直接涉及对于中共党史 90 年之历史发展的主题、主线、主流的认识和界定问题，直接涉及对于中共党史 90 年大的历史时期和小的发展阶段的称谓概括问题。

就大的历史时期划分而言，马克思主义唯物史观之“社会形态”论，无疑是必须遵循的基本依据。中共党史 90 年之民主革命时期和社会主义时期之传统“两分法”，就是以社会主要矛盾的发展变化为判断依据而进行的。中共党史 90 年之“党领导中国人民实现民族独立和人民解放时期”、“党领导中国人民实现国家富强和人民共同富裕时期”之新的“两分法”，也是根据随社会主要矛盾的发展变化而相伴产生的党的主要任务和中心工作的发展变化而界定的。

但是，这里破解问题的真正难点是——在第一个“30 年”期间，即 28 年民主革命时期的中共党史所面临的社会基本形态——半殖民地半封建社会，所面临的社会主要矛盾——中华民族与帝国主义、人民大众与封建主义，基本上没有大的或者说根本性的变化；在第二个、第三个“30 年”期间，即迄今为止已经延续了 62 年并且仍然处于“正在进行时态”的社会主义时期的中共党史，所面临的社会基本形态——社会主义社会，所面临的社会主要矛盾——“人民对建立先进的工业国的要求同落后的农业国的现实之间的矛盾”、“人民对于经济文化迅速发展的需要同当前经济文化不能满足人民需要的状况之间的矛盾”，除了在新中国前 7 年（1949—1956 年）非常特殊的自新民主主义社会至社会主义社会的过渡时期阶段性地表现为“两个阶级、两条道路”的社会主要矛盾外，在 1956 年社会主义制度建立、中国社会进入社会主义初级阶段以后，也基本上没有大的或者说根本性的变化。而且，笔者认为，中共党史 90 年之历史发展的主题——民主革命时期因应党领导中国人民实现民族独立和人民解放之历史任务而呈现的“开创中国特色新民主主义革命道路和建设、发展中国特色新民主主义革命事业”，社会主义时期因应党领导中国人民实现国家富强和人民共同富裕之历史任务而呈现的“开创中国特色社会主义道路和建设、发展中国特色社会主义事业”，也基本上没有大的或曰根本性的变化。那么，在这样的历史背景和前提条件下，对于大的历史时期的小的发展阶段，究竟该如何具体化地认识和处理划分的依据与标准及分界点？

就目前国内学界关于中共党史 90 年分期问题讨论的总体情况看，对于其中大的历史时期和小的发展阶段的划分，所遵循的依据和标准，包括具体的分界点，各不相同，真正是仁智互见。如三个“30年”大的历史时期的划分，其着眼点是党的主要任务和中心工作及其发展变化，而其中的两个分界点，一个是具有历史转折意义的重大历史事件——中共全面执政的中华人民共和国的成立，另一个是具有历史转折意义的重要历史会议——中共十一届三中全会。而分别放置于三个大的历史时期的小的发展阶段的划分，其遵循的依据和标准，包括具体的分界点，也非常不一致，同时存在着“党的实践活动”、“党的任务和中心工作”、“党的纲领、路线、方针、政策”、“重大历史事件”、“党的重要会议”等多种歧见。但是，笔者认为，多种歧见仅仅是表面现象，事实上是大体趋同的，即基本上都是以党的主要任务和中心工作及其发展变化（包括所谓的“党的实践活动”也可以归入此说）为主要划分依据和标准的。笔者认为，这是唯一正确的科学选择路径，是抓住了中共党史90年分期问题的核心所在，符合中共党史90年之历史发展的基本规律和内在逻辑的。至于具体的分界点，基本上可以归纳为两大类——“重大历史事件”或“党的重要会议”。1927年7月的大革命失败、1937年7月的抗日战争全面爆发、1945年8月抗日战争的最后胜利、1949年10月中华人民共和国的成立、1952年12月国民经济恢复任务的基本完成、1956年12月社会主义改造的基本完成、1976年10月粉碎江青反革命集团的胜利、1992年春的邓小平“南方谈话”等，大体上均可以列入“重大历史事件”类；而1923年6月的中共三大、1956年9月的中共八大、1966年5月的中共中央政治局扩大会议、1978年12月的中共十一届三中全会、1982年9月的中共十二大、1984年10月的中共十二届三中全会、1992年10月的中共十四大、1989年6月的中共十三届四中全会、2000年10月的中共十五届五中全会、2002年11月的中共十六大、2003年10月的中共十六届三中全会等，大体上均可以列入“党的重要会议”类。而且，有一个值得注意的、非常耐人寻味的现象——在进入第三个“30年”以来，随着中共全国代表大会及其中央委员会会议的日益正常化、定期化、制度化、规范化，随着中共中央领导集体的交接班和代际更替的日益正常化、定期化、制度化、规范化，以“党的重要会议”为分界点进行历史发展阶段划分的处理方式，越来越多地被学者们采用。

当然，具体到党的主要任务和中心工作及其发展变化如何认识和判断——什么是不同历史时期和发展阶段之党的主要任务和中心工作？其发展变化的基本规律和主要特点是什么？具体到分界点如何认识和判断——是以“重大历史事件”为转折标志，还是以“党的重要会议”为转折标志？学者们的思考和见解是“百花齐放，百家争鸣”的，这也正是目前国内学界关于中共党史90年分期问题讨论中出现“九个阶段”说至“十四个阶段”说之不同划分法的根本原因所在，是学者们关于中共党史90年之各个大的历史时期和小的发展阶段划分中具体时长与具体称谓均有所不同的根本原因所在。

笔者认为，对于目前国内学界关于中共党史90年之分期问题的讨论，尽快以中共历代中央领导人和中央领导集体各种关于中共党史的重要论述、“历史决议”与政治文件之指导意见和主流意见为基本依据，有机整合学者们的独立思考及其研究成果，在大的历史时期和小的发展阶段的划分上，形成一个思想和认识比较统一的基本共识或主流意见，对于中共党史领域的学术研究和学科建设是非常必要的，这是中共党史领域的学术研究和学科建设已经逐步深化并走向成熟，而且进一步推进、进一步繁荣的外在表现和内在要求。这是值得充分肯定的。但是，另一方面，也必须特别强调指出，在坚持并倡导已经形成的基本共识和主流意见的同时，应该允许并理解、鼓励与基本共识和主流意见有所不同甚至是独树一帜的“保留意见”和新观点，求同存异，一起探讨。尤其在对于第三个“30年”这一规律性、阶段性特征尚未经过充分沉淀而凸显的“近距离”、“零距离”的历史，在其大的历史时期和小的发展阶段的划分方面，更是应该进一步解放思想，允许并理解、鼓励学者们进行“百花齐放，百家争鸣”的全面探索，这也是中共党史领域的学术研究和学科建设已经逐步深化并走向成熟，而且将进一步推进、进一步繁荣的外在表现和内在要求。两者不可偏废。这里，笔者非常赞同学者朱佳木的一个观点——“只要是从历史本身的客观规律出发，从反映历史阶段性特征与内在规律的角度观察，各种划分历史时期的意见都可以也应当在学术范围内进行平等讨论，不应当把某一种意见作为绝对正确，而把其他意见斥为绝对错误。”① 因此，对于中共党史90年之分期问题的讨论，必须有一个宽松、宽厚、宽容的可以自由讨论和自由探索的学术环境与发展空间，要允许犯错误和修正错误。当然，同时也必须有正常和健康的“不掩过、不饰非”的学术批评与学术导引。只有这样，中共党史领域的学术研究和学科建设才能真正进入它的成熟期与繁荣期。

① 朱佳木：《论中华人民共和国史研究》，载《中国社会科学》，2009 (1)。

中国共产党反腐倡廉建设的历史经验

吴美华

提出反腐倡廉建设的概念并把它作为党的建设的一项重要任务，首次正式见诸党的十七大报告，而反腐倡廉建设的实践则可以追溯到建党初期。中国共产党在领导全国各族人民为实现中华民族伟大复兴而奋斗的征程中，始终重视党的作风建设，深入开展反腐败斗争。无论在革命战争年代还是在和平建设时期，无论在局部执政时期还是在全面执掌政权之后，无论在计划经济体制下还是在社会主义市场经济体制下，无论在封闭半封闭条件下还是在全方位开放条件下，中国共产党都以不懈的努力整肃不良作风、惩治腐败现象，探索出一条中国特色反腐倡廉道路。认真总结这方面的历史经验，对于我们保持党的先进性、提高治理腐败的能力，具有重要的现实意义。

一、新民主主义革命时期的反腐倡廉建设

中国共产党从诞生起，就以其鲜明的阶级性和先进性区别于任何其他政党，十分注意保持党的纯洁性，反对和抵制各种剥削阶级腐朽思想及不良作风对党的侵蚀。党的一大通过的《中国共产党第一个纲领》明确规定："党员除非迫于法律，不经党的特许，不得担任政府官员或国会议员。"① 党的二大通过的第一部党章，专门设立"纪律"一章，明确规定了对党组织和党员的纪律要求。大革命时期，革命形势的高涨使

① 《中国共产党章程汇编——从一大到十七大》，2页，北京，中共党史出版社，2007。

得党员数量急剧增加，一些投机腐败分子混入党内，党内不良风气有所滋长，贪污腐化问题时有发生，主要是在经济问题上发生吞款、揩油的情弊。1926 年 8 月 4 日，中共中央发布《中央扩大会议通告——坚决清洗贪污腐化分子》。《通告》分析了当时的革命形势，指出了贪污腐化问题的严重危害，阐明了反对腐化的必要性，要求各级党组织“迅速审查所属同志，如有此类行为者，务须不容情地洗刷出党，不可令留存党中，使党腐化，且败坏党在群众中的威望”①。这是中国共产党最早的关于反对贪污腐化的专门文件。为加强党内监督，党的五大成立了以王荷波为主席的中央监察委员会，党的六大成立了以刘少奇为书记的中央审查委员会，这些机构是党的纪律检查机关的前身，为后来党的纪检工作体制的建立奠定了基础。大革命失败后，党内在思想、作风、组织上的非无产阶级倾向严重干扰着党的路线的执行。针对这种情况，1928 年 11 月 11 日发布的《中国共产党中央执行委员会告全体同志书》，例举了党内思想作风不纯的种种表现，主要是极端民主化的倾向、个人的意气之争、小组织的倾向、雇佣革命的观念、消极怠工等，号召全党坚决肃清一切非无产阶级的意识。

土地革命战争时期，中国共产党在开辟农村包围城市、武装夺取政权道路过程中，更加注重思想教育和作风建设。由于红军党内社会成分大部分是农民和小资产阶级，加之农村和游击战争的环境以及旧军队的影响，党和红军内部存在着各种非无产阶级思想和不良作风，这对于执行党的正确路线妨碍极大。为纠正这些错误倾向，1929 年 12 月在福建上杭县古田村召开了红四军党的第九次代表大会，这就是党史上著名的古田会议。会议讨论通过了毛泽东亲自起草的古田会议决议，这是建党建军的纲领性文件，它不仅标志着毛泽东建党思想的初步形成，首先和着重从思想上建设党的原则的确立，而且为肃清党内不良风气、加强党的作风建设提供了理论指导。1932 年初，中国共产党在中央苏区开展了廉政建设和以反对贪污腐化、挥霍浪费、官僚主义和命令主义为主要内容的反腐败运动，直到 1934 年 10 月红军长征之前历时 2 年零 8 个月。在党内，1933 年 9 月 17 日发布了《中共中央关于成立中央党务委员会及中央苏区省县监察委员会的决议》，指出：“为要防止党内有违反党章破坏党纪不遵守党的决议及官僚腐化等情弊发生，在党的中央监察委员会未正式成立以前，特设立中央党务委员会，各省县于最近召集的省县级党代表大会时选举省县级的监察委员，成立各省县监察委员会。”② 根据这个决议，1934 年 1 月召开的党的六届五中全会成立了中央党务委员会，从那时起直到七大召开前，主要承担加强党纪教育和执行党纪的任务。在苏维埃政府内，取消了大而无当的旧式官僚主义行政区域，适当划分行政区域，建立四级

① 中央档案馆编：《中共中央文件选集》，第 2 册，283 页，北京，中共中央党校出版社，1989。

② 中央档案馆编：《中共中央文件选集》，第 9 册，340 页，北京，中共中央党校出版社，1991。

地方组织；建立市乡代表会议制度，民主选举政府工作人员，并根据公意撤换不胜任者；吸引广大工农兵群众参与政权管理，保证他们行使民主监督的权利，鼓励他们批评、检举、揭发苏维埃工作人员的缺点错误和腐败行为；建立各级工农检查部（后改为工农检查委员会）作为行政监督机关，负责监督苏维埃法律的执行，检举国家机关的贪污腐化和违法乱纪行为；建立审计制度，成立审计机构，发布《中华苏维埃共和国中央政府执行委员会审计条例》，通过经济审计整顿财政纪律，查处贪污浪费问题；开展反贪污浪费的节俭运动，中华苏维埃中央执行委员会颁布《关于惩治贪污浪费行为》的第 26 号训令，运用法律手段严惩贪污腐化分子，查处了瑞金县苏维埃财政部财会科长唐仁达、于都县军事部长刘仕祥等贪污公款案件；制定干部待遇条例，实行供给制，倡导廉洁作风，颁布“三大纪律，六项注意”，严格遵守和执行纪律；等等。这是我们党历史上第一次较大规模的反腐败斗争，是在局部执政条件下进行廉政建设的首次尝试，初步建立了党和苏维埃政府的各种民主制度、监督制度和廉政制度。

红军长征胜利到达陕北后，中国共产党加强对党员干部进行党性党风党纪教育。毛泽东、刘少奇、陈云等分别写下了《整顿党的作风》、《为人民服务》、《论共产党员的修养》、《怎样做一个共产党员》等名篇，提出了党风的科学概念、党的宗旨、系统的党员修养理论和共产党员的标准，开展了延安整风运动和大生产运动，培育了以三大作风为主要内容的优良传统作风。1937 年 10 月，参加过井冈山斗争和长征、时任抗日军政大学第六队队长的黄克功，因逼婚未遂枪杀陕北公学学员刘茜，经中共中央和中央军委讨论批准，陕甘宁边区高等法院判处黄克功死刑。在陕北公学召开的公开审判大会上，当场宣读了毛泽东写给该案审判长雷经天的复信，信中强调：“共产党与红军，对于自己的党员与红军成员不能不执行比较一般平民更加严格的纪律。”① 黄克功案件的处理在边区乃至国统区都引起很大震动，彰显了边区政府秉公执法的良好形象。中国共产党还开展了厉行廉洁政治、肃清贪污腐化的斗争。1937 年 8 月，中共中央在洛川会议上通过的《抗日救国十大纲领》，把铲除贪官污吏、建立廉洁政府列为重要内容之一。1938 年 8 月，陕甘宁边区政府制定了《惩治贪污暂行条例》，1939 年经修订，重新正式颁布了《惩治贪污条例》，明确规定了贪污犯罪行为的构成和量刑的具体标准，这为惩治贪污犯罪分子提供了法律依据。在贯彻实施条例的过程中，边区政府查处了 180 多起贪污腐化案件，产生了巨大的威慑力量。查处肖玉璧贪污案就是一个典型的案例。肖玉璧 1933 年参加革命，是一个身经百战的红军英雄，曾任区主席、贸易局副局长、税务分局局长等职，他身上的几十处伤疤记录着他的赫赫战功。后来，肖玉璧利用职权贪污挪用公款共 3 050 元，被边区政府逮捕查办。肖玉璧自恃功高，

---

① 《毛泽东书信选集》，100 页，北京，中央文献出版社，2003。

又与毛泽东很熟，就写信向毛泽东求救。为慎重起见，边区政府主席林伯渠亲自带着肖玉璧写的信去见毛泽东。毛泽东明确表示："我完全拥护法院判决。"1941年底，边区高等法院依法判处肖玉璧死刑。查处肖玉璧贪污案件在边区引起很大震动。1942年1月5日《解放日报》专门为此发表了评论，评论写道：我们要严重地注意！注意每一个反贪污的斗争，抓紧揭发每一个贪污事件，我们一定要做到：在"廉洁政治"的地面上，不容许有一个"肖玉璧"式的莠草生长！有了，就拔掉它！

为建设廉洁政府，陕甘宁边区政府颁布了一系列行政法规，如1943年4月颁布了《陕甘宁边区政纪总则草案》，规定了各级政府和政府工作人员应当遵守的基本原则与组织纪律，同年5月又颁布了《陕甘宁边区政务人员公约》，规定了政府工作人员应当遵守的十条行动准则，积极倡导廉洁奉公、遵纪守法的作风。各抗日民主根据地也相继颁布了相关法规，如《晋察冀边区惩治贪污条例》等，查处了一批贪污腐化案件。

解放战争时期，针对党员干部中新出现的一些贪污腐化现象，各解放区制定或修订了惩治贪污条例，惩治了一批贪污犯罪分子；普遍建立了行政监察机构，加强对各级行政机关及其工作人员的监督；完善了从中央苏区时期、延安时期延续下来的财经制度、审计制度等，健全了各项监督制度；结合土改开展了整党运动，纯洁了党的队伍；中国人民解放军总部重新颁布了《三大纪律八项注意》，开展了新式整军运动。特别是在最后一个农村指挥部西柏坡召开的党的七届二中全会上，向全党提出了拒腐防变和坚持"两个务必"的方针。全会根据毛泽东的提议作出如下规定：一曰不作寿，二曰不送礼，三曰少敬酒，四曰少拍掌，五曰不以人名作地名，六曰不要把中国同志和马、恩、列、斯平列。进北京城之前，毛泽东深沉而豪迈地表示："我们决不当李自成！"

新民主主义革命时期，在革命战争和局部执政条件下，中国共产党初步探索出以锤炼党性保持自身纯洁性、以培育优良作风树立良好形象、以严格纪律整肃内部不良作风、以法制手段惩治贪污腐化犯罪行为的反腐倡廉建设之路，为新民主主义革命的胜利奠定了坚实的基础。

二、新中国成立后全面执政条件下的反腐倡廉建设

新中国的成立使中国共产党成为全国范围内的执政党，党所处环境和地位的变化使党面临着新的严峻考验。由于革命的胜利，一些投机分子混入党内，造成党的组织不纯、作风不纯，一些党员和领导干部居功自傲、贪图享受、铺张浪费、贪污腐化、高高在上、脱离群众、官僚主义、玩忽职守。中国共产党清醒地认识到这些问题如果不解决，就会危及党的执政地位，于是从1950年下半年起，全党开展了整风运动，

1951—1954 年开展了整党运动。与民主革命时期的整党整风相比，此时整党整风的功能扩大了，不仅作为解决党内矛盾的一种方法，而且作为解决人民内部矛盾的一种方法。整风的重点不仅是整顿学风和思想作风，而且要整顿包括官僚主义等腐败现象在内的工作作风和生活作风。整风方式还推及国家政权机关，与廉政建设结合起来，成为防治腐败的重要措施。在全国，开展了“三反”运动和“五反”运动，并于 1952 年 4 月颁布了新中国第一个惩治腐败的刑事法规——《中华人民共和国惩治贪污条例》，在“三反”运动中查处了刘青山、张子善案件这个腐败第一大案。接着，又进行了“新三反”运动，即反对官僚主义、命令主义和违法乱纪。这些运动实际上是大规模的反腐败专项斗争，它震慑了违法犯罪，遏制了腐败的滋生蔓延，对广大党员、干部进行了一次生动实际的警示教育，所以在 20 世纪 50 年代的一段时间内，党风、政风、社会风气都是比较好的，形成了政通、人和、风清的局面。

对于执政党来说，最容易出现的问题是权力失去监督。为此，中国共产党建立了党和国家强有力的监督机关。1949 年 11 月 9 日，中共中央发出《关于成立中央及地方各级党的纪律检查委员会的决定》，随之成立中央和地方各级纪律检查委员会，朱德担任中央纪律检查委员会书记，从此有了覆盖全党的专门监督机关和执纪机关，初步奠定了中国共产党执政后纪律检查体制和纪律检查工作的基本格局。根据《共同纲领》第十九条的规定，成立了隶属于政务院的人民监察委员会，著名民主人士谭平山担任第一任主任。1954 年 9 月，第一届全国人民代表大会第一次会议决定，正式设立国家监察部，钱瑛被任命为监察部部长。各级监察机关在监督检查国家政策、法令、建设计划的执行方面，在严肃国家法纪，与官僚主义、命令主义、违法乱纪现象作斗争方面发挥了重要作用。鉴于“高饶事件”的教训，1955 年 3 月 31 日党的全国代表会议通过《关于成立党的中央和地方监察委员会的决议》，选举产生了由董必武任书记的中央监察委员会，代替原来的中央纪律检查委员会，进一步提高了党的监察机关的地位，加强了其职能作用。

社会主义改造基本完成后，党的八大根据新的形势和任务，对执政党建设作出全面部署。八大政治报告和八大党章强调，坚持党的群众路线和集体领导原则，注意谦虚谨慎、戒骄戒躁，号召全党抵制资产阶级和小资产阶级思想作风的侵蚀，用极大的努力在每一个党组织中，在每一个国家机关和经济组织中，同脱离群众、脱离实际生活的官僚主义现象进行斗争，反对任何降低党的作用和削弱党的统一的分散主义倾向。1956 年 11 月 10 日，刘少奇在党的八届二中全会上提出要防止领导人员特殊化的问题。他尖锐地指出，在社会主义国家、在共产党里面也可以产生新的“贵族阶层”，为避免这种情况发生，必须限制国家领导人员的权力，他们的生活水平应该接近人民的生活水平，不要过分悬殊，要加强人民群众对领导机关的监督。他还例举了瑞典、美国等西方国家的做法，认为资产阶级的有些制度也可以参考。这些振聋发聩的论述对全党产生了重要的警示作用。

1957年整风运动和反右派斗争之后，由于党内“左”倾错误的滋长，致使党内出现了以“五风”为主要特征的不正之风，严重干扰了党的建设和经济建设。1960年11月15日，毛泽东亲自为党中央起草了《中央关于彻底纠正“五风”问题的指示》，指出：“必须在几个月内下决心彻底纠正十分错误的共产风、浮夸风、命令风、干部特殊风和对生产瞎指挥风，而以纠正共产风为重点，带动其余四项歪风的纠正。”① 此后，全党大兴实事求是和调查研究之风，特别是党的八届九中全会和七千人大会的召开，使得纠“左”取得初步成效，也使得“五风”得到一定程度的遏制。

“文化大革命”给党的建设和党领导的社会主义事业带来重大损失。在“无产阶级专政下继续革命理论”的影响下，反腐倡廉建设被赋予浓厚的意识形态色彩，纳入“以阶级斗争为纲”的轨道，成为“反修防修”的工具。九大和十大党章取消了关于党的监察机关和党的纪律的条款，国家行政监察机关和中央监察委员会分别于1959年和1969年被撤销，党风、党纪和政纪一度涣散。以林彪、江青两个反革命集团为代表的邪恶势力追名逐利、滥用权力、拉帮结派、培植亲信、专横跋扈、骄奢淫逸，他们不仅带坏了一大批人，而且使党风、政风、社会风气受到严重污染。正是从那时起，个人崇拜、以权谋私等不正之风盛行起来，这也为“文化大革命”结束后腐败现象的滋生蔓延埋下了隐患。不可否认的是，党内正义力量与之进行了激烈的较量。毛泽东提出了“三要三不要”的原则，他多次对林彪、江青等提出批评，从反修防修的战略高度提醒全党增强拒腐防变意识，提出要培养和造就千百万无产阶级革命事业接班人。周恩来在极其困难的情况下，竭力抵制不正之风和腐败现象。邓小平在他第二次复出后，着力进行整顿，力求刹住各种歪风邪气、恢复党的优良作风。虽然他们的努力遇到种种阻力，未能从根本上纠正不正之风和腐败现象，但毕竟没有让林彪、江青一伙搞垮整个党。

从新中国成立到“文化大革命”结束，在长达27年的时间里，中国共产党的反腐倡廉建设走过了曲折的道路。以毛泽东为核心的党的第一代中央领导集体提出的反腐倡廉思想，丰富和发展了马克思主义党风廉政建设和反腐败理论。其中，毛泽东关于运用教育和法制手段反对腐败的思想，关于加强党内监督、群众监督、民主党派监督和新闻舆论监督的思想；刘少奇关于防止执政党内部产生特权阶层的论述，关于学习西方某些合理的制度为我所用的论述；周恩来关于官僚主义20种表现和反对官僚主义的论述，关于领导干部要过好“五关”（思想关、政治关、社会关、亲属关和生活关）

---

① 《建国以来毛泽东文稿》，第9册，352页，北京，中央文献出版社，1996。

的论述，都具有独到之处。当时采取的反腐败措施，如限制党和国家领导人的特权，党的高级干部带头廉洁自律、率先垂范，提倡干部参加集体劳动，通过开展专项斗争遏制腐败蔓延的势头等，都有一定的必要性和合理性，为我们今天加强反腐倡廉建设提供了借鉴。但是，以政治运动和群众运动作为反腐败的主要方式，往往容易忽视制度建设，难以形成反腐倡廉建设的长效机制，这方面的教训也值得记取。

三、改革开放新时期的反腐倡廉建设

改革开放新时期，中国共产党把党风问题作为关系党和国家生死存亡的问题，把反腐败作为关系党和国家生死存亡的严重政治斗争，更加坚决、主动、深入地开展反腐倡廉建设，在理论和实践上都取得了重大突破，主要体现在如下方面：

（一）确立了反腐倡廉建设的总体思路

党的十三大首次提出“在党的建设上走出一条不搞政治运动，而靠改革和制度建设的新路子”，并且指出：“必须把反腐败寓于建设和改革之中。”党的十五大明确提出：“坚持标本兼治，教育是基础，法制是保证，监督是关键。通过深化改革，不断铲除腐败现象滋生蔓延的土壤。”这就初步提出了反腐倡廉建设的基本方针。党的十六大提出：“坚持标本兼治、综合治理的方针，逐步加大治本的力度。加强教育，发展民主，健全法制，强化监督，创新体制，把反腐败寓于各项重要政策措施之中，从源头上预防和解决腐败问题。”从而进一步发展了十五大反腐倡廉建设的基本方针。党的十六届三中全会通过的《中共中央关于完善社会主义市场经济体制若干问题的决定》，第一次正式提出建立教育、制度、监督并重的惩治和预防腐败体系的崭新命题。2005 年 1 月，中共中央颁布《建立健全教育、制度、监督并重的惩治和预防腐败体系实施纲要》，提出了建立健全惩治和预防腐败体系的指导思想、主要目标、工作原则和基本要求。党的十七大强调“三个更加”，即更加注重治本，更加注重预防，更加注重制度建设。上述反腐倡廉建设总体思路的形成和确立，适应了时代和社会发展的需要，表明中国共产党正在用新的视角认识和治理腐败，从而实现了从运动反腐、权力反腐向制度反腐的转变。

（二）形成了反腐倡廉建设的领导体制和工作机制

在反腐倡廉实践中，中国共产党逐步形成了一整套领导体制和工作机制，这就是党委统一领导、党政齐抓共管、纪委组织协调、部门各负其责、群众支持参与。中共中央、国务院先后颁布和修订了《关于实行党风廉政建设责任制的规定》，按照这个规定，各级领导班子和领导干部增强责任意识，切实履行“一岗双责”的职责，认真落实“谁主管，谁负责”的原则，在抓好业务工作的同时，抓好职责范围内的反腐败和廉政建设。党的十一届三中全会重建纪委，选举产生了以陈云为第一书记的中央纪委。十二大党章专门列了“党的纪律”和“党的纪律检查机关”两章，明确规定了纪委的领导体制和主要任务。十六大党章重新确定了纪委的职能，明确纪委发挥组织协调作用，承担三大任务和五项经常性工作。各级纪检机关认真履行党章赋予的职责，不断加强自身建设，深化纪检体制改革，在反腐倡廉建设中作出了重要贡献。人民群众是反腐倡廉建设的主体和依靠力量，中国共产党把党的领导与发挥人民群众的主体作用统一起来，不断拓宽人民群众参与反腐倡廉建设的渠道，群众信访、网络举报、电话举报、短信举报以及民主评议政风行风等活动的开展，为反腐倡廉建设提供了坚实的社会基础。

（三）初步构建了惩治和预防腐败体系

20 世纪 90 年代以来，中国共产党在实践中形成了反腐败的三项工作格局，这就是：抓好领导干部的廉洁自律；查办违纪违法案件；纠正部门和行业不正之风。2004 年 1 月召开的中央纪委第三次全会将纠风工作改为“切实纠正损害群众利益的不正之风”。2001 年 9 月，党的十五届六中全会通过《中共中央关于加强和改进党的作风建设的决定》，提出了“八个坚持、八个反对”的要求。党的十六大之后，党中央明确提出构建惩治和预防腐败体系，把反腐倡廉融入经济建设、政治建设、文化建设、社会建设之中。在惩治腐败方面，各级纪检监察机关加强信访工作，拓宽举报渠道，开通举报网站，注重发掘案源，排查案件线索，坚持依纪依法严格办案，始终保持查办案件的高压态势，认真检查和处理比较重要或复杂的案件，特别是重点突破了一批大案、要案。据党的十二大到十七大中央纪委向党的全国代表大会报告的统计数据，30 年来，全国纪律检查机关共立案 400 多万件，处分违纪党员 370 多万人。同时，正确运用政策和策略查办案件，体现宽严相济、区别对待，综合运用法律、纪律、经济处罚、组织处理、行政处罚等多种方式惩处违纪违法行为，更加注重办案的政治、经济和社会效果，充分发挥办案的警示教育作用和在治本方面的建设性作用。在预防腐败方面，全党全社会积极构建“大宣教”工作格局，加强廉洁教育和廉政文化建设，运用多种宣传教育手段，体现多样性和针对性，增强说服力和感染力。以体制改革和制度创新推进源头治理，主要是深化行政审批制度改革，推进干部人事制度改革，深化司法体制和工作机制改革，推进财政管理体制改革，加快投资体制改革，推动金融体制改革，建立市场配置资源制度，等等。通过建立健全反腐倡廉的各项基本制度和配套制度，逐步形成用制度管权、用制度管事、用制度管人的长效机制。以 2003 年 12 月《中国共产党党内监督条例（试行）》的颁布为契机，推进党内十大监督制度建设，同时把党内监督与人大监督、政府内部监督、政协民主监督、司法监督、公民监督和舆论监督结合起来，使各种监督逐步形成整体合力，构建起具有中国特色的社会主义监督体系。

（四）建立了反腐倡廉建设法律法规制度体系

随着社会主义民主政治的发展、政治体制改革的深化、社会主义法制的逐步完善，反腐倡廉建设不断走向法制化。改革开放以来，中国共产党以党章为依据，制定颁布了一系列关于党风廉政建设的党内法规，主要有：《中国共产党党内监督条例（试行）》、《中国共产党纪律处分条例》、《中共中央纪委关于严格禁止利用职务上的便利谋取不正当利益的若干规定》、《国有企业领导人员廉洁从业若干规定》、《中国共产党巡视工作条例（试行）》、《中国共产党党员领导干部廉洁从政若干准则》等，这些都为加强反腐倡廉建设提供了党内法规依据。在国家廉政立法方面也有所加强，如：制定和修订了《中华人民共和国刑法》，制定和颁布了《中华人民共和国行政监察法》、《中华人民共和国审计法》、《中华人民共和国公务员法》、《中华人民共和国行政许可法》、《中华人民共和国各级人民代表大会常务委员会监督法》、《行政机关公务员处分条例》、《中华人民共和国反洗钱法》等。新时期反腐倡廉法律法规制度体系建设的一个突出特点，就是注重党内廉政法规与国家廉政法律法规的相互衔接、彼此照应、协调发展。可以说，我国已建立起中国特色社会主义廉政法律法规制度体系，使得反腐倡廉建设有法可依。

（五）加强了反腐败领域的国际交流与合作

新中国成立至改革开放前，中国共产党为抵制帝国主义的“和平演变”战略，以及出于“反修防修”的考虑，在反腐倡廉建设方面基本上处于相对封闭状态。改革开放以来，中国共产党适应国际形势的新变化，针对腐败日益呈现出跨国化、国际化的特点，积极开展反腐败领域的国际交流与合作。2005 年 10 月 27 日，十届全国人大常委会第十八次会议以 157 票全票通过决定，批准加入《联合国反腐败公约》。2007 年 9 月成立了国家预防腐败局，其职能之一是负责预防腐败的国际合作和技术援助。我国纪检、监察、司法部门认真研究和借鉴国外反腐败的经验，积极拓宽渠道，采取多种方式开展国际交流与合作。截至目前，我国已与 68 个国家和地区签订了 106 项各类司法协助条约，与 100 多个国家开展包括引渡在内的国际司法合作。中央纪委与监察部同 80 多个国家和地区的反腐败机构开展了友好交往。我国还成功举办了几次重要的国际反腐败会议，多次参加国际性反腐败和廉政建设会议，在国际舞台上展示了中国党和政府反腐败的决心与能力。在缉拿外逃贪官方面也取得重大进展，打击了腐败分子的嚣张气焰，维护了我国的司法主权，追回了大笔涉案资金，挽回了国家的部分经济损失。

改革开放新时期，中国共产党在极其复杂的形势和艰巨的任务面前，不断深化对反腐倡廉建设规律的认识，正在走出一条具有中国特色的反腐倡廉道路。正确的指导方针、明晰的工作思路、务实得当的工作部署，使得反腐倡廉建设取得了明显的成效，赢得了广大人民群众的认可。

四、结　语

回顾中国共产党 90 年反腐倡廉建设的历史，我们可以从中总结出很多宝贵经验，得到许多重要启示，主要是：

（一）不断推进反腐倡廉理论的与时俱进，用马克思主义中国化的最新成果指导反腐倡廉实践

中国共产党在不同历史时期形成的反腐倡廉理论，包括毛泽东党风廉政建设和反腐败理论、邓小平党风廉政建设和反腐败理论、江泽民反腐倡廉思想、胡锦涛反腐倡廉建设的重要理论观点。这些独具特色的党风和反腐倡廉理论，作为毛泽东思想和中国特色社会主义理论体系的重要组成部分，反映了马克思主义中国化的历史进程，体现了中国共产党人在理论创新方面的与时俱进，为加强党风建设和反腐倡廉建设提供了重要的理论指导。

（二）服从和服务于党的政治路线，紧紧围绕党的中心任务开展反腐倡廉建设

正确处理反腐倡廉建设与党的中心任务的关系，既直接体现反腐倡廉建设的价值取向，又决定反腐倡廉建设的工作定位。在这个问题上，中国共产党经历了从不自觉到比较自觉的过程，期间曾出现过曲折。实践证明，离开党的中心任务来搞反腐倡廉建设，不仅不能解决腐败问题，而且会造成经济停滞和社会动荡。只有服从和服务于党的政治路线，正确处理反腐倡廉建设与经济建设的关系，才能够推动科学发展、促进社会和谐。

（三）坚持标本兼治、综合治理，把反腐倡廉融入经济建设、政治建设、文化建设、社会建设之中

腐败的产生有着深刻的社会历史根源，就腐败抓腐败是难以奏效的，必须把反腐败作为一个长期的系统工程来抓，拓展从源头上防治腐败工作领域，不断铲除滋生腐

败的土壤。这就要求我们在总体思路和工作部署上注重整体性与系统性、战略性与阶段性相结合，把反腐倡廉建设与经济建设、政治建设、文化建设、社会建设融为一体，相互贯通，相互促进，尤其要注重通过深化改革和制度创新形成反腐倡廉的长效机制。

（四）坚持反腐倡廉的领导体制和工作机制，把党的领导和发挥人民主体作用统一起来

中国特色反腐倡廉建设的基本特点之一是坚持党的领导，也就是说，腐败问题只有在中国共产党的领导下，靠自身力量来解决，而不能靠外力来解决，这一点是任何时候都不能动摇的。人民群众是反腐倡廉建设的主体和依靠力量，党与人民群众的关系始终是党风建设和反腐倡廉建设的核心问题，这一点必须坚定不移。只有在党的领导下充分发挥人民群众的主体作用，反腐倡廉建设才能获得不竭的力量源泉，持续而有序地深入开展下去。

（五）健全廉政立法体系，不断提高反腐倡廉建设的法制化水平

反腐倡廉建设要靠思想教育，更要靠法制，正如邓小平所说，搞法制靠得住些。依法治国基本方略的提出，对反腐倡廉建设走向法制化提出了更高要求，指出了明确方向。加强廉政立法是依法治国的重要内容，我们必须适应社会主义民主法制的发展，健全中国特色廉政立法体系，包括实体性法律法规和程序性法律法规，尤其要注重法律法规的贯彻实施，不断提高反腐倡廉建设的法制化水平，为反腐倡廉建设深入持久地开展提供可靠的法制保障。

（六）学习借鉴别国经验，加强国际交流与合作

防治腐败是一个世界性的重大课题，尽管各国的国情不同，在治理腐败方面有着各自的做法，但总有一些带有共性的东西值得研究，有一些好的经验值得借鉴。在经济全球化快速发展的大背景下，中国作为国际反腐败的重要力量，必须以更加开放的眼光、更积极的态度，广泛开展与各类政党和各个国家之间的合作、沟通和交流，学习一切有益的东西为我所用，但决不能照抄照搬别国的模式。

民主革命时期中国共产党认识和对待马克思主义的历史考察

杨凤城

中国共产党的重要历史经验之一就是把马克思主义基本原理同中国具体实际结合起来，将马克思主义中国化。而中国化的前提是要解决什么是马克思主义、怎样对待马克思主义的问题。要对民主革命时期党在该问题上的认识和态度作出条分缕析的说明，非一篇文章所能。因而，我们只能进行俯瞰式的宏观考察，当然，这种考察需要抓住主脉、主流和本质，抓住有意义的问题。下面，本文拟从三个方面进行概括和分析。

一

中国共产党在民主革命过程中，对马克思主义理论的学习、研究与宣传一直贯彻始终，但较为集中的时期有三个：一是中国共产党创建时期；二是土地革命战争时期，更准确地说是此时期党领导和影响下的国统区左翼知识分子对唯物辩证法的研究、宣传和应用；三是抗日战争前期。

中国共产党成立前后，有一个对马克思主义的集中学习与宣传时期。问题很清楚，没有对马克思主义的基本理解与把握，便谈不上建立一个真正的马克思主义政党。在中国共产党的创建时期，《新青年》、《每周评论》、《向导》、《先驱》、《共产党》，以及北京《晨报》副刊、《民国日报》副刊、上海《星期评论》等报刊登载了大量马克思主义文献，也出版了一些小册子（1921 年 9 月，中国共产党在上海成立党的第一个出版机构——人民出版社，计划出版“马克思全书”15种，“列宁全书”14种，以及其他共产主义理论书籍。后因各种原因，大多未实现。1923年11月，复成立党的第二个出版机构——上海书店，专门从事马克思主义书籍和革命书刊的印行)。这些文献一类为马克思主义原著的汉译本（最初多为节译）；一类为汉译马克思主义介绍和阐释性著作，如日本河上肇、德国考茨基等人的著述；一类是中国人自己撰写的介绍和阐释性文章。在此过程中，北京的一李（李大钊）、一陈（陈溥贤——《晨报》记者，五四时期发表了大量译介马克思主义的文字），上海的二李（李达、李汉俊）、二陈（陈独秀、陈望道），以及广州的杨匏安、武汉的恽代英等发挥了显著的作用。从当年马克思主义原著的中译本看，译介最多的（版本和次数）是《共产党宣言》、《社会主义从空想到科学的发展》（有各种译名和节译）、《家庭、私有制和国家的起源》（有各种译名和节译）等。《资本论》第一卷、《哥达纲领批判》、《反杜林论》、《〈政治经济学批判〉序言》等亦有节译。特别需要指出的是，在“问题与主义”的论战中，在同基尔特社会主义、无政府主义的论战中，在1922年5月5日马克思诞辰纪念之际，具有初步共产主义觉悟的知识分子和早期的共产党人均借助这些场合进一步学习与研究了马克思主义，澄清了在一些重要问题上的认识，扩大了马克思主义的影响。此后，由于中国共产党集中精力于改造中国的实际革命工作，对马克思主义的集中学习和研究暂告一段落。

毛泽东曾经指出，十年土地革命战争时期，“有两种反革命的‘围剿’：军事‘围剿’和文化‘围剿’。也有两种革命深入：农村革命深入和文化革命深入”①。这里讲的“文化革命深入”主要是指党在国民党统治区领导和影响一大批哲学社会科学与文艺工作者所开展的文化革命运动，其中一项重要内容是对唯物辩证法的研究、传播和应用。

马克思主义传入中国之初，中国先进知识分子的目光主要集中在与社会革命或社会改造联系最为密切的唯物史观方面，而唯物辩证法除瞿秋白等少数理论家做过一些介绍外，则鲜有人提及。随着中国革命的发展，中国共产党人逐渐认识到许多理论和实践问题的解决仅靠唯物史观是不够的，还必须开展唯物辩证法的学习和传播，增强对马克思主义哲学的全面了解和把握。从这一点上说，这是马克思主义理论自身整体性和逻辑发展的必然要求。其次是革命实践发展的需要。中国共产党成立后即投身于改造中国社会的革命运动中，出于对实际工作的强调，甚至反对党员对马克思主义理论作比较专门的深入研究。1927年大革命失败后，在反思革命失败的沉痛教训时，党

① 《毛泽东选集》，2版，第2卷，702页，北京，人民出版社，1991。

认识到革命理论的重要性——没有革命的理论，就不会有革命的运动。[①] 1928年中共六大将“发行马克思，恩格思，斯达林，布哈林及其他马克思主义，列宁主义领袖的重要著作”作为一项重要任务提出来。[②] 之后，中国共产党在上海或利用合法形式或秘密地出版发行了大量马列主义经典著作和其他革命书籍。与此同时，还抽调一批党员专门从事理论工作。在党的领导和影响下，一批共产党人和进步知识分子投身于马克思主义的传播和应用中来，形成唯物辩证法在20世纪30年代风靡中国思想界的盛况。这表现在：唯物辩证法的经典原著被大量翻译出版，如《费尔巴哈论》、《哲学之贫困》、《自然辩证法》、《唯物论与经验批判论》、《反杜林论》等；苏联、日本等国介绍与研究唯物辩证法的著作和教科书被大量翻译出版，其中最有影响的是苏联西洛可夫等的《辨证唯物论教程》、米丁等的《新哲学大纲》和《辨证唯物论与历史唯物论》(它们曾被誉为30年代三大中译马克思主义哲学名著)；中国学者自己撰写的介绍唯物辩证法的论著日益增多，像张如心、陈唯实都有数部著作出版，而其中李达的《社会学大纲》和艾思奇的《哲学讲话》(后改名《大众哲学》)声名最著。对于唯物辩证法在中国思想界的狂飙突进，时人多有记载，如“‘辨证唯物论’这个名词，近年来已成为中国思想界一个最流行的时髦名词了”；“这派哲学……风靡全国，深入人心”[③]，等等。在唯物辩证法风靡全国的同时，唯物史观亦得到进一步的研究和阐释，特别是在围绕中国社会性质、中国社会史、中国农村性质的论战中，唯物史观得到具体应用，产生了很大影响。

抗日战争时期，中共中央所在地延安掀起了学习和研究马克思主义理论的热潮。这次学习热潮意义更大，因为中国革命的主力军在根据地，中国革命成败的关键之一在于领导层对马克思主义理论的把握和应用。此时，也具备了主客观条件：一方面，延安处在大后方，环境较稳定；另一方面，中国革命积累的正反两方面的丰富经验需要总结，民族革命战争新形势下提出的新问题需要解答，这些均迫切需要有系统的马克思主义理论的指导。在此背景下，1938年，毛泽东在六届六中全会上向全党特别是党的中高级干部提出了学习马克思列宁主义的任务，他说：“普遍地深入地研究马克思列宁主义的理论的任务，对于我们，是一个亟待解决并须着重地致力才能解决的大问题。”他号召“来一个全党的学习竞赛”，“在担负主要领导责任的观点上说，如果我们党有一百个至二百个系统地而不是零碎地、实际地而不是空洞地学会了马克思列宁主义的同志，就会大大地提高我们党的战斗力量……”[④] 1938年5月，中共中央决定成

① 参见郑师渠主编：《中国共产党文化思想史研究》，32～33页，北京，中共中央党校出版社，2007。

② 参见《中共中央文件选集》，第4册，422页，北京，中共中央党校出版社，1989。

③ 转引自郑师渠主编：《中国共产党文化思想史研究》，35页。

④ 《毛泽东选集》，2版，第2卷，533页，北京，人民出版社，1991。

立专门的翻译机构——延安马列学院编译部，集中翻译马克思、恩格斯、列宁、斯大林等人的著作（抗战时期主要是1938年至1942年间，延安解放社出版了“马克思恩格斯丛书”12种和《列宁选集》、《斯大林选集》等）。张闻天还提议成立了由中央机关干部组成的马克思主义研究会。延安新哲学研究会亦于1938年夏秋之际成立，由艾思奇、何思敬主持。一时，学习与研究马克思主义理论蔚然成风，各种课程、讲座、座谈、研讨和文章纷纷呈现。延安整风开始后，反对教条主义地对待马克思主义，重点学习中国化的马克思主义理论——毛泽东的著作成为主要内容。通过延安整风，全党牢固地树立起实事求是的思想和学风，即把马克思主义与中国革命实际紧密结合起来，从而达到了在毛泽东思想基础上的思想认识的统一。

正是经过对马克思主义的长期学习，中国共产党在什么是马克思主义、怎样对待马克思主义的问题上逐步取得了愈来愈清醒的认识。

二

中国共产党以马克思主义为指导，那么，“什么是马克思主义”是首先要解决的问题。早期的中国共产党人，通过学习和研究，对马克思主义的体系架构与主要原理已经有了整体性把握（虽然还不全面、不深入）。李大钊早在1919年发表的长文《我的马克思主义观》中便明确提出：“马氏社会主义的理论，可大别为三部：一为关于过去的理论，就是他的历史论，也称社会组织进化论；二为关于现在的理论，就是他的经济论，也称资本主义经济论；三为关于将来的理论，就是他的政策论，也称社会主义运动论，就是社会民主主义。”① 用今天的话讲，就是唯物史观、政治经济学和科学社会主义。蔡和森也表达了同样的理解，他写道：“马克思的学理由三点出发，在历史上发明他的唯物史观，在经济上发明他的资本论，在政治上发明他的阶级战争学说，三者一以贯之，遂成为革命的马克思主义。”② 1922年陈独秀在《新青年》第9卷第6号上发表的《马克思学说》按照“剩余价值”、“唯物史观”、“阶级争斗”、“劳工专政”四个部分介绍了马克思主义。

总的来看，早期中国共产党人理解的马克思主义基本原理主要包括唯物史观、剩余价值学说、阶级斗争与无产阶级专政理论。从马克思的两大理论贡献——唯物史观和剩余价值学说；从这两大理论是以科学社会主义为“理论终结”（恩格斯语），而社会主义的实现必须通过阶级斗争来推翻资本家的统治，并经由无产阶级专政走

---

① 《李大钊全集》，第3卷，232页，石家庄，河北教育出版社，1999。
② 《蔡和森文集》，74页，北京，人民出版社，1980。

向共产主义来看，早期共产党人对马克思主义的宏观把握确实抓住了马克思主义的核心。

从整个民主革命时期中国共产党人对马克思主义原理的言说和应用来看，排在头等重要地位的是阶级分析和阶级斗争理论。这一方面与中国共产党人对马克思主义的认知相关，另一方面，更重要的是这一理论可以直接用来分析和解答中国革命中遇到的实际问题。李大钊在《我的马克思主义观》中提出："阶级竞争说恰如一条金线"，把马克思主义"三大原理从根本上联络起来"[①]。陈独秀讲："不主张阶级斗争……便再过一万年，那被压迫的劳动阶级也没有翻身的机会。"[②] 蔡和森总结道："俄社会革命出发点＝唯物史观。方法＝阶级战争＋阶级专政。目的＝创造共产主义社会。"[③] 抗日战争时期，毛泽东曾回忆说："记得我在一九二〇年，第一次看见了考茨基著的《阶级斗争》，陈望道翻译的《共产党宣言》，和一个英国人（柯卡普——引者注）作的《社会主义史》，我才知道人类自有史以来就有阶级斗争，阶级斗争是社会发展的原动力，初步地得到认识问题的方法论。可是这些书上，并没有中国的湖南、湖北，也没有中国的蒋介石和陈独秀。我只取了它四个字：'阶级斗争'，老老实实地开始研究实际的阶级斗争。"[④] 可以说，从中国共产党成立之日起到民主革命胜利止，中共中央和中国共产党主要领导人，大凡有关中国革命重要问题的分析和解答，无不经常言说和遵循马克思主义的阶级分析与阶级斗争理论（虽然有时候绝对化地、机械地理解这一理论，带来了"左"、右倾尤其是"左"倾错误）。正是由于对这一理论的把握和正确应用，中国革命才最终获得成功。

阶级斗争的最高形式是暴力革命。暴力革命是旧社会中孕育新社会的助产婆、是革命的主要方式等观点，对于中国共产党人来讲几乎是毋庸置疑的马克思主义真理。国共合作的大革命、土地革命战争、抗日战争、解放战争，暴力革命一直是中国共产党从事革命事业的主要方式。正因为如此，我们会发现，中国共产党对于暴力革命的必要性和重要性的言说并未作反复的强调与分析，因为它对中国共产党人来讲并不是问题。这同列宁在领导俄国革命过程中的言论形成鲜明对比。由于欧洲国家社会党或工人党长期从事合法斗争的影响，列宁需要不断同第二国际迷恋议会和其他合法斗争形式的倾向作斗争，不断向俄国社会民主党强调暴力革命的必要性和重要性。而在中国，一方面，专制主义的野蛮统治使合法斗争难以展开并取得实效；另一方面，中国共产党是在列宁领导下的第三国际的帮助下成立的，它一开始就深受列宁主义的影

---

① 《李大钊全集》，第3卷，233页。

② 《陈独秀文章选编（中）》，4页，北京，三联书店，1984。

③ 《蔡和森文集》，64页。

④ 《毛泽东文集》，第2卷，378～379页，北京，人民出版社，1993。

响，况且十月革命的成功范例就摆在面前。当然，在暴力革命的具体形式上，即是以城市为中心，通过群众暴动取得政权，还是通过在农村建立革命军队和根据地，通过农村包围城市取得政权，中国共产党一度照搬十月革命的模式，但最终还是通过总结经验教训，摸索并确认了独具中国特色的革命道路，以农村包围城市，最后取得全国政权。

与阶级斗争相联系的无产阶级专政理论，其言说和应用远不能与阶级斗争理论比肩，但中国共产党人始终认为该理论是马克思主义的最重要的内容之一。大体说来，建党前后，在对马克思主义的学习和研究中，特别是在同无政府主义的论战中，对无产阶级专政的必要性和特点有所阐述。但此后，只是在展望未来社会主义革命的远景目标、作为行向共产主义的必要步骤时点到为止，没有展开。其原因，一方面是因为马克思谈论无产阶级专政的言论并不多（列宁讲得较多）；另一方面是因为，对于从事民主革命的中国共产党来讲，无产阶级专政还是遥远的未来，这是主要原因。当然，中国共产党在革命进程中先后提出并付诸实践的工农民主专政理论、人民民主专政理论等均是从马克思主义关于国家政权的理论出发的，是对无产阶级专政理论的具体应用和发展。实际上，对无产阶级专政理论突出重视并进行系统的探讨，还是在中国共产党执政全国以后，尤其是在新中国建立头30年间，这自然和社会主义革命与建设的实践需要密切联系在一起。

如果说阶级斗争理论是革命时期的中国共产党视野中的马克思主义的头等重要原理，那么作为阶级斗争理论基础并且与之密不可分的唯物史观则紧随其后。对于唯物史观的重要地位，中国共产党人早有认识。毛泽东在由民主主义者转向共产主义者的过程中便认定“唯物史观是吾党哲学的根据”①。1921年担任社会主义青年团负责人的施存统在《新青年》上发表《马克思的共产主义》一文，提到“我们如果真要使社会革命成功，除了遵守唯物史观之外，没有别的办法”②。类似思想在陈独秀等早期共产党人那里多有表达。从党对唯物史观的言说和应用看，其核心是从经济基础的决定作用来分析和看待历史、制度变迁与社会现实、革命进程。该方面的原理在中国共产党对历史问题的解答、对中国社会阶级结构和阶级关系的分析、对中国革命中各种政治力量的地位与作用的考察、对中国革命战略与策略的阐释中，经常被提起和应用，且自始至终贯穿于整个民主革命时期。

至于剩余价值学说，在中共中央文献和领导人的文章、报告、讲话中是提及和阐述较少的。其主要原因恐怕是作为马克思主义政治经济学经典著作的《资本论》非

① 《毛泽东书信选集》，11页，北京，中央文献出版社，2003。
② 《新青年》，第9卷第4号，1921年8月。

一般人所能读懂，其中诸多的概念和逻辑需要具备专业经济学知识才能透彻理解。从事繁重革命实践工作的中国共产党人无论从其知识背景还是从时间上讲，均不可能用大量时间专门研究和阐释之。加之，《资本论》以西方资本主义为主要研究对象，这与半殖民地半封建中国的经济现实距离很远，也影响着中国人的理解程度。尽管如此，剩余价值理论在中国革命中的应用仍是显而易见的。以剩余价值理论为基石，中国共产党以通俗的语言揭露地主、资本家等阶级的剥削事实，从而服务于唤起劳苦大众反剥削、反压迫的革命意识。当然，一些共产党理论家对《资本论》还是进行着学习和研究的，不过，就总体上讲，远逊于阶级斗争理论和唯物史观的言说与阐述。

以上，我们重在考察党对马克思主义的认识和理解。毛泽东讲过，十月革命一声炮响，给中国送来了马克思列宁主义。这一方面意味着中国共产党对马克思主义的理解必然会受到列宁和苏联共产党的影响；另一方面，列宁主义在中国共产党的马克思主义观中必然占据重要地位，有的时候有的方面甚至超过马克思和恩格斯，这和列宁主义的特点密切相关。进一步言之，列宁作为一个职业革命家，作为十月革命的领导者，他的理论特别集中于分析革命进程中遇到的实际问题及其解决的战略策略。这对于中国共产党无疑是至关重要的，况且列宁从世界革命的视野出发，有些理论是直接针对殖民地或半殖民地国家的。

如果我们不拘泥于细节，而是从宏观上就实际影响看，列宁主义对革命中的中国共产党的影响主要集中在以下方面：一是关于殖民地半殖民地民族革命的理论（如《民族和殖民地问题提纲初稿》等），它为中国共产党正确认识中国革命的性质和主要对象、领导者和同盟者，正确认识中国革命需要分为两步走等提供了理论指南。二是关于暴力革命理论（前文已述及）。三是革命战略与策略理论。在马恩列斯的著作中，毛泽东尤其喜欢读列宁的著作，读得最多、下工夫最多的也是列宁的著作，特别是反复阅读列宁的《社会民主党在民主革命中的两种策略》和《共产主义运动中的“左派”幼稚病》两部著作。[①] 四是党的建设理论，尤其是关于建立一个拥有铁一般纪律的实行民主集中制原则的无产阶级政党理论。而毛泽东思想对马克思主义的发展也特别体现在上述方面。从列宁的理论出发，毛泽东详细阐发了新民主主义革命理论、农村包围城市武装夺取政权的革命道路理论和保证这一革命道路成功的军事战略策略理论、统一战线理论尤其是其中的策略与政策思想、农村和游击战争环境下的党的建设理论等。正是上述建立在马克思列宁主义基础上的创新理论，使中国共产党最终指导中国革命取得了胜利。

---

① 详见龚育之等：《毛泽东的读书生活》，28～31页，北京，生活·读书·新知三联书店，2010。

三

马克思主义产生于西方，主要基于西方的历史与资本主义现实来构建和设计无产阶级与全人类解放的道路和前景。这一理论如何应用于与西方历史和现实迥然不同的中国，这一问题在中国共产党人接受马克思主义后不久便浮现出来，并要求加以回答。用现在的话说，就是“怎样对待马克思主义”。

马克思和恩格斯曾告诫后人：“我们的理论是发展着的理论，而不是必须背得烂熟并机械地加以重复的教条。”[①] 列宁在这方面讲得更多，如“我们决不把马克思的理论看作某种一成不变的和神圣不可侵犯的东西……因为它所提供的只是总的**指导**原理，而这些原理的应用**具体地说**，在英国不同于法国，在法国不同于德国，在德国又不同于俄国”[②] 等。

中国共产党人在接受马克思主义之际，便初步意识到与中国实际结合的问题。早在1919年《再论问题与主义》一文中，李大钊便提出：“一个社会主义者，为使它的主义在世界上发生一些影响，必须要研究怎样可以把他的理想尽量应用于环绕着他的实境。”[③] 到1926年，蔡和森明确提出：要把马克思列宁主义“应用到各国去，应用到实际上去”，在斗争中形成自己的理论和武器，“即以马克思列宁主义的精神来定出适合客观情形的策略和组织才行”[④]。1927年，瞿秋白在该问题上表达得更明确，他说：“革命的理论永不能和革命的实践相离”，“应用马克思主义于中国国情的工作，断不可一日或缓”[⑤]。上述思想在同时期陈独秀、李达、毛泽东、周恩来等人的文章和书信中也有程度不同的表达。到1930年，毛泽东写的《反对本本主义》便直截了当地提出“马克思主义的‘本本’是要学习的，但是必须同我国的实际情况相结合”[⑥] 的问题。

除了理论上的言说外（这种言说尚不经常，也未集中、系统和展开表达），把马克思主义与中国实际相结合主要还是体现在革命实践中，如对中国社会各阶级尤其是农民和资产阶级的地位与作用的分析和基于这种分析基础上所采取的政策与策略，对中国革命道路的探索，等等。当然，这种结合并非一帆风顺，教条主义地对待马克思主义、将共产国际指示和苏联革命经验神圣化的倾向一直存在，特别是在土地革命战争

① 《马克思恩格斯选集》，2版，第4卷，681页，北京，人民出版社，1995。
② 《列宁全集》，中文2版，第4卷，161页，北京，人民出版社，1984。
③ 《李大钊全集》，第3卷，306页。
④ 《中共党史报告选编》，24页，北京，中共中央党校出版社，1982。
⑤ 《瞿秋白文集·政治理论编》，第4卷，414、415页，北京，人民出版社，1993。
⑥ 《毛泽东选集》，2版，第1卷，111～112页，北京，人民出版社，1991。

前期，“左”倾教条主义一度给中国革命带来了巨大挫折和危害。

正是在上述理论和实践的基础上，在正反两方面经验的对比和积累下，到1938年秋，毛泽东在中共六届六中全会上所作的《论新阶段》的报告向全党提出了“马克思主义中国化”的任务，并对马克思主义中国化的内涵、必要性和基本原则作出了精辟阐述。报告指出：“马克思、恩格斯、列宁、斯大林的理论，是‘放之四海而皆准’的理论。不应当把他们的理论当作教条看待，而应当看作行动的指南。不应当只是学习马克思列宁主义的词句，而应当把它当成革命的科学来学习。”不但应当了解马列主义关于一般规律的结论，而且应当学习马、恩、列、斯“观察问题和解决问题的立场和方法”。“马克思主义必须和我国的具体特点相结合并通过一定的民族形式才能实现。”“离开中国特点来谈马克思主义，只是抽象的空洞的马克思主义。因此，使马克思主义在中国具体化，使之在其每一表现中带着必须有的中国的特性，即是说，按照中国的特点去应用它，成为全党亟待了解并亟须解决的问题。”[①] 会上，张闻天等领导人也对马克思主义中国化问题进行了阐述。会后，陈云、刘少奇等人在《怎样做一个共产党员》、《论共产党员的修养》等文章中均反复强调学习马克思列宁主义重在掌握其立场、观点和方法，掌握其“精神和实质”，而不是背诵教条。这些都有力地推动了马克思主义中国化的进程。此后，特别是经过延安整风后，把马克思主义基本原理与中国革命具体实践结合起来，实现马克思主义中国化，成为全党的牢固共识。正因为此，作为中国革命经验的理论总结的毛泽东思想才得以不断展开、不断系统化并最终成熟，更重要的是得到了全党的认可和拥护，成为党的指导思想。

在“马克思主义中国化”问题上，有两个历史事实需要指出：

其一，是20世纪30年代一些共产党理论工作者和左翼知识分子提出了马克思主义哲学的“中国化”或“具体化”主张。1936年，陈唯实在《通俗辩证法讲话》一书中提出了“辩证法之实用化和中国化”的主张。稍后，陈伯达发表于1936年9月《读书生活》第4卷第9期上的文章《哲学的国防动员》也提出了“使唯物辩证法在中国问题中具体化起来”的主张。1938年4月，艾思奇在《自由中国》创刊号上发表《哲学的现状和任务》一文，提出仅有哲学的通俗化是不够的，“现在需要来一个哲学研究的中国化、现实化运动”，以运用唯物论辩证法研究抗战中遇到的现实问题。同年7月，陈伯达在《我们的文化运动的民族特征》一文中，明确提出了文化运动要立足中国实际、结合中国文化传统，实现“中国化”。陈的这一思想得到进步文化界的广泛响应，许多人从不同角度对中国化问题作出探讨，指出外来的东西包括优良的思想、学

① 《毛泽东选集》，2版，第2卷，533～534页，北京，人民出版社，1991。

术，要在中国发生效力，应该也必然会中国化。[①] 这些，对于毛泽东和中国共产党从整个革命事业的全局、从全党指导思想的高度提出“马克思主义中国化”这一命题应有一定的直接或间接影响，也做了某种意义上的思想准备。

其二，在倡导正确地对待马克思主义的过程中，毛泽东十分重视马克思主义哲学的学习和研究。哲学是提供世界观与方法论的，要真正使全党特别是党的高级干部牢固树立对待马克思主义的正确态度——把马克思主义基本原理同中国具体实际结合起来，推进马克思主义中国化，就必须掌握马克思主义认识和对待问题的基本立场与方法。毛泽东在延安花了大量的时间和精力研究马克思主义哲学，并且撰写了《实践论》和《矛盾论》两部哲学著作。在其他讲话和文章中，毛泽东也不厌其烦地倡导用马克思主义唯物论辩证法分析和看待问题。从哲学上说，“马克思主义中国化”就是要解决理论与实践、共性与个性的关系问题，而《实践论》和《矛盾论》正是论证此观点的。《实践论》从认识论方面系统地论述了马克思主义的实践观，得出主观与客观、理论与实践必须具体地历史地统一起来的结论。《矛盾论》则阐述了对立统一规律是唯物辩证法的根本规律，论证了普遍性与特殊性、个性与共性、绝对与相对的辩证统一的原理。1941 年 5 月，毛泽东在《改造我们的学习》的报告中，尖锐地批评了党内盛行过的主观主义的思想方法，强调学习马克思主义不应搬用它的个别词句、个别结论，而是要学习它的立场、观点和方法。随后，中共中央书记处于 8 月末，决定由中央同志组织思想方法的学习小组，以毛泽东为组长。9 月 26 日，复决定成立高级学习小组，成员为中央、各中央局、中央分局、区党委或省委的委员，八路军、新四军各主要负责人，各高级机关某些干部，各高级学校某些教员，计划首先“研究马、恩、列、斯的思想方法论与我党二十年历史两个题目，然后再研究马、恩、列、斯和中国革命的其他问题，以达克服错误思想（主观主义及形式主义），发展革命理论的目的”[②]。1942 年 4 月，毛泽东建议编选的马、恩、列、斯《思想方法论》一书编成，后来，由中央定为干部必读书之一。

有了马克思主义哲学作基础，充分重视思想方法论的意义，“马克思主义中国化”的思想根基也就更为牢固。可以说，重视马克思主义的世界观和方法论，是党在历史上成功地树立和巩固正确对待马克思主义的态度探索中的一条重要经验。

① 详见郑师渠主编：《中国共产党文化思想史研究》，83～85 页。

② 《毛泽东年谱（1893—1949）》，中卷，329 页，北京，中央文献出版社，2002。

党的领导与党的建设的历史探索和基本经验

周　石　张志明

在当代中国，办好中国的事情关键在于党的领导，而党的领导的关键在于党的建设。要领导人民办好中国革命这件大事，关键在于马克思主义革命党的建设；要领导人民办好中国特色社会主义这件大事，关键在于马克思主义执政党的建设。经过党的领导和党的建设的艰辛探索，党的先辈已经通过党建设伟大工程的成功实践，领导人民顺利完成了中国革命的艰巨任务；今天，要完成中国特色社会主义的伟大事业，必须继续完成党的建设新的伟大工程。

一、党对中国革命的领导与党的建设的探索

在民主革命时期，党的领导和党的建设必须回答与解决两个关键问题：一是什么是中国革命？如何领导人民成功完成中国革命的艰巨任务？二是领导好这样的中国革命需要一个什么样的党？怎样建设好这样一个党？我们党对此经过了艰辛的探索，最后集中全党智慧形成了毛泽东思想，从而科学地回答和解决了这两大历史性课题。

（一）关于中国革命的探索

中国共产党走上中国革命的历史舞台后，中国革命遇到了前所未有的重大问题，即什么是中国革命？中国革命太特殊了，它既不是西方国家的资产阶级革命，也不是苏联的社会主义革命，还区别于中国旧的民主主义革命。那么它究竟是什么性质的革

命呢？其基本规律是什么呢？历史证明，没有一种系统科学的解救近代中国苦难命运的革命理论，就不可能有成功的中国革命实践。这种系统科学的中国革命理论就是毛泽东集中全党智慧提出的新民主主义革命理论。

新民主主义革命理论从一种全新的角度重新考察了中国社会的基本国情和中国革命的性质，其结论是：在 1840 年鸦片战争以后，“中国已逐渐地变成了一个殖民地、半殖民地、半封建的社会”。因此，“中国革命的历史进程，必须分为两步，其第一步是民主主义的革命，其第二步是社会主义的革命，这是性质不同的两个革命过程”。“而其第一步现在已不是一般的民主主义，而是中国式的、特殊的、新式的民主主义，而是新民主主义”。新民主主义革命要“改变这个殖民地、半殖民地、半封建的社会形态，使之变成一个独立的民主主义的社会”。这种社会的国家形态，“只能是在无产阶级领导下的一切反帝反封建的人们联合专政的民主共和国，这就是新民主主义的共和国，也就是真正革命的三大政策的新三民主义共和国”。它“一方面和旧形式的、欧美式的、资产阶级专政的、资本主义共和国相区别；另一方面，也和苏联式的、无产阶级专政的、社会主义的共和国相区别”。“它的客观要求，是为资本主义的发展扫清道路……又恰是为社会主义的发展扫清更广大的道路”①。

正是新民主主义革命这一科学理论，令人折服地解答了长期以来困扰人们的关于中国革命的一系列重大问题。

第一，对中国革命性质的准确把握是解决中国革命一切问题的先决条件。而对中国革命性质的把握，最终只能取决于对中国基本国情和社会性质的准确判断。鉴于近代中国社会已变成一个半殖民地半封建的社会，因此，中国革命的性质只能是民主主义革命，但这种民主主义革命与过去一般的民主主义又有区别，它是中国式的、特殊的、新式的民主主义，即新民主主义。

第二，中国革命的性质决定了中国革命的首要任务是实现国家的独立和民族的解放。因此，必须把新民主主义革命的奋斗目标与争取国家独立和民族解放的奋斗目标结合起来。“在中国，事情非常明白，谁能领导人民推翻帝国主义和封建势力，谁就能取得人民的信仰，因为人民的死敌是帝国主义和封建势力、而特别是帝国主义的缘故”②。

第三，要实现国家独立和民族解放，必须实现由各抗日阶级、阶层共同参与的民主政治。为此，必须“将国民党一党派一阶级的反动独裁政体，改变为各党派各阶级合作的民主政体”。“目前准备实行的宪政，应该是新民主主义的宪政。”这种宪政“就

---

① 《毛泽东选集》，2 版，第 2 卷，664、665、666、675、668 页，北京，人民出版社，1991。

② 同上书，674 页。

是几个革命阶级联合起来对于汉奸反动派的民主专政”，也就是“抗日统一战线的宪政”。

第四，要实现国家独立和民族解放，必须有一个坚强的、正确的政党的领导，必须有一个由这个党领导的统一战线和人民的武装力量。没有一个这样的无产阶级政党，就不可能坚持中国革命的正确方向；没有一个这样的统一战线，就无法调动最广大的力量去争取抗日战争的胜利；没有一支这样的武装力量，则一切都无从说起。“在今日，谁能领导人民驱逐日本帝国主义，并实施民主政治，谁就是人民的救星。历史已经证明：中国资产阶级是不能尽此责任的，这个责任就不得不落在无产阶级的肩上了。”

第五，社会性质决定了革命斗争的性质和重点，革命斗争的发展又不断地改变着社会性质（或其中的某一方面）。因此，中国革命的内涵与外延也将随着社会性质的演变而不断改变和发展，从新民主主义革命到社会主义革命，展示了中国革命发展的基本步骤和总的方向。

总之，新民主主义理论的提出，是以毛泽东为代表的中国共产党人所开创的具有鲜明中国特色的中国革命的完备理论形态。这一理论是在中国共产党人孜孜不倦追求民族解放和国家独立的革命实践中逐渐形成的，而它一经形成，就很快成为进一步指导中国革命的思想武器，从而有效保证了中国革命实践的巨大成功。

（二）关于民主革命时期党的建设

领导这样一场独特的中国革命需要一个什么样的中国共产党？怎样才能建成这样一个党？其基本规律是什么？如果这些问题不能得到科学的回答，即便明白了中国革命的规律，也没有资格和能力去完成其任务。显然，新民主主义革命的性质依然属于资产阶级民主革命，那么，依照革命的常态逻辑，这场革命应该由资产阶级政党来领导，为什么现实中必须要由中国共产党这个无产阶级政党来领导呢？这是党的建设首先面临的历史性课题，即中国共产党领导中国革命的资格问题。当然，历史证明资产阶级政党无法肩负起中国革命的历史重任，那么，中国共产党就有能力承担这样的责任了吗？党如何才能使自己具备这样的能力呢？如果我们机械地固守党的工人阶级先锋队性质，为保持党的阶级纯洁性而失去了广泛的代表性，由于中国产业工人人数在中国社会阶层中的比例很小，我们党就不可能很快发展壮大，就没有足够的组织力量去完成中国革命的艰巨任务；但如果我们走向另一个极端，为片面追求组织规模的尽快扩张而不注意保持党的阶级纯洁性和先进性，特别是在长期的农村根据地建设中，如果党的成员中农民成分占了绝大多数，很有可能会把我们党演变成一个农民党，甚至会成为带有浓重农民起义军色彩的政党，那将导致我们党完全失去领导中国革命的资格。也就是说，在党的组织建设中，“开门”和“关门”都将造成灾难性的后果。

我们党经过了艰辛的探索，逐步形成了民主革命时期党的建设的科学布局，从而回答和解决了困扰党的建设的一系列理论和实践问题。

首先，我们党逐渐明确了党的建设的科学目标，即中国共产党不仅是中国无产阶级的先锋队，同时又是中华民族的先锋队；中国共产党不仅代表了无产阶级的利益，同时也代表了中华民族的利益。这两个先锋队有机统一于中国革命和中国共产党自身建设的伟大实践中。红军长征到达陕北后，党中央在1935年的瓦窑堡会议上，根据当时的形势明确提出，“中国共产党是中国无产阶级的先锋队，他应该大量吸收先进的工人、雇农入党，造成党内的工人骨干，但同时中国共产党又是全民族的先锋队，因此，一切愿意为着共产党的主张而奋斗的，不问他们的阶级出身如何，都可以加入中国共产党”。1935年12月，毛泽东同志在陕北瓦窑堡召开的党的活动分子会议上进一步指出，我们党“不但代表了工农的利益，同时也代表了民族的利益”，“总括工农及其他人民的全部利益，就构成了中华民族的利益”。党的七大党章总纲中规定：“中国共产党，是中国工人阶级的先进的有组织的部队，是它的阶级组织的最高形式。中国共产党代表中华民族与中国人民的利益。”

其次，党的思想建设、组织建设和作风建设有机融为一体，逐步形成了党的建设的总体布局，使我们党成为一个成熟的有战斗力的党。在思想上，使广大干部和党员掌握毛泽东思想，以此保证党制定正确的政治路线，并使体现了正确路线的方针政策变成群众的行动，得到群众的拥护。在组织上，通过高度的民主与高度的集中相结合的民主集中制原则的落实和精神的发挥，形成了一个健全的马克思主义政党。在作风上树立了一种正确的党风，毛泽东在党的七大上把党风概括为三条：第一，这个党必须是理论同实际相结合的党；第二，这个党必须是密切联系群众的党；第三，这个党必须是建立在自我批评基础上的党。

最后，确立了党的建设的主线，即重视从思想上建党。在一个小农经济占绝对主导地位的农业大国，在一个农民占社会成分绝大多数的农业社会，如何把一个农民成分占绝大多数的政党建设成为一个先进的、坚定的、有广泛代表性的马克思主义政党，而不是蜕变为一个农民党甚或一支农民起义军？中国共产党人的法宝就是始终沿着重视从思想上建党这条主线来建设党。在党的发展史上，特别是在毛泽东思想的形成和发展过程中，一直特别注意发展党员既注重入党者的身份又不唯成分论。在大革命失败后，虽然当时的党中央强调重要的是发展工人党员，为此还在1930年3月发出了《中央通告第七十三号——发展产业工人党员加强党的无产阶级基础》，规定了各地发展工人党员的指标，但实际上随着农村根据地的建立，非工人出身的党员所占比例仍然较大。在这种情况下，我们党采取的对策是注重从思想上建党，认为发展党员“社会成分是应该注意的，但不是主要标准”。毛泽东针对根据地农民党员占很大比例的情况指出：“若不给以无产阶级的思想领导，其趋向是会要错误的。”瓦窑堡会议的决议也是一方面指出入党不唯成分论，但另一方面强调“应该使党变为一个共产主义大熔炉，把许多愿为共产党主张而奋斗的新党员，锻炼成为具有阶级觉悟的布尔什维克战士”。

中国革命的规律和中国共产党自身建设的规律结合在一起，形成了20世纪40年代马克思主义中国化的最新成果——毛泽东思想，以此思想武装全党，就使全党实现了对中国革命规律和中国共产党自身建设规律的高度自觉，就实现了党在民主革命时期的先进性，就使得中国革命的面貌焕然一新，就使中国革命以摧枯拉朽之势取得了最后的胜利。

二、党对社会主义的领导与执政党建设的探索

党在全国执政以后，毛泽东对社会主义建设和执政党建设作出了新的探索和思考，并努力想继续带领全党成功地回答和解决什么是社会主义、如何建设社会主义，以及如何在全国执政条件下建设党的问题。由于历史条件的局限，毛泽东的探索在晚年走入了误区，最终没有能够（当时也不可能）成功回答和解决上述问题。但毛泽东晚年的探索和失误却为后人超越时代局限性提供了条件。

（一）邓小平理论对传统社会主义的超越

“文化大革命”结束以后，一些重大的问题又重新摆在了我们面前：什么是社会主义？怎样建设社会主义？邓小平在深刻总结历史经验教训的基础上，集中全党智慧形成了邓小平理论，成功地初步回答了这些重大问题，从而开辟了中国特色社会主义的伟大事业，并使中国社会主义建设的面貌焕然一新。

由于历史的实际演变，使社会主义制度都诞生在没有经过资本主义充分发展阶段的经济文化落后的国家，这就决定了社会主义国家从诞生之日起，在相当长的历史时期内所面对的远不是战胜并取代资本主义的问题，而是要改变生产力水平低、经济文化落后的现状以求巩固和发展的问题。对这个历史时期的长期性、艰巨性、曲折性在理论上估计不足，必然给社会主义事业的发展埋下隐患。另一个需要强调的问题是，社会主义国家在一开始都沿用了高度集中的计划经济体制和高度集权的政治体制，是有其历史必然性的。当时很少有人会对“计划经济就是社会主义，市场经济就是资本主义”提出质疑，甚至认为社会主义不仅完全可以超越资本主义社会的发展阶段，而且完全可以超越市场经济的充分发展历程。这些认识，可以说是从列宁、斯大林到20

世纪70年代末以前相当多一批共产党国家的领导人，包括毛泽东这样的领导人物在内的共识，也可以说是那个时代共有的认识上的局限性。要超越这种认识是需要时间的，不经过实践中磨难的洗礼，是很难实现这种超越的。一些社会主义国家尽管改革起步比中国早，但直到其社会主义政党失去政权前，并没有一个国家提出并成功解决建立社会主义市场经济体制的问题。然而，如果对社会主义条件下发展市场经济的必然性、必要性及其重大意义在理论上认识不足，就必然无法使社会主义事业真正走出传统的阴霾，实现质的超越。

当这一页页风云历史翻过去之后，我们曾经认为早已解决了的问题又摆在了面前：什么是社会主义？怎样建设社会主义？就在这一历史的关节点上，邓小平理论带着它那特有的色彩出现了：它紧紧围绕着什么是社会主义以及如何建设社会主义的主题，在反思我国社会主义胜利和挫折的历史经验并借鉴其他社会主义国家兴衰成败历史经验的基础上，提出并成功解决了决定社会主义前途和命运的两个最核心的问题：一是对我国社会主义所处的历史阶段作出了理性界定，提出了社会主义初级阶段理论，这就从根本上克服了那些长期困扰社会主义事业发展的超越阶段的错误观念和政策；二是对构成我国经济发展、政治发展和社会主义现代化进程中最为有效的动力机制作出了理性界定，它既不是计划经济，更不是阶级斗争和群众运动，而是社会主义市场经济，这就从根本上实现了对传统的超越，使社会主义真正步入了全新的境界。对这两个核心问题的理性界定初步解决了当年马克思提出的东方落后的农业国是否可以跨越资本主义的卡夫丁峡谷而直接进入并建成社会主义的重大历史命题。邓小平理论的回答是：经济文化落后的中国可以不经过资本主义的发展阶段而进入社会主义社会，但这是一种“不合格的社会主义”，中国的社会主义还处于初级阶段。在社会主义初级阶段的中心任务是发展社会生产力，是实现这个有着几千年封建传统的东方大国的近代化和现代化，然后，再经过一个世纪的奋斗，建成比较合格的社会主义。而实现这一奋斗目标的唯一科学的途径，是在社会主义条件下发展市场经济，并以此为基础和动力，不断推进社会主义民主政治的进步，推进社会主义文化的不断繁荣，推进中国社会的不断发展，以在社会主义条件下构筑社会主义制度自身赖以存在和发展的历史前提。

这是邓小平理论划时代的伟大贡献。

（二）“三个代表”重要思想开辟执政党建设新境界

如前所述，党执政以后，特别是党的八大宣布我国进入社会主义社会以后，由于对“什么是社会主义？如何建设社会主义？”这个根本性问题，没能作出（当时也不可能作出）科学的回答，加上后来国际国内极其复杂的因素，使党对这个问题的探索走入误区，形成了以“五七指示”为代表的带有浓厚空想色彩的社会主义观，这就直接导致了执政党建设的探索遭受严重挫折，以致后来在“文化大革命”中形成了体现以阶级斗争为纲的“50 字建党大纲”，即“党组织应是无产阶级先进分子所组成，应能领导无产阶级和革命群众对于阶级敌人进行战斗的朝气蓬勃的先锋队组织”（这段话是 1967 年 10 月 21 日毛泽东加在中共中央《关于已经成立了革命委员会的单位恢复党的组织生活的指示》中的，由于正好 50 个字，故被称为“50 字建党大纲”）。

随着“文化大革命”结束以后党对社会主义的理解逐步实现理性的超越，随着中国特色社会主义事业的开辟，全新的问题又摆在了全党面前：要成功领导中国特色社会主义，需要一个什么样的中国马克思主义执政党？怎样把党建设成这样一个党？从创新的意义上讲，“三个代表”重要思想对此成功地作出了初步的回答，开辟了马克思主义执政党建设的新境界，并使执政党建设的面貌焕然一新了。

一是及时准确地判断和把握了执政党历史方位的两大根本性转变。即我们党已经从一个领导人民为夺取全国政权而奋斗的党，转变为在全国执政并长期执政的党；已经从一个在外部封锁和实行计划经济条件下领导国家建设的党，转变为在全面开放和实行社会主义市场经济条件下领导国家建设的党。这两个根本性转变是我们思考和分析马克思主义执政党建设一切问题的出发点与着力点。

二是科学地提出了执政党建设面临的两大历史性课题。面对党的历史方位的转变，执政党建设首先要解决的历史性课题是不断提高执政党的拒腐防变能力，以确保党在对外开放和市场经济条件下做到廉洁执政而不被权力所腐蚀，保证人民当家做主的国家权力主体地位不变质，这是党能够长期执政的前提条件。第二个历史性课题是不断提高党的执政能力和领导水平，以保证党能够成功实现对中国特色社会主义事业的科学领导，以领导人民顺利实现民族复兴。

三是提出了在新的历史条件下如何继续保持党的先进性问题，也就是党长期执政的合法性问题。党强调贯彻“三个代表”重要思想的三个根本要求是：关键在坚持与时俱进，核心在坚持党的先进性，本质在坚持执政为民。江泽民同志在党的十六大前夕指出，党的十六大将意味着我们党已经实现了整体性的更新换代。这里讲的“更新换代”，一方面是指党的领导集体的新老交替，但更重要的是指，在党所处的历史方位发生巨大变化的情况下，我们党必须有能力顺利实现党的执政方略、执政方式、领导方式、活动方式的与时俱进，以适应党在对外开放和市场经济条件下执政的客观要求，以实现党在全新执政条件下的先进性，以继续赢得中国社会各阶层的认同和拥护，从而巩固并发展我们党长期执政的法理基础。

三、科学发展观指导下党的领导与党的建设的良性互动

中共十六大以来，中央针对中国特色社会主义事业和执政党建设遇到的新情况、新问题，对中国发展向何处去以及中国共产党的发展向何处去等重大问题成功地作出了进一步的回答，集中全党智慧提出了科学发展观，使中国特色社会主义事业和党的建设有机地融为一体并产生良性互动，从而使新世纪的中国特色社会主义事业和执政党建设面貌焕然一新。

（一）科学发展观拓展了中国特色社会主义的内涵

科学发展观作为马克思主义中国化的最新成果，作为党的理论创新的最新成果，作为中国特色社会主义理论体系的最新成果，作为党领导人民实现中华民族全面复兴的最新指南，它绝不仅仅是指经济本身的全面、协调、可持续发展，绝不仅仅是党和政府的经济发展战略，更不仅仅是能源、资源或生态环境等问题的工作要求，而必须同时是经济、政治、文化、社会、人以及执政党自身之间的全面、协调、可持续发展。换句话说，科学发展观的科学内涵应该同时包括三个层面的良性互动。

第一层内涵是经济与生态环境、能源、资源和人口等要素的良性互动。我们权且把它称为"小科学发展观"。聚精会神搞建设，一心一意谋发展，是 1978 年以来全党形成的越来越坚定的共识。但这种发展不能仅仅理解为 GDP 的增长。确立科学发展观的理念，必须走出关于发展问题的认识和实践误区，走可持续发展之路，实现人口、资源、生态、环境与经济社会的协调发展。这才是党所坚持的执政兴国第一要务的发展，才是邓小平反复强调的硬道理的发展，才是 100 年不动摇的"以经济建设为中心"的发展。

第二层内涵是经济发展与政治发展、文化发展、社会发展和人的全面发展的良性互动。一方面，即便为了保证经济的可持续发展，也需要相应地实现政治、文化、社会和人的可持续发展；另一方面，政治、文化、社会和人的全面发展，本身就是中国特色社会主义的重要内容和目的，而且从长远来看，更带有根本性。科学发展观是否应该包括政治发展？回答当然是肯定的。总有人自觉不自觉地把发展民主政治与发展经济对立起来，断言一发展民主就会带来社会动荡。殊不知，如果没有民主政治发展，所导致的只能是经济的畸形发展，并使经济发展成果的分配严重背离社会主义核心价值要求，最终危害党的执政地位。所以，必须要通过政治发展，使我们的人民当家做主的感觉越来越具体、真实和强烈，使我们的人民能够切身体会到决策者的产生以及他们所作出的决策，是反映并代表了人民的意愿，并与人民息息相关的。文化发展也

应该是科学发展观的题中之义。党的独特地位和影响力，决定了我们党的人文理念将会深刻影响并在很大程度上决定整个民族的人文精神。所以，必须要通过文化发展，使人文理念和人文关怀融入党的执政理念，融入党和政府的发展理念，融入我们的城市规划和建设，融入越来越多中国人的行为方式和生活方式，使我们的后代子孙能够在我们保护完好的文化血脉中，感受到作为中国人的自豪和尊严。科学发展观当然也包括中国社会的可持续发展。要通过我们的社会发展，不断提高我国社会的组织化、现代化程度，不断提升我国社会的自组织能力，使中国社会在充满活力中日趋和谐，在构建和谐社会中更加充满活力。中华民族的伟大复兴最关键的是人的全面发展和人的现代化，科学发展观的重要内容之一就是人的全面发展。要通过我们的国民教育，造就一代代符合社会主义价值理念要求的成熟政治公民，推动全民精神素质的提升，推动人的全面发展。毛主席在1956年说过：要把我们的国家建设成一个大强国而又使人可亲！的确，国家不强不大是不行的，但只强大也是不行的，人民当年跟着共产党闹革命，不仅仅是为了不再受外国人欺辱，更是为了在自己的国家里当家做主。也只有当我们的人民为自己国家的高度民主、政权的高效廉洁、文化的繁荣发达、社会的和谐进步、全体国民的优秀素质而越来越感到自信和骄傲的时候，我们的国家才会真正变得越来越强大，也只有这样的强大才是不可战胜的。

第三层内涵是中国特色社会主义伟大事业与执政党建设新的伟大工程的良性互动。胡锦涛同志早在20世纪90年代就反复强调，要紧紧围绕中国特色社会主义事业进行执政党的建设，而党的建设的推进又反过来更好地促进中国特色社会主义的发展。这种新的伟大事业和新的伟大工程的良性互动，应该是科学发展观的最重要的内涵，也是最高的境界。也就是说，科学发展观的科学内涵既包含了中国特色社会主义事业的可持续发展，同时也包含了执政党自身建设的可持续发展。这就与民主革命时期的毛泽东思想形成了历史的呼应。毛泽东思想的科学内涵有机融合了中国革命理论和革命党建设理论，而且形成了中国革命的伟大事业和革命党建设的“伟大工程”之间的良性互动，从而对中国革命的胜利产生了巨大而深刻的历史影响。我们相信，科学发展观所形成的中国特色社会主义伟大事业和执政党建设新的伟大工程之间的良性互动，也必将对中华民族的伟大复兴产生巨大而深刻的影响。

（二）科学发展观促进党形成了执政党建设的科学布局

从1921年中国共产党成立，到1935年瓦窑堡会议前后初步形成民主革命时期党的建设的科学布局，再到1945年党的七大基本完成党的建设的“伟大工程”，为中国新民主主义革命事业的成功提供了保证。从1949年中国共产党开始在全国执政，到2007年党的十七大形成执政党建设的科学布局，我们可以预见它们对完成党的建设新的伟大工程的意义，对取得中国特色社会主义事业成功的意义。

科学发展观促进了党的建设新的伟大工程和中国特色社会主义事业的良性互动，从而逐步形成了执政党建设的总体思路和科学布局。

一是明确了执政党建设的总目标，正确地回答了“建设一个什么样的马克思主义执政党”这样一个长期困扰执政党建设的问题。即通过党的建设，使“党始终成为立党为公、执政为民，求真务实、改革创新，艰苦奋斗、清正廉洁，富有活力、团结和谐的马克思主义执政党”，从而为执政党建设指明了努力的方向。

二是提出了执政党建设的总体布局，初步回答了“怎么建设这样一个马克思主义执政党”的问题。长期以来，说到党的建设，一般都是讲思想建设、组织建设和作风建设这三大建设。进入新时期，我们党总结历史经验，根据新的实践要求，提出要注重制度建设，丰富了党的建设总体布局的内涵。党的十七大明确提出反腐倡廉建设这个概念，把反腐倡廉建设与党的思想建设、组织建设、作风建设、制度建设并列，从而构成了马克思主义执政党建设的总体布局。

三是明确了马克思主义执政党建设的主线，进一步回答和解决了“如何建设马克思主义执政党”的问题。这条主线就是党的执政能力建设和先进性建设。把党的执政能力建设和先进性建设作为主线，贯穿于党的思想建设、组织建设、作风建设、制度建设和反腐倡廉建设之中，凸显了这两大建设对其他建设的统领作用。

党的领导与党的建设的历史探索，使我们党越来越走向理性和成熟，但中国特色社会主义事业和马克思主义执政党建设依然需要我们党继续探索。相信我们党有能力最终探索出中国特色社会主义和执政党建设的基本规律，保持党在执政条件下的先进性，为中华民族的伟大复兴创造新的奇迹，为人类文明作出应有的贡献。

中国共产党90年的文化观与当代中国的文化转型

杨凤城

中国共产党自成立至今一直高度重视文化问题与文化建设，形成了内容丰富的理论与实践。要对90年间中共文化理论及其影响下的中国文化发展进行详细的分析，非一篇文章所能。因而，我们只能进行俯瞰式的考察，当然这种考察需要抓住主脉、主流和本质，抓住有意义的问题，此其一。其二，文化是一个极为宽泛、歧义纷纭的概念。依据研究对象，本文所言的文化是在与经济、政治、社会对应意义上的文化。其三，本文探讨的问题，是在文化领域最具宏观意义和普遍性的内容。换言之，文艺、教育、学术、新闻出版、道德建设以及公共或群众文化工作等具体领域的问题在视野之内，但不构成直接的言说对象，除非该问题具有普遍的文化意义或者具有反映历史进程的典型性。在上述限定条件下，本文拟进行三个方面的探讨。

一、关于文化的本质、地位与建设目标

中国共产党自成立之日起便以马克思主义为指导，以改造中国社会为己任，文化问题很早便进入了共产党人的视野。早期的共产党人大多出身于知识分子的背景，也使其具备在文化问题上发言的优势。那么，马克思主义在文化问题上能给他们提供多少理论资源？如果我们不拘泥于细节的话，其实问题并不复杂。马克思和恩格斯的著作没有对文化问题作过系统的专门探讨，除了辩证唯物主义和历史唯物主义作为一种理论与方法论体系对于文化研究的宏观意义以外，从对中共构成深刻而长远的基础性

影响的角度看，主要包括两点：其一，经济基础制约着整个上层建筑包括纯粹的精神活动。用马克思本人的话讲，即“物质生活的生产方式制约着整个社会生活、政治生活和精神生活的过程”。“随着经济基础的变更，全部庞大的上层建筑也或慢或快地发生变革。”① 这是一个方面。另一个方面，文化对经济基础及上层建筑的其他部分具有反作用。恩格斯指出：“政治、法、哲学、宗教、文学、艺术等等的发展是以经济发展为基础的。但是，它们又都互相作用并对经济基础发生作用。”② 其二，在阶级社会中文化是有阶级性的，并且“统治阶级的思想在每一个时代都是占统治地位的思想。这就是说，一个阶级是社会上占统治地位的**物质**力量，同时也是社会上占统治地位的**精神**力量”③。

早期的中国共产党人陈独秀、李大钊、李达、瞿秋白、杨明斋等正是从马克思主义的基本立场出发，在不同程度上探讨了文化问题，并形成了较为清晰的基本观点，概括地说：其一，阐述了经济基础决定文化变迁的观点，指出物质生产、经济发展决定“精神文化”和“思想变动”。同时，文化、道德、宗教、教育等也具有“改造社会”的作用，即承认精神力量可以反作用于经济基础（虽然李大钊最初认为唯物史观不承认这种反作用）。当然，这一点表达得远没有经济基础的决定作用那样突出和展开。其二，中国文化的出路，既不在崇古复古，也不在皈依西化，而是通过反帝反封建的民主革命，行向“社会主义的文明”（瞿秋白语）。中国共产党创立前后，正是中西文化孰优孰劣论战正炽之时，早期的共产党人超越东方文化派隆古抑西式的崇古和西化派隆西抑中式的崇洋，阐述了中国文化发展的新路。他们认为，中国旧有文化反映与维护封建宗法制度和伦理纲常，并且已经成为西方列强借以愚弄中国人民的工具，所以主张复活旧有文化，无异于为反动势力张目；同时，西方资本主义文化已经百病丛生，而新兴的健康的文化是无产阶级革命文化，即社会主义文明，我们应当欢迎和建设的是这种文化。④

中国共产党成立初期在文化问题上形成的基本观点一直延续至今，尽管具体表述在不断调整、不断与时俱进，但内核或深层理念始终如一。当然，在这一深层理念基础上，对文化功能与地位的认识还是不断发生着变化，有的时期变化还是相当显著的。中共成熟于抗日战争时期，其文化观亦然，代表作是毛泽东的《新民主主义论》（最初名为《新民主主义的政治与新民主主义的文化》）、《在延安文艺座谈会上的讲话》以及张闻天的《抗战以来中华民族的新文化运动与今后任务》等。同中共早期相比，此时

① 《马克思恩格斯选集》，2版，第2卷，32、33页，北京，人民出版社，1995。
② 《马克思恩格斯选集》，2版，第4卷，732页，北京，人民出版社，1995。
③ 《马克思恩格斯选集》，2版，第1卷，98页，北京，人民出版社，1995。
④ 参见郑师渠主编：《中国共产党文化思想史研究》，29页，北京，中共中央党校出版社，2007。

的文化观表达得更为明确而具体。如文化是一定的政治与经济的反映，同时反作用于一定的政治与经济；“在现在世界上，一切文化或文学艺术都是属于一定的阶级，属于一定的政治路线的。为艺术的艺术，超阶级的艺术，和政治并行或互相独立的艺术，实际上是不存在的”；因而，革命文化是无产阶级整个事业的一部分，必须成为“团结人民、教育人民、打击敌人、消灭敌人的有力的武器”①；这种文化名为新民主主义文化，具体言之，即无产阶级领导的反帝反封建的民族的、科学的、大众的、民主的文化。

上述文化观的核心内容在新中国成立后头一个30年间几乎是完整地延续下来。毛泽东在社会主义革命和建设过程中，反复强调随着经济基础的变动，思想文化亦必须进行革命性变革；另一方面，思想文化作为整个社会主义革命和建设事业的一部分，应该促进与配合经济、政治等方面的社会主义革命和建设事业。此外，瞿秋白当年提出的“行向社会主义文明”（亦即建设无产阶级或社会主义文化）到了该落实的时候了。那么，什么是社会主义文化？对此，没有专门文件说明。但通过当年的相关文献还是能够梳理出要点的，概括言之，即以马克思主义为指导，彰显阶级性、革命性、战斗性和人民性，为无产阶级政治服务、为工农兵服务，将文化普及摆在首位，以培养具有共产主义精神的革命事业接班人为目标。

中共十一届三中全会后，在改革开放的新时期，中国共产党对文化的本质与地位、功能的认识逐渐发生变化，其特点是视野更宏阔、更具时代感。一方面，文化与政治、经济关系的基本原理依然坚持，文化的阶级性原则也没有放弃，但是作为理论支撑退隐到更深层的基础地位上，不再经常提起和突出强调。另一方面，突破了过去主要强调文化的配合作用、配角定位和政治功能的思路与框架，高度重视文化自身的主动性、独立性和在整个中国特色社会主义事业战略布局中的作用，其标志是社会主义精神文明与中国特色社会主义文化概念的相继提出和阐释。十一届三中全会后，社会主义建设被概括为物质文明和精神文明两个方面，1982年中共十二大报告设专节阐述之，1986年和1996年中共中央先后作出两个关于社会主义精神文明建设的决议，这在中共历史上是没有过的。精神文明被界定为社会主义的重要特征之一，是社会主义制度优越性的重要体现。正如十二大报告所言，这样的说法未曾有过，属于中国共产党的理论创新。1991年江泽民在庆祝中国共产党成立70周年的讲话中，提出了建设有中国特色社会主义经济、政治和文化的战略目标，1997年中共十五大加以郑重确认和阐述。从十五大到十七大，每次党代会报告均设专节阐述社会主义文化建设问题，并且不断有与时俱进的新认识。如十五大报告讲：有中国特色社会主义文化，“是综合国力

---

① 《毛泽东选集》，2版，第3卷，865、848页，北京，人民出版社，1991。

的重要标志”；十六大报告讲：文化“在综合国力竞争中的地位和作用越来越突出。文化的力量深深熔铸在民族的生命力、创造力和凝聚力之中”①；十七大报告进一步提出“提高国家文化软实力”，促进中华文化大发展大繁荣的任务。当然，无论是讲社会主义精神文明建设，还是讲中国特色社会主义文化建设，其基本内涵是一致的，即以马克思主义为指导，以培育有理想、有道德、有文化、有纪律的公民为目标，发展面向现代化、面向世界、面向未来的，民族的、科学的、大众的社会主义文化。建设社会主义核心价值体系，推动社会主义文化大发展大繁荣。由此不难看出，其中既有党的历史上的一贯认识，同时又富有时代感。

另外，世纪之交“三个代表”重要思想提出，中国共产党要始终代表先进文化的发展方向，成为新时代中共自我定位的一个重要方面。“将文化建设从党所领导的一个重要方面的工作，上升为党的建设的本质层次和政治方向上来”②，反映了执政党对文化的重视达到一个前所未有的时代高度。进入新世纪后，以胡锦涛同志为总书记的党中央提出和阐述了以人为本的科学发展观，这对于当代中国文化发展的意义同样十分重大。既然整个中国特色社会主义事业是为人的全面发展创造条件，那么，中国特色社会主义文化建设的根本目的自然也是为了人的全面发展。文化建设服务于中国特色社会主义事业，这是没有疑问的，但仅仅如此理解还不够。与人的全面发展相比，其他发展只具有手段价值。强调人的全面发展是文化建设的最终目的，可以防止将文化功能过于实用主义地工具化的倾向，有利于对文化的地位和作用的科学认知，有利于文化自身相对独立性的保持和遵循自身发展规律的演进。

二、文化与政治——定位文化功能的核心问题

纵观中国共产党 90 年的历史，如何认识和处理文化与政治的关系是制约和影响其文化政策与文化工作的核心问题。大体上以中共十一届三中全会为标志，明显地分为两个阶段。第一个阶段的认识是文化从属于政治、为政治（准确地说是无产阶级政治）服务；第二个阶段的认识，概言之：文化不能脱离政治，但也不能从属于政治。两个阶段的认识及其转变，均有着深刻的历史根源并发挥着不同的作用。

文化从属于政治、为无产阶级政治服务的理念形成于革命战争年代。从理论渊源上讲，除了马克思、恩格斯关于上层建筑与经济基础的关系、关于文化的阶级性原理外，列宁的有关思想也是不能忽略的。列宁在十月革命前便明确讲到，无产阶级应当

---

① 《江泽民文选》，第 3 卷，558 页，北京，人民出版社，2006。

② 郭德宏主编：《中国马克思主义发展史》，427 页，北京，中共中央党校出版社，2001。

提出“党的文学原则”，“写作事业应当成为整个无产阶级事业的**一部分**，成为由整个工人阶级的整个觉悟的先锋队所开动的一部巨大的社会民主主义机器的‘齿轮和螺丝钉’。”[①] 十月革命后，列宁又明确提出：“苏维埃工农共和国的整个教育事业，无论在一般的政治教育或者具体的艺术方面，都必须贯彻无产阶级阶级斗争的精神”；“不能抱着教育不问政治的旧观点，不能让教育工作不联系政治”，所谓“教育‘不问政治’”、“‘不讲政治’”[②] 都是资产阶级伪善的欺骗群众的说法。依据马克思列宁主义的基本观点，中共在土地革命战争时期便明确表达了为无产阶级政治服务的文化观，毛泽东、瞿秋白和革命根据地有关文化教育的文件均明确：文化教育是阶级斗争的武器，苏维埃的文化教育是阶级的教育，核心是马克思列宁主义的灌输。抗日战争时期，文化从属于政治、为政治服务的文化观得到明确而系统的阐述，“文艺是从属于政治的”，“革命的思想斗争和艺术斗争，必须服从于政治的斗争”[③] 等要求成为革命队伍的共识。特别突出文化的阶级性和工具性，以使文化事业充分发挥为革命、为战争服务的功能，可以说是民主革命时期中国共产党文化观和文化实践的最重要特征，并对中国革命的胜利起了巨大的配合与推动作用。

从新中国成立到中共十一届三中全会，为无产阶级政治服务的文化观基本上延续下来，它表现为广义和狭义的两种理解与实践。从广义上讲，为政治服务就是服务于无产阶级对整个国家的领导，服务于整个国家建设事业；从狭义上说，就是为阶级斗争、政治运动服务。而后者无论从时间上讲，还是从强度和明确性上说均占着主要地位。其表现是将意识形态作为压倒一切的优先考虑，过于凸显政治正确、“政治挂帅”，从而导致文化日趋政治化。特别是当它和“以阶级斗争为纲”的思想结合在一起的时候，实际上使文化成了极左政治的奴婢，“文化大革命”便是证明。在为政治服务的理念下，即使将政治理解为整个国家建设事业，它在不同程度上也会助长机械地理解文化与国家建设事业之间的关系，借助上纲为政治推行不符合文化发展规律的某些做法。如新中国成立后不久，提出文艺要“写政策”，密切配合政治运动。“大跃进”时期再次提出类似要求，并像物质生产一样，定计划、定指标，要求按期完成，实现“跃进”，等等。虽然这些违背文化发展规律的做法当年已经被清楚地认识到并不断提出克服要求，可是始终收效甚微，甚至日趋严重。其中一个重要原因就是它们与贯彻为政治服务的宗旨密切相关。为政治服务需要落实，合乎逻辑的行为自然是细化出一系列具体要求。沿着为政治服务这一方向推导出来的条条框框如果影响到文化的健康发展因而受到批评，至多是理解的片面或狭窄；而推导不出这些要求或者提出不同甚

① 《列宁全集》，中文 2 版，第 12 卷，93 页，北京，人民出版社，1987。
② 《列宁选集》，3 版，第 4 卷，298、302 页，北京，人民出版社，1995。
③ 《毛泽东选集》，2 版，第 3 卷，866 页，北京，人民出版社，1991。

至相反的意见，则是政治问题。按照这些要求去做，没有做好，是艺术实践问题；而不按这些要求去做，则是立场问题。

为政治服务的文化观不可避免地会影响党的文化建设方针和政策的制定与调整，影响这些方针和政策的弹性或灵活性。在民主革命时期，毛泽东一方面提出文化产品、文艺创作应力求革命性与艺术性的统一，另一方面则明确文艺服从政治，政治标准第一，艺术标准第二；一方面提出要积极吸取古今中外一切优秀文化成果，尤其是从孔夫子到孙中山的珍贵遗产，另一方面又特别强调中国传统文化的封建性和近现代文化的资产阶级性，重视对他们的批判和警惕；在文化普及与提高的关系上，强调在中国文盲占大多数尤其是农村革命根据地内，文化普及是第一位的，教育和宣传占人口绝大多数的工农兵、为工农兵服务才能真正体现为无产阶级政治服务。在激烈的阶级斗争和战争环境中，在局部执政和文化工作主要表现为宣传与教育的情况下，上述文化方针和政策收效是明显的，对革命事业的贡献是直接的。当然，在具体的文化实践中，政治与艺术、继承与创造、普及与提高之间的紧张关系已经存在，只是尚不凸显。

中国共产党执政全国后特别是1956年社会主义改造基本完成后，中共中央和毛泽东认识到战争年代形成的文化建设的基本原则有调整或修正的必要。一方面，急风暴雨式的大规模的阶级斗争已经基本结束，社会主义建设成为全党和全国人民的主要任务；另一方面，新中国成立后，在树立马克思主义主导意识形态地位、改造旧文化的过程中，文化的多样性与活力受到影响。以革命思维和方式处理复杂的文化问题经实践证明不是长久之计。有鉴于此，毛泽东在1956年与1957年明确提出并不断重申和阐述了“百花齐放、百家争鸣”（简称“双百”）的方针；提出无论是中国的还是外国的、古代的还是现代的，包括西方资本主义国家的文明成果，只要是有益的，我们都要学习，做到“古为今用、洋为中用”（实际上，在这方面，列宁曾明确指出：“只有确切地了解人类全部发展过程所创造的文化，只有对这种文化加以改造，才能建设无产阶级的文化。”① 出于回答当年社会主义革命和建设中亟待解答的问题的需要，列宁的思考集中于如何对待资本主义文化遗产上。他认为，社会主义不是要全盘否定资本主义文明或文化，而是要继承资本主义积累的有益于无产阶级和人类进步的文明成果，并在此基础上形成更高的文明，特别是在落后国家建设社会主义更需要如此。十月革命后，列宁不厌其烦地强调无产阶级要善于利用“资本主义的旧砖头”来建设社会主义新大厦，表达的就是这一思想）。20世纪60年代初，周恩来等党和国家领导人还提出了“不扣帽子、不打棍子、不揪辫子”的“三不主义”，以及尊重精神生产规律，注意分清学术艺术问题、思想问题与政治问题的界限等文化建设方针。这些探索

① 《列宁全集》，中文2版，第39卷，299页，北京，人民出版社，1986。

带来了20世纪50年代中期文化的“春天”和60年代初期文化的“复苏”，需要给予充分的肯定。但是，毋庸讳言，这些方针在提出后的相当长的时间内并未真正发挥作用。20世纪50年代后期和60年代中期的文化批判运动，均是违背上述方针的举动。“文化大革命”更是极左文化与思潮泛滥的时期。那么，为什么正确的文化建设方针得不到落实？原因自然很复杂，但有一点不能否认，那就是文化从属于政治、为政治服务的深层理念没有得到反思和修正，从而很容易使文化方针与政策的调整大打折扣甚至归于乌有，实际上成为仅具策略、手段意义的举动（虽然宣讲上不是如此定位甚至恰恰相反）。

中共十一届三中全会后，从放弃“文艺服从于政治”的口号开始，中国共产党很快确定了文艺为人民服务、为社会主义服务的新“二为”方向。“文化大革命”结束后，伴随党和国家的拨乱反正，文化建设方针的调整亦迈开步伐。邓小平在复出后关于科技、教育、文艺问题的几次讲话中均强调必须恢复实事求是的学风，重新提倡和坚持“百花齐放、百家争鸣”的方针。与此同时，针对纠“左”引发的右的倾向即怀疑和否定马克思主义、共产党的领导与社会主义制度，提出必须坚持四项基本原则——坚持马克思列宁主义、毛泽东思想，坚持中国共产党的领导，坚持社会主义制度，坚持无产阶级专政，指出“坚持四项基本原则，同坚持‘双百’方针，是完全一致的”①。可以说，一方面恢复并坚持“双百”方针，另一方面坚持四项基本原则，是邓小平在社会主义文化建设上的核心思想。当然，鉴于历史教训，邓小平非常警惕政治对文化的横加干涉问题。在第四次文代会的祝辞中，他指出：“党对文艺工作的领导，不是发号施令，不是要求文学艺术从属于临时的、具体的、直接的政治任务，而是根据文学艺术的特征和发展规律，帮助文艺工作者获得条件来不断繁荣文学艺术事业，提高文学艺术水平。”不久，他更明确地提出：“我们坚持‘双百’方针和‘三不主义’，不继续提文艺从属于政治这样的口号，因为这个口号容易成为对文艺横加干涉的理论根据，长期的实践证明它对文艺的发展利少害多。但是，这当然不是说文艺可以脱离政治。文艺是不可能脱离政治的。”②

根据邓小平的讲话精神，1980年1月26日《人民日报》发表社论，明确以“文艺为人民服务，为社会主义服务”作为新时期文艺工作的根本指针。新的“二为”方向，实际上也是对整个文化建设的要求，它的提出，标志着执政党在文化建设指导思想上的重要调整和转变。集中到文化与政治的关系上，就是文化不能从属于政治，但也不能脱离政治。有了这一前提，一些长期困扰中国文化发展的问题便在相当程度上

① 《邓小平文选》，2版，第2卷，256页，人民出版社，1994。

② 同上书，213、255页。

迎刃而解或者不在以往意义上存在了，如政治与行政干预过多、过于简单粗暴的问题，文艺作品的概念化、公式化问题，学术艺术问题、思想问题和政治问题的界限时常混淆，等等。有了这一前提，历史上曾提出的正确的但未得到切实贯彻的方针，如“双百”方针、对待中外文化遗产“取其精华、去其糟粕”，“古为今用、洋为中用”的方针等得到进一步落实。更重要的是，根据中国社会的发展和时代的要求，一系列新的方针陆续出台。如以江泽民同志为核心的党的第三代中央领导集体，在继承毛泽东、邓小平文化建设思想的基础上，充分反思新中国历史上文化批判运动带来的负面影响，提出精神文明“重在建设”，“以立为本”，“团结鼓劲，正面引导，不搞‘大批判’，不搞无谓争论”[①] 等方针；从市场经济条件下人们的思想观念和价值选择的多样化现实出发，提出“弘扬主旋律，提倡多样化”等方针。以胡锦涛同志为总书记的党中央，面对进入21世纪后，经济全球化进程加快背景下世界范围内各种思想文化的融会、碰撞与激荡空前，文化与经济、政治的相互交融空前，文化产业异军突起，在综合国力竞争中作用日益凸显的现实；面对发达国家借助其经济和文化产业优势，推行文化霸权，民族文化和文化安全问题越来越受到各国政府和民众重视的复杂环境，在继承党的几代中央领导集体有关文化建设思想的基础上，依据时代特点和要求，提出了一手抓公益性文化事业，一手抓经营性文化产业，全面推进和深化文化体制改革，以充分保障人民群众的文化权益，增强文化发展活力，解放和发展文化生产力；要把弘扬和培育民族精神作为重要任务，纳入国民教育的全过程；构建社会主义核心价值体系，建设和谐文化；推动中华文化走出国门、走向世界，不断增强国际影响力等方针。上述方针，在文化从属于政治、为政治服务的理念下不可能提出，即使提出了也难以落实。我们知道，在列宁那里就十分重视和强调文化教育人民的政治功能，因而明确主张文化资源国家化。中国传统亦突出文化的教化功能和“定于一尊”的重要性。它们在某种意义上构成了“为无产阶级政治服务”理念的理论和传统基础。在这种观念下，认可文化的多元性，认可文化有愉悦身心的功能，甚至承认文化市场的存在、文化具有产业属性，是不可想象的。

三、文化观的转变与当代中国文化的转型

综上所述，中国共产党的文化观在90年间经历了从为无产阶级政治服务、建设革命型文化到为人民和社会主义服务、建设中国特色社会主义文化的转变。与这种文化观的转变相伴随的是中国现当代文化的两次转型。

---

① 《十四大以来重要文献选编》（中），1534页，北京，人民出版社，1997。

新中国成立以前，中国文化的格局基本上是多元的，这种多元性可以从不同角度加以审视，如传统与现代、东方与西方、激进与保守、革命与改良、马克思主义与自由主义等。当然，多元文化格局经常受到国民党“一个主义”理念下的文化专制行为的干扰和压制。

新中国成立后，中国文化开始转型和重建。在中国共产党的领导下，以确立马克思主义主导意识形态地位为核心，以知识分子的思想改造和文化批判运动为主要动力机制，到20世纪50年代末，文化转型基本完成，其标志是一元化文化样态的基本奠定。[①] 具体言之，即马克思主义作为文化建设、学术艺术研究与创作的指导思想地位牢固确立，且具有唯一性、独尊性和排他性；马克思主义的基本原理或立场、分析方法与框架、概念与范畴等必须应用和反映于一切文化领域中；意识形态考量、政治正确和道德理想主义追求具有压倒一切的优势，且凸显文化普及或大众化导向。

这种一元的文化格局，一方面带来了中国思想文化的新景观。进一步言之，人类社会历史中出现的具有重大影响的理论与方法论体系均有其独特的知识价值和认知价值。撇开马克思主义的主导意识形态地位不论，就其作为一种知识和方法论体系而言，它对社会与历史问题的分析和解答便有不同于其他理论与方法的独到之处，能够拓展特定的学术艺术领域，形成独具特点的文化范式（如在哲学领域，对马克思主义哲学的阐释、对中外哲学遗产的分析，凸显唯物主义与唯心主义、辩证法与形而上学的两军对垒或“两条路线”。又如，在史学领域，以马克思关于五种社会生产方式的理论总览历史的发展，以生产力决定生产关系、经济基础决定上层建筑的理论透视历史，凸显历史中的阶级冲突和阶级斗争、凸显人民群众在历史发展中的决定性地位和作用等。再如，在文学艺术领域，围绕为工农兵服务、为政治服务的总方针，遵循“社会主义现实主义”原则——1953年第二次“文代会”上被确定为文艺创作和批评的最高准则，形成颂歌高扬和表达方式努力大众化的文艺范式）。另一方面，不能否认的是在确立和巩固马克思主义的主导意识形态地位的同时，不同程度地存在着试图用马克思主义取代一切文化成果的倾向。似乎马克思主义囊括了所有真理，其他思想体系大多是谬误，值得肯定的东西很少，其价值和意义主要是历史的。马克思主义没有涉及的领域或者很难直接应用马克思主义理论进行分析和研究的问题，或明或暗地成为禁区。源于现代西方的一些文化成果被简单化地冠以资产阶级的伪科学而遭否定甚至废弃。中国传统文化则在封建主义的宏大定性下，在实际上遭到否定。这就导致了思想文化的单一化和沉闷。

如果我们把视野放宽一些，会发现新中国初期的文化转型，其由来久矣。这就是

---

① 详见拙文：《新中国建立初期的文化转型研究》，载《党史研究与教学》，2008（2）。

中国共产党在民主革命时期的准备和在根据地建立起的革命文化雏形。中国共产党以马克思主义为指导，学习、研究和宣传马克思主义当属必然。中国共产党建立前后，这一工作便已开始，此后从未中断。1928 年中共六大将“发行马克思，恩格思，斯达林，布哈林及其他马克思主义，列宁主义领袖的重要著作”① 作为一项重要任务提出来。之后，中国共产党在上海或利用合法形式或秘密地出版发行了大量马列主义经典著作和其他革命书籍。在南方革命根据地尤其是中央苏区，马克思主义宣传贯穿于各类学校教育和各项实际工作中。抗日战争时期，这一工作更为普遍和经常化，特别是在陕甘宁边区。中共中央于 1938 年 5 月成立了专门的翻译机构——延安马列学院编译部，负责马列主义著作的翻译和编辑工作，陆续出版了大量马列著作的单行本、选集等。与此同时，毛泽东、张闻天等中央领导人大力倡导开展马克思主义理论学习和研究活动，并成立了由中央机关干部组成的马克思主义研究会。虽然这种学习和研究主要是从党自身的建设考虑的，但其对革命文化成长与发展的影响不言而喻。以马克思主义指导根据地文化建设工作，倡导和鼓励用马克思主义立场和方法研究哲学社会科学、解答历史与现实问题，是中共中央的不二方针。抗战时期，延安曾掀起一股研究中国历史的热潮，其自我定位和特点十分明显，那就是运用马克思主义理论解读历史，并把中国近代史、中国现代革命运动史、中国人民反侵略斗争史等作为重点，充分体现着革命史学的要求。1938 年，延安新哲学研究会成立，对马克思主义哲学研究和运用马克思主义研究中国思想史起到了良好的推动作用。

此外，不能忽略的是，土地革命战争时期中共在国民党统治区领导和影响下的左翼文化运动，一度使唯物辩证法的研究和应用“风靡全国”（时人语）；革命文艺创作和文艺大众化的呼声引人注目；在围绕中国社会性质、中国社会史、中国农村性质的论战中，马克思主义的解答和分析影响巨大，实际上通过学术论争的方式传播了中国共产党的相关认识和结论。② 这些对新中国成立后的文化转型无疑具有潜在的基础作用，在某种程度上作了思想上和队伍上的准备。

在革命战争年代，文化直接配合阶级斗争的现实需要是一大特点，从这个意义上说，革命文化主要表现为对革命思想和革命运动的宣传。“苏维埃文化运动”、“抗日文化运动”便是典型。适应这一要求，文化普及和大众化被摆在首要位置。文艺作为反映社会生活最灵敏、影响最广泛的文化形式，成绩最为突出。各种演剧团创作和演出的话剧、歌舞剧、活报剧、秧歌剧，革命知识分子创作的诗歌（特别是街头诗和诗传单）、小说，改编的歌谣、民歌，创办的各种文艺刊物、墙报、宣传画等，大多体现着

① 《中共中央文件选集》，第 4 册，422 页，北京，中共中央党校出版社，1989。

② 详见郑师渠主编：《中国共产党文化思想史研究》，31～69 页。

文艺大众化和为工农兵服务的宗旨。不仅文艺，其他方面也在做着同样的努力，如艾思奇的《大众哲学》等。

由上述情形，不难窥见新中国成立后一元文化形态的渊源。从某种程度上讲，这种一元文化格局实际上是革命根据地文化在全国的推衍和扩展。

改革开放后，一元文化形态渐渐解构，一个追求并实践着多样化或多元化的文化时代逐渐呈现。如果说新中国成立初期，经历的由多元文化向一元文化的转型是第一次文化转型的话，那么，十一届三中全会则开启了第二次文化转型的历程，即由一元文化向多元文化的转型。当然，这次文化转型绝不是回归旧中国的多元文化格局。经过改革开放几十年形成的多元文化格局是在马克思主义一元指导地位不变的情况下，在中国特色社会主义建设的时代背景下的文化多样化发展，不是也不可能是简单的历史复归。这种一元主导下的多元文化格局在世纪之交基本形成，大约经历了20年的时间，与第一次文化转型相比，时间长出一倍。这主要是因为第一次文化转型从某种意义上说是外源性的，即政治与行政干预力极强。而第二次文化转型相较之下更接近于内源性变迁，即随着经济社会发展，文化自身内在驱动的自然发展过程。

改革开放新时期形成的多元文化格局可以从各个方面加以考察。例如，在五彩斑斓的精神产品背后，马克思主义、中国传统文化、西方各种现代后现代理论等构成了各家言说的元理论。再如，一些学者从主导文化、雅文化和大众文化的三分来审视当代中国文化的多元。所谓主导文化，即马克思主义指导下的面向或服务于改革开放和现代化建设实际的主流文化。所谓雅文化，即恪守知识追求和审美规则，坚守文化自律性的严肃文化。大众文化则是以普通民众的文化需求和审美取向为鹄的，以市场为舞台，进行意义的生产和传播。令人感兴趣的是主导文化、雅文化和大众文化三者之间的关系。主导文化是主流意识形态和价值观的承载者、传播者，是整个文化建设的调控中心。它一方面认可文化的多样性、多功能性；另一方面保持着对其他文化的审视和批判功能，以保证文化发展的社会主义大方向。雅文化在某种意义上起着整个民族文化大厦的基石作用。它并不拒绝主导文化的青睐和奖掖，也不完全拒绝文化市场的“畅销”和文化资本的“捐助”，当然，前提是不损害其审美和知识追求的立场。大众文化的功能在于满足具有一定文化水平和消费能力的人口众多的普通百姓的需要，从这个意义上说，它是文化的主体、主潮。大众文化对于主导文化、雅文化具有去政治化、去神圣化的颠覆性，但同时也能成为主导文化和雅文化的普及者、传播者或者助手。可以说，三种文化的并立与共处恰好反映了当代中国文化的多彩格局。

建国60年中国文化发展战略反思

郑晓华

1840年，鸦片战争爆发；1860年，英法联军火烧圆明园；1900年八国联军侵据北京；1937年，卢沟桥事变，日本侵华战争全面爆发……1949年毛泽东在天安门城楼上宣布新中国成立。100多年间屡经战乱蹂躏的中国人，生活在极其落后和贫困的经济水平上。那时候中国基本上没有像样的近代工业，由“洋务运动”培育的近代民族工业，多年停留在简单的生活用品生产上。中国的知识精英，留洋回来的憧憬欧美苏联，未留洋的向往汉唐盛世。在低经济水平的条件下，为了创造更丰富的文化精神产品，满足人民群众日益增长的精神文化需求，共和国的早期领袖们，总结“五四”新文化运动以来的经验，提出了“古为今用”、“洋为中用”的口号，作为新中国文化艺术事业的发展战略。毫无疑问，这在当时经济发展水平低下、文化创造力缺乏的时代背景下，确实为我们指出了一条高效、快捷的文化发展康庄大道。无论是在文学、美术还是音乐、电影等各领域，无论是在理论研究还是在创造层面，它都发挥了很好的作用，可以说和“双百”方针、“二为”方向相配合，有力地支持了社会主义文艺事业的发展，使我国在建国早期较快地摆脱了文化“积贫”、“积弱”的局面，初步形成了面向大众的健康向上、繁荣活泼的文化艺术事业格局，对我国整体的社会主义建设事业产生了积极的影响。

“古为今用”、“洋为中用”作为指导文化发展、艺术创作的政策性理念，也渗透贯彻到了我们的艺术教育当中。在文学、美术、音乐、舞蹈、影视诸文化门类，向古人学习，向洋人学习，挖掘、引进、学习、消化、吸收、生产、创造，成为各艺术行业

（包括创作、研究、评论各层次）几乎固化的思维模式。我们翻阅建国以来（实际上应上溯到更远，应该是“新文化运动”以来）绝大多数有影响的著作、论文，不是介绍外国的，就是解释古代的，或者引用外国的、解读中国古代的，而对于各艺术门类自身存在的客观规律进行原创性探索、研究的成果极少。这使我们的人文社会科学中文化艺术类著作、论文的表述方式都形成了非常鲜明的“时代特色”。比如，我们翻阅任何一篇论文或一本著作，都会看到大量的引用和注释，或者欧洲某某著名思想家如何说，或者某代某某著名学者曾经指出，等等。作者作为一个具有独立的思想和思考能力的研究者，对客观对象可能存在的客观规律抽丝剥茧，以富有思辨性和想象力的睿思进行完全原创性的解剖、归纳、分析的成果几乎未见。这样的习惯延续到我们的教学中，教师或搬用外国的，或搬用古代的，几乎没有以“学术原创”引领教学，以“原创思维”培养学生进行学科前沿性探索的概念。

“古为今用”、“洋为中用”本身没有错，在那样特定的历史时期提出这样的口号是完全必要的。而且这个口号本身也没有排他性，即它并没有规定“只能古为今用”、“只能洋为中用”——古人没有做过的我们不能探索，洋人没有做过的我们也不能探索，中国文化艺术只能是古人或洋人“成品”的二代开发，不允许进行各艺术门类的“原创性”探索创造，不允许中国文化艺术工作者抛开古人、洋人去探索各类艺术客观规律，进行原创性创造，实现“中为洋用”，等等——“古为今用”、“洋为中用”口号本身没有这些限定，因而如果我们不顾具体历史对它妄加诋责，是不公正的。

实际的历史后遗症是在长期的执行过程中形成的。由于“古为今用”、“洋为中用”——改造古人、改造洋人，开发“古”、“洋”技术下的二代产品相对来说难度较低，而且效果是明显的，大家都去寻求“古代”或“舶来”的思维创造拐杖，忽略了无论任何一种文化艺术品类，中国先民已探索、发现并创造的，外国优秀思想家、艺术家已探索、发现并创造的（各种艺术形态成品，音乐、美术、文学，各种理念、样式等），都是潜在的艺术创造规律的某一个时代特定的显现样式，已发现并经过思想家、艺术家智慧创造形成精神产品（观念、理论、艺术作品）的，相对于未发现的冥冥中由艺术规律支撑的潜在的创造可能性，它们无论多么辉煌，影响多么巨大，一定是沧海一粟。人类的文明历史已经行进了几千年，所有的思想家、艺术家积其毕生之力而发现并以某种形式锻造成个人文化成品面世，这个队伍无论如何庞大，成果无论如何繁多，相对于广袤无边的宇宙时空，它们都是极微小的流沙，是非常有限的“局部发现”。也可以预言，我们今后随着人类历史行进，潜在的艺术的规律、未被发现的创造可能性（样式、理念以及由此而形成的产品）会不断被发现、提取并转化为艺术产品和作品。这广袤无边的艺术创造的可能性和隐蔽在迷茫大千世界背后的自然科学规律一样，也是一块等待发现、开发、创造为审美产品的处女地，是“古”和“洋”

（已有的中国人和外国人的创造）所不能涵盖的。

长期执行“古为今用”、“洋为中用”的惯性思维，客观上造成了中国文化艺术对“非古”、“非洋”、未经开垦的艺术原始区域的存在的忽略，从而“培育”了中国文化艺术专业人士对“古”和“洋”的习惯性依赖，对原创文化艺术的陌生，最终导致中国人在“文化艺术原创”领域的能力长期积弱不振，甚至根本只会当“二道贩子”，没有原创能力。对于这一点，在我国经济不断发展、国力不断提升的当今时代，我们可能需要重新反思。

进入21世纪，我们既面临着巨大的战略机遇，也面临着巨大的挑战。中国能不能建成世界一流文化强国，成为引领世界文化的中心（像文艺复兴以来直到19世纪的欧洲、20世纪的美国），中国在文化艺术上能否创造一些我们这个时代的样式（这些样式应该是秉承了中国文化精神和灵魂，但融入了“全球化”时代元素并具备“世界普适意义”，而不是古代的“原装再版”或“时下改版”），为中国文化史创造新的辉煌，并通过强盛的国力而向世界传播，成为世界流行样式，实现文化上“中为洋用”，我们可能需要与时俱进、更新观念，重新审视文化战略。调整“古为今用”、“洋为中用”思想，组织力量投入对“古人”、“洋人”未涉足、未开垦的文化艺术“极荒世界”的研究、探索、开拓，有助于拓展我们中国文化的内涵，丰富我们中国文化的样式，也有助于我们创造、接续已延续五千年的中国文化发展之链，形成和“汉风”、“唐风”并驾齐驱的“人民共和国风”（共和国样式），真正实现中华民族文化的伟大复兴。如果我们继续承袭“古为今用”、“洋为中用”思维模式，我们一国之文化精英仍迷恋于抄袭、改造、加工、模仿，那么我们的文化势必永远沦为“古人”和“洋人”的“孙子”，建设世界一流文化大国，实现中华民族文化的伟大复兴，恐怕永远只能是一个美丽的梦想了。

论毛泽东、邓小平、江泽民、胡锦涛新闻思想的历史地位及理论贡献

郑保卫

在中国共产党 90 年新闻思想形成和发展的过程中，毛泽东、邓小平、江泽民和胡锦涛，作为不同时代党的中央领导集体的核心和代表人物，根据自己所处时代党的中心任务以及新闻工作的实际需要，认真总结运用新闻媒介指导工作、指导战争、指导政权建设、指导社会主义革命与经济建设，以及指导改革开放事业和发动全党办报、群众办报等方面的经验，不断充实、丰富和发展着中国共产党的新闻思想，并在创建中国特色社会主义新闻理论方面做了许多开创性的工作，为马克思主义新闻思想在中国的传播与发展作出了历史性贡献，并将其推进到一个崭新的历史阶段——以毛泽东为代表的中国共产党人新闻思想阶段。

一、毛泽东新闻思想奠定了中国共产党新闻思想的理论基础

毛泽东作为从战争年代到新中国成立后几十年间的党的最高领袖，党的第一代中央领导集体的核心与代表，其新闻思想主要解决的是党如何运用新闻媒介和舆论手段，为创建共产党、开展政治斗争、武装夺取政权、建立革命根据地、创建人民民主专政国家以及进行社会主义革命和建设的问题，这是中国共产党新闻思想中极其重要的内容。

毛泽东不但是当代伟大的无产阶级革命家、政治家和杰出的马克思主义思想家、理论家，而且也是一位卓越的革命报刊活动家和新闻宣传家。作为一名职业革命家，

毛泽东在其一生轰轰烈烈的革命生涯中，始终伴随着丰富多彩的报刊活动实践。可以说，他的革命活动与报刊活动相辅相成，相得益彰，共同成就了他一生波澜壮阔的伟大事业。

毛泽东在长达半个多世纪的革命历程中，始终关心和重视党报工作，并创造性地把马克思、恩格斯、列宁等无产阶级革命领袖的党报理论运用于中国共产党的新闻工作实践，提出了一系列有关党的新闻宣传工作的理论观点和思想原则，形成了他丰富的新闻思想，给我们留下了一份宝贵的精神遗产。

毛泽东新闻思想奠定了中国共产党新闻思想的理论基础，成为其中最基本、最重要的部分。它将马克思主义新闻思想推进到了以中国共产党人的新闻思想为主要内容和基本标志的新的历史阶段，为后来几代党的领导人新闻思想的形成奠定了理论基础，因此，在中国共产党新闻思想发展史上具有极其重要的历史地位。

毛泽东的新闻思想构成了中国共产党新闻思想的基本内容，反映了中国无产阶级和社会主义新闻工作的一般规律，因而具有鲜明的中国特色。

毛泽东新闻思想所具有的“中国特色”，主要体现在他提出的一系列符合中国国情和新闻工作实际需要的新闻观点上。如他提出：新闻是对客观事物的能动反映，属于意识形态范畴；报纸是一定社会的经济基础通过新闻手段的反映；办报、办新闻事业是为了革命，为了中华民族的解放，为了实现人民的统治，为了使人民得到经济的幸福；党报必须坚持无产阶级党性原则，坚持为人民服务、为社会主义服务的基本方针；党报必须无条件地宣传中央的路线和政策，要把党的纲领路线、方针政策的宣传，始终放在中心的地位；党报要坚持唯物论，讲究辩证法，遵循实事求是原则，维护新闻真实性；党报要坚持深入群众、联系群众、调查研究；党报要坚持全党办报、群众办报；党报要坚持开展积极的新闻批评，增强新闻舆论的监督作用；党报要树立旗帜鲜明、尖锐泼辣、准确生动的文风；党报要建设又红又专的新闻队伍；党组织要把党报作为指导工作的有力武器，要坚持和改善对党报的领导，等等。

毛泽东新闻思想中的一个核心内容是他关于党报性质、功能和作用的阐释。例如，他在对《晋绥日报》编辑人员的谈话中就明确指出，“报纸的作用和力量，就在它能使党的纲领路线，方针政策，工作任务和工作方法，最迅速最广泛地同群众见面”。他认为，新闻工作“就是要教育群众，让群众知道自己的利益，自己的任务和党的方针政策”。他还把“办好报纸，把报纸办得引人入胜，在报纸上正确宣传党的方针政策，通过报纸加强党和群众的联系”，看做是“党的工作中一个不可小看的、有重大原则意义的问题”①。这一系列观点成为他新闻思想中的精华和代表性观点，也成为中国共产党

① 毛泽东：《毛泽东新闻工作文选》，149、150页，北京，新华出版社，1983。

新闻思想中的精髓和基础性理论。

毛泽东新闻思想虽然吸收了许多来自马克思、恩格斯和列宁新闻思想中的内容，但是其基础和核心还是中国的东西，其基本内容是对中国无产阶级与社会主义新闻事业本质特征和客观规律的概括与总结。它是中国共产党人将马克思主义新闻思想与中国无产阶级和社会主义新闻实践相结合的结晶，是适应我国社会主义新闻事业发展的需要而形成的，是马克思主义新闻思想中国化的集中体现。

毛泽东的新闻思想，是马克思列宁主义新闻思想与中国新闻工作的具体实践相结合的产物，是毛泽东思想的重要组成部分，长期以来一直是我国新闻工作重要的指导思想。后来，邓小平、江泽民、胡锦涛的新闻思想都是在继承其基本理论的基础上，与时俱进，不断创新，逐渐丰富和发展起来的。

二、邓小平新闻思想阐释了改革开放新时期中国共产党新闻思想的核心内容

邓小平作为中国共产党第二代中央领导集体的核心和代表人物，处于承上启下的历史转折时期。这一时期，他一方面致力于指导我国新闻事业在宣传和推进改革开放事业，坚持和维护四项基本原则方面发挥积极作用；另一方面则致力于积极恢复党的新闻工作的优良传统，匡正党的新闻宣传的基本理论，同时根据进入改革开放新时期后时代的发展、形势的变化和新闻宣传实际工作的需要，提出了许多新的思想和理论观点，成为历史转折时期中国共产党新闻思想的集中体现，同时也成为新时期中国共产党人发展马克思主义新闻思想的重要成果。

作为一名坚定的马克思主义者，邓小平始终高举马克思列宁主义和毛泽东思想的伟大旗帜，并将其理论原理和策略方法运用于指导中国改革开放与社会主义现代化建设的实践中，提出了独具特色的社会主义理论。在新闻领域，他同样忠实地继承了马克思主义新闻思想，并根据自己指导党的新闻工作的具体实践，提出了一系列符合我国改革开放新时期新闻工作实际需要的新闻理论观点。他站在时代的高度，从全党和全国工作的大局出发，阐明了改革开放新时期新闻工作的性质和地位，并且以党和国家的中心任务为依据，阐释了这一时期新闻事业的使命和任务。

邓小平提出的主要新闻思想包括：党报党刊一定要无条件地宣传党的主张；党的新闻事业应当坚持并维护四项基本原则，成为全国安定团结的思想上的中心；新闻工作应当把工作重点转移到社会主义经济建设的宣传上来，在服务四化建设方面发挥积极作用；新闻工作要坚持改革，要为党和国家改革开放的总方针服务；新闻工作要把社会效益放在第一位，坚持社会效益与经济效益的统一等观点。他提出的改革开放新

时期中国共产党新闻思想的这一系列新闻观点，成为马克思主义新闻思想中的重要组成部分。

在邓小平的新闻思想中最具代表性的是其“党报中心”思想。“党报中心”思想，是马克思主义新闻思想中的一个重要观点，马克思、恩格斯、列宁、斯大林等人都有关于这方面的论述。他们将党报或是比作“思想旗帜”、“政治中心”，或是比作“思想中心”、“领导中心”、“组织中心”，等等。

邓小平于1980年1月在《目前的形势和任务》中提出“要使我们党的报刊成为全国安定团结的思想上的中心”①，这是对马克思、恩格斯、列宁、斯大林“党报中心”思想的继承，同时又融入了新的内容，具有了自己的特点。

首先，他是将报刊等新闻媒介放在整个思想战线上来看待其作为思想中心的作用的。他认为，在社会主义建设时期，党的报刊虽然不同于战争年代，要直接发挥对斗争的组织领导作用，但却依然具有思想教育和舆论引导作用，它可以将人民群众引导到党的路线方针政策上来，引导到实现党的奋斗目标和工作任务上来。

其次，他是从稳定国家大局的需要出发来论述党的报刊所具有的“思想中心”作用的。他提出，作为思想中心，报刊、广播、电视都要把“促进安定团结，提高青年的社会主义觉悟”作为自己的一项经常性的、基本的任务。

最后，他是从坚持社会主义道路根本方向的角度来论述党报的“思想中心”意义的。他认为，党报党刊有责任向人民讲清什么是社会主义，如何建设社会主义，进而把全国人民的思想与行动引导和统一到共同建设社会主义现代化的事业的正确方向上来。

邓小平认为，要真正实现以经济建设为中心，搞好改革开放，完成社会主义现代化建设大业，必须有一个稳定的政治、经济和社会环境。因此，在现阶段，稳定是压倒一切的任务。正是出于这一考虑，他反复强调，党报党刊一定要旗帜鲜明地宣传四项基本原则，要坚决维护国家的政治、经济和社会稳定，要成为全国安定团结的思想中心。

“党报中心”思想既有别于马克思和恩格斯，也有别于列宁和斯大林，它适应了我国改革开放和社会主义现代化建设新环境和新任务的需要。它是邓小平新闻思想中的核心观点，是邓小平深化和发展马克思主义新闻思想的重要内容。

邓小平的新闻思想适应了改革开放新时期我国新闻工作的实际需要，具有明显的时代特征和国家与民族的特色。它回答并阐释了处于社会主义初级阶段，实行改革开放和进行社会主义现代化建设的国家，新闻事业如何适应国家政治、经济和社会发展

① 《邓小平文选》，2版，第2卷，255页，北京，人民出版社，1994。

的需要，发挥自己特有的功能和作用，真正做好党、政府和人民的耳目喉舌，更好地为社会主义服务，为人民服务，为全党和全国工作的大局服务等一系列重大问题。

三、江泽民新闻思想论述了市场经济条件下党的新闻事业改革发展的原则与方法

以江泽民同志为核心的党的第三代中央领导集体，是在1989年那场政治风波以后执政的。他们从新时期党和国家政局稳定与事业发展的大局和新闻工作改革创新发展的需要出发，对社会主义新闻事业在改革开放深入发展，特别是实行社会主义市场经济体制下所处的社会地位、所承担的历史任务以及所应遵循的工作原则、所应采取的工作方法，作出了许多新的理论阐释，解决了当时新闻界在新闻工作中一些基本理论问题上的模糊认识，为党的新闻思想进一步继承传统、开拓创新开创了新的局面。

江泽民新闻思想的主要内容包括强调社会主义新闻事业应当成为党、政府、人民的耳目喉舌；应当坚持为人民服务、为社会主义服务的方向；应当坚持团结稳定鼓劲正面宣传为主的方针；应当继承和发扬党的新闻工作的优良传统；应当坚持党性原则，坚持政治家办报，坚持用正确的舆论引导人；应当实行正确的新闻批评和舆论监督；应当坚持真实性原则，力求从总体上、本质上以及发展趋势上把握事物的真实性；应当坚持新闻改革，力求既满足受众需求，又实现正确舆论导向；应当加强新闻队伍建设，培养又红又专的新闻干部；应当讲究宣传艺术，注意宣传效果；应当唱响主旋律，打好主动仗，同时又提倡多样性，等等。

江泽民的新闻思想为中国共产党的新闻思想注入了新鲜内容，对马克思主义新闻思想的丰富和发展作出了新的贡献。

江泽民新闻思想的主要理论贡献，首先表现在维护马克思主义新闻思想基本原理上。改革开放新时期，经济体制和社会环境的变化给新闻工作者带来了许多新的考验与挑战。有些人由于受资产阶级新闻观的影响，主张全盘引进西方资产阶级新闻理论；质疑我国新闻事业作为党和人民的耳目喉舌的根本属性，否定新闻工作的党性原则；主张新闻商品化，忽视新闻报道的社会效益，以及新闻传媒对社会与公众的舆论引导作用等。这些思想倾向和新闻观点是对马克思主义新闻思想基本原理的一种排斥和否定。江泽民的新闻思想坚持了马克思主义新闻思想的基本原则，批判了形形色色的质疑或否定马克思主义新闻思想的倾向，捍卫了马克思主义新闻思想的基本原理，这是对马克思主义新闻思想的重要贡献。

其次，江泽民新闻思想的理论贡献还表现在丰富和充实马克思主义新闻思想上。在改革开放和社会主义市场经济建设的新时期，新闻工作的时代背景和新闻工作者的

思想观念都发生了巨大变化。面对这些变化，江泽民始终坚持解放思想、实事求是、与时俱进的思想路线，大胆进行理论创新，就新闻工作一系列重大理论和实践问题进行了与时俱进的探索和阐述，使中国共产党的新闻思想始终保持与时代同步、与社会同步、与实践同步，从而丰富和发展了马克思主义新闻思想。

在江泽民的新闻思想中，最具代表性的是他的“舆论导向观”。他在担任总书记后，关于新闻宣传工作发表的一系列讲话中始终贯穿着一个核心内容，即舆论导向问题。他是从改革开放新时期和实行市场经济条件下新闻宣传的重要地位出发来阐述这一问题的。他把新闻工作比作“党的生命的一部分”，看做是“党和国家的前途和命运所系的工作”①，提出了“舆论导向正确，是党和人民之福；舆论导向错误，是党和人民之祸”② 的观点，并且强调新闻媒介要“以正确的舆论引导人”③。

江泽民担任总书记时期，我国开始实行和推进社会主义市场经济体制。由于市场经济自身的特点，难免给新闻宣传工作带来一些消极影响，使得新闻队伍中一些人对党的新闻工作的喉舌性质、党性原则、社会效益第一等一些基本问题的认识提出疑问，甚至产生动摇。而由于这些错误观点的影响，致使在新闻实践中出现了片面追求可读性、收听率、收视率，一味追求经济效益，而不考虑和顾及新闻宣传的政治方向、思想倾向和舆论导向的作用等问题。正因为此，江泽民提出“要紧密结合发展社会主义市场经济的新要求，努力加强社会主义道德教育，不断提高全体人民的思想道德素质”④，并且反复强调新闻媒介要坚持“以正确的舆论引导人”，从而为坚持正确的舆论导向指明了方向。

四、胡锦涛新闻思想阐述了信息化时代党的新闻宣传和舆论引导的新特点、新规律

中共十六大之后形成的以胡锦涛同志为总书记的新的中央领导集体，处在新世纪我国需要深化改革开放，促进经济社会深入发展的特殊历史时期。他们面对的是处在信息化时代、处在战略转型期的中国共产党如何运用新闻媒介提高执政能力，如何坚持科学发展观，确保经济与社会的持续、稳定、健康发展，如何实现构建和谐社会和建设小康社会的宏伟目标，以及如何提升国家软实力，扩大我国在国际领域的话语权和影响力等问题。

---

① 《人民日报》，1999-01-22。
② 《十四大以来重要文献选编》（上），654页，北京，人民出版社，1996。
③ 《人民日报》，2002-02-02。
④ 《中央思想政治工作会议学习读本》，4～5页，北京，学习出版社，2000。

胡锦涛同志的新闻思想集中阐述了信息化时代党的新闻宣传和舆论引导的新特点与新规律，主要解决了党和政府如何运用新闻宣传和舆论手段来改善执政环境，提升执政能力，增强执政效果，促进各项事业科学发展，以及新闻传媒作为信息产业如何适应信息化时代和新媒体时代的需要，加速自身发展的问题，充分体现了信息化时代党指导新闻宣传工作的新思路、新特点，具有明显的创新性。

在这一背景下，胡锦涛同志和以他为总书记的党中央以"三个代表"重要思想为统领，坚持以人为本，坚持科学发展观，在新闻工作中，实行了许多新的政策调整和改革举措，提出了许多新的新闻观点，特别是根据新媒体出现后媒体格局和舆论格局发生变化的新情况，积极探索信息化时代新闻传播的新特点和新规律，形成了一系列适应当代新闻业发展需要的新闻观念，促进了我国新闻宣传工作的创新与发展。

这些新闻观点包括，强调新闻工作要体现"以人为本"，要坚持"三贴近"原则；要把新闻宣传作为党的执政资源，把提升舆论引导能力列入党的执政能力建设的重要内容；要构建定位明确、特色鲜明、功能互补、覆盖广泛的舆论引导新格局；新闻报道要增强亲和力、吸引力、感染力；新闻工作要富于创造性，要不断创新观念、创新内容、创新形式、创新方法、创新手段；要统筹国内国际两个方面，做到立足国内，面向世界，不断提高新闻报道的质量和时效；新闻媒体要按照新闻传播规律办事，要切实承担社会责任，促进新闻信息真实、准确、全面、客观传播；新闻工作者要遵守新闻从业的基本准则；要大力发展信息及传媒业，促进整个文化产业的发展，等等。

这些观点既是中国共产党新闻思想中的重要内容，也是当代马克思主义新闻思想最新成果的集中体现。

胡锦涛新闻思想的主要理论贡献在于提出了新世纪新闻工作改革的一系列新的思路。他提出要坚持用时代要求审视新闻宣传工作；强调要坚持以人为本的新闻宣传工作理念；强调新闻传播要尊重客观规律和遵循基本准则；提出要把舆论引导能力作为党的执政能力建设的重要内容，把新闻媒体作为党的执政资源；国家要为新闻传媒业的改革创造良好的政治环境，等等。

胡锦涛的新闻思想还集中阐述了信息化时代新闻传播的一些新特点和新规律。如他指出了新媒体出现带来舆论的多层次性和媒体的分众化、对象化特点；阐释了媒体格局变化带来舆论格局变化，新闻宣传需要整合各种媒介资源，提高舆论引导能力的观点；提出了新闻传播要统筹国际国内两个方面，增强国际传播话语权和影响力的思想，等等。

另外，他还在处理和解决我国新闻宣传工作长期以来没能很好解决的一些重大理论与实践难题中，阐述了一些重要的新闻观点。包括如何进一步改进会议和领导同志活动的新闻报道，如何进一步改进和加强国内突发事件新闻报道，如何进一步加强和改进舆论监督工作，如何治理整顿党政部门报刊等，为新闻媒体的改革与发展提供了强有力的政策支持和理论保障。

总之，以毛泽东、邓小平、江泽民和胡锦涛为代表的几代中国共产党的领导人，始终根据中国党情与国情的实际情况和当时新闻工作的实际需要，坚持与时俱进，不断丰富和充实马克思主义新闻思想，赋予其鲜明的中国内涵及时代特色，这也正是中国共产党领导人新闻思想理论价值和实践意义之所在。

毛泽东文化安全思想及其当代启示

谷少杰

一、文化安全概念界定

对“文化安全”的界定首先涉及对“文化”和“安全”两个概念的理解问题。自文化成为人类探究和思考的对象以来，有关文化的描述和给文化下的定义可谓数不胜数。就目前来看，国内理论界倾向于文化的两分法，即从广义和狭义两种角度阐释：广义上的文化指人类社会历史实践中所创造的物质财富和精神财富总和，即“大文化”；狭义的文化则是特指上层建筑中思想、道德、艺术以及意识形态等方面的因素，即“小文化”。本文主要是从狭义的角度来探讨文化安全问题。关于“安全”一词，从来也不只是个单纯防御性的概念，它还具有外显和伸张的本性。安全的实现有赖于增强防范意识，但同时更需要营造在场气势，完善自身，在扩展交流中消除压力和恐惧，增强从容与自信。

那么，何谓文化安全？就目前来看，国内理论界并未达成一致结论，大致有三种类型的界定：一种是防御型的界定，一种是进攻型的界定，一种是防御基础上的互动型界定。笔者赞同后一种类型的界定。所以，据笔者所见，文化安全即国家文化安全，是指主权国家的主流文化价值体系免于内部或外部敌对力量的侵蚀、破坏和颠覆，从而确保主权国家享有充分完整的文化主权，同时，积极进行对外交流互动，吸收其他一切民族的优秀文化价值，在此基础上进行文化革新，从而实现本国主流文化价值体系的健康发展。这一界定前半部分强调的是文化建设与文化发展不受破坏和威胁的状态，后半部分强调的是文化安全的维护应当在独立自主发展自身的同时，积极顺应时代要求，在对外的交流、碰撞中寻求自身的真正安全。

在当代国家安全系统中，文化安全是国家安全的深层次问题，它涉及一个民族、一个国家的基本价值观和价值体系，是国家稳定发展的精神前提，是整个国家安全的灵魂，对维护国家安全有独到的、不可替代的作用。对相对落后的国家和民族来说，文化安全具有更为重要的现实意义。尤其是我国作为一个处于社会主义初级阶段的发展中大国，是资本主义国家推行文化渗透、搞“和平演变”的首要目标。当前，我国社会主义现代化建设正处于关键时期，西方文化借助经济全球化的浪潮，不断对我国文化进行渗透和入侵，企图以西方的意识形态观念改造我国，我国的文化安全面临着日益严峻的挑战和威胁。以毛泽东为代表的中国共产党人高度关注文化安全问题，在领导我国社会主义革命和建设的伟大实践中，形成了丰富的文化安全思想。今天，在纪念建党 90 周年之际，重温并学习以毛泽东为核心的党的第一代中央领导集体关于文化安全的有关思想，对当今中国特色社会主义文化建设事业的健康发展有着重大的现实指导意义。

二、毛泽东文化安全思想的主要内容

在新中国成立后的较长时间里，我国在思想文化领域里仍存在着许多不安全因素，主要表现在两个方面：一是西方资本主义意识形态的侵蚀，威胁着我国思想文化安全。新中国成立之后，西方帝国主义除了继续加紧对新中国进行武装干涉、军事包围和政治孤立之外，又增加了新的手段，即用所谓“和平演变”伎俩对我国进行文化渗透、瓦解、颠覆，以实现其“不战而胜”的战略目的。二是国内存在着多种不良的旧思想文化的威胁。1949 年，中华人民共和国成立，建立了人民民主专政的政权，创立了一整套政治、经济、军事和文化制度体系。但不良的旧思想文化并没有随着新制度的建立而立即消失或被彻底清除。相反，旧思想、旧意识、旧生活方式和旧价值观念如封建迷信活动、个人主义、拜金主义、实用主义等价值观，还在相当长的一个时期内滞留在人们的思想观念之中，并对人们的行为产生持久的影响，这对社会主义文化安全造成巨大威胁。

我们知道，文化安全问题是 20 世纪 90 年代后，基于全球化对文化的影响而提出的，毛泽东不可能超越时代，直接提出和使用“文化安全”的概念。但是，作为一位伟大的无产阶级革命家、战略家、理论家，他站在 20 世纪世界社会主义运动的大背景下，在领导中国人民进行社会主义革命和建设实践中，就如何加强我国社会主义文化建设问题作了深入思考，其中蕴涵着丰富的国家文化安全思想理念和观点，显示了维护国家文化安全的基本精神。这些理念和观点，为今天中国特色社会主义文化安全提供了有益借鉴和重要启示。

（一）树立马列主义在思想文化领域中的指导地位

毛泽东在长期的革命斗争实践中已充分认识到，马列主义是科学的世界观和方法论，是中华民族争取民族独立、人民解放和国家富强、人民富裕的根本武器，也是新生的社会主义中国文化建设和文化安全的根本保障。因此，毛泽东反复强调：领导我们事业的核心力量是中国共产党，指导我们思想的理论基础是马克思列宁主义，"马列主义的基本原理应该接受，不接受是没有道理的，也不利"①。早在民主革命时期，毛泽东就提出："我们不但要把一个政治上受压迫、经济上受剥削的中国，变为一个政治上自由和经济上繁荣的中国，而且要把一个被旧文化统治因而愚昧落后的中国，变为一个被新文化统治因而文明先进的中国。"② 而这种新文化必须以马列主义为指导，才能为社会主义经济、政治提供强大的精神动力和智力支持。建国后，面对西方反华势力对社会主义新中国推行的文化渗透和国内封建腐朽旧思想等的侵蚀，毛泽东指出，"我国社会主义和资本主义之间在意识形态方面的谁胜谁负的斗争，还需要一个相当长的时间才能解决。这是因为资产阶级和从旧社会来的知识分子的影响还要在我国长期存在，作为阶级的意识形态，还要在我国长期存在"③，所以他认为："我们应当批评各种各样的错误思想。不加批评，看着错误思想到处泛滥，任凭它们去占领市场，当然不行。有错误就得批判，有毒草就得进行斗争。"④ 为了用马列主义理论武装人们的头脑，教育广大人民群众，确立马列主义在整个思想文化领域里的指导地位，毛泽东还亲自领导开展了一系列思想文化批判运动，虽然由于在一些运动过程中采取的方法、手段和形式过于简单片面，导致了许多本来不应有的失误，伤害了一些无辜的干部群众，应当引以为戒，但从维护国家安全的角度看，这些活动确实有效地防范了形形色色的资产阶级腐朽思想和封建残余思想对广大干部群众的侵蚀，牢固树立了马列主义的指导地位，维护了当时我国的文化安全。

（二）确立人民大众在社会主义文化中的主体地位

毛泽东始终坚持文化起源上的实践观和群众观，强调人民大众是物质财富和精神财富的创造者，认为人民大众是社会主义文化的主体。所谓社会主义文化的主体，在

---

① 《毛泽东文集》，第7卷，78页，北京，人民出版社，1999。
② 《毛泽东选集》，2版，第2卷，663页，北京，人民出版社，1991。
③ 《毛泽东文集》，第7卷，231页，北京，人民出版社，1999。
④ 同上书，232～233页。

毛泽东那里表现为，人民大众既是社会主义文化的掌握者、享有者又是社会主义文化的创造者。在半殖民地半封建的旧中国，由于贫穷和落后，80％的人是文盲和半文盲，尤其是广大工农被剥夺了受教育的权利。对此，毛泽东批评指出："中国历来只是地主有文化，农民没有文化。可是地主的文化是由农民造成的，因为造成地主文化的东西，不是别的，正是从农民身上掠取的血汗。"① 他认为，新民主主义的文化应是民族的科学的大众的文化，代表最广大群众的目前利益和将来利益，"它应为全民族中百分之九十以上的工农劳苦民众服务，并逐渐成为他们的文化"②。换言之，社会主义的文化教育工作，要不断提高人民群众的文化水平，使文化事业从由少数人掌握、为少数人服务转变为由多数人掌握、为全体劳动人民服务，而不能让文化成为少数精英分子的垄断品。毛泽东坚决反对文化战线和文艺领域中脱离群众、脱离实践的文化和艺术形式，他要求"文艺工作者的思想感情和工农兵大众的思想感情打成一片"③，号召文化和艺术工作者深入人民大众、学习人民大众，从人民的生活中提取文艺的原料，在文艺中表现大众。建国后，党和政府大力发展普及教育，推广群众性文化事业，各级各类学校数量逐步增长，公共图书馆、博物院、文艺团体、电影放映场所等群众性文化事业单位均成倍增加。这样，以毛泽东为核心的党的第一代中央领导集体通过制定相应的文化政策，逐渐地使以工农兵为代表的人民大众成为文化的主体，充分展现了社会主义新中国特有的文化思想，也从根本上维护了新中国的国家文化安全。

（三）制定"古为今用、洋为中用"，"百花齐放、百家争鸣"的文化方针

任何一个国家的文化，都是在继承和吸收前人创造的优秀成果的基础上才谈得上安全和发展，为此，毛泽东制定了"古为今用、洋为中用"的文化方针。毛泽东非常重视对传统文化的继承和吸收，他强调："我们这个民族有数千年的历史，有它的特点，有它的许多珍贵品。对于这些，我们还是小学生。"④ 所以要求全党"学习我们的历史遗产"⑤，他说："今天的中国是历史的中国的一个发展，我们是马克思主义的历史主义者，我们不应当割断历史。从孔夫子到孙中山，我们应当给以总结，承继这一份珍贵的遗产。"⑥ 但同时他又强调这种继承不是无条件地什么都吸收，必须吸取其精华，抛弃其糟粕，在批判地继承的基础上建设一种新文化。毛泽东在强调批判地继承

---

① 《毛泽东选集》，2版，第1卷，39页，北京，人民出版社，1991。
② 《毛泽东选集》，2版，第2卷，708页，北京，人民出版社，1991。
③ 《毛泽东选集》，2版，第3卷，851页，北京，人民出版社，1991。
④ 《毛泽东选集》，2版，第2卷，533～534页，北京，人民出版社，1991。
⑤ 同上书，533页。
⑥ 同上书，534页。

传统文化的同时，提出也要学习外国的先进文化。他说："每个民族都有它的长处。"[①] 但"每个民族也都有它的短处"[②]，所以，"我们的方针是，一切民族、一切国家的长处都要学，政治、经济、科学、技术、文学、艺术的一切真正好的东西都要学。但是，必须有分析有批判地学，不能盲目地学，不能一切照抄，机械搬用"[③]。

文化安全的实质，不在于防御中固守，而在于交流中发展创新。文化不发展、不创新，就会衰竭、僵死，就无安全可言。要创新，就要鼓励文化艺术上不同形式和风格的自由发展。所以，为进一步繁荣社会主义新文化，维护国家文化安全，毛泽东提出了"百花齐放、百家争鸣"的方针。他认为"艺术上不同的形式和风格可以自由发展，科学上不同的学派可以自由争论"[④]，坚决反对"利用行政力量，强制推行一种风格，一种学派，禁止另一种风格，另一种学派"[⑤]。"双百"方针，一方面，作为促进繁荣我国社会主义文化的方针，鼓励人们自由地进行科学文化和艺术的创造与探索，尊重了文化和文艺的发展规律，从而有利于社会主义文化安全发展；另一方面，作为正确处理人民内部矛盾问题的一个方针，用来调动社会中的一切积极因素进行社会主义建设，目的是寻求一条适合中国特色社会主义文化发展之路，从而逐步建构起维护中国国家文化安全的新体系。

（四）发展和壮大社会主义经济

除上述的三点之外，毛泽东还特别注重以发展壮大社会主义经济来确保文化安全。他说："一定的文化是一定社会的政治和经济在观念形态上的反映。"[⑥] 所以，思想文化领域作为现实政治经济的观念反映，其安全与否、发展状况如何归根到底是由经济基础决定的。新中国成立后，毛泽东认识到社会主义国家要战胜资本主义，使西方国家的"和平演变"战略最终破产，就必须抓住时机发展生产力，只有生产力发展了，经济上去了，才能为我国国家文化安全提供最根本的保障。党的八大明确指出："我们国内的主要矛盾，已经是人民对于建立先进的工业国的要求同落后的农业国的现实之间的矛盾，已经是人民对于经济文化迅速发展的需要同当前经济文化不能满足人民需要的状况之间的矛盾。在我国社会主义制度已经建立的情况下，这一矛盾的实质，也就是先进的社会主义制度同落后的社会生产力之间的矛盾。"[⑦] 毛泽东在《关于正确处理人民内部矛盾的问题》一文中又明确指出："我们的根本任务已经由解放生产

---

①②③ 《毛泽东文集》，第7卷，41页，北京，人民出版社，1999。

④⑤ 同上书，229页。

⑥ 《毛泽东选集》，2版，第2卷，694页，北京，人民出版社，1991。

⑦ 《建国以来重要文献选编》，第9册，341页，北京，中央文献出版社，1994。

力变为在新的生产关系下面保护和发展生产力。”① 我党在建国后一段时间里非常注重发展生产力，我国国民经济得到恢复和发展，人民的生活水平有较大提高，我国社会主义文化也得到安全健康发展。

三、毛泽东文化安全思想的当代启示

（一）始终坚持马克思主义指导地位，是文化安全的根本保证

我们知道，任何一种文化形态都以自己特定的指导思想为核心，这种指导思想决定着该文化的性质和方向。马克思主义是人类历史上迄今为止最先进、最科学的思想体系，是社会主义思想文化的核心和灵魂。假如离开了马克思主义的指导，文化建设就会偏离社会主义方向，不但文化的多样性发展会失去灵魂和方向，而且社会主义的经济制度和政治制度也将得不到保障。当今世界正发生着广泛而深刻的变化，当代中国正发生着广泛而深刻的变化。随着我国改革开放进一步深入发展，国内出现了经济成分多样化、分配方式多样化、组织形式多样化、就业方式多样化的复杂形势，人们思想活动的独立性、选择性、多变性、差异性明显增强，使得思想意识形态领域呈现出多元化的趋势，马克思主义“过时论”、“空想论”、“失败论”等非马克思主义的意识形态有所滋长。文化思潮多元化带来的影响继续加深，加之我国长期存在的封建残余思想观念在新的历史时期也沉渣泛起，马克思主义在我国社会主义文化领域的指导地位面对空前挑战。确切地说，现实是随着我国经济社会发生深刻的变化，马克思主义在思想文化领域的指导地位有着某种程度的削弱。今天，在新的历史条件下，面对改革开放过程中出现的新问题，我们在建设中国特色社会主义文化时必须更加坚定地坚持马克思主义的指导地位不动摇，牢牢把握社会主义先进文化建设的前进方向，坚持用发展着的马克思主义指导实践，这是我们立党立国的根本，也是社会主义文化建设的根本，是我国文化安全的根本保证。

（二）始终坚持人民大众的主体地位，是文化安全的根基

社会主义文化建设的一个突出的、区别于其他阶级社会文化的重要特征就是始终坚持人民大众的主体地位，这也是社会主义文化发展的根基所在。所以，我们建设社会主义精神文明，发展先进文化，一刻也不能离开广大人民群众，要把广大群众组织引导到思想、道德、文化建设中来，把精神文明建设变为亿万群众的生活实践，用群众的力量发展先进文化，推进精神文明建设的各项工作。

---

① 《毛泽东文集》，第7卷，218页，北京，人民出版社，1999。

当今，以胡锦涛同志为总书记的党中央，在继承毛泽东关于人民大众是社会主义文化的主体理念的基础上，基于我国文化安全尤其是意识形态安全建设，向全党提出了大力推进当代马克思主义大众化的要求。我们知道，马克思主义从来就不是书斋里的学问，而是对人民群众社会实践经验的科学总结和理论化表达，是人们认识世界、改造世界的强大思想武器。所以，马克思主义理论只有真正为广大人民群众所理解、掌握并科学运用，才能转化为强大的物质力量，从而在实践中发挥其推动社会前进的应有功能和作用。马克思主义大众化的过程，不仅仅是马克思主义理论内容普及化的过程，更是马克思主义运用于实践，通过实践证实其正确，进而为群众掌握的过程。在当代中国，中国特色社会主义伟大实践从本质上说，就是人民群众广泛参与、共同建设中国特色社会主义的实践过程，人民群众即是这一实践的主体，只要人民群众真正理解、认同和掌握中国特色社会主义理论体系，就会坚定走中国特色社会主义道路，投身到社会主义现代化建设事业中。所以，在马克思主义中国化历史进程中的今天，我们特别提出推进当代马克思主义大众化的任务，由此，赋予了大众化以新的内涵，即将马克思主义的核心价值理念内化于人们的精神生活过程，进而使人民大众形成对于中国特色社会主义理论体系基本观点与主张的认同，这种内化的认同最终转化成外化的实践，同时也达至维护主流意识形态安全的现实目标。

（三）在继承中发展、在交流中创新，是文化安全的实质

维护国家文化安全，并不是固守传统文化和现存文化的纯洁性，也不是拒绝外来文化的影响，而是保障与促进传统和现存的民族文化在继承中发展、在交流中创新。从人类文化发展的进程看，任何文化都不是自足的，文化在交流中相互启发，在互动中相互促进。尤其在当代，全球化趋势势不可当，面对这种客观情形，我们必须在独立自主发展自身的同时，积极顺应时代的要求，在对外交流、碰撞中激发自身文化发展的潜力，提高文化的生机与活力，增强文化的自信，来实现文化的健康发展。在全球化过程中，我们要维护国家文化安全，首先要大力弘扬民族传统文化和民族精神。中国是一个拥有五千多年历史的文明古国，长期的历史积淀已经形成历代相传、富有民族特色的中华文化。中华文化是中华民族生生不息、团结奋进的不竭动力，它包含了中华民族的情感、价值、道德等，在维系中华民族的精神和价值认同方面起着重要作用，同时它对培养公众的爱国主义情操、民族自尊心起着潜移默化的作用。因此，今天我们建设中国特色社会主义文化、维护国家文化安全、确保国家基本制度和核心价值观不受侵犯，就必须继承和弘扬中华文化。

同时，我们不能把文化安全仅仅定位于维护中国传统文化的安全，而应该更加重视加强对外文化交流，不断汲取世界优秀文化成果，使中华文化在文化的交流和碰撞

中增强文化创新力，保持文化先进性，不断推陈出新，发扬光大，只有这样，我们的文化才会有真正的安全。

中华文化之所以能够在世界几大古文明中硕果仅存，一个重要的原因就是中华文化具有海纳百川的广阔胸襟，善于学习不同民族文化的优长。在日益开放的当今时代，文化的繁荣发展更离不开同世界各种文明的对话。但在对外文化交流中必须坚持“以我为主，为我所用”的原则，不是盲目“拿来”，更不是照抄照搬，否则就会丧失自己的立足之本，就会随波逐流，就谈不上安全，更谈不上创新。所以，目前，我们在社会主义文化建设中，要批判继承传统文化，同时借鉴吸取外国先进文化，着眼于世界科学文化发展的前沿，落实“双百”方针，弘扬主旋律，提倡多样化，以形成多种文化健康发展的良好局面。

（四）强大的经济支撑，是维护国家文化安全的基石

文化是上层建筑的一部分，文化的产生和发展是建立在一定的社会基础之上的，其发展归根到底是由经济基础决定的。所以，没有强大的经济基础，文化的发展就无法得到强有力的支撑，文化的安全就无法得到根本保障。从国际情况看，国际资本主义在经济领域的强势地位必然造就他们在文化领域的绝对优势。发达国家之所以能够对我国进行文化渗透，根本原因就在于他们有雄厚的经济实力和发达的科学技术作后盾。苏联解体、东欧剧变之所以发生，根本原因之一，在于苏东僵化的体制使社会经济失去了生机与活力，国家经济实力降低，人民生活水平大幅度下降，而西方国家却在二战后实现了经济快速发展，国民生活水平大幅提高，这种巨大反差，动摇了苏东人民的社会主义信仰，西方国家趁机进行和平演变，导致苏东社会主义政权垮台。从国内的情况看，经过新中国成立以来特别是30多年改革开放的努力，我国取得了举世瞩目的发展成就，但我国仍将长期处于社会主义初级阶段的国情没有变，人民日益增长的物质文化需要同落后的社会生产之间这一社会主要矛盾没有变。所以，尤其是在西方文化全球扩张的今天，我们必须坚持以经济建设为中心，不断解放和发展生产力，持续改善人民生活，打造社会主义牢固的物质基础，以经济的发展速度和水平来证明社会主义的优越性，反击资本主义的“和平演变”，只有这样，才能从根本上维护我国的文化安全。

中国共产党对文化安全的战略研究

白　雪

一、从《讲话》到十七大精神

在抗日战争最为艰苦的1942年5月，毛泽东分两次发表了《在延安文艺座谈会上的讲话》，确立了党对文艺工作领导的基本方针，明确了无产阶级政党对文艺工作者的立场问题、态度问题、工作对象问题、工作问题和学习问题这一系列问题的看法。《在延安文艺座谈会上的讲话》作为整风运动的部分成果，是卓有成效的。在讲话的开头，毛泽东指出："在我们为中国人民解放的斗争中，有各种的战线，就中也可以说有文武两个战线，这就是文化战线和军事战线。我们要战胜敌人，首先要依靠手里拿枪的军队。但是仅仅有这种军队是不够的，我们还要有文化的军队，这是团结自己、战胜敌人必不可少的一支军队。'五四'以来，这支文化军队就在中国形成，帮助了中国革命，使中国的封建文化和适应帝国主义侵略的买办文化的地盘逐渐缩小，其力量逐渐削弱。"① 这里即看到了文化的重要意义，并把发展文化事业与坚持军事斗争放在同等重要的位置上。这在抗日救亡时期是极为难能可贵的。当然，《讲话》的内容与当时的革命形势密不可分，是针对非常具体的情况提出的，但是其基本精神毫无疑问是正确

---

① 《在延安文艺座谈会上的讲话》包括1942年5月2日发表的《引言》和5月23日发表的《结论》。1943年10月19日的《解放日报》将两部分正式发表，后收入《毛泽东选集》。本引文引自《毛泽东选集》，2版，第3卷，847页，北京，人民出版社，1991。

而深刻的。因此，在新民主主义革命胜利后，《在延安文艺座谈会上的讲话》依旧有着巨大而深远的影响，成为很长时间以来，党作为执政党的基本文艺纲领。

建国以来，《讲话》精神继续得到传承和光大。特别是进入改革开放的新时期以后，随着国内外形势的变化，党对文化事业的领导方针也在不断地与时俱进，但是始终没有减弱对文化事业的关注，始终把文化事业作为党的工作的重要方面，并且逐步总结经验，把党对文化事业的领导问题提高到国家安全的高度，高瞻远瞩地提出了“文化安全”的概念。胡锦涛总书记在 2003 年 8 月 12 日中央政治局第七次集体学习时明确提出“确保国家的文化安全”的要求，随后党的十六届四中全会上《中共中央关于加强党的执政能力建设的决定》、十六届六中全会上《中共中央关于构建社会主义和谐社会若干重大问题的决定》均将文化安全与政治安全、经济安全和信息安全并列。[①] 胡锦涛总书记在党的十七大报告中指出：“当今时代，文化越来越成为民族凝聚力和创造力的重要源泉、越来越成为综合国力竞争的重要因素，丰富精神文化生活越来越成为我国人民的热切愿望。要坚持社会主义先进文化前进方向，兴起社会主义文化建设新高潮，激发全民族文化创造活力，提高国家文化软实力，使人民基本文化权益得到更好保障，使社会文化生活更加丰富多彩，使人民精神风貌更加昂扬向上。”

在新世纪，文化安全问题正变得越来越重要。我们面临的问题是要继承传统，开拓创新，加强对外文化交流，在保证自身文化安全的前提下，为世界文化作出应有的贡献。这就需要我们站在国家安全的高度来认识“文化安全”，探寻中外文明发展的基本规律，在面对传统文化，吸收利用外来文化时持有审慎态度，并一如既往地对未知和未来保持开放的姿态。

二、“文化安全”范畴及其特点

学界对“文化”的研究由来已久，而在国家安全的高度进行文化研究不过是最近 20 年的事。“文化”在拉丁文中的本意是耕耘、劳作和训练，其原型为 cultura 和 cultus，保留着农业、畜牧业对人类精神历史的深刻影响。“文化”一词被引入中文以后，其内涵和外延一直受到关注。在 1979 年版的《辞海》中，“文化”有狭义和广义两个定义：“从狭义来说，指社会的意识形态，以及与之相适应的制度和组织机构。”“从广义来说，指人类社会历史实践过程中所创造的物质财富和精神财富的总和。”恩格斯认

---

① 例如《中共中央关于构建社会主义和谐社会若干重大问题的决定》中指出：“要增强国家安全意识，完善国家安全战略，健全科学、协调、高效的工作机制，有效应对各种传统安全威胁和非传统安全威胁，严厉打击境内外敌对势力的渗透、颠覆、破坏活动，确保国家政治安全、经济安全、文化安全、信息安全。”

为，文明时代的标志是文字的发明和铁器的使用，但是在此之前的数万年里，人类已经有了文化，文化的范畴要比文明宽泛。有学者认为："文化是被人类赋予了价值和意义的生活，是这种生活的全部，是其过程、方式，又是其成果，文化中有永恒的东西也有转瞬即逝的东西，有'好的东西'也有'坏的东西'，有可以实现的理想也有永远不可能达到的目标，当然有可以言说的东西也有不可言说的东西。"① 由此可见，"文化"本身的特点和复杂性，必然对"文化安全"的研究产生深远影响。

时至今日，"文化安全"作为"非传统安全"研究的一项，依旧是一个新概念，但这一概念的提出对未来形势的洞见和把握是不可小看的。2003 年 5 月 21 日的《人民日报》第 7 版发表了中国社会科学院世界经济与政治研究所王逸舟教授的文章《重视非传统安全研究》。文章指出："当前谈论安全问题的趋势是：既要讲整体和全局的国家安全，又不能忽视社会某些局部的安全利益和个人安全；既要对安全利益实行传统的国家式保护，又要对安全利益实行更加广泛的国际关注，以及保证国内社会不同领域不同层面的参与。基于此，非传统安全研究的动向是，既要站在自身国家利益的立场上，保证战略研究和军事谋略的有效性，在综合安全观的统筹下实现不同领域安全之间的动态平衡，又要适当从国际社会全局考虑，倡导共同安全观的建立和合作安全方式的推进。其中，人的安全是所有安全问题的核心，社会安全是国家安全的基石和国际合作的基础。站在人类进步史的角度观察，可以认为，以人为本的这种新安全观的出现，昭示着全球发展的新动向。"

非传统安全研究大多数不以国家为中心，这项研究具有很强的跨国家、跨种族、跨文化特征。它们往往不表现为激烈的军事政治冲突，但是却会产生比激烈的军事政治冲突更为深远的影响。而非传统安全问题也很难以传统的措施去应对，寻求非传统安全问题的解决途径是我们的长期工作任务。

"文化安全"作为"非传统安全"研究的内容之一，还有很多独有的特点。在瞬息万变的当今世界，它受到了内部和外来的双重压力。文化问题远比我们想的要复杂和深刻。"国家文化安全"理念正是在近代以来中外文化交汇和对比的过程中提出的。没有文化"他者"就没有所谓文化安全。"严格说来，国家文化安全问题的真正出现和突出表现，只有到了近代资本主义世界市场形成之后，特别是在西方列强对东方国家实现殖民侵略政策、东西方文明冲突日趋激烈的情况下才逐渐成为现实。"②

---

① 王鸿生：《历史的瀑布与峡谷：中华文明的文化结构和现代转型》，27 页，北京，中国人民大学出版社，2007。该书还讨论了"文化"与"文明"的异同。

② 刘跃进：《国家安全学》，145 页，北京，中国政法大学出版社，2004。

三、文化安全所面临的外部压力

萨义德于1978年出版的《东方学》成为后殖民主义批评的奠基之作。这部著作从东方学的范围、东方学的结构和再结构与东方学的现状三个方面论证了“东方学”的存在形态及其工作原理。萨义德认为东方学首先是一种理论需要。正如科学计算对于海王星的发现表明，当科学计算需要它在那里的时候，它就恰好在那里。而当西方开始变得胸怀世界的时候，它不但构想出一个东方，而且最终证实了确有一个和它所想象的大体一致的东方。“简单地认为东方学是对殖民统治的合理论证将会忽视下面这一事实：东方学在殖民统治之前就为其进行了合理论证，而不是在殖民统治之后。”① 这里不但表现出了理论的前瞻性，表现出了实证的稳扎稳打，而且寻找到了潜在的受众。既然《圣经》上所讲的“流奶流蜜”的福地已经败坏，那么作为上帝的选民——富裕、民主、发达的欧洲——理应为贫穷、封建、落后的“东方”再传福音。于是，真的像天主宣称的那样，送来的不是和平而是分裂。因为主的拣选意味着分别，意味着判断，意味着不同。一定要把山羊从绵羊中分出来，因为山羊不但是异己的，而且是危险的。山羊是需要医生的病人，是征服的对象。

“东方”在理论和事实上的双重存在，一方面陪衬了西方的巨大进步，另一方面明确了西方对东方的权利和义务。在“东方学”中，东方正如一把恒定不变的尺子，可以衡量出西方在方方面面的胜利；另外，由西方来建立“东方学”而不是相反，则至少说明“西方是积极的行动者，东方则是消极的回应者”②。

以《东方学》为契机兴起的后殖民主义批评在一定意义上标志着东方的苏醒与崛起，而这种批评视角也确实展现了以往看不到的事实。萨义德选择的“Orientalism”的后缀“ism”表明，它所指的是“state，quality，act；doctrine，system”。带有这一词缀的词往往翻译成“某某主义”。而“主义”在中文中的解释是：“对客观世界、社会生活以及学术问题等所持有的系统的理论和主张。”选用这一词来概括“东方学”，意在体现“东方学”的自成体系和价值判断，它并不是纯粹的知识和无功利的学术系统。显然“东方学”是带有偏见的，是西方关于东方的基本态度，是西方对东方采取行动的依据和理由。但是，与此同时，萨义德也深深感到，“东方学”固然饱含偏见，而由此新兴起一种“西方学”也未必就是公允的。因为每个人都有着极为具体的发言位置，所以每个人的发言都受到了相应的限制。批判文化偏执的同时担心自己走向另

---

① 爱德华·W·萨义德：《东方学》，49页，北京，生活·读书·新知三联书店，2007。

② 同上书，142页。

一个极端，这是学术研究应该有的顾虑。

尽管萨义德反复申明自己的学者身份，表明自己无意政治，但是仅就其学说本身来说，如果早诞生几十年，完全可以引起民族革命，在政治上大有作为。正如作者极力表明的那样，虽然在客观上，"东方学"有力地支持了殖民活动并为之辩护，但是"东方学"不是单纯地为了论证西方近代殖民活动而设立的，"东方学"是西方思维发展的必然结果，而以殖民为特征的原始积累也是西方思维发展的必然结果。

在《东方学》中，"东方"主要指和欧洲在地域上紧邻、在文化上分庭抗礼的西亚，顺便包括中亚乃至远东。长达一千年之久的"中世纪"对欧洲文化进行了全方位的塑造。其中，在宗教信仰上对"我信唯一的主"的规范是具有深刻意义的。伊斯兰教对这一点的挑战，帮助其竖立了"东方"邪恶的形象。"鉴于基督教和犹太教的特殊关系，在东方学家眼中，伊斯兰教这一观念（或类型）永远是异端邪说的根源，这一点自然又为对伊斯兰文明在某种程度上仍然充当着基督教西方的对立面的恐惧所加剧。"①

二战以后，美国从英法手中接过"东方学"的传统，开始关注东方。这也表明，放眼世界，建立霸权与控制"东方"密不可分。美国的视野显然更加开阔，远东也囊括在内，其成果既有把日本文化简化为"菊"与"刀"的成功案例，也有亲自上手为日本文化代言的《艺伎回忆录》。但是，西亚仍是现代"东方学"研究的重点。

2003年，美国在"流氓国家"中首先选择了伊拉克作为攻击目标。伊拉克掌握着美国需要的资源，在宗教上信仰"异教"，在外交上数次表现出强硬态度，在地理上占据军事要道，况且还拥有"大规模杀伤性武器"。"像阿拉伯这样的民族有什么权利让西方（自由、民主、道德的）发达世界受到威胁。"② 在东方学家的论述中，甚至取消了阿拉伯民族革命以自新自强的可能，因而这样的地方正是传统"东方学"中认为应予以帮助的对象，由西方来帮助它实现民主，实现解放，聆听福音。有学者指出："美国当代外交政策扩张主义的野心，根植于18、19世纪的强有力美国外交政策意识形态的存在，这一意识形态由三种互相加强的要素构成：与促进国外自由相连的、对伟大国家的积极要求；反映了统治精英盎格鲁—撒克逊偏见的、对其他国家和人民在种族等级上的分类；对不符合美国模式的外国革命的怀疑。"③

除直接诉诸武力外，各种形式的"后殖民主义"侵略遍布全球。喝我可乐，看我大片，学我选举，让我教你什么是人权和自由……以美国为代表的西方依旧想要控制东方，尽管它们在内受到了后现代主义、在外受到了民族主义的双重挑战。而认可西

① 爱德华·W·萨义德：《东方学》，333页，北京，生活·读书·新知三联书店，2007。
② 同上书，367页。
③ 迈克尔·H·亨特：《意识形态与美国外交政策》，北京，世界知识出版社，1999。

方为东方设定的形象地位，甚至主动迎合西方的趣味，便是现代东方参与“东方化”的过程，而这也正是“东方学”经营多年的一项成果。

世界是平的，财富不是流向东方就是流向西方。奇怪的是，东方为西方提供了原料、市场和劳动力，在客观上保障着西方富足的生活，可是西方对这位衣食父母并无感激，相反却充满了厌恶与恐惧，“东方学”带给东方的是无尽的灾难，而带给西方的也只是利益，并不是真正的幸福。《国语·郑语》中说：“声一无听，色一无文，味一无果，物一不讲”，西方文明的扩张性和“东方”在想象中的异质，恐怕很难达成一个和而不同的未来。当西方具体化为一个个国家的利益，当东方具体为一个个迥异的民族时，文化安全的重大意义便显现无疑。

四、研究文化安全的现实意义

季羡林先生多次指出，文化一旦产生，其交流就是必然的。没有文化交流，就没有文化发展。世界历史的史实也证明了这一点。从近代开始，世界逐渐融为一体。轴心时代所具备的那种地理学意义上与精神气质上的双重封闭开始瓦解，因而拘泥于一时一地的独白式文化发展模式也最终走向终结。新的思想、新的发明以前所未有的高速度、高效率在全球范围内传播。昔人愚公所谓“子子孙孙无穷匮也”才能完成的事业，如今被压缩简化为鼠标的轻轻一点。我们确实获得了更为广阔的体验空间，可是世界也真的变成了“地球村”①。

如果说，国家与国家、地域与地域之间的文化交往所带来的文化安全问题更多是在国际政治的角度来考虑的，那么每一种文化内部所经历的交汇、融合与创新则更多是着眼于文化发展的规律，具有更具体、更切实的可操作性。它不再是一个宏观而政治化的范畴，而是以各种我们熟知的面目出现在普通人的日常生活中，潜移默化地影响着我们的一言一行。“我们的生活方式和行为方式，并不仅仅取决于我们个人的意志和趣味。事实上，内在的文化指令像隐形之手一样，支配着我们的意识甚至全部。说得形象一点的话，我们都受制于文化地图为我们标示的方向，沿着这样的方向，一种无意识给我们以暗示和询唤，并使我们产生生存和行为的依据。”② “我们”作为一个整体，需要某种文化来指认自身，而“我们”中的各个因子又以千差万别的实在形态丰富着整体的特征，为整体的发展变化提供新的可能。很多文化冲突最终会表现为政治、军事斗争，但是文化冲突在本质上是超政治、超军事的。因而文化在内部遇到的

① “地球村”这个概念最早是由加拿大学者马歇尔·麦克卢汉和昆廷·奥菲利从传播学角度提出来的。
② 孟繁华：《众神狂欢：当代中国的文化冲突问题》，29 页，北京，今日中国出版社，1997。

压力远大于其外在困难，也只有解决好文化的内部问题，我们才有实力、有信心去进行文化间的对话。

文化的一种重要的呈现自身的方式是文化遗产，包括物质和精神两种形态。我们的文化遗产正面临着严峻的形势。“随着工业化和城市化进程的全面推进，一方面是我国历史建筑、历史遗址、地方文物等都在以惊人的速度消失或破坏；另一方面是我们的历史文化和文学经典，包括我们新中国的革命历史料和反帝反殖史实，都在不断地被人以恶劣的方式挪用、滥用、误用、戏用和超容量开发，我国的经济文化发展与文化遗产保护的矛盾日益突出，文化遗产安全十分严峻。”①

其中，精神形态的文化遗产面临的挑战主要来自大众文化的兴起。美国传播学权威施拉姆（Wilbur Schramm）等人认为，15 世纪 40—50 年代是“大众传播开始的日子”②。而这个日子是从古登堡印《圣经》（Gutenberg Bible）开始的。大众传媒及时迅速地向人们传递输送信息，为受众提供的是一个选择过了的、可拷贝的世界。它不仅成为人们现实生活的重要组成部分，而且在拓展人们视野的同时，也在向受众传播着社会约定俗成的价值观和行为方式，潜移默化地影响着受众的社会心理，改变着受众的认知结构。

接受者对大众文化的接受体现出一种即时消费性。文化文本在创作者与接受者的观念中，都默认为可以买卖的商品。而这种“商品”的品种、数量上的极大丰富，使得受众可以随时随地选择时尚的、适合自己口味的作品，抛弃那些过时的、不适宜的作品。文化成为超级市场里可供选择、为之付费的商品。然而，接受者“选择”的“自由性”仍然值得怀疑。走进书店，可能有上千种读物供人挑选；打开电视，有几十个频道供人选择，但是，在这若干本书、若干个频道成为备选之前，在它们进入受众的视野之前，它们是已经被作者、导演、出版社、电视台等等人和机构选择过了的，受众看似“自由”的选择，实际上仍是被限制住了的。这样，大众文化受众的定位，首先是一种假设：“受众被设想成一群被动的消费者，倾向于大众媒介操纵性的见解，顺从于购买大众文化制造的大批生产的商品的吸引力，苟安于大众消费虚假的快乐，容易接受促发大众文化的商业宣传。”③ 对于受众这样的假设与定位，无疑会强化大众文化的快速批量生产与即时选择消费。

必须给予注意的是，当下中国的大众文化不再自觉紧密地关照政治，而是与大工业生产、经济利益密切相关，其中包括创造和开拓文化市场，以公司规模的行为去组织产品的销售，以及尽快获取最大利润等经济行为。作品的内容和创作目的也发生了

① 潘一禾：《文化安全》，111 页，杭州，浙江大学出版社，2007。

② 威尔伯·施拉姆等：《传播学概论》，15 页，北京，新华出版社，1984。

③ 多米尼克·斯特里纳蒂：《通俗文化理论导论》，18 页，北京，商务印书馆，2001。

变化。这使得畅销书与电影、电视剧、商业广告、流行歌曲、休闲报刊、卡通音像制品、MTV、营利性体育比赛以及时装模特表演等一起，不仅构成大众文艺的主要成分，而且成为了只有在买和卖的过程中才能实现自己文化价值的普通商品。

经济收益是文化发展中不得不正视的一个重要因素。时代的发展使得文化的经济价值更加直观、更加易于量化。与传统的文化形式相比，大众文化具有一种赤裸裸的商品性，以实现利润最大化为根本目标。这样，传统的文化与经济的界限被完全打破，两者之间的分界变得含糊不清，人们已经很难辨别哪些是纯粹的文化行为，哪些是纯粹的经济活动。但正是这种兼有文化和经济两种性能的特殊品格，使得大众文化比起传统的文化形式，就更容易进入普通大众的日常生活。这些让许多文艺工作者在“求真务实”中偏向后者。“务实”本身没有问题，但是如果只剩下了“务实”，那么将导致未来的中国文化很难再出伟大作家、经典作品。

全球性的大众文化兴起是文化安全所面对的主要问题，因为文化的核心是价值观，而大众文化正是要对价值观进行重塑乃至新建。这种重塑和新建并不可怕，而且也反映出文化发展的一部分规律。只是我们应清醒地认识到它的重要性。我国正处于转型时期，现阶段，庞大的现代专业技术人员可以在各自的领域中获得较为高级的审美体验，审美泛化、日常化，进入普通人的生活视野。而大众文化作为文化的一部分，对许多人而言，只是消遣和娱乐。虽然大众文化的流行并不意味着社会文化水准的降低，但是帮助大众提高审美品位正成为当下最紧迫的任务。高雅艺术需要观众，而高雅艺术的观众需要培养。当下中国传统文化精英日趋衰落是一个不争的事实，文化生产和文化消费呈现出多元化与专业化的统一。现实中，从事精英文化创造的往往不是社会精神贵族或者说意识领袖，相反，越来越多的普通社会成员正在成长为享有平等权利的文化创造者。因此，在新时期，我们应努力建设发展繁荣社会主义先进文化，努力提高普通社会成员的审美文化品格，促使大众文化与精英文化在取得最优经济、社会效益的基础上走向融合。

从“两个凡是”到民主法制

王　雷

一、引　言

30多年前，中国社会对“两个凡是”的讨论产生了思想认识上和政治理论上的重大影响。在思想上，与“两个凡是”针锋相对的是“实践是检验真理的唯一标准”口号的提出，当事者也强调：“是为了批判‘两个凡是’才运用实践是检验真理的标准这个武器的。”① 争论虽然早已尘埃落定，但影响却深远而持久。这确实是一场思想解放的大讨论，其影响也是全方位的。本文选取从“两个凡是”到民主法制这一角度，试图总结回顾社会主义民主理论大幕的揭开。

对这一问题的讨论也是马克思主义中国化中的重要议题。“两个凡是”与民主法制就涉及政治生活中是遵从一人权威还是多人权威的问题。恩格斯在1873年撰写的《论权威》一文中就曾说：“……不论体现这个意志的是一个代表，还是一个负责执行有关的大多数人的决议的委员会，都是一样。不论在哪一种场合。都要碰到一个表现得很明显的权威”②，可见政治组织运转方式的问题根本上也是一个“权威”及其来源的问题。恩格斯在该文中还指出：“……把权威原则说成是绝对坏的东西，而把自治原则说

---

① 孟繁颖、马飞、李俊杰：《一篇文章，解开解放思想的序幕——访江苏省政协原副主席胡福明》，载《中国人民大学校报》，2008-09-22。

② 《马克思恩格斯全集》，中文1版，第18卷，343页，人民出版社，1964。

成是绝对好的东西，这是荒谬的”[1]，可见权威本身没有价值优劣问题，存在优劣的是权威本身的实现方式——政治的运作方式。

马克斯·韦伯在广受关注的《经济与社会》一书中就政治权力运作的演化方式曾经总结概括为三种，即传统型权威、个人魅力型权威、理法型权威。[2] 据此进一步深入观察，“两个凡是”之前的时代应属于个人魅力型的时代，“两个凡是”则意图开启一个传统习惯型的时代，而民主法制则是力主推行理法型权威。从根本上说，从“两个凡是”到民主法制也就是一个政治理论及实践上的思想大解放。

二、“两个凡是”及其之前的时代

1976 年 4 月 30 日，毛泽东向其接班人华国锋交代了三句话，这也被视为毛主席的政治遗言，这三句话是：“慢慢来，不要着急；照过去方针办；你办事，我放心。”[3]“照过去方针办”就成为后继者前进的方向，实际上这是一种在不断向过去求证中的前进。1977 年 2 月华国锋将这一政治遗训转化为“两个凡是”的新表达：“凡是毛主席作出的决策，我们都坚决拥护；凡是毛主席的指示，我们都始终不渝地遵循。”[4] 这样，现在的政治运作就成为过去政治模式的延续，传统成为一种权威，对传统的不断践行则会逐渐形成一种持久的活的习惯。人们在政治生活中就要靠不断地回忆来规划设计与执行运作。

“两个凡是”对应的大致也就是韦伯所说的传统习惯型的权力统治形式，即现在的一切都是因为和为了尊重过去。实践中主要具体化为两点：第一，华国锋宣布他不打算公开怀疑迄今发生的任何事情，即不怀疑“文化大革命”[5]；第二，继续维护旧的个人崇拜的同时，还制造和接受对他自己的个人崇拜。[6] 其实“两个凡是”的政治思维是一种典型的全言式演绎推理的三段论思维，那就是：所有的 A 在过去时代都是 B，现在的时代又遇到 A，所有的 A 在现时代也都是 B。虽然这种演绎推理的形式是有效的，但是它的结果却经不起检验，因为它没有解决演绎推理的前提是否真实以及正确的问题。这种政治运作的方式导致的只能是对过去的曲解或者对过去错误的延续。正因为此，邓小平在总结这段历史时说：“华国锋只是一个过渡，说不上是一代，他本身

---

① 《马克思恩格斯全集》，中文 1 版，第 18 卷，343 页，人民出版社，1964。

② 参见［德］马克斯·韦伯：《经济与社会》，北京，商务印书馆，1997。

③ 毛毛：《我的父亲邓小平——文革岁月》，497 页，北京，中央文献出版社，2000。

④ ［匈牙利］巴拉奇·代内什：《邓小平》，220～221 页，北京，解放军出版社，1988。

⑤ 参见上书，221 页。

⑥ 参见中国共产党中央委员会《关于建国以来党的若干历史问题的决议》第 25 段，1981 年 6 月 27 日中共十一届六中全会通过。

没有一个独立的东西，就是‘两个凡是’。”[①]

毛泽东时代的政治运作是执政者在军事家与政治家之间以及同一个执政者的军事家角色和政治家角色之间不断冲突争执的过程。其结果可以粗略地描写为：第一，军事家的数量还是超过了政治家[②]；第二，政治家的角色认同还是受到军事家角色认同的极大冲击。后者表现为政治家的理性经常乃至一度长期为军事家的激情所左右。毛泽东在军事和政治生涯中对于“权威”的认识，特别是在“个人崇拜”的问题上的认识一度有着很大反复，这也导致了其后半生的一些失误。

根据学者的细致考察，毛泽东对政治权威的含蓄界定是“权力和威信”[③]，然而这种威信的支点是职务（制度）、个人魅力还是个人正确思想？之前，毛泽东是反对对领袖的盲目服从的，而毛泽东晚年对“个人崇拜”的态度则明显地受到苏共二十大的影响，这次会议上苏共对斯大林的攻击促使毛泽东开始反思权威领导的问题。到1965年，他的态度似乎发生了改变，他注意到赫鲁晓夫之所以被推翻，或许是因为没搞个人崇拜。[④] 此后，个人崇拜受到鼓励并逐渐形成一种狂热。[⑤]

革命战争年代造就的领袖身上往往会沾上一层神秘诗化的色彩，豪迈恢宏地承受并战胜无尽的艰难困苦往往会给人一种超凡入圣的感觉，会赢得人们持久的感动与膜拜。毛泽东带着他的成就走上了神坛，中国的政治运作进入了一个个人魅力型的时代。

实际上，个人魅力型的权力统治和传统权威型的权力统治在中国的政治实践中表现出一种不同于韦伯描述的时间顺序和交织关系。后代人延续了前代人，他尊崇的是前代人的魅力，因此只有一个共同的东西融贯其中，前后沟通。这也能解释邓小平为什么说“华国锋只是一个过渡……他本身没有一个独立的东西”。

三、民主法制

邓小平的复出是以1977年4月10日他给中央的一封信为起点的。信中邓小平明确批评了“两个凡是”，并提出“要准确地和完整地理解毛泽东思想”这一根本问题。[⑥] 1978年5月11日《实践是检验真理的唯一标准》一文发表后引起了新旧思想的

---

① 《邓小平文选》，1版，第3卷，298页，北京，人民出版社，1993。

② 参见满妹：《思念依然无尽——回忆父亲胡耀邦》，49页，北京，北京出版社，2005。

③ ［美］约翰·布莱恩·斯塔尔：《毛泽东的政治哲学》，58～65页，北京，中国人民大学出版社，2006。

④ 参见［美］埃德加·斯诺：《漫长的革命》，220～221页，转引自［美］约翰·布莱恩·斯塔尔：《毛泽东的政治哲学》，74页。

⑤ 约翰·布莱恩·斯塔尔认为“是毛泽东的思想，而不是他的个人魅力，创造了对他的个人崇拜”，见《毛泽东的政治哲学》，75页。我认为在那个激情登峰造极的年代，在群众狂热的呼喊中没法区分二者，比如说群众手中举着的是“红宝书”，口中喊着的是“毛主席万岁”，思想崇拜和魅力崇拜已经融为一体。

⑥ 毛毛：《我的父亲邓小平——文革岁月》，531～532页。

激烈交锋，邓小平抓住这一历史契机，支持并宣传该文的观点，“严厉批评了个人崇拜、教条主义和唯心论”，并在十一届三中全会上肯定和高度评价了上述思想解放活动。[①] 接着，在中共十一届六中全会上也客观评价了毛主席的功过，肯定了其功大于过。这一系列的努力在思想路线上具有重要意义：第一，要准确完整地理解毛泽东思想，这就提出了一个政治思想上的客观合理解释的问题，使得断章取义、主观剪裁丧失市场；第二，哲学理论上的讨论使我们看到真理标准问题在那个特定的历史时期并不单纯是一个学术问题，更是一个政治问题；第三，客观、全面评价毛主席的功过得失，肯定毛泽东思想的指导意义，这使得政权有了一个合法性的连续，使得思想有了一个承继发展的过程，防止像苏共二十大那样出现合法性连续性的断裂，保证了稳定的环境。

以邓小平为核心的党的第二代中央领导集体在保证政权合法性之连续的同时，并没有像“两个凡是”那样沉迷于权力统治的过去时形式。他们创新了一种新的权力运作类型，开启了一个新的时代。

邓小平思想在权力统治问题上遵循的是民主和法制的策略。在 1979 年时他就指出：“没有广泛的民主是不行的，没有健全的法制也是不行的。……这是建立安定团结政治局面的必要保障。……这好像两只手，任何一只手削弱都不行。”[②] 在民主和法制的实践方面，邓小平至少有下述重要认识和做法：第一，彻底破除权力集中于一人之身、一人之念的做法，指出，“如果一个党、一个国家把希望寄托在一两个人的威望上，并不很健康”[③]。第二，带头建立退休制度，并曾说，“我过去多次讲，可能我最后的作用是带头建立退休制度”[④]。第三，健全法制，将一定范围内还将长期存在的阶级斗争问题转化成法律问题，“在法律范围内进行政治斗争，乃是在当代中国社会的民主和法制建设的进程中迈出的具有决定意义的一步”[⑤]。

权力通过民主和法制获得了权威，韦伯所说的理法型权威也就是权力和合法性的统一，邓小平开启的政治运作方式逐渐表现得符合这一类型。在民主化和法制化的进程中，邓小平的人格力量也越来越强烈地显示出来。如果说前述个人魅力型权威是建基于一个人的智慧之上，传统习惯性权威是建基于过去某个人的智慧之上，那么理法型权威则是建基于现时多数人的智慧之上。同市场一样，民主法制虽然可能不是本体意义上的最优选择，但却是人类迄今理性能力范围内所能找到的认识论意义上的最优

---

① 参见余玮、吴志菲：《邓小平的最后二十年》，13～21 页，北京，新华出版社，2008。

② 《邓小平文选》，2 版，第 2 卷，189 页，北京，人民出版社，1994。

③ 《邓小平文选》，1 版，第 3 卷，272 页，北京，人民出版社，1993。

④ 同上书，316 页。

⑤ 俞吾金：《邓小平：在历史的天平上》，291～292 页，上海，上海人民出版社，1994。

选择。

四、尾　论

建国以来，我们在政治实践上的探索实际上一直是在政治领域摸索恩格斯所说的“权威”的实现途径（运作方式），是一个马克思主义中国化的重要维度，有重要的理论和实践意义。

我们现在所处的民主法制型权力运作方式进一步完善的方向何在？或许这里需要借用韦伯的另一个理论——形式合理性理论。我们的民主和法制在注重实体价值合理的同时，应该越来越重视长期以来被忽视掉的程序的、手段的合理性。这个维度可能也可以算是韦伯对其理法型权威的进一步细化。

30年的抗争，30年的探索，30年的奋进

——纪念中国共产党成立90周年

张志远

2011年是一个不同寻常的年份，我们迎来了中国共产党建党90周年的喜庆日子。时光荏苒，追昔抚今，每一个共产党人都不禁感慨万千，90年的发展历程是一条几经曲折、险象环生、风雨兼程的民族复兴之路，充分体现共产党人为了人民利益而义无反顾、百折不挠的坚韧与执著。90年的发展历程也许在人类历史长河中稍纵即逝，而中国共产党和中国人民的这90年，实现了一个伟大民族从饱受屈辱到独立自主，从世界舞台的边缘逐步走到中心的不平凡的90年。笔者把党的发展历程概括为30年的抗争、30年的探索和30年的奋进。

一、30年的抗争：反帝反封建　建立人民共和国

为了顺应时代和民族的期待，受十月革命的影响，国内五四反帝爱国运动的推动，中国共产党诞生于积贫积弱、备受屈辱、人民生活极度困苦的旧中国。1921年7月的一天，浙江嘉兴南湖一艘画舫上召开了中国共产党第一次全国代表大会，画舫在湖面上迎着风浪，承载着中华民族洗刷屈辱历史，走向独立自主、国富民强的期望起航了。中国共产党自从诞生的那一刻起，就把建立民主自由的国家作为目标，把实现共产主义作为最高纲领。面对当时国内复杂的民主革命形势，党在反帝反封建斗争中曾与国民党有过合作。由于当时党正处于幼年时期，因蒋介石、汪精卫发动反革命政变，致使大革命失败。中国共产党人汲取血的教育，总结出“枪杆子里出政权”，领导工农红

军上井冈山，建立革命根据地，依靠农村包围城市，努力走出了中国民主革命的一条新路。

1931年9月18日，日本帝国主义发动九一八事变，随即占领中国东北。1935年，华北事变发生，中华民族再次面临严重的民族危机，国内兴起救亡图存的浪潮，在北平爆发了学生反帝爱国运动——“一二·九”运动。1937年卢沟桥事变，日本侵华战争全面爆发。在民族危难的紧要关头，共产党人本着民族大义，不计前嫌，联合国民党，建立抗日民族统一战线，由国民党军队正面抗击日本侵略者，共产党领导的工农红军被改编为八路军和新四军，深入敌后，积极开辟第二战场，配合国民党正面战场，顽强抗击日本帝国主义的侵略。1939年1月，国民党五届五中全会召开，其军队从积极抗日转变为消极抗日，中国共产党独立担负起抗日救亡的重任。在党的领导下，经过全国各族人民的顽强抵抗，终于取得抗日战争胜利，这是自1840年以来中华民族抗击外国侵略者的全面胜利。

抗日战争胜利后，是要建立国民党一党专政的独裁统治，还是建立民主的联合政府的人民共和国？蒋介石倚仗美国的支持，撕毁国共停战协定，悍然发动对解放区的进攻，内战随之爆发。各民主党派揭穿了国民党独裁统治的图谋，积极拥护共产党建立民主联合政府。在这紧要关头，中国历史和人民选择了中国共产党，在全国各族人民的支持下，共产党领导的人民军队以摧枯拉朽之势取得了民主革命战争的胜利，建立了人民共和国。

第一个30年，中国共产党从诞生到不断成长，勇于担负时代、民族赋予的重任，洗刷了中国近百年以来的屈辱历史，走向独立自主，建立起人民共和国，使中国人民赢得了各个国家的尊重和敬佩。

二、30年的探索：总结经验　曲折中前进

新中国成立后，由于长期饱受战争的创伤，国民经济一度走到了崩溃的边缘。党中央、国务院（当时为政务院）实施一系列恢复国民经济发展的措施，对农业、手工业、资本主义工商业实施社会主义改造，建立全民所有制经济和集体所有制经济。1954年，新中国第一部《宪法》颁布，实现了人民当家做主，为我国建立法治国家奠定了坚实的基础，成为实施“依法治国”战略的根本。

整个20世纪50年代，西方国家对我国实行经济上制裁、军事上禁运、外交上孤立，试图把新生的人民政权扼杀在摇篮中。面对国内外复杂的形势，中国共产党带领全国各族人民发扬自力更生、艰苦奋斗的精神，实施工业化发展战略，制定国民经济和社会发展的第一个五年计划。中共八大提出，当前的主要矛盾是人民群众日益增长

的物质文化生活的需要和落后的社会生产之间的矛盾。但当时党内高层对什么是社会主义、怎样建设社会主义的问题没有形成统一共识，也高估了中国所处的发展阶段，提出“超英赶美”，实施“大跃进”、人民公社化运动。中苏关系在此时也持续恶化。1959—1961年为我国三年自然灾害时期，加上盘踞台湾的蒋介石叫嚣“反攻大陆”等，党内高层对国内外形势估计过于严重，也为后面一段时期的“左”倾错误埋下了隐患。

马克思主义认为，事物的发展具有前进性和曲折性。党曾经在一段时期内，由于建设经验不足，又无现成的模式可循，在发展过程中出现过一些失误。我们曾经历过十年的刻骨铭心的教训，认识到稳定压倒一切，没有稳定的社会环境，发展无从谈起。如何结束长达十余年的“左”倾思想错误，党内进行了真理标准大讨论，提出实践是检验真理的唯一标准。越来越多各行各业的人都加入真理标准大讨论，唤醒了国民的变革意识，为摆脱长达十余年的“左”倾思潮的束缚创造了条件。以邓小平为代表的共产党人不断总结经验，汲取教训。对于一些历史遗留问题，党中央出台了《关于建国以来党的若干历史问题的决议》，纠正了“左”倾思想错误，把工作重心转移到经济建设上来，重新确立了解放思想、实事求是的思想路线。

第二个30年，我们为建立社会主义国家进行了积极的探索，既取得发展的成就，也经历了严重挫折，付出了沉重代价。同时，也为我们今后发展积累了宝贵的精神财富。正如著名导演谢晋所说，我们今天取得的这些成就，是建立在昨天所经历的那些苦难之上，若没经历昨天的那些苦难，一个人也好，一个国家也好，一个民族也好，是不会成熟起来的。以邓小平为代表的共产党人加深了对什么是社会主义、怎样建设社会主义的思考，为中国特色社会主义理论体系的形成、开辟中国特色社会主义道路提供了前提条件。

三、30年的奋进：发展·民生·幸福

20世纪90年代初，一首《春天的故事》唱遍大江南北，这首歌曲表达了改革开放为中国带来的朝气蓬勃的繁荣景象。在这之前的10年，以及在这之后的近20年的时间，成为新中国成立以来发展最快、人民获益最多的时期。在这一时期，我国坚持以经济建设为中心，坚持四项基本原则，坚持改革开放，从高度集中的计划经济体制逐步向社会主义市场经济体制转变。随着改革开放的进一步深化，建立了以公有制为主体，多种经济成分共同发展的经济制度；建立了以按劳分配为主体，多种分配形式并存的分配制度。在农村，实行家庭联产承包责任制，使亿万农民的生产积极性和创

造性得到充分释放，实现了农业增产、农民增收，农民温饱问题得到根本解决。“三农”问题日益成为政府工作的重中之重。在城市，深化改革，国企改革“抓大放小”，完善社会主义市场经济体系。积极吸引外资，在沿海地区建立经济特区，在沿边设立开放口岸，成为对外开放的重要窗口。

科学发展观的第一要义是发展。只有发展才能解决我国城乡之间、区域之间发展失衡的问题。为了缓解城乡之间的发展差距，党的十六届五中全会提出建设社会主义新农村，围绕“生产发展、生活宽裕、乡风文明、村容整洁、管理民主”的方针，以城带乡、以乡促城，城乡互动，城乡一体化发展。为了缓解区域之间差距进一步拉大的问题，党中央先后实施西部大开发、中部崛起、东北振兴等发展战略，东部支援西部，再造山川秀美的西部中国。党的十六届六中全会通过了《中共中央关于建设社会主义和谐社会若干重大问题的决定》，提出和谐是社会主义发展的必然要求。党的十七大报告指出，加强以民生为重点的社会建设，实现学有所教、劳有所得、病有所医、老有所养、住有所居。经过32年的改革开放，我国已建成门类齐全的工业体系，初步实现了国家的工业化，农业也得到稳步发展，正从总体小康向全面小康社会迈进。2010年，国内生产总值跃居世界第二，十一五规划完美收官。2011年3月，全国人大常委会通过了《中共中央关于国民经济和社会发展第十二个五年规划纲要的决议》，为今后五年乃至更长一段时期绘制了科学发展、和谐发展的宏伟蓝图。“一年之计在于春”，2011年是“十二五”规划的开局之年，开好头、起好步尤为重要。2011年是第三个30年的终点，又成新的起点。

第三个30年，让中国人民收获了更多的自信和幸福。2001年成功加入世贸组织，加快了中国融入世界的进程。2008年成功举办北京奥运会。2010年成功举办上海世博会……这种自信和幸福不仅来自科学技术的发展，社会生产力的显著提高，综合国力的整体提升，人民生活水平的显著改善，尤为重要的是，让越来越多的人民享受到了发展的成果。

总而言之，事非经过不知难。成就来之不易。这一切的成就是在中国共产党的坚强领导下取得的，中国共产党用90年的风雨兼程谱写了壮丽的民族复兴之歌。从党诞生的那一刻起，优秀共产党人始终走在时代前列，勇于担负人民赋予的重任，不畏艰险、不辞辛劳，攻坚克难，不辱使命，在革命、建设、改革的不同历史时期，作出了自己卓越的贡献，完成了人民赋予的使命。第一个30年的抗争实现了中华民族的完全独立。第二个30年的探索，不断总结经验，虽历经曲折，但也为之后的发展提供了制度保障。第三个30年的奋进，高举中国特色社会主义伟大旗帜，以中国特色社会主义理论为指导，贯彻落实科学发展观，努力建设富强、民主、文明、和谐的现代化国家。

在今后的发展中，我们将会面临难得的机遇和严峻的挑战。每一个人都相信，在始终走在时代前沿的中国人民和中华民族的先锋队——中国共产党的领导下，中华民族将创造更多的人间奇迹……

马克思主义中国化研究

马克思主义中国化的科学依据与价值诉求

郝立新

马克思主义中国化是当代中国思想理论领域的主流话语或思想理论运动的主旋律。从历史、现实和未来看，马克思主义中国化的成功实现和继续深化取决于两个因素：一是它的科学依据，即体现或反映一定的实践基础、科学品质和客观规律；二是它的价值诉求，即蕴涵一定社会主体的利益、愿望和目标。伴随着当代中国在世界的日渐崛起和中国发展模式的逐步形成，马克思主义在中国的发展进入了一个新的阶段，面临一些新的问题。当前推进马克思主义中国化，必须认清马克思主义中国化在现阶段的特征和问题，进一步理解和把握马克思主义中国化的科学依据和价值诉求。

一

马克思主义从20世纪20年代起在中国传播以来，特别是中国共产党提出推进马克思主义中国化的理念、任务以来，在中国革命、建设和改革的伟大实践中，马克思主义理论与中国实际相结合，形成了具有中国特色、中国风格的马克思主义理论体系。从宏观看，这一过程分为两个大的阶段：一是以毛泽东为代表的中国共产党人创造性地运用马克思主义指导中国革命，并概括、总结中国革命阶段和中国建设初期的经验与规律，丰富和发展了马克思主义，其理论结晶是毛泽东思想；二是以邓小平、江泽民、胡锦涛为代表的中国共产党人，在探索、开拓中国特色社会主义建设的道路或模式中，创造性地发展了马克思主义理论，创立并丰富了中国特色社会主义理论体系。

改革开放以来，我们党始终坚持把马克思主义作为思想旗帜，在当代中国社会发展的不同历史时期或阶段，不断推进马克思主义与中国实际相结合，推动中国特色社会主义理论体系的发展。邓小平理论、“三个代表”重要思想、科学发展观是当代马克思主义中国化进程中的标志性成果。科学发展观的提出及其发展，标志着马克思主义中国化开始进入一个新阶段。作为马克思主义理论工作者，应自觉认识我们面临的新阶段或新时期的特征，分析并应对在继续推进马克思主义中国化进程中面临的新问题。

我认为，当前马克思主义中国化进程已经进入新的阶段，面临新的问题。这主要表现在以下几个方面。

首先，当代中国马克思主义理论研究和建设进入新的境界。伴随中国特色社会主义实践的发展，以中国共产党人为主导的马克思主义中国化进程在不断深入。党中央启动了前所未有的马克思主义理论研究与建设工程，在人力、财力和物力上给予力度空前的投入。与此相应，全国教育系统、社科院系统、党校系统、军队系统及各省市地方相继推出了各具地区特色和行业特色的马克思主义理论研究与建设工程。一批马克思主义经典著作的翻译、研究以及基础理论和基本问题研究、教材编写等成果涌现。马克思主义一级学科应运而生，马克思主义学院或研究院纷纷成立。中央和地方党校与教育行政部门联合，连续数年每年举办多期马克思主义理论骨干培训班，这是中国共产党理论建设史上的一个壮举。这一阶段的标志性成果集中表现在：对中国特色社会主义理论进行了系统的概括、提炼和总结，完善了中国特色社会主义的理论体系；对中国特色社会主义建设的规律进行了进一步的探索，提出了全面协调可持续发展的战略思想和构建和谐社会的目标；对中国特色社会主义社会的政治经济文化建设中的重大问题进行了深入研究，提出了以人为本的重要理念和建设社会主义核心价值体系等重要思想，为马克思主义的发展作出了历史性的贡献。

其次，当代中国马克思主义的研究和发展正面临新的时代课题。国内发展和国际社会中各种矛盾丛生交织，问题空前复杂。经过 30 多年的改革开放，我国经济发展迅速，已经成为世界上第二大经济体，人均 GDP 超过 4 000 美元。在实现经济发展目标方面，我国用 30 多年的时间走完了西方发达国家上百年才走完的历程，这种时间的压缩导致有许多相关制度和体制来不及建构，许多利益关系来不及理顺，从而难免会积累众多的矛盾。经济快速发展、社会结构急剧变化、利益格局深刻调整，引发和激活了一些深层次的问题与矛盾。社会发展不平衡问题、民生问题、公平问题、社会稳定问题显得尤其突出。中国发展模式的成功经验和代价教训问题需要进一步的理论总结。时代潮流把正在崛起的中国推到国际舞台的前沿，各种矛盾在汇集并考验着中国。中国问题及其解答不仅具有民族的、特殊的意义，而且具有世界的、普遍的意义。马克思主义理论发展面临着新的挑战，也酝酿着新的突破。

最后，当代中国马克思主义处在多元文化思想并存发展、各种社会思潮空前活跃的情势之中。马克思主义作为社会主义核心价值体系的主要内容和主导的意识形态，仍然在当代中国思想理论领域占据主流地位。当前我国的思想文化是对社会转型期经济、政治的折射，反映着一定的经济取向和政治诉求，也体现出一定的社会价值和道德要求。随着全球化进程的加快、对外开放的扩大，外来文化特别是西方思想文化以前所未有的规模和速度传入我国并传播开来。同时，随着本土文化认同的增强，中国传统文化也“热”浪滚滚。在当代中国，文化发展的基本格局是中国特色社会主义文化、中国传统文化和西方思想文化三种主要类型的文化并存。在多元文化的格局下，在文化多样化发展的态势下，马克思主义在中国文化发展中的地位、命运、作用等问题进一步凸显出来。一是中国特色社会主义文化建设对作为指导思想的马克思主义提出了新的要求。与中国特色社会主义经济建设和政治建设相适应，中国特色社会主义文化建设出现了一些新的时代特点，并要求进一步实现马克思主义的中国化、时代化、大众化。马克思主义如何在民众生活、大众文化、学术文化中产生更积极的影响，获得更多的话语权，成为摆在我们面前的迫切问题。马克思主义的研究和宣传不能高高在上，而要落地生根；不能自言自语，而要积极面对社会发展特别是文化发展的要求和挑战。二是中国传统思想文化的复兴再次把马克思主义与中国文化发展的关系问题推到思想舞台的前沿。当代新儒学的持续不断的发展特别是“国学热”的兴起表明，在中国由传统向现代化转变的进程中，中国传统思想文化的当代价值进一步彰显。但是，如果把中国传统文化与马克思主义完全对立起来，甚至提出应该确立儒家思想在中国复兴进程中的指导地位，这就需要加以认真对待和回应了。三是西方思想文化特别是以自由主义为核心的政治价值观念继续挑战马克思主义的国家观、民主观、人权观、自由观。如何进一步准确厘清和把握政治价值及其观念的普遍性与特殊性、科学性与阶级性的关系，已成为马克思主义研究面临的新课题。四是各种宗教文化的蔓延或扩展，从一定侧面反映了人们精神世界的匮乏和信仰的缺失，迎合了一些社会心理的需求，从而对传统的信仰教育和无神论教育提出了严峻的挑战。

马克思主义必须正视并应对上述挑战。只有在回应并解答这些高难度的问题的过程中，马克思主义才能获得新的动力和生命力。

二

在思考推进马克思主义中国化的问题时，需要面对一个现实：马克思主义的研究和宣传有时离我国社会发展与人民群众的需要还比较远，在反映国情、民情、党情方面还有一定不足。在学界和民间，马克思主义在一定程度上存在被边缘化、被稀释、被冷落的现象。马克思主义的“热”似乎未传导到大众层面，在群众特别是青年学生的信仰层面上马克思主义的话语权有所缺失。

在我看来，这些情况的出现，与对三个问题的认识不到位有关。一是对马克思主义的现实性品格的认识不到位，忽略了马克思主义中国化必须立足现实、关注和回答当代中国问题；二是对马克思主义的科学品质的认识不到位，忽略了马克思主义中国化需要探求和获取马克思主义自身理论的科学依据；三是对马克思主义的价值向度的认识不到位，忽略了马克思主义中国化在价值诉求上必须体现一定社会主体需要的批判性和建构性。上述问题其实可以分为两个方面：一方面是马克思主义中国化的科学依据，包括现实性、实践性、科学性；另一方面是马克思主义中国化的价值取向或主体需求。

纵观马克思主义中国化的历史进程，我们不难发现一个规律性的现象：马克思主义理论的吸引力、生命力和影响力来自于它与中国社会发展客观规律相符合、与人民群众切身利益相契合，来自于对先进思想文化成果的吸纳，来自于理论自身的发展和创新。一旦脱离社会实践和人民群众的需要、不吸收人类文明成果和缺乏创新的方法和思想，理论就会萎缩、丧失社会影响力甚至淡出历史舞台。

推进马克思主义中国化，首先需要立足当代社会实践，关注和回答中国问题。马克思主义本质上是反映社会发展规律和时代发展趋势的科学理论。马克思主义之所以能在中国扎根，正在于它能够围绕并回答中国社会发展的基本走向问题。当代中国问题有三个层面：一是涉及国家、民族和整体社会发展的道路问题；二是涉及民生、公平的制度设计问题；三是涉及价值观念和信仰的精神层面问题。中国共产党诞生 90 周年，新中国成立 60 余年，改革开放 30 多年，中国由衰至兴、由弱到强的发展的历史轨迹和成功经验为发展中国家的发展提供了可资借鉴的宝贵财富。中国模式及其成功经验是举世无双的，中国问题的复杂性也是独一无二的。这首先表现在中国社会性质的复杂性上：多种经济成分并存，市场经济体制逐步确立但又很不完善，社会阶层分化出现，城乡差距拉大。这些问题关乎中国未来发展的命运，备受广大民众关注。对这些问题的研究和回答还很不够，理论与现实的反差较大，理论严重滞后于现实。要使马克思主义同中国实际相结合，就必须实现从以文献研究和政策论证为中心的研究模式向以问题为中心的研究模式转变。理论研究要敢于碰硬。无论是基础研究还是应用研究，都应聚焦中国现实问题，为社会和实践发展提供大智慧与战略思维。

推进马克思主义中国化，需要加强科学研究探索，继续实现马克思主义理论自身的创新。马克思主义的创新包含两方面的动力因素：一方面是立足于社会实践和关注现实问题，另一方面是严谨的科学研究或深入的学术探究。这两个方面是紧密联系、相辅相成的。众所周知，马克思主义基本原理中的实践观点、劳动观点、群众观点、社会基本矛盾运动的理论、社会形态理论、人的自由和全面发展的理论、关于资本主义社会和社会主义社会的理论等，至今闪耀着真理的光辉，是我们认识和把握现时代、洞察事物矛盾和问题的指南。但是，不能把这些观点当作现成的公式来套用现实、剪裁现实。当代马克思主义中国化的本质要求在于，要把马克思主义理论已有的“经典理论”化为能够指导现今中国社会发展的科学理念，同时吸收中国传统文化和外国文化中的精华，形成中国风格、中国气派的马克思主义。马克思主义不仅是一种意识形态，而且也是一种建立在科学研究基础上的理论体系。不可把它当作不证自明的教义或者只有结论的空洞口号。应鼓励对马克思主义进行科学研究、学术探讨和理论创新，加强马克思主义与传统文化和外来文化的对话与借鉴，增强马克思主义的学术底蕴和科学力量。如果没有扎实的科学研究和自由的学术探索作支撑，马克思主义理论就会失去科学魅力，进而失去社会共鸣，即使使用行政力量去推动马克思主义研究，也会容易流于形式或停留在表面上的轰轰烈烈。在积极借鉴西方学者的研究成果的同时，也要注意克服洋八股现象。在马克思主义理论学术研究中存在一个时髦现象，就是把自己的研究与西方的学术研究“嫁接”，好像不嫁接就不好看，不嫁接就显示不出国际性，热衷于套用西方话语和西方思想，缺乏中国话语与中国思想，缺乏中国学者对马克思主义和中国问题的理解。这种学风显然有悖于马克思主义中国化的要求。

推进马克思主义中国化，需要进一步展现马克思主义理论的价值向度，体现社会主体的价值诉求。马克思主义理论既包含了揭示社会发展本质及规律的科学内涵，又具有反映人民群众根本利益、追求人类解放、建立美好社会、倡导人文关怀、实现人的自由全面发展的价值取向或价值目标。马克思主义中国化蕴涵两个方面的价值向度：从理论自身看，马克思主义理论要同满足我国广大人民群众的物质与精神需要相结合，同适应中国社会全面进步的需要相结合，彰显人文精神，走近人民群众的生活。从马克思主义中国化的承担者看，中国共产党人肩负着坚持真理，不断开拓理论新境界，振兴中华、造福人民的历史使命；马克思主义理论工作者应有崇高的社会责任感，勇于担当，关注国家命运，关心民生，自觉地把理论研究和宣传同服务于改革开放、民富国强结合起来，既善于从生活中总结经验并上升到理论层面，又善于用正确理论引导社会生活。当前，中国正处在社会转型期，许多问题前所未遇。在重大的理论和现实问题上，需要有马克思主义理论的声音，需要站在维护国家利益和人民群众利益的立场上，表现批判性的精神和表达建构性的主张。我们期待着通过大家的共同努力，使马克思主义理论在中国大地上展示出它新的活力与魅力。

传统文化与现代中国政党制度

袁济喜

中国政党制度是随着近代百年以来现代政党的兴衰起伏，历经更迭后形成的。在风起云涌的近代中国民族运动与政治革命中，中国走过了西方需要几百年才能走完的政治革命与发展建设的历程，走过了政党兴衰沿革的历程，形成了目前由中国共产党领导下的多党合作的政党制度，它有力地保证了中国人民摆脱几千年的封建专制统治与近代以来三座大山的压迫，使中国历经磨难与考验而能够跻身于世界民族之林，走上了一条既有中国特色又有国际认同价值的社会主义现代化之路。

百川归海，有源可溯。正如中国古代哲人所说，物无妄然，统之有宗，会之有原。中国目前政党制度的成功与确定，可以从多种角度、多个方面去思考，但从思想文化传统的视角去看，中国共产党领导下的多党合作的政党制度的确定与完善，与中国传统文化的潜在作用有着深刻的但却不易被人们注意到的联系。但是，我国理论界长期以来一直有人认为，中国目前的政党制度与中国共产党领导的革命成功，完全是马克思主义在中国实践的成功，是对中国传统文化的反叛与革命。这种认识其实是比较表面的。实际上，中国目前实行的政党制度的卓有成效，不仅不是对中国传统文化的革命，而恰恰是对中国传统文化精华的成功汲取与利用。中国共产党的指导思想是马克思列宁主义与毛泽东思想、邓小平理论，这是毋庸置疑的，但是中国共产党领导下的中国政党制度的建立，同时也是对中国传统文化资源的充分利用与开发。马克思主义与中国革命实践相结合的过程，也可以说是中西方文化磨合的过程。

中国共产党与现代中国政党制度的建立，不仅是中国共产党进行文化选择的结果，而且是文化创造的成果。中国共产党的领导人物如毛泽东对中国古典文化有着深湛的研究与爱好。毛泽东与中共历史上曾留学苏俄和法国的早期领导人不同，他是一个受道地的中国传统文化熏陶出来的人，他的人格与思想明显地接受了中国古典文化传统的哺育。据对毛泽东问题深有研究的李锐同志初步统计，仅以目前我们见到的公开出版发行的《毛泽东选集》五卷本统计，极少引用马恩原著，列宁的书也仅限于哲学部分，引用斯大林的著作更是少，而中国的古籍却信手拈来，比比皆是。从四书五经、诸子百家、二十四史、《资治通鉴》，再到中国的诗词曲赋、历史小说、名家笔记，可以说应有尽有。这些成语典故来源于古籍的，30 条以上者有《左传》，10～30 条者有《论语》、《孟子》、《史记》、《汉书》、《朱子语类》等；其他 10 条左右者有《大学》、《中庸》、《战国策》、《三国志》、《孙子兵法》、《诗经》、《晋书》、《尚书》、《老子》、《易经》、《国语》等。毛泽东在古典文学与传统文化方面的修养令人叹为观止。刘少奇在其《论共产党员的修养》中曾有意识地吸取孔孟关于道德修养的精华来充实共产党员的精神世界。邓小平在 1980 年 8 月 18 日中央政治局扩大会议上所作的《党和国家领导制度的改革》一文中指出："要划清文化遗产中民主性精华同封建性糟粕的界限。"明确提出对传统文化中影响我党建设的消极与积极的作用要进行具体分析。江泽民同志对中国优秀的传统文学艺术十分爱好。1998 年 9 月 28 日，江泽民同志在全国抗洪抢险总结表彰大会上的讲话中，对中华民族的精神文化作了高度评价：中华民族有着自己的伟大民族精神。这个民族精神，积千年之精华，博大精深，根深蒂固，是中华民族生命机体中不可分解的重要成分。中华民族在五千年的发展中，历经磨难而信念愈坚，饱尝艰辛而斗志更强，开发建设了祖国的大好河山，创造了灿烂的中华文明，为人类文明进步作出了不可磨灭的贡献。同时，江泽民同志也指出了抗洪精神"是中华民族的民族精神在当代中国的集中体现和新的发展"，强调了中华民族在精神文化上的传统继承性。江泽民同志提出的"三个代表"学说中，就有"代表先进文化"的内容，这说明中国共产党已经有意识地将文化的代表视为中国共产党当仁不让的历史使命，也证明能否代表先进文化是衡量一个政党价值与地位的重要尺度，它启迪我们从继往开来的高度，去认识中国共产党领导下的多党合作的制度与作为中国先进文化的一部分，即传统文化优秀部分之间的内在联系。

一

中国共产党领导下的多党合作的政党制度，与现代西方的多元对立或两极对立、轮流坐庄的政党制度，以及这种政党制度支配下的政治方式不同，它是建立在中国共产党一元化领导下的多党合作、互相监督、长期共存基础之上的政党制度，它既不同于西方的两党制或多党制，也有别于其他社会主义国家的一党制，它从文化选择上来说，显然是考虑到了中国几千年来的政治传统与文化传统。从更深远的角度来说，是对中华民族文化心理的认同与尊重。

领导中国这样一个独一无二的有着悠久历史文化传统的民族与国家，任何政党与社会制度的成功，倘若没有对于传统文化的研究与改造，而只是我行我素，则这种革命也好，统治也好，都必不可免地会归于失败。古往今来，大浪淘沙，无论是汉族的枭雄草泽，抑或是外族的雕弓天狼，他们要想成功，都不能不从中国悠久的历史文化传统中找寻治国安邦之路。中国目前政党制度的一元化基础上的多党合作，是与中国亘古以来的一个中心的政治文化传统有关的。而这种一个中心的政治文化传统，是不能仅仅用现代的道德义愤与激进态度去评判的，而需要从文化人类学的高度去思考，给予应有的历史评价与肯定。

中华民族与其他文明程度较高、起源较早的民族相比，有其独特的人文地理和生存方式所决定的政治方式与文化价值观念。古代中国与古希腊在生产方式、社会制度与民族心理上存在差异，因而在政治观念与文化观念上表现出明显的不同之处。按照马克思主义的基本观念，人们最早的生产方式，越是生产力不发达，就越是受制于其地理条件，以及由这种生产方式所决定的血缘氏族关系的影响。中华民族起源于黄河、长江流域，这块地方与世界其他民族的生存环境相比，相对封闭。它的东南面是汪洋大海，西北面则是茫茫大漠与崇山峻岭，而四季分明、阴阳相调的气候，适合农业的耕作与运行。从距今五六千年的黄河流域的仰韶文化与长江流域的河姆渡文化遗迹中可以看出，中华民族的先民们基本上是依河而居，组成部落，从事农业活动。在星罗棋布的黄河、长江支流的居住点上，中华民族依托于农耕渔猎，艰难地繁衍生息。在这种生态环境下，人们形成了自然而然的血缘组织，以及由这种血缘氏族组织决定的伦理观念。

与世界其他民族特别是古希腊的文明模式不同，中国的奴隶社会是在沿袭原始社会的血缘氏族形态之上形成的，这种社会结构的基本状态就是通过血缘关系与宗法关系的纽带，将分散在广大土地之上的人民组织起来、协调起来，从事生存管理，而血缘关系与伦理观念则是政治的基础。中国封建社会的王权统治是在夏商周以来的宗法血缘王国与礼乐文化基石之上奠定的。这种政治的特点就是《诗经》中所说的："普天之下，莫非王土；率土之滨，莫非王臣。"从中国文化的内在结构来说，自夏商周就形成的礼乐文化，可谓了解中国政治文化的枢机。从中国最早的典籍《荀子·乐论》与《礼记·乐记》中可以看出这样一个基本的事实，即礼是按照血缘的亲疏来划分贵贱等级，乐则是调和不同等级的人们的工具，所谓"乐和同，礼别异"，则说出了中国文化中建立在血缘亲情观念之上的文化价值观念。中国的政治结构与阶级关系是从血缘种族一体化演变出来的，而控制这种血缘种族关系的必然是强有力的王权。只有强有力的统一王权才能将汪洋大海般的臣民凝聚起来，抵御外来的侵略与欺侮，故而对于一个中心的政治观念的认同与颂扬，是早期中华民族的共同心态。在中国最早的诗歌总集《诗经》中，可以发现这样一个引人深思的问题：一方面，人们对国君的横征暴敛发出诅咒；另一方面，人们则对王权维护民族利益的征战慷慨悲歌，如《秦风》中人民悲歌的“王于兴师，修我矛戈”。在中国社会初期向上发展、奴隶政权与封建政权还处于欣欣向上的时期，特别是在先秦两汉时期，一些有见地的思想家在政治文化观念上，从民族生存的角度总是对一个中心的政治观念大力倡导，如荀子、董仲舒和扬雄对王权与儒学的颂扬，以及对天下一统的讴歌，在当时的情况下，不仅是为了维护王权，更主要的是从天人合一与文化人类学的角度去思考问题。从荀子与董仲舒的言论，以及号称杂家的《吕氏春秋》与《淮南子》中，我们可以看到古代思想家们对中华民族自身生存状态，以及社会政治与文化向前发展时应走的路径的反思。

这种反思的基本内容就是认为，在中华民族的生存中，和谐乃天地之理，而和谐在人类社会的运作必须通过统一的政治中心来完成，这种政治中心就是王权，它是秉受天地之和来管理臣民的，礼义则是这种政治结构在意识形态之上的建构。一个政治中心的运作从哲学上来说，遵循中庸之道，即兼顾统治者与百姓的利益，“叩其两端而执其中”。礼义制度的建立，以血缘亲情即仁孝作为内在依据，它也是公共道德的基本内核。这种政治文化反映了中华民族的共同心态。美国著名文化学者克鲁柯亨在《文化的研究》一文中指出：“文化是历史上所创造的生存式样的系统，既包含显型式样又包含隐型式样，它具有为整个群体共享的倾向，或是在一定时期中为群体的特定部分所共享。”从某种意义上说，这种理论也反映出古代百姓与统治者的利益共同体。中国的文化心态从来就是从天人相合、人人相合的角度去认同世界与自身的。列宁指出，说封建社会仅仅是代表地主阶级的利益是不对的，封建王权不仅代表地主的利益，而且也代表了农民的利益。如果说列宁的这些论述是强调俄国农民的特点，那么这种特点在中国汪洋大海般的自然经济基础之上的农民身上表现得更为突出。中国的农民一方面切齿于地主政权与封建王权的横征暴敛，另一方面，当王权受到地方政权的威胁与外族的颠覆时，往往又毫不犹豫地站在维护一个王权与一个政治中心的立场上。历史上的中国著名诗人如杜甫、白居易、陆游等人，在内忧外患严重时，往往发出忧患时政、诅咒分裂势力的声音，他们的作品从一个侧面反映出人民的心声。中国历史上的爱国主义声音，可以说往往是与维护一个政治中心的民族要求相融汇的，人们对岳飞、文天祥等爱国主义英雄的颂扬，其实传达出了中华民族潜意识中的一个中心的政治观念。

从农民群众的要求来说，他们并不反对封建统治者及其王权，但是他们需要在自己的利益与统治者的利益之间寻找协调，在统治者与被统治者之间找到一种中间地带。而他们的利益要求也只有在统治者的德治中找到代表。在中国政治文化中，儒家的德治、道家的无为而治与墨家的兼爱，都可以说是协调二者之间的关系，使社会维持与发展的学说。他们的学说，在相当程度上反映出了农民在特定时期的文化心理与政治心态，同时也告诫统治者要牢记历史的教训，只有亲民爱民，才能使自己的统治利益得到满足与实现，上下相和，相安无事。孔子说过：

为政以德，譬如北辰，居其所而众星共（拱）之。（《论语·为政》）

其身正，不令而行；其身不正，虽令不从。（《论语·子路》）

这两段话对于我们了解中国古代的政治文化与民众心理是非常重要的。首先，它是建立在对一个政治中心的认同之上的。孔子认为民众对于善良的国君是拥护的，故而一个中心的君权是国家稳定与社会存在的前提。其次，这种一个中心的实现必须依靠统治者的德治。如果统治者率先垂范，抚爱百姓，则其政令畅通，不用多说。如果不能以身作则，那么说了也白说，不可能为民所信。而仁政在孔孟看来并不遥远，那就是轻徭薄赋，养生送死，“老吾老以及人之老，幼吾幼以及人之幼”之类。北宋的文人欧阳修在写给别人的信中就说过，古代圣人之道就其仁政来说，并不玄妙，他们并不是高头讲章，“然其言，不过于教人树桑麻、畜鸡豚，以谓养生送死，为王道之本”（《与张秀才第二书》）。到了明代，一些思想开放的人士更是反对程朱理学的高谈阔理而不关心民瘼，倡导“百姓日用即理”，认为真正的统治者与圣人，如果不能解决百姓的穿衣吃饭问题，将德治与仁政建立在对老百姓的日常生活关注之上，则必然会脱离百姓的要求，进而失去民心。而一旦失去民心，就会失去天下。孟子甚至提出“民为贵，社稷次之，君为轻”的民本思想。尽管在漫长的封建社会中，真正能够采纳孟子民本思想与儒家德治思想的统治者并不多，封建统治者由于自身的阶级本性所限，至多在一定程度上能够体恤与关怀一下百姓，这就是中国历史上的一些开明之治与史学界曾提出的“让步政策”，但是重要的是孔孟从协调的立场上提出了中国社会中政治的中庸性，这就是百姓利益与统治者利益兼顾的原则。在前几年出土的一则春秋时期的竹简中，就曾有“籍敛中则庶民□（附）”的内容，揭示了儒家仁政之说的内核是一种协调原则，而这种协调的前提并不是自由竞争，而是在一个中心的政治原则下进行。孔子说过：“故远人不服，则修文德以来之；既来之，则安之。”（《论语·季氏》）这种认同不仅是统治者的欲求，也是百姓的主动认同，因为他们自己并不能自己代表自己，他们需要一个中心代表自己。

对于这种政治文化心理，我们当然可以从现代政治观念上提出许多批判的意见，但是在当时的条件下，它却反映了中华民族源远流长的思想观念，而且这种政治文化心理不可能随着历史的推移而消除，而是长期积淀在中华民族的心理上，促使中国人民在政权模式与政党制度上作出自己的选择。中国共产党领导下的中国革命，当然不同于过去几千年封建王朝与农民起义基础之上的改朝换代，而是在世界进入现代化的历史背景下发生的由无产阶级领导的、以工农联盟为基础的、团结各阶层人民的新民主主义革命与社会主义革命。中国共产党与历代的封建统治者有着根本的不同，这就是代表最广大的人民群众的利益。但是，它采用的中国共产党领导下的无产阶级专政的国体与政体形式，所以能够为中国人民接受，难道没有这种几千年遗留下来的中华民族的政治文化心理因素的影响吗？在中国人民所喜爱的歌曲《东方红》之中，传达出了中国人选择中国共产党与领袖毛泽东的原因："东方红，太阳升，中国出了个毛泽东。他为人民谋幸福，呼儿咳呀，他是人民的大救星……共产党，像太阳，照到哪里哪里亮。哪里有了共产党，呼儿咳呀，哪里人民得解放。"这首中国人耳熟能详的歌曲，与其说它反映了多少中国革命的大道理，倒毋宁说它道出了中国人民将毛泽东与中国共产党视为救星，给自己谋取幸福的传统政治文化的心态，它与《国际歌》中反映出来的建立在西方大工业生产基础之上的工人阶级的觉悟意识与自立精神有着鲜明的不同文化背景。不从这种深层的原因去探究作为现代中国政治状况反映之一的政党制度的确立，仅仅从作为西方文化系统的马克思主义对中国革命的指导作用去探求，应当说是很不全面的，实际上也不符合马克思主义在文化观上的基本观点，即具体问题具体分析。

中华文化与西方文化从精神世界的深层差异来说，前者是世俗实际的，后者则是灵肉分离的。鲁迅先生在《中国小说史略》中就指出，中华民族的先民由于生存之不易，故重实际，轻玄想。王国维在《红楼梦评论》中也提出：吾国人精神，世俗的也。中国文化由于诞生于农业社会的天人合一的价值观念之中，所以它对于世界的看法是乐天重生的，《周易》中提出的"生生之谓易"，"乐天知命，故不忧"，道出了中国人将生命实践视为人生第一要谛的文化价值观念。有人曾将中华文化与西方文化相比较，认为前者是乐观文化而后者是罪感文化，也就是说，前者重视生命的乐观向上的实践价值，后者则追求生命的终极意义与过程。这种追求生活实际意义的价值观造就了中华民族现实乐观的态度，也塑造了中国人民注重实践、不尚空谈的文化心理，使得中国人民对历史人物与现实政治的判断是非常实际的，它并不注重西方自古希腊以来就讲究的政治程序与形式，更不喜形而上学的政治思辨。法国汉学家古伯察说："中国人完全沉浸于世俗的兴趣之中，沉浸在感性的生活中，因此他们的生活完全是唯物质主义的。神灵，来世，他们完全不信，甚至全不考虑这些。"① 中国人的宗教，如外

① 沙莲香主编：《中国民族性格》，3 页，北京，中国人民大学出版社，1989。

来的佛教与土生土长的道教，关注的是现实人生的幸福与来世的解脱的调和，鲁迅先生在《吃教》一文中早强调过中国人善于将宗教精神世俗化的心理。中国古代的哲学家自明清以来，就有鉴于唐宋以来的儒学与理学空谈性理，忽略人生与实践的弊端，而强调实事求是的文化精神，要求将文化问题与解决国计民生相结合。

近代以来，中国共产党的创始人之一毛泽东更是弘扬了传统文化的实学精神，将人生实际与求学问道相结合。他曾说："吾们讨论各种学理，应该傍着活事件来讨论。"① 嗣后，中国人形成了实事求是的优良传统与作风。在中国共产党领导中国革命的实践中，也曾受到来自各方面的干扰，其中有一派就是来自共产国际的教条主义的干扰。教条主义的一个基本错误就是完全忽略了中国的历史与实际，用来自于西方的教条主义思维来对待中国革命之中遇到的各种复杂的问题，意图在中国的文化圈之外重新移植一套生活价值体系。而毛泽东由于熟谙中国文化，熟谙中国农民需要解决什么问题，所以他在领导中国革命的实践之中，始终将解决工人农民的吃饭问题作为中国共产党的行动纲领，将马克思主义的原理与解决中国革命的实际问题相结合，将为人民服务作为中国共产党的最高宗旨。这种实事求是、不尚空谈的优良传统，虽然历经来自于党内外各种因素的考验，但是总的说来，在以邓小平与江泽民同志为核心的高层得到了传承，并且形成了越来越完备与丰厚的思想内涵。

特别是中共十一届三中全会以来，这种来自于中国传统文化价值观的实事求是与民本思想，经过中国共产党的奋斗之后，其精华发扬光大。从邓小平的"三个有利于"到江泽民的"三个代表"，无一不是汲取了中国传统文化的精华，并且加以改造与光大，使中华民族找到了一条真正到达繁荣富强、民主开放的通路，在保持自己优秀的文化传统的同时，又汲取了世界文化的精华。中国共产党在民主革命的过程中，能够以后起之秀的身份，崛起于中国现代政党之林，正如各民主党派在1949年7月1日致电中国共产党诞生28周年时所说："四万万七千五百万人挣脱数千年封建专制的枷锁，洗刷一百年帝国主义欺凌的耻辱，这是一件痛快无比的大事；而这一大事之快要完成，三百余万共产党员在毛主席领导下艰苦奋斗，实为其最主要的因素，假使中国人民没有共产党，就不知道黑暗的日子何时始能终了，贵党之诞生，实为新中国出现的信号……我们充分相信，中国人民必然永远地团结在贵党领导之下，人民民主的工业化的中国必然建造成功。"② 大浪淘沙，百川归海，中国自19世纪90年代出现了兴中会与强学会之后，算是有了初具规模的资产阶级政党，而后起于1921年诞生的中国无产阶级的先进政党中国共产党，却在短短的28年之后，成为团结各民主党派进行民主革

① 《毛泽东早期文稿》，414页，长沙，湖南人民出版社，1990。

② 《民主革命时期的民主党派》（第二辑），726页，长沙，湖南人民出版社，1986。

命的中坚，击败了国民党专制独裁统治，建立了社会主义的新中国。这不仅在于它代表了中国先进的生产力与广大人民群众的利益，而且毫无疑问在于它代表了包括中国传统文化在内的先进文化，是马克思主义与中国文化相融合的产物。马克思主义与中国革命的具体实际相结合的过程，也就是马克思主义与传统文化的精髓相融汇的过程。

中国共产党领导下的多党合作制的建立，并不是偶然的。是中国共产党真正帮助中国人民找到了一条到达大同的道路，因此，中国共产党是中国古人梦寐以求的大同理想的实现者。在中国古代，一直有所谓大同理想，这是中国传统文化的精华。约成于秦汉之际的《礼记·礼运》记载了这么一段为人熟悉的话；

> 大道之行也，天下为公，选贤与能，讲信修睦。故人不独亲其亲，不独子其子，使老有所终，壮有所用，幼有所长，矜、寡、孤独、废疾者，皆有所养。男有分，女有归。货恶其弃于地也，不必藏于己；力恶其不出于身也，不必为己。是故谋闭而不兴，盗窃乱贼而不作，故外户而不闭，是谓大同。

自从《礼记·礼运》中提出大同理想之后，经过儒家的演绎，大同世界发展成中国古代的空想社会乐园，它反映了人们对阶级社会中的尔虞我诈、恃强凌弱的极度不满，以及对社会平等与民主的向往。中国历代农民起义与农民战争往往以此号召人们起来反抗暴政，建立乌托邦的天国。东汉末年的黄巾农民起义与唐末的黄巢农民起义，以及近代的太平天国农民起义，更是将大同理想与自己的均贫富、等贵贱追求联系起来。虽然大同理想在当时的历史条件之下只能是作为一种空想而存在，历代为此献身的农民英雄饮恨终身，但它反映了中国传统文化民主与人道的一面。近代维新运动时期的康有为更是融合西方的乌托邦社会学说，将其作为自己的书名，写下了著名的《大同书》。但是，真正能够代表中国传统文化的大同理想精华，并且将其付诸实践，从空想走向现实的，却是中国共产党。毛泽东在建国前夕写的《论人民民主专政》一文中就说，康有为写了大同书，但是他没有找到一条通向大同的道路，只有中国共产党找到了一条通向大同的道路。中国共产党依靠马克思主义的理论，结合中国革命的具体实践，通过武装斗争与暴力革命，推翻了压在人民头上的三座大山，建立了人民民主专政的社会主义的新中国。同时，这种革命成功的过程，也是中国共产党联合其他民主党派共同奋斗的结局，是在中国共产党一个政治中心的原则下，采取“和而不同”的统战理论与实践的产物。

二

中国目前政党制度的建立，与“和而不同”的传统思想有着直接的关系。“和而不同”是中国古代政治文化中的优秀遗产，也是我们今天在从事政党制度建设过程中值得借鉴的一份思想资料。

所谓“和而不同”，最早是中国古代哲人从天地自然的生长与发展中悟出的朴素而深刻的哲理，后来又广泛应用于政治与文化的各个领域。“和”是指宇宙间事物在多样性中的和谐统一，“同”则是指单一的重复。“和”与“同”从外表来看似乎有其一致性，比如都讲究同一与和谐，但实质上却是完全不同的，“和”注重的是从不同之处求统一，“同”则始终是强求一律，违背了事物发展的规律，在政治上则是专制独断，搞“一言堂”。孔子在谈到朋友交往时就说过，“君子和而不同，小人同而不和”（《论语·子路》），也就是说，君子交往时是有原则的，允许不同的意见成立，而不是不讲原则，沆瀣一气，这就是“和而不同”；小人则“同而不和”，即不分是非，只求同一。先秦时《国语·周语》中记载了这么一件事，很能令我们深思。春秋战国时，周天子的权威日渐衰微，气数将尽。郑国的一位大臣史伯在回答郑桓公“周其弊乎”，即周代是否快要灭亡的问题时，回答道：

> 殆于必弊者也。《泰誓》曰：“民之所欲，天必从之。”今王弃高明昭显，而好谗慝暗昧；恶角犀丰盈，而近顽童穷固，去和而取同。夫和实生物，同则不继。以他平他谓之和，故能丰长而物归之。若以同裨同，尽乃弃矣。故先王以土与金木水火杂，以成百物。是以和五味以调口，刚四肢以卫体，和六律以聪耳，正七体以役心……声一无听，物一无文，味一无果，物一不讲。王将弃是类也而与□同。天夺之明，欲无弊，得乎？

史伯在回答郑桓公关于周天子是否气数将尽的问题时指出，周天子的政治实行的是“去和而取同”的倒行逆施，即只听与自己意见相同的话，亲近小人而放逐贤人，从而违背了自然界“和实生物，同则不继”的道理。大自然的生长遵循“和实生物”的规律，“声一无听，物一无文，味一无果”，即声音只有一种就无法让人悦耳，物体只有一种样式就没有花纹可言，味道只有一种就不能使人调和五味。现在周天子违天而动，虽欲不亡，其可得乎？这一段话从自然界的道理推演到社会人事，寓含着十分丰富而深刻的政治学原理。当时的周天子被群小所迷，好同恶异，实行的是一条舆论一律、排斥不同意见的用人路线，周厉王甚至派人监视有不同意见的人，人民只好道路以目，最后发动暴乱推翻了周厉王的残虐统治。史伯向郑桓公指出，“和”与“同”是两种概念。所谓“和”，就是在多元与杂错中取“和”，寓统一于杂多之中，这是符合对立统一的辩证唯物主义原理的。从自然界的生物来看，总是在多样化中实现统一的，“和实生物，同则不继”，自然界的万物生长，生生不息，昭告着贤明的政治家善于从不同的意见中吸取自己的政治主张。因此，建立“和而不同”的建言与监督体制，是实行成功的政治的必要前提，中国古代政治文化与政治体制建设比较好的年代，如汉唐与清代初年，都是本着这种精神去从事政治监督与广开言路的。

“和而不同”在今天我们实行中国共产党领导下的多党合作制下还有没有它的合理因素，对于统战理论有无历史文化借鉴意义呢？回答应当是肯定的。中国共产党十一届三中全会倡言实事求是、解放思想，具体落实到民主党派的建设上面，就是促使民主党派在加强自身素质建设的同时，也要进一步拓展建言献策的途径，将中国共产党领导下的多党合作的政党制度推向前进。众所周知，中国目前进行的改革开放事业是一项前无古人、后无来者的伟大事业，没有现成的路径可以参佐，也没有既定的方针可以借鉴，正因为如此，邓小平曾形象地将我们的改革开放事业比作“摸着石子过河”，其难度可想而知，十一届三中全会提出实事求是、解放思想的方针，也正是鉴于这种现状而言的。所谓“实事求是，解放思想”，是互相作用与互相联系的一条思想路线，这就是以排除主观唯心主义的蛮干、不搞调查研究、不广泛听取意见的做法为前提的，解放思想是以实事求是作为条件的，自由是建立在对必然的认识与掌握之上的。老子说，“治大国，若烹小鲜”，认为治理一个大国就像煎制小鱼一样，不能随便乱翻乱动。在政治、经济与科学文化决策能力空前发达的年代中，我们应该避免那些不必要的损失，少交那些以人民的生命财产为代价的所谓“学费”。要做到这一点，实行广泛的“和而不同”的民主建言与监督，是关键所在，也是解放思想的具体举措。

在中国社会主义现代化建设事业中，个人的决断与行政魅力固然是重要的，但是，“和而不同”的建言渠道的畅通与否则是更为重要的。解放后，我们在一些重要的决策上，比方说计划生育、北京古城墙的保护、“大跃进”的发动等问题上，之所以屡犯错误，与决策者拒绝“和而不同”的建言方针、好同恶异的心态直接相关。邓小平早在1957年4月8日的西安干部会议上就说过：“我们党是执政的党，威信很高。我们大量的干部居于领导地位。在中国来说，谁有资格犯大错误？就是中国共产党。犯了错误影响也很大……如果我们不受监督，不注意扩大党和国家的民主生活，就一定要脱离群众，犯大错误。”而监督来自三个方面，即党的监督（党员对党的监督）、群众的监督、民主党派与无党派民主人士的监督这样三个方面。邓小平在谈到“长期共存，互相监督”的问题时谈到：有监督比没有监督好，一部分人出主意不如大家出主意好。这样，反映的问题会更全面，对下决心会更有利，制定的方针政策会比较恰当，即使发生了问题也比较容易纠正。从邓小平论统一战线的这些话来看，邓小平倡言实事求是，解放思想，与他提倡多方建言、民主决策与民主监督的思想是一致的。对我们的最高决策者来说，“和而不同”的建言与监督精神在今天显得比任何时候更为迫切与重要，因为我们在从事前无古人的现代化建设中，更需要广泛听取不同的意见，需要集思广益。

但是，在认识上，许多人喜欢将“和”与“同”相混淆，一些同志总是强调民主党派与中国共产党在政治上保持一致，就是趋同去异、完全一致，认为所谓“和”就是化解矛盾、一团和气。实际上，这种认识是很片面的。民主党派与中共在政治上保持一致，是指在基本的政治立场与政治态度上，比如在坚持四项基本原则的重大问题上，涉及一些重大的治国方略与外交事务上，必须步调一致，同心同德。但并不是在所有的问题上实行舆论一律。人云亦云，这种做法是与“诤友”精神背道而驰的。

今天，我们之所以要用“诤友”一词来比喻民主党派与中国共产党的亲密关系，也是提倡“和而不同”的原则，倡导民主党派在与中共相处的关系中，在互相监督、肝胆相照中求得内在的和谐，建立一种新型的和谐关系。从历史上来看，中国历史上的“诤友”与“诤臣”，不同于弄臣与清客，是封建社会中为官者所持的最高道德境界。过去有所谓“文死谏，武死战”之说，指的就是这层意思。所谓“文死谏”，也就是说文官最高的境界就是摈弃自己的私利，直言敢谏，为江山社稷、为黎民苍生而呼号，不惜杀身成仁。《汉书·萧望之传》云：“朝无诤臣，则不知过。”封建社会中所以提倡谏臣精神，是因为最高统治者意识到只有这种谏臣，才能真正为封建王朝负责，在朝政出现偏差时，挺身而出，冒死而谏，挽救朝政。建国之后，当我国的政治生活与经济、文化建设事业出现重大偏差时，在中共党内出现过彭德怀这样的“谏臣”；在民主党派中，则出现过众多直言敢谏，最后遭遇不测的人物。他们的精神是令人景仰、叹为观止的，也是我们民主党派与中国共产党肝胆相照的证明。当然，从本质上来说，中国共产党与民主党派不是封建社会中的主臣关系，而是“诤友”关系，但他们之间也存在着领导与被领导的关系，就这一点来说，民主党派在参政议政、民主监督的过程中也有一个勇于充当“诤友”角色、敢于直谏的问题，古代像魏徵、海瑞那样的“诤臣”精神，在今天也还是有它的合理之处与值得继承的地方。

用历史发展的眼光来看，民主党派“诤友”地位的确立，是在中共十一届三中全会之后，我国改革开放事业迅猛发展之后，对新形势下统一战线提出的新的要求，也是我国政党体制改革对民主党派提出的新的角色转换的要求。十一届三中全会在力倡实事求是、解放思想的同时，也对新时期多党合作的理论与方针政策作出了新的阐述，把“长期共存、互相监督”的方针变成了“长期共存、互相监督、肝胆相照、荣辱与共”的十六字方针。它反映了新时期中国共产党与民主党派的关系的进一步发展，反映了新时期中国共产党与民主党派为了实现社会主义的现代化结成了新的“诤友”关系。这种“诤友”关系的一个基本特征就是由过去“一化三改”，接受教育与改造的角色，发展成为社会主义现代化服务，履行参政议政、民主监督与服务、团结、代表的功能。这种新的职能，对执政党与民主党派都提出了新的要求。一方面，执政党与民主党派要互相尊重，做到思想上沟通、情感上融洽；另一方面，民主党派对中共要披肝沥胆，勇于进言，善于建言，不能明哲保身，充当花瓶，在“和而不同”的境界上达到新的和谐一致。所谓“诤友”，也就是指这种肝胆相照，荣辱与共，坦诚相见，不避锋芒。正如李瑞环同志说的：“多党合作不能有肝无胆。搞好多党合作，党的领导要有宽广胸怀，勇于自我批评与择善而行的勇气。民主党派也要无私无畏，勇于提出批评。这是建立在相互信任、理解的基础上，同心同德的感情。”李瑞环同志从两个方面论述了“和而不同”与“诤友”精神的关系。对执政党的领导同志来说，他们处于矛盾的主要方面，尤其需要有宽广的心胸与从谏如流的气度。对民主党派同志来说，则要本着认真负责的态度，在实事求是、调查研究的基础之上，无私无畏，勇于提出自己的意见。李瑞环同志在这里将无私无畏作为“诤友”的基本要求，是十分精辟的见解。正如唐代文学家韩愈在《争臣论》中所说：“自古圣人贤士皆非有求于闻用也。闵其时之不平，人之不义，得其道，不敢独善其身，而必以兼济天下也，孜孜矻矻，死而后已。”民主党派的成员在加强自身建设的同时，如果没有这种敢为天下先的新的“诤友”的角色意识，而只是将自己作为一名趋同应和的成员，即使爱岗敬业做得再好，个人品行无可挑剔，也没有进入作为一个参政议政成员的角色之中。当然，为了更好地履行自己参政议政的职责，我们同时也必须在政治法律与自己的专业知识上加强学习，严格要求自己，树立良好的社会形象。但这一切是为了更好地建言监督，参政议政，而不是去修身养性，做一名谦谦君子。随着中国社会主义建设的向前发展，必须进一步完善社会主义民主的各项制度，其中包括中国共产党领导下的多党合作制度。邓小平在1982年9月1日《中国共产党第十二次代表大会开幕词》上说：“我国各民主党派在民主革命时期同我们党共同奋斗，在社会主义时期同我们党一道前进，一道经受考验。在今后的建设中，我们党还要同所有的爱国民主党派和爱国民主人士长期合作。”在这种合作之中，民主党派与中共“长期共存、互相监督、肝胆相照、荣辱与共”的关系，将会有新的发展，在“和而不同”的方位上，这种关系将显得更有价值，更有发展前途。

总之，传统文化与中国现代政党制度的关系是统战理论中一个极具研究价值的课题，它值得我们从理论与实践上去不断加以探索。

马克思主义史上既一脉相承又与时俱进的成功范例

——纪念中国共产党成立 90 周年

庄福龄

中国共产党 90 年的历史表明，它是任何力量也不能战胜的党，是伟大光荣正确的党，是对马克思主义中国化作出最新成果、为人类还将作出更大贡献的党。

一、中国特色社会主义建设理论是一项继往开来的全新事业

社会主义从空想成为科学，是从马克思主义诞生开始的。为实现社会主义而奋斗，是马克思、恩格斯毕生追求的理想，他们对于仅仅存在了 72 天的巴黎公社这一社会主义的伟大创举备加赞扬，以高度的革命热情和深睿的理论思维总结了公社所创造的历史经验，特别对于其中有关政治改革与经济改革相结合的经验、废除军事官僚机器、消除特权、树立人民公仆的思想和制度、维护社会安定和谐等给予了高度评价，称它们为永存的公社原则，具有划时代的意义。同时，他们也告诫人们不要把公社神秘化，不要把公社的每一个举措都认为是正确无误的。当然，公社的失败，使马克思、恩格斯的愿景未能在 1 9 世纪实现，但公社的原则是消灭不了的，在 20 世纪他们的后继者的努力下，社会主义事业终于有了突破性的进展。世纪之初，在俄国大地上树起了列宁高举的社会主义红旗，谱写了科学社会主义史上 70 多年的辉煌业绩；随后在东方沉睡的中国大地上又树起了毛泽东高举的革命红旗，中国革命是在内外交困、历尽艰辛的 30 年中红旗始终不倒地走向社会主义、建立社会主义国家的。中国所谱写的 60 多年社会主义辉煌史证明：所谓“社会主义大失败的世纪”，不仅被 20 世纪的历史车轮

所粉碎，也正以社会主义制度应对国际金融危机的喜讯谱写了新世纪的开篇；社会主义中国也以自己对毛泽东思想的理解，在一脉相承、继往开来方针的指导下，以社会主义特有的政治前提和制度基础开创了改革开放的伟大事业。30 年历史的理论创新和实践创新造就了一个有强大国力、快速发展的社会主义现代化中国，使中国人民走上了富裕安康的广阔道路，为世界经济发展和人类文明进步作出了重大贡献。饮水思源，毛泽东的艰苦探索，邓小平的拨乱反正，有力地验证了只有社会主义才能救中国，只有改革开放才能发展中国。毛泽东和邓小平都是在决定当代中国命运的关键时刻作出重大决策的马克思主义的杰出代表。

回顾马克思主义中国化的历程，正如邓小平指出的那样，多年来存在一个对马克思主义、社会主义的理解问题。他认为，现在的世界形势日新月异，特别是现代科学技术发展很快，现在的一年抵得上过去古老社会几十年、上百年甚至更长的时间。不以新的思想观点去继承、发展马克思主义，不是真正的马克思主义者。他特别强调中国伟大的马克思列宁主义者毛泽东并不是在马克思列宁的书本里寻求在落后的中国夺取新民主主义革命胜利的途径。在马克思列宁的著作中，都没有提到过中国革命会以农村包围城市来夺取胜利，同样的道理也适用于建设，毛泽东不可能从马列经典著作中找到在中国建设社会主义的现成答案和固定模式，他提出在革命成功后，各国必须根据自己的条件建设社会主义。搞改革开放，学习先进技术、先进科学、先进管理，归根到底，中国的建设方针还是毛主席过去制定的自力更生为主、争取外援为辅的方针。邓小平甚至果断地认定，不管怎样开放，不管外资进来多少，它占的份额都还是很小的，影响不了我们社会主义的公有制。

中国社会主义建设，前有毛泽东等开辟的新民主主义革命和社会主义改造作准备和铺垫，后有邓小平等以新的思想观点在继承毛泽东思想基础上形成的中国特色社会主义理论继续开拓前进的道路，前后相连近百年的历史经验告诉我们：继往开来必须坚持和继承科学社会主义的基本原理，同时又必须结合中国国情有所创新和发展。必须把坚持马克思主义基本原理同推进马克思主义中国化结合起来，这是我们创造性地探索和回答什么是马克思主义、怎样对待马克思主义，什么是社会主义、怎样建设社会主义等一系列重大的理论问题和实际问题的答案，也是我们所有经验归结到一点的最宝贵、最根本的经验。

二、中国建设社会主义要有自己的特色

坚持马克思主义，坚持社会主义，当然要坚持它的基本原理，坚持一脉相承，要在继承的基础上创新，体现自己的特色。毛泽东在谈到学习苏联经验时说过：“搬，要

有分析，不要硬搬，硬搬就是不独立思考，忘记了历史上教条主义的教训。教训就是理论和实践相脱离。理论从实践中来，又到实践中去，这个道理没有运用到经济建设上。马列主义的普遍真理与中国革命具体实际相结合，这是唯物论；二者是对立的统一，也就是辨证法。为什么硬搬，就是不讲辩证法。苏联有苏联的一套办法。苏联经验是一个侧面，中国实践又是一个侧面，这是对立的统一。苏联的经验只能择其善者而从之，其不善者不从之。把苏联的经验孤立起来，不看中国实际，就不是择其善者而从之。"① 毛泽东在这里反对照抄照搬，提倡独立思考，要求用唯物论和辩证法看待苏联经验，看待中国实际。他在随后的另一次讲话提纲中说："马、列是指导，不是教条，教条论是最无出息的，最可丑的。"他要求："要产生自己的理论。"② 他自己是身体力行，为形成自己的理论而费尽心血的。他在建国后的 1963 年写的《革命和建设都要靠自己》中提出："我们认识中国，花了几十年时间。中国人不懂中国情况，这怎么行？真正懂得独立自主，是从遵义会议开始的，这次会议批判了教条主义。教条主义者说苏联一切都对，不把苏联的经验同中国实际相结合。马列主义普遍真理与中国具体实践相结合，这个口号就是在延安整风时提出的。这个口号写进了 1957 年莫斯科宣言，那里面说马列主义普遍真理要与各国的具体实践相结合。外国经验，不管是哪一个国家的，只能供参考。"③ 可以说，上述概括简明扼要地回顾与总结了马克思主义中国化的历史进程，虽然没有明确提出中国特色社会主义的概念，但认识中国的要求、产生自己理论的要求、同本国特点相结合的要求、同中国实际相结合的要求、独立自主的要求等，都跃然纸上、昭然若揭了。

从毛泽东的上述分析可以看到邓小平关于如何建设社会主义的一系列重要论断，他反复强调的必须实施改革开放的战略决策，是在继承毛泽东思想基础上独立思考的结果，是同毛泽东思想一脉相承的。邓小平在认识中国、寻求中国特色的发展和创新，他开创的中国特色社会主义理论体系是坚持和发展毛泽东思想的必然结果。所以，由党的代表大会把全党的指导思想冠以领袖的名字绝非偶然。众所周知，从党的七大开始，毛泽东思想被确立为指导思想；从党的十五大开始，邓小平理论被确立为指导思想乃全党、全国人民作出历史选择的必然结果。这些都突出了两个思想体系理论上逐步成熟的划时代意义。

三、寻求中国特色需要理论上的成熟

寻求中国特色，不是一个简单的技术问题，也不是一个简单的方法问题，而是直

---

① 《毛泽东著作专题摘编》，上册，950 页，北京，中央文献出版社，2003。

② 同上书，951 页。

③ 同上书，952 页。

接关系到如何认识中国、如何认识社会主义、怎样建设社会主义的世界观和方法论的根本问题。理论上的成熟归根到底是靠全面把握和领会辩证唯物主义与历史唯物主义的精髓。正如胡锦涛同志所要求的那样，一要看到肩负任务的艰巨和繁重世所罕见，二要看到面临矛盾和问题的规模与复杂性世所罕见，三要看到前进中面对的困难和风险世所罕见。世所罕见，意味着历史上无先例可循，只能求助于思想解放、实事求是、独立自主地思考和大胆地实践；世所罕见，意味着一个发展中的大国不可能依靠别人的帮助，而只能靠自力更生来解决问题；世所罕见，也意味着困难和风险往往突如其来，难以预测，只能调动一切力量在解决困难中求发展，化险为夷，变坏事为好事。总之，面对复杂的矛盾、面对突然的风险、面对艰巨的任务，只能求助于科学的理论，依靠优良的传统，依靠社会和群众的巨大力量来解决。经验告诉我们，要“善于从千头万绪、纷繁复杂的事物和事物的普遍联系中抓住主要矛盾和矛盾的主要方面，同时又必须善于统筹协调、把握平衡，在事物的普遍发展中形成有利于突破主要矛盾和矛盾的主要方面的合力，不断提高驾驭复杂局面、解决复杂问题的能力，不断推动经济社会向前发展”。上述经验，总结到一点，就是把马克思主义基本原理同中国具体实际相结合，走自己的路，建设中国特色社会主义。这一宝贵经验，也是辩证唯物主义和历史唯物主义的基本要求。① 为此，理论上的成熟要破除迷信，实现社会主义观的拨乱反正。什么是社会主义、怎样建设社会主义，成为理论上亟待破解的一大难题。斯大林在领导苏联的社会主义实践中，在发展生产力、增强社会主义国力上作出了重大的贡献，但在国民经济安排上却犯有严重失误。他片面强调发展重工业，忽视农业和轻工业发展，不顾人民生活，使苏联长期处于发达的资本主义国家之后，社会主义长期处于不合格的状态。同时，他又错误地认为社会主义是一个没有矛盾的社会，是靠批评与自我批评作为发展动力前进的，武断地把某些内部矛盾归结为从国外打入的敌我矛盾，犯了阶级斗争扩大化和压制社会主义民主的错误，等等。

毛泽东对苏联建设社会主义的经验，对斯大林的有关失误，要求人们不要迷信，要从中吸取教训，独立思考，端正认识。他在 1961 年明确指出：“苏联的经验是苏联的经验，他们碰了钉子是他们碰了钉子，我们自己还要碰。好比人害病一样，有些病他害过就有了免疫力，我还没有害过就没有免疫力。”② 他针对斯大林过分强调重工业、忽略农业的缺点，提出工农同时并举，强调按农、轻、重的次序来安排经济工作；他针对社会主义国家一切都好、否认矛盾的观点，强调十大关系都是矛盾，强调没有矛盾就没有世界，批评与自我批评是解决矛盾的方法。他指出：“各国应根据自己国家

---

① 参见《在纪念党的十一届三中全会召开 30 周年大会上的讲话》，载《人民日报》，2008-12-19。

② 《毛泽东文集》，第 8 卷，276 页，北京，人民出版社，1999。

的特点决定方针、政策，把马克思主义同本国特点结合起来。”他告诫人们：“照抄别国的经验是要吃亏的，照抄是一定会上当的。这是一条重要的国际经验。”① 他认为各个国家建设社会主义都应该有自己的特色，为此，他高度赞赏 1848 年的《共产党宣言》和 1957 年的莫斯科宣言，肯定这两个宣言关于“每一个”国家都“具有自己特别的具体的社会主义建设的形式和方法”，肯定它们“讲到了普遍规律和具体特点相结合的问题”②。

毛泽东的上述言论，对建设社会主义作了多方面的思考和探索，尤其是对于各国特点、对普遍规律和具体特点相结合的理论的探索，为随后邓小平理论的形成、为他着力于拨乱反正必须高举毛泽东思想旗帜奠定了基础。可以说，两者的传承关系和一脉相承的联系是十分清楚的。邓小平理论最直接的源泉和根据是毛泽东思想，是结合中国实际的马克思主义，或者说是中国化的马克思主义。邓小平理论所坚持的是中国革命和建设行之有效的解放思想、实事求是的思想路线，所坚持的是我们长期为之奋斗的根本制度即社会主义制度和与此紧密相连的四项基本原则，所坚持的是社会主义不可缺少的根本任务——发展生产力，所需要的清醒认识是处在社会主义初级阶段和必须毫不动摇地实行改革开放的战略决策，等等。正如邓小平分析的那样：“三中全会以后，我们就是恢复毛泽东同志那些正确的东西嘛，就是准确地、完整地学习和运用毛泽东思想嘛。基本点还是那些。从许多方面来说，现在我们还是把毛泽东同志已经提出、但是没有做的事情做起来，把他反对错了的改正过来，把他没有做好的事情做好。今后相当长的时期，还是做这件事。当然，我们也有发展，而且还要继续发展。”③

理论上的成熟还要正确看待社会主义发展史上的曲折和失败。20 世纪是一个伟大而不平凡的世纪，漫长的百年历史进程中，在世界的东方诞生了地球上第一个伟大的社会主义国家，红旗飘扬了 70 余年而不幸堕地。但是，作为一个新生的社会主义国家，它以英勇地抗击帝国主义的武装包围和第二次世界大战中法西斯的侵略而载入史册，成为同资本主义世界相抗衡的超级大国，在宇航科技领域占有优先的一席。随之而起的是中国革命的胜利和社会主义制度的建立，其间敌对势力之强大和挑战，前进道路之曲折迷离，肩负任务之繁重复杂，均为世所罕见；而世纪末所取得的成就、民族复兴和社会主义重振的惊雷，也在沉睡多年的亚洲展示了中国特色社会主义道路的世所罕见、令世人刮目相看的巨大力量。

中国社会主义道路虽然曲折漫长，但它的发展命运是不可逆转的。社会主义从理

---

① 《毛泽东文集》，第 7 卷，64 页，北京，人民出版社，1999。
② 《毛泽东文集》，第 8 卷，116 页，北京，人民出版社，1999。
③ 《邓小平文选》，2 版，第 2 卷，300 页，北京，人民出版社，1994。

论到实践已经走过了近一百年的历史，但和漫长的历史相比，和人类推动历史进步的实践相比，毕竟还是短暂的，经验还是不成熟的。社会主义在一些国家出现曲折失误也难以完全避免，对建设社会主义的探索需要一个反复实践、反复思考的过程。有人幸灾乐祸，扬言 20 世纪是社会主义大失败的世纪，是社会主义从地球上消灭的世纪。这种错误论调没有看到陷于解体和灭亡的不是科学的社会主义，出现曲折和失误的也不是合格的社会主义，而是同社会主义背离的思想和行动，是对科学社会主义理解上的偏差和错误积累而成的，是长期存在于人们思想中的不符合社会主义的习惯势力和传统观念。不坚持发展生产力，不以社会主义公有制为主体，不实现共同富裕，就不符合社会主义的根本原则。难道普遍贫穷才是社会主义？难道离开生产力的发展、国家的富强、人民生活的改善，空谈革命就是社会主义？难道靠空讲社会主义就能取得人民的信任？从 20 世纪到进入 21 世纪正反两方面历史经验启迪着人们，中国特色社会主义理论体系向全国人民宣告了构建和谐世界、以人为本、改善民生的愿景，理论的创新带来了创新的实践，世界上越来越多的有识之士和广大群众赞赏中国的道路与中国的方针不是偶然的。

理论上的成熟还要在思想方法和工作方法上下工夫。它关系到全党的学风，是一个非常重要的问题。思路开阔，则视野广、道路宽、工作有创新、局面能打开。作为两大思想体系的开创人，毛泽东和邓小平都要求把科学的思想方法落实到建设中国特色社会主义事业中去。正如邓小平要求的那样，要针对新的实际，掌握马克思主义基本理论，“从而加强我们工作中的原则性、系统性、预见性和创造性”①。

一要坚持原则性和灵活性的统一。毛泽东曾经就党内团结的辨证方法多次谈过自己的意见，他说：“在团结问题上我想讲一点方法问题。我说对同志不管他是什么人，只要不是敌对分子，破坏分子，那就要采取团结的态度。对他们采取辨证的方法，而不应采取形而上学的方法。什么叫辨证的方法？就是对一切加以分析，承认人总是要犯错误的，不因为一个人犯了错误就否定他的一切。列宁曾讲过，不犯错误的人全世界一个也没有。任何一个人都要人支持。一个好汉也要三个帮，一个篱笆也要三个桩。荷花虽好，也要绿叶扶持。”这种原则性和灵活性的统一，毛泽东认为是“一种对立面的统一”②，也是一种讲党内团结的辨证方法。

二要加强工作中的系统性。中国的社会主义建设和改革是一个复杂的整体，它联系着社会生活的各个方面，联系着全国各阶级阶层的切身利益和生活状况，也联系着国际上的风云变幻。社会主义六大建设包括政治建设、经济建设、文化建设、社会建

---

① 《思想方法和工作方法文选》，489 页，北京，中央文献出版社，1990。

② 同上书，369～371 页。

设、生态文明建设和党的执政治国建设。建设和改革的每一项措施都不是孤立的、彼此隔绝的。参加社会主义实践，都会有行业的分工、岗位的不同、地区的差别，而要做好本职工作，又都必须有全局思想。进行任何一项工作，不仅要考虑它对各方面的影响和后果，对某一问题的解决不仅要具体地针对本身存在的问题，而且要综合考虑和治理。在实践中既要考虑经济，又要考虑政治；既要考虑物质，又要考虑精神；既要考虑生产，又要考虑生活；既要考虑投入，又要考虑产出，如此等等。总之，要开阔视野，统观全局，采取马克思主义的辩证分析方法，由此及彼，由表及里，举一反三，协调配合，综合平衡。

三要加强工作中的预见性，加强工作中的预见性，就要力求对未来的发展变化从方向上、趋势上、轮廓上作出大体符合实际的描绘。马克思主义哲学认为，事物的过去、现在和未来总是有内在联系的，现在是过去的发展，未来是现实的发展。考察现实不应割断历史，预见未来又不应脱离现实。预见性要依靠对现实透彻的了解和研究，依靠对周围事物内部联系的全面认识，把握事物固有的规律性。对现实及其规律性了解得愈深入透彻，对未来的发展变化就会预见得愈准确、愈可靠。预见的准确性只有在实事求是的基础上才能做到，绝不是那种对实际一概无兴趣，对事物的规律性从不认真研究，仅凭一时兴起和幻想、靠主观臆断就可以作出的。毛泽东早在抗日战争时期就号召共产党员既做实事求是的模范，又做远见卓识的模范，要求他们把二者统一起来。在社会主义新时期，邓小平在实现国家统一上作出了典范。他遵循实事求是的路线，尊重事实，照顾到香港澳门的实际，提出“一国两制”的构想；对于国内社会主义建设，他从实际出发，提出现代化建设分三步走的战略目标，为中国特色社会主义构建了一幅宏伟的蓝图。实践证明，我国社会主义新时期 30 年的历史，是实事求是和科学预见相结合的历史，是一部中华民族复兴和社会主义重振的历史，是一部中国特色社会主义事业理论创新和实践创新的历史。

四要加强工作中的创造性。邓小平总是把毛泽东同列宁相比，他认为列宁之所以是一个真正的伟大的马克思主义者，就在于他不是从书本里，而是从实际、逻辑、哲学思想、共产主义理想中找到革命道路，干成十月革命的。他强调毛泽东也是这样，不是从马克思、列宁的书本里寻求革命道路，而是从中国实际出发，在寻求中国特色的基础上把马克思主义基本原理运用于中国实践，干成中国革命、探索建设社会主义道路的。邓小平还说过：“彻底的唯物主义者，应该像毛泽东同志说的那样对待这个问题。马克思、恩格斯没有说过‘凡是’，列宁、斯大林没有说过‘凡是’毛泽东同志自己也没有说过‘凡是’。”① 总之，固定的模式是没有的，墨守成规的观点只能导致落

① 《邓小平文选》，2 版，第 2 卷，38～39 页，北京，人民出版社，1994。

后，甚至失败。

探索中国特色的社会主义，本身就是一项创造性的工作。它既无现成的模式可以照搬，也无现成的本本可以照抄，只能靠自己去探索、去总结、去发现、去创造。绝不能饱食终日、无所用心、安于现状；也不能陶醉于过去的成绩，故步自封、骄傲自满，不能使自己的认识和工作总是停止在一个水平上。不打破思想僵化或半僵化状态，就谈不上建设中国特色的社会主义，四个现代化就没有希望。邓小平说："解放思想，就是使思想和实际相符合，使主观和客观相符合，就是实事求是。"① 解放思想，同唯物主义能动的反映论是一致的。解放思想是无止境的，不存在到头或过头问题。解放思想同那种背离四项基本原则、损害安定团结的资产阶级自由化也是有原则区别的。"我们讲解放思想，是指在马克思主义指导下打破习惯势力和主观偏见的束缚，研究新情况，解决新问题。"可见，科学的解放思想同推进社会主义社会发展、不断开创社会主义新局面是完全一致的。解放思想、发挥创造性同脚踏实地干社会主义也是一致的，绝非那种讲大话、空话，不切实际、不讲究落实的飘浮作风和浮夸习气。

四、邓小平理论对继承和创新毛泽东思想精髓的突出贡献

从毛泽东到邓小平，在研究和阐发马克思主义的中国化问题中，都极为重视实事求是这一根本观点、根本方法的分析和论述。首先是毛泽东的研究，他古为今用，深刻地从辩证唯物论和历史唯物论的高度提出了实事求是这一群众喜闻乐见的理念，创造性地用唯物论和辩证法的科学态度把一个半殖民地半封建的旧中国改造成为社会主义的新中国，这是马克思主义的胜利，也是实事求是发展创新的胜利。

特别需要指出的是邓小平对毛泽东思想和毛泽东哲学思想的理解，不是从某一方面、某个具体观点、某个理论部分去理解的，而是从毛泽东的整个科学体系、从其世界观方法论的整体性去理解的，从马克思主义者的为人、办事、治学、风貌、形象等各方面综合要求上去理解的。可以说，邓小平对于毛泽东关于实事求是的一系列精辟论断真正做到了心领神会，融入了他所创立的理论体系之中，也融入了言行风范之中。他把实事求是视为毛泽东思想和马克思主义精髓的论断，不仅同列宁关于马克思主义最本质的东西和活的灵魂的论断完全一致，而且也毫不含糊地针对外国朋友的提问说道："说我是改革派是真的，可是我也是反对资产阶级自由化。如果说反对资产阶级自由化就是保守派，那末也可以说我是保守派。比较实际地说，我是实事求是派，坚持改革、开放政策，坚持党的领导和社会主义道路。"根据上述声明，邓小平所谓的实事

---

① 《邓小平文选》，2版，第2卷，279页，北京，人民出版社，1994。

求是派，用他自己的话来说，就是“中国正是根据自己的实际情况，建设有中国特色社会主义”①。而实现中国特色社会主义这一任务，要靠马克思主义指导，要靠实事求是，靠掌握它的精髓。他说：“我读的书并不多，就是一条，相信毛主席讲的实事求是。过去我们打仗靠这个，现在搞建设、搞改革也靠这个。我们讲了一辈子马克思主义，其实马克思主义并不玄奥。马克思主义是很朴实的东西，很朴实的道理。”②

邓小平说，我们改革开放的成功，是靠实践、靠实事求是。从党的十一届三中全会开始，历经十二大、十三大，特别是在十四大的基础上，中央建议十五大把邓小平理论确立为党的指导思想。这一决策表明全党把邓小平开创的中国特色社会主义理论全面推向新世纪的决心和信念，是全党经过改革开放长期的成功实践作出的历史选择。

如前所说，邓小平是通过完整准确地理解毛泽东思想实现拨乱反正的，他创造性地提出了一系列具有理论创新意义而又符合毛泽东思想的改革开放的新决策，从而为社会主义开辟了一个新时期，成为马克思主义在中国发展的新阶段。正如江泽民同志在十五大报告中分析的那样，第一，邓小平在“文革”结束后的历史关头，不断发表有针对性的重要文章和重要讲话。早在1978年，为冲破“两个凡是”的禁锢，先后发表了开辟新时期新道路新理论的宣言书。1992年，他在南方谈话中发表了又一个解放思想、实事求是的宣言书，为不断开拓社会主义事业新局面而奋斗。第二，邓小平理论抓住“什么是社会主义、怎样建设社会主义”这个根本问题深刻地揭示了社会主义的本质，实现了在这一问题上的解放思想，拨乱反正，全面改革。在近20年的时间里，从以阶级斗争为纲转变到以经济建设为中心，从封闭半封闭转变到改革开放，从计划经济转变到社会主义市场经济，并要求全党毫不动摇地把这一历史进程在今后的实践中持续下去。第三，邓小平理论具有鲜明的时代精神，它以马克思主义的宽广眼界观察世界，分析时代特征和总体国际形势。他认为任何国家的马克思主义者都要认真对待世界的变化、对待日新月异的形势，从而确定党的路线和国际策略，用新的观点来认识、继承和发展马克思主义。墨守成规只能导致落后甚至失败。第四，总起来说，邓小平理论形成了中国特色社会主义理论的科学体系。它第一次全面系统地回答了中国社会主义一系列基本问题，制定了社会主义初级阶段的基本路线，贯通了马克思主义理论的各个重要领域。它既是涵盖了社会生活各方面的比较完备的科学体系，又是随着实践的发展而发展、实事求是地不断丰富发展的科学体系。

---

① 《邓小平文选》，1版，第3卷，249页，北京，人民出版社，1993。
② 同上书，382页。

五、永远铭记政治前提和制度基础

回顾社会主义新时期的历史，从而进一步回顾我们党 90 年的历史，社会主义的新中国来之不易，中国特色社会主义事业有今天的胜利也来之不易。历史中形成的两大理论成果，验证了毛泽东思想和邓小平理论是一脉相承的。近百年的天翻地覆、沧桑变革，而红旗却始终不倒，国家政权和人民军队从未变质，社会生活稳定有序，其关键在于两大理论成果的继承，是实事求是的继承，是马列主义毛泽东思想的精髓的继承，从而保持了共同的旗帜、共同的道路、共同的理论精髓、共同的思想路线、共同的目标和前景，但同时又坚持理论创新和实践创新，坚持与时俱进的时代精神和战略思想，坚持不断更新的事业新貌和对美好愿景的期盼。这种代代相承的历史传统和集传承与变革为一体的历史观，成了我们党长期保持的稳定而不僵化、坚持而不失灵活、创新而不放弃传统的特色。

中国特色社会主义理论的力量是不会随着时间的流逝而丧失的，像毛泽东思想对中国社会历史进步的探索一样必将是青春常在的。正如胡锦涛同志在十七大报告中首先总结的那样："我们要永远铭记，改革开放伟大事业，是在以毛泽东同志为核心的党的第一代中央领导集体创立毛泽东思想，带领全党全国各族人民建立新中国、取得社会主义革命和建设伟大成就以及艰辛探索社会主义建设规律取得宝贵经验的基础上进行的。新民主主义革命的胜利，社会主义基本制度的建立，为当代中国一切发展进步奠定了根本政治前提和制度基础。"中国革命和建设的宝贵经验是不朽的，毛泽东思想所奠定的根本政治前提和制度基础也是不朽的。这是历史经验的总结，也是历史发展的必然结论。

马克思主义中国化进程中的时代课题

——论马克思主义与中国传统文化

陈先达

马克思主义与中国传统文化相结合，是当前继续推进马克思主义中国化进程中一个重要的理论和实践问题。

从历史角度看，早在民主革命时期，马克思主义与中国传统文化的关系就为中国共产党人所关注。毛泽东在《中国共产党在民族战争中的地位》、《新民主主义论》等文章中，从历史唯物主义的高度对这个问题作过论述。他指出，“从孔夫子到孙中山，我们应当给以总结，承继这一份珍贵的遗产”；并提出了对中国传统文化应采用取其精华、去其糟粕的批判继承原则。毛泽东的《矛盾论》、《实践论》和刘少奇的《论共产党员的修养》等著作，是马克思主义与中国传统文化相结合的典范。但是，民主革命时期中国共产党人面临的最紧迫任务是进行军事斗争，夺取政权，建立新中国，因而马克思主义与中国实际相结合的重点首先是从当时中国的经济、政治和阶级状况出发，探索如何制定与中国实际相符合的革命路线包括军事斗争的战略和策略。

新中国成立后特别是改革开放以来，随着社会主义建设的逐步展开，马克思主义与中国实际相结合所关注的重点越来越深入到思想文化领域。

当今世界，文化与经济和政治相互交融，在综合国力竞争中的地位和作用日益突出。西方国家十分重视文化软实力建设，大力向发展中国家推销其价值观念。在国内，我们面临着建设社会主义核心价值体系、建设中华民族共有精神家园的重大任务，文化建设成为十分重要而紧迫的任务。因此，在马克思主义中国化进程中，坚持马克思主义在意识形态领域的一元化指导地位，正确处理马克思主义与中国传统文化的关系，也就成为中国共产党人在当前意识形态和理论工作中的重要使命。可以说，马克思主义与中国传统文化相结合，是马克思主义中国化继续推进的历史必然，是具有时代性的课题。

一、必须结合

正确处理马克思主义与中国传统文化的关系，首先需要弄清两者为什么必须结合。

马克思主义与中国实际相结合内在地包括与中国传统文化相结合。中国传统文化是中国实际的一部分。不理解中国传统文化，就难以全面把握中国实际。毛泽东同志说过："对于中国共产党说来，就是要学会把马克思列宁主义的理论应用于中国的具体的环境。成为伟大中华民族的一部分而和这个民族血肉相连的共产党员，离开中国特点来谈马克思主义，只是抽象的空洞的马克思主义。"一个国家最具特点、最能表现国家和民族特色的，就是其传统文化。过去是如此，在改革开放历史新时期也同样如此，中国文化并不会因为实行改革开放和进行国际文化交流而失去自己的特色。事实上，改革开放以来，中国共产党倡导的全面建设小康社会、坚持以人为本、构建社会主义和谐社会等，都体现着中国传统文化的特色。

成为具有中国特色和中国气派的马克思主义，必须与中国传统文化相结合。推进改革开放，建设和发展中国特色社会主义，是在中国这个具有自己独特文化传统的国家进行的。文化传统有着巨大的惯性作用。传统文化是文化传统的主要来源，在现实社会中继续发挥着作用。马克思主义能否与中国传统文化相结合，关系到马克思主义在中国能否生根、能否得到中国人民的文化心理认同。如果马克思主义不能与中国传统文化相结合，脱离了中国的文化传统，就不可能把马克思主义变为具有中国特色的马克思主义，也就不可能使马克思主义在中国的文化土壤上扎根。马克思主义是科学的理论，是符合中国革命和建设需要、符合中国人民根本利益的理论。从传播和接受的方式来说，它也需要与中国传统文化相结合，成为具有中国特色和中国气派的马克思主义。

推进马克思主义大众化，必须认真研究和学习中国传统文化。大众化离不开语言这一载体，语言通俗是马克思主义大众化的重要方式。马克思主义有自己特有的范畴、概念和理论思维方式，要想使之真正在中国发挥作用，就不能只说从国外翻译过来的专业行话，而要学会说中国话，即运用中国人的语言风格和表达方式。黑格尔说过，一个民族只有用自己的语言来习知那最优秀的东西，这东西才会真正成为它的财富，否则它还将是野蛮的。他还说，"我也在力求教给哲学说德国话"。而要让马克思主义说中国话，就必须研究和熟悉中国传统文化。没有语言的通俗化，很难做到大众化。

如果不把马克思主义从课堂上和书本里解放出来，通过语言的通俗化使其走进人民大众，就难以发挥其教育群众、武装群众的作用。中国传统文化不仅有深厚的文化积淀，而且有丰富而生动的哲学语言，充满着富有智慧的表达方式。要使马克思主义真正为中国人民所喜闻乐见，中国的马克思主义者必须认真研究和学习中国传统文化。

二、能够结合

马克思主义与中国传统文化相结合并不是建立在抽象的必须上，而是确实存在这种结合的可能性，即不仅是必须结合而且是能够结合。这种结合的可能性，决定于马克思主义理论与中国传统文化的各自特质。

马克思主义是具有世界性的科学理论，易于在不同民族文化中扎根。马克思主义是在继承和改造人类知识中产生的，它不单属于哪个民族，而是具有世界性的科学理论。马克思主义的传播也是如此，因为它是科学理论而且具有普遍适用性，因而很容易在其他国家的文化土壤中生根，得到认同。关于马克思主义在其他国家传播和接受的可能性问题，恩格斯说过："马克思的世界观远在德国和欧洲以外境界，在世界的一切文明语言中都找到了拥护者。"如今，马克思主义早已越过欧洲和美洲，传播到全世界，在各种不同民族文化中扎下了根。

中国传统文化倡导和而不同，具有海纳百川的极大包容性。在中国文化史上，既有东学西渐也有西学东渐，宗教从来没有在中国文化中处于完全主导地位，中国文化不具有排他性的宗教文化特色。中国传统文化是一种崇尚理性和智慧的道德伦理型文化，对马克思主义有一种亲和力。这不仅是由于中国传统文化具有兼容并包的特性，而且是由于它们在内容上有许多契合之处。如中国传统文化中的大同思想、民本思想、和谐思想、素朴的唯物主义和辩证法等，都与马克思主义有某种程度的兼容性。可以说，从传统文化的性质和内容说，中国传统文化具有能够与马克思主义相结合的内在规定性。

当然，无论从时代性、阶级性还是从社会功能来说，马克思主义与中国传统文化都是不相同的。强调马克思主义与中国传统文化能够结合，并不否认其中存在的时代差异性和理论矛盾。正因为如此，如何解决两者结合中的矛盾就成为一个必须重视的课题。马克思主义不会也不能取代中国传统文化，而应发挥其特有的世界观和方法论的指导作用，推动中国传统文化与当代社会相适应、与现代文明相协调，既保持民族性又体现时代性。而中国传统文化的研究者应该重视对马克思主义的学习，掌握马克思主义的基本理论和方法。马克思主义与中国传统文化相结合，可以使两者都得到丰富和发展。中国传统文化由于马克思主义的指导而实现符合时代需要的现代性转化，马克思主义由于中国传统文化的滋养而更具中国特色。正是在这种结合中，马克思主义中国化、时代化、大众化不断向前推进。

三、正确走向

在马克思主义与中国传统文化相结合中，有两种错误倾向应当防止，即文化虚无主义和文化复古主义。文化虚无主义极力夸大马克思主义与中国传统文化的矛盾，认为马克思主义与中国传统文化不可两存，坚持马克思主义就必须彻底否定中国传统文化。这是一种错误的幼稚思想。在推进社会主义文化建设中，我们应时时注意到这一点，不能犯否定传统、与传统彻底决裂的错误。

与此同时，也要防止文化复古主义。特别是在倡导民族文化复兴的新形势下，不能把重视传统文化与无条件地推行尊孔读经等同起来。中国传统文化内容丰富多彩、各家并存。虽然儒家学说在中国传统文化中长期处于主导地位，但其他各家各有贡献、各有所长。我们应全面研究中国传统文化，特别是重视研究儒家学说，因为它是重要的文化遗产，其中包含许多宝贵思想财富，但不能把重视中国传统文化变为文化复古。中国传统文化是建立在农业生产方式基础上的以血缘关系为纽带、以宗法制度为依托的文化，具有时代和历史的局限性。

中国文化既包括中国传统文化也包括中国当代文化。就马克思主义与中国传统文化的关系来说，马克思主义来自西方，相对于中国传统文化属于外来文化；但中国化的马克思主义则属于中国文化，而且是中国当代文化的指导思想和核心内容。我们应立足于当代，以当代人的观点重新诠释传统文化，对传统文化进行合理的吸收和现代性转化，以表达现代人的眼光和观点，而不能把当代人的理解全部挂在古人名下，甚至对其明显的错误极力辩解、极力拔高并加以粉饰。不管某些论者如何排斥马克思主义，认为儒家学说自身依然充满活力，通过“返本开新”就能自我更新，但历史已经证明这条路走不通。

在当代，马克思主义与中国传统文化相结合的根本目的是推进马克思主义中国化，创造当代中国先进文化。社会主义中国要建立和发展与其经济基础相适应，以马克思主义为指导，以中国传统文化为根，以人类优秀文化为营养的社会主义先进文化。这是马克思主义与中国传统文化相结合的正确走向。

对当代中国马克思主义大众化主体的整体性把握

张晓明

从十七大提出推动当代中国马克思主义大众化到十七届四中全会提出进一步推进马克思主义中国化、大众化、时代化，在不到五年的时间里，先后两次提出这个命题，而且是中央提出的，这在我们党的历史上都是少有的。可见，党对这个问题是何等重视。党的重视充分说明了这项工作很重要，也很必要，但是在社会上还重视不够，或者说重视得很不够。我们深知，推动当代中国马克思主义大众化不仅是一项复杂的系统工程，而且是一项需要持之以恒、常抓不懈的艰巨任务，更是一项需要你、我、他通力协作，以主体精神参与其中的活动。因此，面对这样一项重要而艰巨的浩大工程，仅靠中央的号召和呼吁远远不够。在此，笔者并非说中央的倡导不重要，而是说仅有中央的重视是不够的。中央的重视不可或缺，应发挥其导向作用；专家学者的研究和思考必须紧步跟进；同时，还需要大众的理论自觉与实践自觉，充分认识到推动当代马克思主义大众化不仅具有社会价值，同时也具有个人价值，参与推动当代中国马克思主义大众化最终是为了在社会生活中更好地实现个人价值，这样才能唤起大众参与马克思主义大众化的热情。仅有热情是不够的，要使大众在当代中国马克思主义大众化的进程中不仅具有参与的热情，而且具有行动的能力，就必须使大众明白参与的切入点，同时，既不能把自己看得太重，也不能无视自己参与的必要性，只有这样，才能使得推动和参与持之以恒、脚踏实地、身体力行、循序渐进。本文着眼于从谁来推动当代中国马克思主义大众化的视角阐述如何使中央、专家学者、大众在推动马克思主义大众化中发挥更大的作用。

一、中央及政府推动当代中国马克思主义大众化的重要举措

（一）通过中央的文件向全社会提出倡议

在十七大报告中，我们党从对内凝聚发展共识、对外提升文化软实力的战略高度明确提出“推动当代中国马克思主义大众化”的任务。新中国成立60周年之际，在十七届四中全会公布的《中共中央关于加强和改进新形势下党的建设若干重大问题的决定》中，我们党从建设马克思主义学习型政党的高度，提出了“不断推进马克思主义中国化、时代化、大众化”的新命题，这为理论界开展研究和宣传中国特色社会主义理论体系创造了良好的条件，提供强有力的支持，为广大党员和普通大众运用马克思主义立场、观点、方法准确把握人类社会发展的前进规律、中国特色社会主义的建设规律、中国共产党的执政规律提供了理论指导。

（二）实施马克思主义理论研究和建设工程

2004年，在《中共中央关于进一步繁荣发展哲学社会科学的意见》的文件中提出了“实施马克思主义理论研究和建设工程”的任务。2005年中央决定设立马克思主义理论一级学科，这是我国实施马克思主义理论研究和建设工程的重大举措，同时，在教育部的强力推动下，不少高校纷纷设立马克思主义学院或马克思主义研究院，机构逐步建立。在马克思主义理论队伍建设方面，教育部为了提高高校马克思主义理论教学与研究队伍的学历层次和业务水平，在全国数十个高校启动了“高校思想政治理论课教师在职攻读马克思主义理论博士学位”专项计划。为了更加有效地推进当代中国马克思主义大众化的研究，教育部从2009年开始设立“教育部人文社会科学研究专项任务项目（马克思主义大众化）”。上述举措都为进一步推动当代中国马克思主义大众化从队伍建设、学科平台到机构设立提供了强有力的保障和支持。

（三）推出了一系列大众化的马克思主义丛书和电视专题片

自2003年开始，中宣部理论局陆续推出了《理论热点面对面》系列丛书，这套丛书以民生的视角为切入点开展中国特色社会主义理论体系的普及和宣传工作，以剖析民众最关心的热点、难点问题为载体，结合大众的切身利益，深入浅出地谈当代中国马克思主义，受到广大干部群众与青年大学生的认同和回应。2007年，中国教育电视台与教育部社科中心、中国社会科学院马克思主义研究院联合录制播出了《社会主义核心价值体系纵横谈》，中央电视台录制并播出了《复兴之路》，这些访谈节目或电视片以丰富的史实和极强的逻辑引起了社会各界的强烈反响。运用现代数字科技来推动

当代中国马克思主义大众化，已成为普及与宣传中国特色社会主义理论体系的新形式和新手段。这些传播马克思主义理论的媒介的综合运用说明了我们党和政府是在了解大众、尊重大众的接受力与接受途径下进行马克思主义宣传，说明了"以大众为本"的普及理念。

二、理论工作者为推动当代中国马克思主义大众化所作的贡献

我们知道，开展马克思主义大众化不是现在才有的，马克思主义传播在我们党的历史上有悠久的历史。如建党之初的李大钊、建国前后的一代哲人艾思奇等，都是马克思主义宣传和普及的旗手；书刊有艾思奇的《大众哲学》。试问，我们当代在推动马克思主义大众化方面有哪些可以摆到台面上的人物和书刊？除了李瑞环的《学哲学用哲学》外，再要说的就是陈先达的《哲学心语——我的哲学人生》了。当然，我们可能说还有《科学发展观学习读本》等。诚然，以上列举的这些学者或领导以及他们的著作都是宣传马克思主义的精品和主力，但是这些著作从数量上来看还远远不够，从主题上看都是以马克思主义哲学为主，真正的以马克思主义为主题的还很少。尽管马克思主义哲学是马克思主义理论的三大组成部分之一，进行马克思主义哲学的宣传在一定意义上是在传播马克思主义，换言之，进行马克思主义传播不能缺少马克思主义哲学的宣传，但是马克思主义哲学毕竟不能代表马克思主义的全部。因此，从整体上研究和宣传马克思主义就成为亟待开展的工作，因为只有整体的马克思主义才能转化为我们分析和解决问题的方法，只有整体的马克思主义才能转化为我们想问题、办事情的智慧。宣传、普及马克思主义的著作之所以较少，一个很重要的原因是，我们的专家学者认识中存在误区，即认为宣传、普及马克思主义这项工作没有学术含量，甚至不是学术。笔者试问，难道马克思主义大众化就不需要创新吗？让我们看看中国社会科学院侯惠勤教授是如何认识的。侯教授在其论文《把握方法、改进学风、推进马克思主义大众化》一文中指出："马克思主义大众化是一种创造性的工作，既需要对基本理论的深入把握，又需要与人民群众的需求紧密结合。"① 因为马克思主义大众化的关键就是结合。而述及结合，就必须一方面了解马克思主义，另一方面了解大众的需求，而且要找到二者的结合点，且这个结合不是一蹴而就的，而是一项复杂长期的工作。可见，马克思主义大众化也需要创新精神，也是一项学术含量很高的工作。那么，说到马克思主义与大众的结合，关于这三个关键词（马克思主义、大众、结合），我们的专家学者有哪些贡献呢？

---

① 冯刚：《高校马克思主义大众化研究报告（2009）》，2页，北京，光明日报出版社，2009。

首先，就所要普及的马克思主义或者当代中国马克思主义而言，我们的理论工作者有深入的研究和丰硕的成果。从关键词来看，有马克思主义理论的整体性或者说整体性的马克思主义、马克思主义观、马克思主义学等。从把握马克思主义的角度来看，有张新教授从世界观与方法论、终极目标、政治立场、理论品质四个层面所界定的马克思主义本质规定性；有张雷声教授从逻辑整体性、方法整体性、历史整体性等几个方面对马克思主义整体性的把握；有梁树发教授从认识层面、价值层面、实践层面对马克思主义观内容的解读；有李德顺教授从实事求是的思想路线与一切为了人民的价值导向的根本原则的角度来把握马克思主义；有童世骏教授从理论与实践辩证统一、理想与现实辩证统一、个人与社会辩证统一的合理内核的角度来把握马克思主义；还有肖贵清教授从中国化的马克思主义整体性角度来解读和把握当代中国的马克思主义，等等。这些前辈和专家学者不仅提出了我们所要普及的马克思主义是什么样的马克思主义，而且提出了我们怎样来把握这样的马克思主义，这就为我们阐明了向大众所要普及的究竟是什么样的马克思主义这一关键问题。

其次，就大众而言，理论工作者对大众的需求有整体的把握和深刻的理解。作为理论工作者，如果不了解大众的需求，也就是不知道大众需要什么以及是否有能力满足这些需要，又何谈进行卓有成效的马克思主义宣传呢？或者说，如何实现当代马克思主义进校园、进课堂、进头脑？即使理论研究者或马克思主义理论课教师进了学校、进了课堂，但是马克思主义能否进大众的头脑，不仅取决于理论研究者或马克思主义理论课教师的传播力，更取决于大众的接受力。如果不考虑大众的接受力，那么，谈当代马克思主义大众化的影响力就是一句空话。因此，有必要从大众的接受力来思考如何有效地推进当代马克思主义大众化。就这方面的研究而言，刘建军教授在其著作中提到了“接受理论对思想政治教育的启示；接受问题的凸显与接受理论的兴起；把重点转向接受者及其教育者的相互作用；高度重视接受者的主体性和能动性；高度重视接受者的差异性；要研究接受者的接受度；要研究接受者的心理抗拒”①。武汉大学的沈壮海教授在其《多质的大众与共享的价值——关于当代中国马克思主义大众化的思考》一文中指出：“我们要推进当代中国马克思主义大众化，那么当下的大众究竟以怎样的形态存在和发展着？当代中国的马克思主义究竟需要以怎样的形态、遵循怎样的路径才能有效地化于大众？笔者认为，多质的大众、多样的转化、共享的价值，或许是我们思考这些问题应该把握的关键词所在。换言之，前提——准确把握多质的大众，过程——积极建构多样的转化，目标——努力形成共享的价值，这是我们全面理

① 刘建军、曹一建：《思想理论教育原理新探》，259页，北京，高等教育出版社，2006。

解和把握当代中国马克思主义大众化的三个基本点。"① 衣俊卿教授在其《马克思主义大众化的民生视角》一文中，以《"七个怎么看"——理论热点面对面 2010》热销带来的启示得出了三条经验，分别是"生活世界的视角；人文关怀的视角；群众主体的视角"②。王贤卿博士在其文章《论传播学受众理论与思想政治教育创新》中指出："思想政治教育可视为一个特殊的传播过程。选择传播过程的终点——受众作为研究的载体，通过运用传播学领域中的相关理论，在分析思想教育过程中受教育者这一受众的特性、动机、需求及其接受机制的独有特征基础上，探寻增强思想政治教育实效性的创新途径。"③ 这些学者的研究都以受众的需求为出发点来探寻马克思主义大众化的实效性，这很有必要。但值得注意的是，我们不能走极端。过去我们是不考虑大众的需求而片面地强调"灌输论"，现在也不能为了迎合大众而降低马克思主义理论的整体性和科学性。正如程金华博士在其文《中国行政纠纷解决的制度选择——以公民需求为视角》的论述中提到："制度的供给只有不太违背制度需求，才有可能得以有效实施；真正同制度发生密切联系的人，是那些需要实践这些制度的人。制度的设计如果不了解公民的意愿，以拍脑门的方式规划制度改革，恐怕会贻笑大方。在这个意义上，我们通过经验的研究，真切地了解人民意愿，认真对待人民的意愿，并最终在法制建设过程中形成民主的法治理论。当然，在制度建设中呼应公民的需求，并非一味顺从公民的需求，否则会走向理论研究与制度建设的民粹主义。毕竟，通过强化或者弱化特定制度供给来引导制度建设，也有不可或缺的意义。"④ 诚然，以上文章中所述及的并非都直指马克思主义大众化，而是思想政治教育以及制度建设，这似乎与要传播的马克思主义不是一个概念。尽管如此，我们却不难发现其共通之处，即都是要把一个事物或者理念普及给大众。道理是一样的，就是在考虑受众或者接受者的需求时，我们要了解、尊重大众的需求。这个尊重是指尊重受众合理的需求，而不是一些不科学的需求，否则就会出现马克思主义理论的"三俗"化，毕竟，我们在满足受众合理需求的同时，还有一个引领作用、净化功能以及提升的任务。

最后，就结合而言，理论工作者对于结合的复杂性、开放性有整体的认知。这里涉及结合的媒介问题，也就是涉及我们的传播力。这个传播力，既包括硬件也包括软件：所谓的硬件就是电视节目、书籍，包括网络。所谓的软件就是我们专家学者的传授能力、传授技巧，以及国家的一些政策措施和"结合"得以进行的社会生态环境。

---

① 沈壮海：《多质的大众与共享的价值——关于当代中国马克思主义大众化的思考》，载《思想政治教育研究》，2009 (5)。

② 衣俊卿：《马克思主义大众化民生视角》，载《求是》，2010 (13)。

③ 王贤卿：《论传播学受众理论与思想政治教育创新》，载《思想理论教育导刊》，2009 (11)。

④ 程金华：《中国行政纠纷解决的制度选择——以公民需求为视角》，载《中国社会科学》，2009 (6)。

所谓的社会生态环境，就是说，社会上对理论的认知和态度，即对理论抱以虚无主义的态度，还是主张理论对实践的指导意义。如过去我们讲学好数理化，走遍天下都不怕；还有就是现在很多人都觉得文科是无用的，尤其是人文方面，至于马克思主义就更不好说了。尽管这些社会氛围会干扰我们的有效普及和结合，但毕竟理论能不能普及，以及普及到什么程度，还是取决于理论的彻底性，取决于理论是否能解决实际问题，以及解决到什么程度。所以，对于结合的研究和探讨，不能仅仅就结合的手段、结合的切入点来谈问题，而是应把如何结合、怎样看待结合以及结合的程度放到整个马克思主义理论普及的整体工程中来研究，这样才能在超越结合中解决结合问题。

三、民众在当代中国马克思主义大众化进程中所起的作用

在马克思主义大众化中，普通民众是受动的、被动的角色还是主体的角色，这个答案我们可以从刘建军的文章《激活思想是思想政治教育的重要功能和职责》中得到启发。刘建军教授指出："思想政治教育不仅要传授思想，而且要激活思想，使原有的思想重新活跃起来。一种思想，在活跃期过去后会进入沉寂期，而人们对思想的态度，在敏感期过后也会进入麻木的时期，在这样的时期都需要激活，激活思想本身，也激活人们对思想的敏感性。思想政治教育应把激活既有的思想作为自己的重要功能和职责。"① 这里主要说明了传授思想是一方面，激活大众本身已有的思想是不可替代的另一个方面，被激活的思想是受众已有的思想。因此，要使受教育者已有的思想被激活，仅靠传授者的作为是远远不够的，只有受众主动地参与、配合，才能使已有的思想被激活，进而发挥作用。

从另外一个角度来讲，我们从马俊峰教授的文章《"中国经验"与中国化马克思主义》中也能得到启发，马俊峰教授在该文中指出："马克思主义与中国实际相结合，才能实现中国化，化出一个中国化的马克思主义。与中国实际相结合，既是说用马克思主义为指导分析和研究中国具体国情和实际问题，同时更包含着重视和研究中国经验。中国经验是非常复杂的，也是活生生的流变着的现象，是任何抽象的概念和教条都无法框定的。这就需要破除一些观念误区，真正把握马克思主义的精神实质，丰富和发展马克思主义的基本理论。中国特色社会主义理论，就是当代发展着的马克思主义。"② 该文论述的马克思主义中国化要重视提升"中国经验"。笔者认为，对马克思主义大众化而言，又何尝不需要重视提升"大众经验"呢？而这个大众经验，不是静

① 刘建军：《激活思想是思想政治教育的重要功能和职责》，载《思想理论教育导刊》，2010（8）。

② 马俊峰：《中国经验与中国化马克思主义》，载《现代哲学》，2008（12）。

态现成地呈现，它需要挖掘、发现，这些都离不开大众的参与。由此想到，在谈到中国化、大众化、时代化时，我们经常会说“相结合”，其实完整的说法应该是“相互结合”，也就是双向互动。关于这一点，侯小慧在其文《双向互动：当代中国马克思主义大众化的内在逻辑》中指出：“当代中国马克思主义大众化是理论掌握群众与群众掌握理论的双向互动与内在统一。理论掌握群众是马克思主义大众化的可能性前提，重在理论创新；群众掌握理论是马克思主义大众化的现实性体现，重在理论武装。”①

由上述可知，作为受众的大众不是被动的、消极的、需要武装的被武装者，而是有主体意识、具有能动精神的主体，是有选择性的。因此，笔者在这里将普通民众作为当代中国马克思主义大众化的三维主体的重要组成来进行分析。大众要对自己在当代马克思主义大众化中的角色有一个合理科学的认知和定位，要自觉和自信，要在向当代中国马克思主义要方法、要智慧的过程中，学会用理论武装自己，把当代马克思主义作为想问题、办事情的方法来掌握。从某种程度上讲，在当代马克思主义大众化的过程中，大众既是受教育者，也是教育者，这个教育者与受教育者是互构的。受众的主体精神、能动精神能够在多大程度、多大空间发挥作用，当代中国马克思主义对自己的作用和回报就有多大。

其实，当代中国马克思主义对大众而言是有好处的，这一点我们可以从以下的论述中得到认知。如香港“地球之友”现任理事吴方笑薇女士在其题为“可持续发展，从你的消费权开始”的演讲中所指出的，“钞票、股票、选票、饭票，为可持续发展投一票”，我们可以引申出：钞票、股票、选票、饭票，为科学发展观投一票！不是有人打着“坚决拥护‘三个代表’重要思想”的标语维权吗？在新年的祝福短信里不乏像“在新的一年里祝你的事业像马克思主义一样不断发展；你的魅力像毛泽东思想一样光芒万丈；你的生活像邓小平理论一样讲诉春天的故事；你的理想像‘三个代表’一样与时俱进；你的家庭像科学发展观一样全面协调可持续！”这样的说法。从这些生动鲜活的事例来看，当代中国马克思主义不是离我们很远，不是抽象深奥、高高在上的理论，而是就在我们的身边和日常生活中。以上列举的这几条是很感性的。而马克思主义对我们的真正作用在于，我们从马克思主义的立场、观点、方法来分析和解决现实问题，在解决具体问题中深化对当代马克思主义的认识，进而了解我们现在进行的中国特色社会主义现代化事业是人民的、大众的事业。因此，我们应该凝聚共识，为实现中国特色社会主义现代化事业，为中华民族的伟大复兴而奋斗。我们一定要看到当代中国马克思主义的社会价值，同时认识到其对普通民众而言的个人价值，在充分掌握当代马克思主义理论的过程中解决我们的实际问题，就像邓小平所说的，马克思

① 侯小慧：《双向互动：当代马克思主义大众化的内在逻辑》，载《思想理论教育导刊》，2010（7）。

主义是朴实的，要真学、真懂、真用、真信，如果这样，马克思主义不仅会从理论上转换为我们想问题、办事情的方法，而且会转化为我们的德行。

四、结　语

充分发挥不同层次主体在推动当代中国马克思主义大众化中的作用，是一项尚未引起充分重视而又极其重要的工作。从理论上讲，主体的能动性对马克思主义大众化非常重要，可是从我们的实际生活来看，主体作用的重要性又表现得不是那么明显。为了缩小理论与实际之间的差距，我们一方面要看到差距，因为看不到差距是最大的差距，但是，又不能把差距无限夸大，否则我们就失去了努力的信心与行动的能力。看到马克思主义大众化方面存在的问题，由此而产生的问题意识，不是对近些年来马克思主义大众化成就的否定，也不是对马克思主义大众化前景的悲观失望，恰恰相反，这反映了从上到下广大马克思主义信仰者不满足于马克思主义大众化现状，对开创新局面的追求，也是马克思主义信仰者在新时期对什么是自己对马克思主义大众化的贡献的思索、自省。当然，看到各层面主体在马克思主义大众化方面的历史作用、现实作用以及努力的方向，这只是从理论上而言的，在一定意义上只是一种尚未充分兑现的期待，因此，从要求到现实，从认识到行动，还有很多工作要做。所以我们不能想当然，要扎扎实实地各就其位，各尽其责地不懈努力，而且要良性互动、上下联动。只要每个层次的主体都尽到了自己应尽的责任，而且都在这个主体群的整体系统中充分发挥了自己的作用，那么，我们今天所讨论的话题、我们今天所关注的问题在不久的将来就不再是讨论的话题了，也就不再是问题，让我们通过自己的身体力行来迎接这一天的到来。毕竟，生活在期待中总比没有期待要好，生活在有科学规划并且有持续不懈的行动跟进的期待中更具有盼头。

党的执政能力建设

创先争优：始终保持党的先进性的基本经验

中共中国人民大学委员会

在党的基层组织和党员中深入开展创建先进基层党组织、争当优秀共产党员活动，是党的十七大作出的一项重大决策部署。开展创先争优活动，是中国共产党总结多年党建工作经验，着眼于始终保持党的先进性而提出的一项推进党的建设的重要举措。充分认识加强党的基层组织建设的重大意义，不断提高党的基层组织建设的科学化水平，深刻理解开展创先争优活动对于党建工作的实践意义和创新价值，切实抓好创先争优活动，对于新形势下加强和改进党的建设具有重大意义。

一、创先争优是保持党的先进性的客观要求

（一）创先争优是保持党的性质和宗旨的根本要求

深入开展创先争优活动，是中央继深入学习实践科学发展观活动之后部署的又一项重要政治任务。中国共产党是中国工人阶级的先锋队，同时也是中国人民和中华民族的先锋队，是中国特色社会主义事业的领导核心。党的性质决定了党的宗旨。中国共产党代表着最广大人民群众的根本利益，在改革开放和现代化建设事业中处于领导核心地位，必须始终坚持全心全意为人民服务的宗旨。开展创先争优活动，就是要进一步强化党员意识、树立先锋形象，激发基层党组织和党员的工作热情，带头把党的路线方针政策贯彻落实到基层，在推动科学发展、促进社会和谐、服务人民群众、加强基层组织的实践中建功立业。创先争优活动以基层党组织、党员为活动参与对象，

利用基层党组织密切联系群众的优势，号召党组织努力做到领导班子好、党员队伍好、工作机制好、工作业绩好、群众反映好；争做先进党组织，号召党员带头遵纪守法、带头弘扬正气、带头服务群众；争做优秀党员，就是从群众的切身利益出发，满足群众的真实需求，为群众办实事、办好事，不断树立和巩固全心全意为人民服务的意识。

（二）创先争优是解决党内存在的问题、增强党的战斗力的重要保证

党的建设关系到党的生死存亡。中国共产党成立 90 年来，历经风风雨雨，不断发展壮大，特别是改革开放以来，党的基层组织的党建工作取得了巨大成绩，执政能力不断提高。同时，党的执政能力与新形势、新任务的要求还不完全适应、不完全符合，一些党员、干部的思想观念和能力素质与党的先进性要求还不完全适应、不完全符合，一些基层党组织的管理手段和创新能力与经济社会发展任务还不完全适应、不完全符合，一些地方的党组织、领导班子、领导干部党性党风党纪方面还存在这样那样的问题。面对新形势、新任务，党员素质有待进一步提高；党的工作机制有待进一步完善；基层党组织的凝聚力、战斗力有待进一步加强。开展创先争优活动，对于进一步激发广大党员、干部的学习积极性，增强党员、干部理想信念的坚定性，增强基层党组织的凝聚力、战斗力，有着重要意义。

（三）创先争优是认真总结国外无产阶级政党兴衰成败经验教训的深刻启示

一个政党要始终走在时代前列，必须要顺应潮流、与时俱进、创先争优。从巴黎公社的建立，到俄国十月革命，再到苏联解体、东欧剧变，国外社会主义运动的辉煌与挫折，既给了我们宝贵的经验，也有深刻的教训。苏东共产党之所以失去政权，虽然原因不尽相同，但从根本上讲，就是因为这些执政党丧失了先进性，失去了与人民群众的血肉联系，失去了群众的支持和拥护，因而难逃衰败乃至垮台的命运。马克思主义的执政党，只有始终保持先进性，始终保持同人民群众的血肉联系，才会立于不败之地。深入开展创先争优活动，是我们党对国外无产阶级政党兴衰成败经验教训的深刻认识，是新形势下加强党的先进性建设的有效载体和有力抓手。

二、创先争优是对党的建设历史经验的传承和创新

开展创先争优活动，是党的十七大的战略部署，是继深入学习实践科学发展观活动之后，统筹推进党的建设与其他经常性工作的重要举措。开展这一活动，表明我们党更加深刻地认识和把握了党的建设的历史经验与重要规律，继承和弘扬了我们党重视与加强自身建设的优良传统，从理论和实践上深化了党的建设经常性工作

的探索。

(一) 始终保持党的先进性，是推动党的建设的永恒主题

先进性是马克思主义政党的本质属性，是马克思主义政党的生命所系、力量所在，也是马克思主义政党与其他一切性质政党的根本区别。先进性建设是党的建设的基本任务和永恒主题。面对世情、国情、党情的深刻变化，面对执政考验、改革开放考验、市场经济考验、外部环境考验，党的先进性建设任务更加迫切、更加艰巨。历史和现实都表明，一个政党过去先进不等于现在先进，现在先进不等于永远先进；马克思主义政党赢得先进性固然不容易，在发展社会主义市场经济、深化改革开放以及经济全球化深入发展等复杂的国内外环境中，在长期执政的条件下保持和发展先进性更不容易。党的先进性是具体的、历史的，是随着时代发展而不断发展的，在不同历史时期、历史阶段有着不同的内容和要求。如新民主主义革命时期的延安整风侧重解决的是党内学风问题，而“文化大革命”后进行的整党着重解决的是十年动乱遗留下来的党内思想不纯、作风不纯、组织不纯问题，“三讲”教育重点解决的是县处级以上党员领导干部党性党风方面的问题，保持共产党员先进性教育活动则着重解决党员干部在思想作风和工作中存在的突出问题。尽管内容有所不同，但都是以始终保持党的先进性为核心的。当前开展的创先争优活动，直接切入了这一核心，既反映了我们党对自身建设规律认识的深化，也具有明确的针对性。党的先进性必须通过基层党组织的先进性得到体现和丰富，党的先进性建设必须在基层党组织的先进性建设中得到落实和体现。创先争优活动，以创建先进基层党组织、争当优秀共产党员为主要内容，本身就具有鲜明的先进性导向，本身就是激发先进性的有效实践。通过这一活动方式，积极推进学习型党组织建设，增强党员队伍的生机活力，造就高素质的基层党组织带头人队伍，切实解决部分基层党组织和党员保持与发展先进性动力不足、标准不高、行动不力、效果不佳的问题，将党的基层组织先进性建设提升到一个新的高度。

(二) 紧密围绕党的政治路线和中心任务，是加强党的建设的不变主线

毛泽东认为，党的建设同党的政治路线是密切联系的，必须使广大党员明确党的政治路线并在实际工作中自觉地执行。牢牢把握党的历史方位，立足国际国内形势的变化，围绕党的政治路线和中心任务来开展党建工作，是我们党加强自身建设的基本经验之一。党的建设必须紧紧围绕和服务于党领导的伟大事业，按照党的政治路线来进行，围绕党的中心任务来展开，朝着党的建设总目标来加强，为实现党的历史任务提供根本保证。这是党的建设必须遵循的根本指导原则。延安整风的主要内容是反对

教条主义，整顿学风，端正党的思想路线。通过延安整风，确立了毛泽东思想在党内的指导地位，实现了全党的高度团结，为抗日战争和解放战争的胜利奠定了基础。以"三讲"为主要内容的党性党风教育活动，为形成"三个代表"重要思想，解决领导干部新老交替问题，推进改革建设深入发展奠定了基础。十七大以来开展的深入学习实践科学发展观活动则是站在新的历史起点上，服务于推进全面建设小康社会，推进中国特色社会主义伟大事业的重大战略部署。正在开展的创先争优活动，以深入学习实践科学发展观为主题，以在推动科学发展、促进社会和谐、服务人民群众、加强基层组织的实践中建功立业为总体要求，要求基层党组织切实贯彻落实党的路线方针政策以及本单位的科学发展规划、思路、举措，党员以模范行动影响和带领广大群众完成各项工作任务。创先争优活动把基层党组织先进性建设统一于新世纪新阶段党的中心任务，落实到为科学发展、社会和谐提供组织保证，目的在于把党的政治优势和组织优势转化为推动经济社会又好又快发展的强大力量，体现了党的建设伟大工程与党领导的中国特色社会主义伟大事业的高度统一。

（三）以马克思主义中国化最新成果武装党员干部，是提升党的建设的核心环节

江泽民同志指出："党在思想理论上的提高，是党和国家事业不断发展的思想保证。必须把党的思想理论建设摆在更加突出的位置。"① 我们党是以马克思主义为指导的先进政党，离开马克思主义这个灵魂就谈不上先进性。以马克思主义中国化的最新成果武装党员干部，这是我们党历次教育活动的基本出发点，也是历次教育活动的经验总结。延安整风的核心是要纠正党内错误的思想路线，冲破教条主义的束缚，用中国化的马克思主义——毛泽东思想来武装全党。改革开放以来，我们党高度重视把马克思主义与中国建设的具体实践结合起来，创立了邓小平理论和"三个代表"重要思想，并通过开展理论学习与教育活动，坚持用邓小平理论和"三个代表"重要思想武装全党。之后，又开展了科学发展观集中学习实践活动，这是用中国特色社会主义理论体系武装全党，推进马克思主义中国化、时代化、大众化的一次富有成效的实践，是加强和改进新形势下党的建设、提高党的执政能力、保持党的先进性的一次富有成效的实践。可以说，历次党内集中教育活动的过程，都是以马克思主义中国化的最新成果武装党员干部，统一思想，解决党内问题的过程。这次开展创先争优活动，最根本的就是要运用马克思主义的立场、观点和方法分析解决社会矛盾和党内存在的问题，把马克思主义理论和中国的实际更好地结合起来，实事求是地解决中国改革发展中面临的问题。只有通过马克思主义中国化的最新成

---

① 《江泽民文选》，第3卷，569页，北京，人民出版社，2006。

果武装党员干部，才能切实提高党员领导干部的马克思主义理论素养，让广大干部真学、真懂、真信、真用马克思主义。只有把加强理论武装同加强干部的党性修养紧密结合起来，同提高干部执政能力紧密结合起来，才能帮助领导干部把中国特色社会主义理论体系特别是科学发展观内化为科学观察世界、正确指导工作和生活的世界观与方法论、价值观和人生观，坚定理想信念，增强立党为公、执政为民的意识；外化为求真务实的工作作风、高尚的道德品行和不断增强的执政能力，体现到做好本职工作、推动科学发展的实践上，真正成为政治上靠得住、工作上有本事、作风上过得硬、人民群众信得过的好干部。

（四）正面教育为主，认真开展批评与自我批评，是促进党的建设的主要方式

马克思指出，无产阶级革命和任何其他革命的一个不同的地方，就在于它自己批评自己并靠批评自己而壮大起来。列宁强调："共产党人的责任不是隐讳自己运动中的弱点，而是公开地批评这些弱点，以便迅速而彻底地克服它们。"① 作为一个政党，能否真正拿起批评与自我批评的武器，接受群众的批评监督，开展健康的党内思想斗争，直接关系到党的肌体健康和党的战斗力。在延安整风期间，我们党创造了批评与自我批评，有则改之、无则加勉，惩前毖后、治病救人等一系列好的做法，这不仅使整风取得重大成效，而且成为党的优良作风而不断传承。在此之后进行的党内历次教育活动中，都是把发扬党内民主、走群众路线贯穿始终，把批评与自我批评、听取群众意见列为必经阶段和解决党内问题的基本方式。批评与自我批评作为中国共产党的优良传统和作风，也是新时期保持共产党员先进性，加强党的思想建设，解决党内问题的有效途径。当前深入开展的创先争优活动是一次普遍的马克思主义教育活动，必须坚持以正面教育、自我教育为主，充分调动广大党员的主观能动性，在提高广大党员学习中国特色社会主义理论体系的自觉性和坚定性上下工夫。同时，要正确运用批评与自我批评这个有力武器，促使党员自我认识问题、自我解决问题，增强自重、自省、自警、自励的意识和自我提高的能力。我们必须认识到，要真正使批评与自我批评在全党内形成一种风气，是一项长期的艰巨的伟大工程。思想上的充分认识和制度上的有效保障要有机结合，合理互动；同时，也要结合当前党所面临的一系列新问题、新情况，具体问题具体对待。既要以史为鉴，又要面向现实；既要考虑党内，又要兼顾党外；既要从干部抓起，也要从基层入手，从而使批评与自我批评的武器真正为全党所掌握，并为我们新时期党的建设开拓新的思路。

---

① 《列宁选集》，3版，第4卷，235页，北京，人民出版社，1995。

三、弘扬党的建设的成功经验，确保创先争优活动取得实效

（一）以建立健全保持党的先进性的长效机制为着眼点

形势任务在变化，党的组织在扩大，党的成员在更新，要始终保持基层党组织的战斗力和党员的先进性，必须形成保持基层党组织战斗力和党员先进性的长效机制。邓小平指出："领导制度、组织制度问题更带有根本性、全局性、稳定性和长期性。"① 基层党组织与群众和社会的联系最为紧密、相互影响最为直接，面临的各种考验更为复杂多样，尤其需要探索和建立切实可行、科学管用的保持先进性长效机制。创先争优活动的有效开展及持续，将以规范化、制度化的方式促进保持基层党组织和党员的先进性，形成新形势下的创先争优的长效机制。创先争优的形式、标准、实施内容等会根据实际情况作出调整、逐步完善，但提高党的执政能力、巩固党的执政地位的实践要求，使得通过这样的激励机制来加强党的基层组织建设成为必然、成为常规、成为制度。

（二）以提升推动科学发展、促进社会和谐的能力为落脚点

基层党组织和广大党员干部是现实工作中推动科学发展、促进社会和谐的领导者、实施者、参与者，着力提升推动科学发展、促进社会和谐的能力，很重要的就是提升基层党组织和广大党员干部领导科学发展、促进社会和谐的能力。这是贯彻落实科学发展观的关键所在，是提高党的执政能力的重要基础，是夺取全面建设小康社会胜利的根本保证。作为学习实践科学发展观活动的继续，创先争优活动必须继续坚持并紧紧围绕学习实践科学发展观这个主题，把握好"推动科学发展、促进社会和谐、服务人民群众、加强基层组织"的活动目标和内容。要紧紧围绕推动科学发展，引导基层党组织认真落实科学发展规划、思路和举措，引导党员以模范行动带动群众努力完成各项工作任务；紧紧围绕促进社会和谐，有针对性地做好群众工作，及时排查矛盾纠纷，自觉维护社会稳定；紧紧围绕服务人民群众，帮助群众解决生产生活中遇到的实际困难，让群众得到更多实惠。广大基层党员干部只有站在历史和时代的高度，切实转变观念，提高执政水平，努力成为自觉坚持科学发展、善于领导科学发展、促进社会和谐的领导干部，才能不负重大历史使命。

（三）以推进中国特色社会主义理论体系武装工作为切入点

马克思指出："批判的武器当然不能代替武器的批判，物质力量只能用物质力量来

---

① 《邓小平文选》，2 版，第 2 卷，333 页，北京，人民出版社，1994。

摧毁；但是理论一经掌握群众，也会变成物质力量。”① 马克思主义是我们的立党立国之本。在当代中国，坚持中国特色社会主义理论体系就是坚持马克思主义。综观中国革命、建设和改革的奋斗历程，正是有了马克思主义，中华文化才注入了先进的思想内涵，中国人民才获得了科学的思想武器，焕发出了创造新的历史、推动社会进步的强大精神力量。面对世界范围各种思想文化的交流、交融、交锋，面对国内社会思想意识的多元、多样、多变，发展壮大先进思想文化，关键是要把握正确的方针原则，始终保持思想理论的清醒坚定。我们党坚持把马克思主义基本原理同中国具体实际相结合，不断推进马克思主义中国化，形成了毛泽东思想和中国特色社会主义理论体系两大理论成果，为中国文化的发展进步提供了根本指针。我们必须坚持不懈地开展理论武装工作，深入学习贯彻邓小平理论和“三个代表”重要思想，深入学习实践科学发展观，推动马克思主义中国化最新成果不断深入人心，增强人们坚持中国特色社会主义旗帜、道路、理论的自觉性。在新形势下，我们将继续推进马克思主义中国化、时代化、大众化，巩固全党全国人民团结奋斗的共同思想基础。

（四）以调动基层组织和共产党员的主动性、积极性为着力点

胡锦涛同志强调：“任何时候任何情况下，我们都要高度重视并切实做好抓基层打基础的工作，不断提高基层党组织建设科学化水平。”② 党的基层组织是党全部工作和战斗力的基础，是落实党的路线方针政策和各项工作的战斗堡垒，党员是党的肌体的细胞和党的行为主体。党的基层组织能否不断提高创造力、凝聚力、战斗力，始终发挥战斗堡垒作用，党员能否坚定理想信念，充分发挥先锋模范作用，关系到党的事业兴衰成败，关系到人民利益能否实现。深入开展创先争优活动，必须着力建设领导班子好、党员队伍好、工作机制好、工作业绩好、群众反映好的先进基层党组织，着力培养带头学习提高、带头争创佳绩、带头服务群众、带头遵纪守法、带头弘扬正气的优秀共产党员，深入推动党的基层组织不断继承和发扬优良传统，深入推动保持共产党员先进性教育活动，深入推动学习实践科学发展观活动的延伸和深化。通过创先争优活动，有力地激发各级党组织和广大党员的生机活力，使党的基层组织充分发挥推动发展、服务群众、凝聚人心、促进和谐的作用，使广大党员牢记宗旨、心系群众。

---

① 《马克思恩格斯文集》，第1卷，11页，北京，人民出版社，2009。

② 胡锦涛：《在会见全国先进基层党组织和优秀共产党员代表时所作的重要讲话》，载《人民日报》，2010-07-01。

中国共产党执政党建设理论体系研究

程天权

在庆祝建党90周年之际，我们回溯党走过的光辉而又峥嵘的岁月，认真总结历史经验和教训，具有重要的理论价值和现实意义。90年来，我们党历经革命、建设、改革各个重要时期，马克思主义中国化的历程、党的奋斗的史迹、党的建设的发展，三个层面有机结合，构成了一幅波澜壮阔的历史画卷。三者当中，党的建设处于核心和关键地位，并被视为“伟大工程”。这个工程既有生动丰富的实践内容，又有系统完整的理论构造。对这一体系作一认真缕析，不但能使人们更好地把握党建理论的系统性和党建实践的整体性，还能让人们从更开阔的视野、更深厚的底蕴理解和认识党的历史。

一、在实践中发展完善的执政党建设理论体系

执政党建设理论体系是从革命党建设理论体系发展而来的。后者与党在新民主主义时期的革命斗争和马克思主义中国化历程相应，在实践中逐步形成和完善。

在党的创建时期和大革命时期，尽管我们党提出并开始深化对民主革命纲领的认识，并以此为中心积极开展党的组织发展和宣传鼓动工作，但是并没有明确的党建独立主见。1929年年底召开的古田会议提出用无产阶级思想建设党、建设红军的中心议题，标志着党开始独立思考党建理论问题。5个月后，毛泽东提出反对本本主义，强调共产党人要“从斗争中创造新局面的思想路线”。遵义会议使革命回归正确轨道。与

张国焘分裂主义的斗争使党赋予民主集中制这一根本组织原则新内涵。1935 年底的瓦窑堡会议因应抗战形势变化，总结关门主义教训，提出“建设一个全国范围的广大群众性的布尔什维克化的大党”的目标设想。1936 年底至 1937 年 8 月间，毛泽东著书立说，全面阐释了党的正确的思想路线。党的六届六中全会针对抗战形势，对党的建设作出了全面规划：进一步明确党在抗日战争时期的政治路线和基本政策；提出“全国人民的、群众的、布尔什维克的，在抗战中能够起重大的意志决定作用”的党建目标；郑重表明“使马克思主义在中国具体化”；并主张“组织工作要中国化”。全会之后，党的领导人发表了许多党建著述，尤其是毛泽东提出党的建设“伟大工程”的战略构想，并阐述了党的政治路线、策略路线与党的建设之间的关系。延安整风运动完善了思想建党的党建路径，明确提出思想建党，并把作风建设和思想建设密切联系起来，还使党的干部政策更为系统化，民主集中制也更加完善，并创造了批评与自我批评的思想教育整风形式。党的七大确立毛泽东思想为全党的指导思想，确定党的政治路线和三大作风，毛泽东建党学说此时趋于成熟，作为革命党的党建理论体系、结构基本形成，且在其后的革命岁月中，部分内容更为丰富。

尽管党在全国范围内自 1949 年 10 月由革命党转变为执政党，但此前党就有 22 年局部区域内的执政经历，上述革命党建设理论体系也带有对执政党建设的思考。另一方面，党是“革命阶段论”和“不断革命论”的统一论者，对执政党与革命党之间的差别并未作深入思考，甚至毛泽东都没有使用过“执政党”这一概念。因此，在新时期之前，党建理论体系依然以思想、组织、作风建设为主要组成部分。

党的十一届三中全会后，随着改革的不断深入、开放的逐步扩大，中国特色社会主义建设事业迅猛发展。伟大的实践又开辟了马克思主义中国化的新境界。执政党建设随之不断向前推进。执政党建设理论体系在此背景下，既承接革命和建设时期的基本架构，又依据实践不断充实内容，还拓宽了涵盖领域，形成了“大党建”理论体系。

改革开放自始就是在复杂的环境下展开的。1979 年 3 月底“四项基本原则”的提出，1980 年 8 月邓小平《党和国家领导制度的改革》的讲话，使“坚持和改善党的领导”既成为新时期中国政治的首要原则，也成为执政党建设的价值导向、发展方向。党的十一届五中全会通过的《关于党内政治生活的若干准则》、十二大颁行的新《党章》，以及 20 世纪 80 年代初邓小平关于党内制度建设的若干论说，将制度建设纳入执政党建设范围。“文革”的破坏，改革开放的新形势，都对党风建设提出了新要求，陈云的“执政党的党风问题是有关党的生死存亡的问题”论断揭示了问题的严重性和严肃性。党的十三大提出社会主义初级阶段理论和“一个中心，两个基本点”为主要内容的基本路线，为执政党建设理论体系的形成初步奠定了基础。

1992 年年初邓小平视察南方谈话的发表和党的十四大的召开，标志着改革开放新阶段的到来，但建立和完善社会主义市场经济体制的改革使党面临新的考验。面对新形势，1994年9月召开的党的十四届四中全会提出了“新的伟大工程”的执政党建设战略目标。据此，党的十五大又进一步确定了党建两大历史性课题——提高党的执政能力和领导水平、提高拒腐防变和抵御风险能力。新世纪初，江泽民同志提出“三个代表”重要思想，并在2001年“七一”讲话和党的十六大政治报告中作了全面阐释，破解了“先进性”这一执政党建设的根本性课题。

党的十六大以后，执政党建设理论体系随着党建实践不断丰富。党的十六大首次将执政能力建设纳入党建范围，十六届四中全会更强调“执政能力建设是我们党执政后一项根本建设”。2005年1月，胡锦涛同志提出“党的先进性建设是马克思主义政党自身建设的根本任务”重要论断。党的十七大报告首次将反腐倡廉建设从作风建设中分离出来，单列为执政党建设组成部分，凸显了党的“执政”特色和廉政问题的特性。至此，“一条主线，五大建设”的执政党建设理论体系形成。

二、执政党建设理论体系的架构和内容

党的领导和党的建设，历来是同党的历史任务，同党为实现这些任务而确立的理论和路线联系在一起的。这是党建的基本规律和根本要求。通过考察历史实践和重要理论观点的发展状况，我们把执政党建设理论体系分成三大组成部分：一是理论基点；二是内部建设；三是外部建设。

（一）理论基点

从建国以来执政党建设的实践历程看，能否确立正确的理论和路线，关键取决于党。从宏观、间接角度着眼，取决于全党，但是从微观、直接角度观察，则取决于党中央领导集体。要做到这一点，首先，要求领导集体成员在任何环境中，都能始终坚持马克思主义认识路线，即党的思想路线，始终秉持求真务实的态度，做到凡事实事求是。坚决拒绝拘泥于马列主义经典作家著作中的某些时过境迁的章句、结论、个别原理的教条主义的思维和工作方法；坚决反对满足于个人经历与经验，而轻视理论指导、武装的经验主义的态度和立场。其次，当代社会纷繁复杂，凭个人才干、智慧乾纲独断的时代已经过去，况且在我们党执政史上还留下了个人专断、家长制作风盛行的沉痛教训。这就要求领导集体成员遇到凡属重大问题，都要按照集体领导、民主集中、个别酝酿、会议决定的原则，由集体讨论作出决定。再次，领导集体成员在党内政治生活，尤其是在决策过程中，必须坚持无产阶级党性原则，本着大公无私的精神，讲真话、道实情，不唯上、不畏势。最后，领导集体成员必须树立群众路线观点。坚

持群众路线就是坚持马克思主义的唯物史观，就是坚持党的优良传统。它要求领导集体成员尊重群众的首创精神，问政、问需、问计于民，及时把人民群众的意愿反映到党的路线、方针、政策中来。

党的十一届三中全会以来，全党尤其是党中央领导集体认真总结建国以来党执政的经验教训，坚持科学社会主义的基本原则，坚持实事求是，解放思想，实行集体领导与个人分工相结合制度，尊重人民的主体地位，准确判断世情、国情、党情，党的政治建设取得重大突破——提出、坚持并不断完善党的基本路线、基本纲领，制定、实施并胜利完成了7个五年计划，开辟出一条中国特色社会主义道路，社会主义建设事业由此突飞猛进、方兴未艾。与此同时，党不断探索和回答什么是社会主义、怎样建设社会主义，建设什么样的党、怎样建设党，实现什么样的发展、怎样发展等重大理论和实际问题，不断推进马克思主义中国化，党的理论建设获得飞跃性发展——形成了中国特色社会主义理论体系。这“一条道路”和“一个理论体系”就是30多年来党的政治建设和理论建设的最大成就，是执政党建设理论体系形成、发展的牢固基石。

党情认识是构建执政党建设理论体系的起点，党所处的历史方位则是最大的党情。新世纪初，我们党明确“已经从一个领导人民为夺取全国政权而奋斗的党，成为一个领导人民掌握着全国政权并长期执政的党；已经从一个在受到外部封锁的状态下领导国家建设的党，成为在全面改革开放条件下领导国家建设的党”。党建总目标是执政党理论体系构建的明确方向。新时期以来，我们党经过多年探索，既提出“伟大工程”的战略构想，又明确总目标内容——“立党为公、执政为民，求真务实、改革创新，艰苦奋斗、清正廉洁，富有活力、团结和谐的马克思主义执政党”。历史方位和总目标的确定为执政党建设理论的构建竖起了坚实支柱。

政治建设、理论建设的成熟，历史方位、总目标的明确，为执政党建设理论体系的形成、完善确立了正确的方向和坚实的基础。比如人之行走，政治建设解决了“走什么路”的问题，理论建设回答了“举什么旗”的议题，而历史方位则如出发点，总目标为前进方向。

（二）内部建设

思想建党是中国共产党党建的最大特点。在执政党建设系统中，思想理论建设是根本。它包括两个基本方面：一是引领党的领导和党的建设各方面的党的理论创新。在这方面，中国特色社会主义理论体系就是我们党全面执政以来的最大成就。当然，实践和创新永无止境，这个开放的理论体系必将有更新的内容充实其中。二是用党的基本理论，尤其是最新理论成果武装全党。它要求：对于世界观的确立和方法论的掌握，全党必须以建设学习型政党的要求，结合改革开放和现代化建设的生动实践，深刻领会基本理论的内涵，自觉地以发展着的马克思主义为指导改造客观和主观世界，在进一步把握三大规律的前提下，不断提高运用科学理论分析和解决实践问题的能力；对于理想信仰的树立和道德品质的养成，全党要坚信共产主义远大理想和中国特色社会主义共同理想，成为践行社会主义核心价值体系的模范。

高度严密的组织结构是马列主义政党与其他政党相区别的重要标志之一，是执政党建设系统的重要组成部分。它包括四个方面：第一，作为根本组织原则的民主集中制，涵盖尊重党员主体地位，保障党员民主权利，完善党代表大会制度和党内选举制度，完善党内民主决策机制，以及维护党的团结统一等；第二，作为党的根系的基层组织建设，包括因应社会发展，保证党组织和党的工作覆盖全社会，构建城乡统筹的基层党建新格局，积极推进各个领域、各种类型的基层党组织工作创新，提高基层党组织带头人队伍的素质等；第三，在组织建设中居于核心地位的是干部队伍、人才队伍和领导班子建设，其要求主要包括干部选任和人才管理原则、方针、机制、方法的坚持和发展，建设高素质领导班子等；第四，作为基础工程的党员队伍建设，包括通过有效的教育、管理等手段，不断提高党员素质，增强其生机活力等。

作风建设是中国共产党党建的一大特色、一大优势，是执政党建设系统又一重要组成部分。它由革命战争年代形成、和平建设时期坚持的“三大优良作风”、“两大优良传统”发展而来。在新的历史条件下，主要包括五个方面内容：贯彻群众路线，大兴密切联系群众之风；在治党治国各个方面、各个环节，大兴求真务实之风；在永葆共产党人政治本色方面，大兴艰苦奋斗之风；在增强党内生活原则性和实效性方面，大兴批评和自我批评之风；以加强党性修养为基础和动力，使全党同志永葆蓬勃朝气、昂扬锐气、浩然正气。

作风建设重在“扬善”，反腐倡廉建设侧重“惩恶”。党的十七大以来，党将反腐败斗争上升到了“重大政治任务”来认识，甚至强调其性质是“战斗”。反腐倡廉建设除强调重要性、工作方针外，主要内容包括：一是教育为先，在全党深入开展党性党风党纪教育，加强廉洁从政教育和领导干部廉洁自律；二是制度为要，坚持用制度管权、管事、管人，推进反腐倡廉制度创新，提高反腐倡廉制度化、法制化水平；三是监督为重，以加强对领导干部尤其是主要领导干部监督为重点，健全权力运行制约和监督机制；四是高压为势，保持惩治腐败高压姿势，加大查处违纪违法案件工作力度等。

制度建设在新时期成为执政党建设的重要内容，但它不是一个独立的组成部分，而是贯穿于党建各个方面，是它们得以有效进行的保证。它的基本要求是：建立健全以党章为根本、以民主集中制为核心的制度体系。这个体系既要坚持党在长期实践中形成的一系列行之有效的制度，以保持其连贯性；又要顺应形势发展，不断创新，以增强其系统性、协调性、科学性。它的最终目的是保障党的团结统一，增强党的创造活力。

上述执政党建设系统的五个方面，其理论形态构成了执政党内部建设的理论体系。五者互相联系，构成一个统一的有机体。比之如人，思想建设为之“脑”，为之“魂”；组织建设为之“骨骼”，为之“五脏六腑”；作风建设为之“外貌”（“形态”、“神态”）；反腐倡廉建设为之“免疫系统”；制度建设则为之“运行系统”。五者缺一不可。

（三）外部建设

执政党建设系统的外部建设是党的自身的内在建设在实现党的执政能力上的建设，它关系党的建设和中国特色社会主义事业的全局。如果按从上到下、由内而外的顺序描述，可以分三个层面：

第一，党的整体、领导班子、领导干部的执政能力建设。对于全党，党的十六届四中全会根据党的全部工作分类提出了“五大能力”建设要求，即不断提高驾驭社会主义市场经济的能力、发展社会主义民主政治的能力、建设社会主义先进文化的能力、构建社会主义和谐社会的能力、应对国际局势和处理国际事务的能力。对于领导班子，党的十七大提出：要按照科学、民主、依法执政的要求，改进思想作风，提高领导干部执政本领，改善领导方式和执政方式，健全领导体制，完善地方党委领导班子的工作机制，把各级领导班子建设成为坚定贯彻党的理论和路线方针政策、善于领导科学发展的坚强领导集体。对于领导干部，党的十六大提出了“五种能力”建设要求，即不断提高科学判断形势的能力、驾驭市场经济的能力、应对复杂局面的能力、依法执政的能力、总揽全局的能力。在这三者中，前者是后两者的前提和基础；后两者是前者得以实现的保证和途径。在领导干部与领导班子执政能力建设关系上，前者决定后者的质量，后者为前者的发挥提供平台；同时后者只有有机地组织，才能发挥班子集体的能力效应。

第二，基层党组织、基层党组织带头人、党员群众在提高党的执政能力中的作用。党的基层组织是党全部工作和战斗力的基础，也是提高党的执政能力、巩固党的执政地位的基础。新世纪以来，党中央强调，一方面，全面推进各领域党的基层组织建设，实现党组织和党的工作的全社会覆盖；另一方面，党的基层组织要适应新形势、新任务要求，创新活动内容方式，找准开展活动、发挥作用的着力点，在扩大党员参与面、提高实效性上下工夫，增强创造力、凝聚力、战斗力。基层党组织带头人的领导水平、工作能力是党的执政能力在基层工作和人民群众生活中的直接体现。党中央提出要按照守信念、讲奉献、有本领、重品行的要求，加强基层党组织书记队伍建设，充分发挥他们的领导带头作用。普通党员群众尽管不直接行使公共权力，但是保证他们在工作中发挥先锋模范作用，也是党执政能力建设的重要组成部分。新世纪以来，党中央一直强调建立健全教育、管理、服务党员长效机制，激发党员增强光荣感和责任感、保持先进性的内在动力。

第三，提高党对政治和社会力量的领导水平。中国特色社会主义事业是全体中华儿女共同参与的伟大事业，党是这项事业的领导核心。提高党对各种政治和社会力量的领导水平，是党的执政能力建设的重要内容，而坚持和完善党的领导制度则是其关键所在。新世纪以来，党中央始终强调，党委既要支持人大、政府、政协、司法机关和人民团体依照法律和各自章程独立负责、协调一致地开展工作，又要发挥这些组织中党组的领导核心作用，保证党的路线方针政策和党委决策部署贯彻落实。坚持党对军队绝对领导的根本原则和制度，在全面建设小康社会进程中实现富国和强军的统一。特别是要加强对统一战线的领导，促进政党关系、民族关系、宗教关系、阶层关系、海内外同胞关系的和谐。

上述内部建设水平最终要通过外部建设水平来体现，外部建设水平要通过党的事业的成就来检验。而党的先进性建设正是反映在这一过程中，并且是通过这些建设来实现的。“执政能力建设和先进性建设”这条执政党建设主线是两位一体而不是互相分离的“主线”。

三、执政党建设理论发展的经验和启示

回顾我们党的 90 年建设史，回顾党全面执政之后，尤其是新时期以来的执政党建设历史，我们认为，执政党建设理论发展具有如下的经验值得总结，同时也启发我们在新的历史起点上继续以改革创新的精神全面推进党的建设新的伟大工程过程中，不断地丰富执政党建设理论体系。

第一，必须以马克思主义理论为指导。我们党是马克思主义政党，马克思主义是我们党的指导思想，也是执政党建设实践和理论发展的指针。因此，执政党建设理论体系的丰富，必须紧紧把握两个基本要求：一是必须坚持马克思主义的立场、观点和方法，坚持马克思主义的基本原理，这是我们党的立党之本。离开了马克思主义，或以别的什么理论为指导来谈执政党建设理论“创新”，不但毫无意义，而且会改变执政党建设方向，动摇执政党建设根基，后果不堪设想。二是必须贯彻实事求是的思想路线，解放思想、与时俱进、求真务实，用经过实践经验的马克思主义中国化的最新理论成果指导执政党建设理论体系的创新活动。

第二，必须以鲜活的党建实践和经验为基础。“理论都是灰色的，生活之树常青”。

理论源于实践，执政党建设理论从体系的形成，到各个方面内容的不断充实、完善，都是对生动活泼的党建实践经验的概括、总结和提炼。因此，我们必须尊重实践，而不是离开实践这一基础，臆造出哗众取宠、昙花一现的“创新”成果。另一方面，即使从实践中产生的某些经验性的结论，也必须放到新的实践中检验，经过“交换、反复、比较”的过程，方能上升到理论层面，指导新的实践，并接受实践的检验。

第三，必须坚持群众路线，以全党的智慧为奥援。我们党是一个群众性的大党，党员是党的主体，尊重党员群众在执政党建设中的首创精神，重视基层党组织和广大党员在执政党建设实践中的聪明才智，是执政党建设理论体系得以形成和发展的重要因素。所以，在执政党建设理论创新过程中，我们必须一如既往地坚持群众路线，对广大党员群众和基层组织给予高度的信任、依靠和尊重，坚决反对那种轻视、无视基层经验，靠少数人从书本上寻章摘句，或闭门造车式的执政党理论“创新”方法。

第四，必须准确把握三大规律，以改革创新精神为动力。放眼长远，我们党是共产主义执政党，我们目前从事的是社会主义建设事业，我们追求的是人类实现共产主义的远大目标。因此，我们必须以共产党执政规律、社会主义建设规律和人类社会发展规律为圭臬，推进执政党建设的理论创新。否则，就会偏离方向，贻害无穷。立足现实，我们正在进行着改革开放伟大事业，这是决定当代中国命运的关键抉择，也是决定执政党命运的关键抉择。因此，在推进执政党建设过程中，我们必须始终坚持“改革创新”的精神，以“三个面向”的眼界和胸怀推进党建实践与理论向前发展。当然，在这个过程中，我们也必须时刻保持清醒的头脑，并不是任何国家的执政党建设经验和理论都可以拿来做参考，更要坚决抵制执政党建设理论探索中的“挟洋自重”现象。

第五，必须以推进“伟大事业”为目标。回到前文我们对党建基本规律的说明，具体到目前，执政党的建设必须紧紧围绕和服务党领导的伟大事业，按照党的政治路线来进行，围绕党的中心任务来展开，朝着党的建设总目标来加强，着力提高党的创造力、凝聚力、战斗力，为抓好发展这个党执政兴国的第一要务、建设富强民主文明和谐的社会主义现代化国家、坚持和发展中国特色社会主义提供根本保证。同样，执政党建设理论的丰富发展也必须以推进“伟大事业”为目标。在这个问题上，我们既要反对偏离“伟大事业”的所谓执政党建设理论“创新”，也要反对以“伟大事业”替代“伟大工程”等轻视、忽视执政党建设理论创新的现象。这样我们才能保证执政党建设理论和实践沿着正确的方向向前推进。

坚持党的领导与我国社会主义市场经济法律体系的形成

王利明

全国人大常委会委员长吴邦国在十一届全国人大四次会议上作常委会工作报告时说，党的十五大提出的到 2010 年形成中国特色社会主义法律体系的立法工作目标如期完成，并全面阐述了法律体系形成的重大意义和基本经验。五条最重要的经验中，第一条就是坚持党的领导。社会主义市场经济法律体系是中国特色社会主义法律体系的重要组成部分。在隆重纪念中国共产党成立 90 周年之际，回顾和总结党领导人民建立与发展社会主义市场经济法律体系的历程和实践，我们深刻认识到，没有中国共产党坚强、正确的领导，就不可能有社会主义市场经济法律体系的形成。

一、我国社会主义市场经济法律体系的形成

在我国，所谓市场经济法律制度，主要是在宪法统帅下，由民商法、经济法等部门法所组成的调整经济关系的法律制度。当前，我国社会主义市场经济法律制度已经形成了一个在宪法统帅之下由各个不同的法律部门组成的、调整与保障市场经济发展的、和谐统一的较为完备的法律体系。据统计，到 2010 年底，我国已制定现行有效法律 236 件，一半以上都是涉及市场经济的法律。

社会主义市场经济法律体系，是在中国共产党领导人民推动国家经济社会发展的艰辛努力下和伟大实践中逐步形成的，是与我们党在不同阶段关于改革开放、建立社会主义市场经济的重大决策紧密相连的。其形成大体经历了如下四个阶段：

第一阶段：1978—1992 年。这一阶段是在明确建立社会主义市场经济体制的目标之前逐步开展经济立法的时期。改革开放之前，由于实行高度集中的计划经济体制，对经济关系的调整并不是依靠法律手段，而主要依靠行政命令等手段来调整。直到1978 年改革开放以后，我国社会主义市场经济法制才逐渐建立和发展起来。党的十一届三中全会拨乱反正，确立了解放思想、实事求是的思想路线，提出全党把工作重点转移到社会主义现代化建设上来，实行改革开放。自此之后，从以阶级斗争为中心，到以经济建设为中心，相应开展了经济立法工作。党的十二大提出了“建设有中国特色的社会主义”的思想，明确了“计划经济为主、市场调节为辅”的原则。1988 年 4 月 12 日，七届全国人大一次会议采用无记名投票方式，通过了第一个宪法修正案。这个宪法修正案共两条，其内容是：(1) 国家允许私营经济在法律规定的范围内存在和发展。(2) 对土地不得出租的规定作了修改，规定土地的使用权可以依照法律的规定转让。按照“以经济建设为中心”和“建设有中国特色的社会主义”的指导思想与方针，立法机关推进了经济立法进程，先后制定了民法通则、经济合同法、著作权法、专利法、矿产资源法、土地管理法、企业破产法（试行）、全民所有制工业企业法、中外合作经营企业法、中外合资经营企业法、外资企业法。尤其需要指出，1986 年的民法通则规定了民法的调整对象、基本原则、民事主体、民事行为、民事权利、民事责任，为社会主义市场经济提供了基础法律规则。

第二阶段：1993—1997 年。这是社会主义市场经济法律制度开始建立的时期。党的十四大明确提出我国经济体制改革的目标是建立社会主义市场经济体制。社会主义市场经济体制的建立，是我们党对社会主义经济关系发展规律的系统总结。按照我们党关于建立社会主义市场经济的这些重大决策，我国社会主义市场经济法制建设得到进一步加强。十四届三中全会《关于建立社会主义市场经济体制若干问题的决定》指出：“遵循宪法规定的原则，加快经济立法，进一步完善民商法律、刑事法律、有关国家机构和行政管理方面的法律，本世纪末初步建立适应社会主义市场经济的法律体系。”这是党的有关文件中首次提出“初步建立适应社会主义市场经济的法律体系”的要求，为我国经济立法指明了方向。1993 年的宪法修正案规定，“我国正处于社会主义初级阶段”，将宪法第十五条关于国家实行计划经济的规定修改为：“国家实行社会主义市场经济。”这可以说在宪法上确认了社会主义市场经济体制。依据宪法规定，我国进一步加强了市场经济立法工作，并适应社会主义市场经济发展的需要开始构建市场经济的立法体系，出台了公司法、反不正当竞争法、消费者权益保护法、对外贸易法、城市房地产管理法、广告法、仲裁法、劳动法、银行法、保险法、票据法、合伙企业法、乡镇企业法、律师法等市场经济领域的法律。需要指出的是，由于建立社会主义市场经济体制的目标的提出，我国经济立法在内容上已经逐步减少计划经济的色彩，并按照社会主义市场经济的内在要求进行立法，从而保证了立法质量。

第三阶段：1998—2002 年。这是社会主义市场经济法律制度深入发展的时期。1997 年，党的十五大报告明确提出，建设有中国特色社会主义的经济，就是在社会主义条件下发展市场经济，不断解放和发展生产力。十五大的报告首次明确提出了“建立社会主义法治国家”的战略目标。确立这一战略目标，是我们党治国理念的进一步完善，是历史经验的总结，是社会主义的本质要求，也是国家长治久安的根本保证。依据这一战略目标，1999 年 3 月 15 日，九届全国人大二次会议通过第三个宪法修正案。该宪法修正案将依法治国，建设社会主义法治国家规定为国家的治国方略，规定“国家在社会主义初级阶段，坚持公有制为主体、多种所有制共同发展的基本经济制度，坚持按劳分配为主体、多种分配方式并存的分配制度”。党的十五大报告还明确提出“到 2010 年形成有中国特色社会主义法律体系”。依据“依法治国”的战略目标，立法机关在此期间制定了证券法、合同法、个人独资企业法、招标投标法、信托法、政府采购法、中小企业促进法、农村土地承包法等法律。需要指出的是，2001 年，中国加入世贸组织，是我国经济生活中的一件具有里程碑意义的大事，为了履行加入世贸组织的承诺和建立统一市场的需要，我们又修订了对外贸易法和知识产权法等法律，确立了统一、透明的对外贸易法律制度。

第四阶段：2002 年至现在。这是社会主义市场经济法律体系逐步形成的时期。依据“形成有中国特色社会主义法律体系”的目标，立法机关开始着手制定一些在法律体系中起着支架性作用的法律制度（如物权法等），从而形成社会主义法律体系。2002 年 11 月，党的十六大明确了建立完善的社会主义市场经济体制的战略部署，提出了“三统一”的法治原则，即“发展社会主义民主政治，最根本的是要把坚持党的领导、人民当家作主和依法治国有机统一起来”。党的十六大还提出了完善基本经济制度的两个“毫不动摇”原则，即“毫不动摇地巩固和发展公有制经济，毫不动摇地鼓励、支持、引导非公有制经济发展”。2003 年 10 月，十六届三中全会作出了《关于完善社会主义市场经济体制若干问题的决定》，强调要“进一步巩固和发展公有制经济，鼓励、支持和引导非公有制经济发展”，具体包括三个方面的举措：一是推行公有制的多种有效实现形式；二是大力发展和积极引导非公有制经济；三是建立健全现代产权制度。这些都为物权法等法律制度的出台，以及在物权法等法律中确立平等保护原则奠定了基础。2004 年 3 月 14 日，十届全国人大二次会议通过第四个宪法修正案，明确规定国家保护个体经济、私营经济等非公有制经济的合法的权利和利益。国家鼓励、支持和引导非公有制经济的发展；公民的合法的私有财产不受侵犯。国家为了公共利益的需要，可以依照法律规定对公民的私有财产实行征收或者征用并给予补偿。2005 年 10 月 11 日，《中共中央关于制定国民经济和社会发展第十一个五年规划的建议》出台，进一步提出制定市场经济方面的法律，“贯彻依法治国的基本方略，全面推进法制建设，形成中国特色社会主义法律体系。完善市场主体、市场交易、市场监管、社会管理、可持续发展等方面的法律法规”。这就为形成社会主义市场经济法律体系指明了方向。2011 年 3 月 17 日通过的《中华人民共和国国民经济和社会发展第十二个五年规划纲要》提出：“坚持公有制为主体、多种所有制经济共同发展的基本经济制度，营造各种所有制经济依法平等使用生产要素、公平参与市场竞争、同等受到法律保护的体制环境。”在此期间，立法机关制定了物权法、侵权责任法、涉外民事关系法律适用法、行政许可法、反垄断法、企业破产法、农民专业合作社法、银行业监督管理法、反洗钱法、企业国有资产法、电子签名法、证券投资基金法、石油天然气管道保护法、循环经济促进法、劳动合同法、社会保险法等法律。

二、我国社会主义市场经济法律体系的主要内容

社会主义市场经济法律体系，就是由具有中国特色、符合中国国情的市场经济法律制度组成的有机联系的统一整体。目前，起着支架性作用的法律制度已经制定出来，大体上涵盖了经济生活的主要部分，而且这些法律制度规则相互之间大体上或者总体上做到了和谐一致。这一体系主要包括了四个方面：

第一，规范市场主体的法律制度。该类法律制度又包括两个方面：一是市场主体的准入制度，在这方面我国按照现代市场经济法制的共同要求，采用国际上市场经济条件下通常的企业组织形式、资本组织形式和责任形式，已经制定了公司法、合伙企业法、个人独资企业法、外商投资企业法、农民专业合作社法、商业银行法等，对各类市场主体及其行为进行规范，保障其公平参与市场竞争。二是市场主体的退出机制。企业破产法确立了优胜劣汰机制和陷入困境企业的挽救制度。破产制度是指在债务人无力偿还债务的情况下，以其财产对债权人进行公平清偿的法律程序。众所周知，市场经济就是竞争经济，企业在激烈的竞争中必须遵循优胜劣汰的规则，只有通过破产制度才能促使企业在竞争中求生存、求发展。确立市场主体法律制度，是社会主义市场经济法律体系的标志之一。

第二，维护市场交易秩序的法律制度。有关维护市场交易秩序的规范性文件，有合同法、担保法、拍卖法、海商法、票据法、证券法、信托法、招标投标法、产品质量法、广告法、政府采购法等，其中最为重要的是合同法。合同法是直接调整平等主体之间交易关系的法律，其提供了市场平等主体在交易中需共同遵守的规则。

第三，保护财产权益的法律制度。该类法律可以分成两个方面：一是保护有形财产权益的法律制度。马克思《资本论》讲到交易过程最核心的元素，一个是合同，一

个是所有权，这就要求在民法上建立物权制度和合同制度。在物权法律制度方面，我国先后制定了民法通则、土地管理法、城市房地产管理法、担保法、农村土地承包经营法、企业国有资产法、物权法等重要法律。其中，物权法作为保护财产权最为基本的法律，确立了我国的物权法律的基本制度。二是保护无形财产权益的法律制度。在知识产权保护方面，我国已经先后制定了专利法、商标法、著作权法、反不正当竞争法等，为知识产权提供法律保护。

第四，维护公平竞争市场秩序的法律制度。市场经济是一把双刃剑，体现在：因为信息不对称等原因导致市场失灵，垄断、不正当竞争也会损害市场的正常发展，市场的发展也可能会带有一定程度的盲目性、无序性，如不加以规范，会导致发展的不平衡和两极分化，破坏人与人、人与社会、人与自然之间的和谐。例如，在食品安全领域，出现了“大头娃娃”、“三鹿奶粉”、“瘦肉精”、“染色馒头”等一系列食品安全事件，表明一些不法商人为追逐利润，完全置法律和道德于不顾。所以对市场采取放任自由、放松监管，显然是无法保证市场秩序正常发展的。因此，改革开放以来，我国在经济法方面制定了反不正当竞争法、反垄断法、产品质量法、价格法、预算法、个人所得税法、企业所得税法、税收征收管理法等一系列经济法律，保障了政府依法间接宏观调控和适度干预经济，维护市场经济秩序。在这些法律中，反不正当竞争法和反垄断法是其中最为基本的法律，尤其是反垄断法被称为“经济宪法”。

三、坚持党的领导是我国社会主义市场经济法律体系形成的根本保证

从我国社会主义市场经济法律制度的建立和发展的进程来看，坚持党的领导是社会主义市场经济法律体系形成的根本保证，也是社会主义市场经济法律体系不断完善的力量源泉。在这一体系的形成过程中，我们党起到了设计者和推动者的作用。我们党在不同的阶段，以改革开放和社会经济发展的现实需要为依据，制定了符合中国实际的经济制度和经济政策，为社会主义市场经济法律体系的建立奠定了坚实的基础，指明了立法的方向。社会主义市场经济法律体系的形成是我们党对执政规律科学认识与总结的结果，是经济社会发展的内在要求和必然结果，是中国特色社会主义建设事业的重要组成部分。

第一，我们党运用法律手段引导和规范社会经济活动，建立并维护正常的经济秩序，在短时期内建立了社会主义市场经济法律体系。西方国家法治发展历史比较长，但市场经济的法律制度始终处于缓慢的自发形成的过程。在市场经济发展初期，西方国家奉行完全的自由主义，形成了民法的契约自由、所有权绝对和责任自负这三大原

则。到19世纪末期和20世纪初期，国家在市场经济中的调控作用不断加强，民法中的三大原则开始改变，对意思自治的限制逐渐产生，并且在民法之外的经济法律制度逐渐形成并完善。而西方的商事法律制度，也是在商事实践过程中，经过数百年，逐渐形成和完善的。但是在我国，社会主义市场经济法律体系的构建在短时期内取得了长足的进步，可以讲，我们用短短20多年的时间走完了西方一二百年的历程。我们先形成了市场经济法律体系，而后才形成了社会主义法律体系，所以市场经济法律体系在相当大的程度上是因为执政党自上而下的推动而形成的。

第二，社会主义市场经济法律体系是党的意志和人民意志的集中体现，是宪法的具体化和现实化。中国共产党代表最广大人民的根本利益。党制定的大政方针，提出的立法建议，凝聚了全党全国的集体智慧，体现了最广大人民的共同意愿。在社会主义市场经济法律体系的形成过程中，我们先将党的意志体现在党的重要文件中，并将党的意志在宪法中表达出来，然后再通过民商法、经济法等部门法将党的意志具体化和现实化，使党的主张通过法定程序上升为国家意志，成为全社会共同遵循的行为规范和准则。所以我们的市场经济法律不仅是党的意志的体现，也是以宪法为指导来制定的，是宪法的具体化和现实化，因此，也是人民意志的体现。人民性首先体现在我国的立法目标和宗旨就是为了反映人民的意愿、实现人民的目的。这就是我们所说的立法为民，这也是我们最大的特色。在市场经济法律制度中，立法机关适应时代发展的新形势、新课题、新任务，顺应人民群众的新期待、新要求、新诉求，而不断完善立法。例如，在“十一五”期间，民生立法是立法机关立法的重点，保障民生的强化是立法的一个重要亮点，民生立法很大程度上体现在我们注重了对私权的保护。比如《物权法》的颁布，就是注重了对老百姓财产权的保护。在立法过程中，也通过民主立法和开门立法的方式，最大限度地反映民意，集中广大人民群众的智慧。在这个渐进的过程中，我们始终按照改革开放的需要和建设社会主义现代化的整体目标，逐步推进，逐步发展和完善。

第三，社会主义市场经济法律体系的形成，为我国经济体制改革的顺利推进提供了有力的保障，推动了我国经济和社会又好又快地发展。上层建筑必然要对经济基础起反作用。西方一些学者认为，在中国的市场经济发展进程中，法治发挥的作用很小，这种看法显然是不符合事实的。回顾我们改革开放以来的成就，如果没有一套完备的市场经济法律制度，我们根本不可能实现如此卓越的发展。例如，在物权法刚刚通过不久，世界银行和国际金融公司（IFC）于2008年4月22日联合发布了《2008全球营商环境报告》，指出我国2007年因物权法的颁布，大大地改善了我国的商业环境，并因此将我国列为商业环境改革前10位之一。再如，我国的银行和金融秩序能够克服金融危机，保持稳定。很多专家和学者都认为，这和我国已经建立的较为完备的金融法律和金融监管制度不无关系。我们之所以能够在短短 20 多年时间内建立证券市场，并且能够保持有序的发展，没有出现西方曾经出现过的因股市大崩盘导致的整个经济萧条，很大程度上得益于我们的证券法、公司法等法律的颁布和实施。再就民事纠纷的处理情况来看，据统计，2008—2010 年，全国法院一审案件收案共计 19 977 144 件，其中一审民事案件收案 17 303 357 件，占人民法院全部诉讼案件的 86.62%。而民商法就是法官在审理民事案件中的基本规则，法官不能援引其他的法律运用于民事案件，这就说明社会主义市场经济法律制度在整个法律体系中具有基础性的重要地位，并为依法裁判、公正司法奠定了法制基础。

全面建设小康社会、不断推进中国特色社会主义事业，对我国民主法制建设提出了新的更高要求。我国已进入“十二五”时期，中央提出要牢牢抓住和用好重要战略机遇期，切实转变经济发展方式，推动科学发展、促进社会和谐。我们要继续在党的领导下，根据“十二五”规划纲要确定的经济社会发展目标，不断完善中国特色社会主义市场经济法律体系，为加快转变经济发展方式，使全体人民更好地共享改革发展成果，提供坚强有力的法制保障。

论统一战线与执政党建设的关系

周淑真

统一战线作为党的战略方针和策略原则，是党的总路线和总政策的重要组成部分，不仅仅是民主革命或对敌斗争中的权宜之计，而是贯穿于党的全部工作和各个历史时期。中国共产党 90 年历史发展进程赋予统一战线以极其丰富的内涵和无可代替的作用，为执政党建设提供了重要载体和有效形式。统一战线作为中国革命、建设和改革中的一个基本问题，历来与党的建设息息相关，与党的执政能力建设紧密相连。研究统一战线与加强党的执政能力建设的辩证关系，总结统一战线的历史经验，对于进一步加强新时期的统一战线工作，提高党的执政能力，具有十分重要的理论和实践意义。

一、执政党建设与统一战线互为保障、相互依托

统一战线和党的建设是中国共产党三大法宝中的两个重要法宝，两者之间的密切关系不言而喻。自中国共产党成立之日起，统一战线问题就历史地成为党领导革命和建设的重要战略原则与策略方针，无论是在新民主主义革命时期，还是在社会主义革命和建设时期，党所领导的每项事业都与统一战线紧密联系。党的事业所取得的成就直接影响到统一战线的发展，统一战线的巩固壮大则是党的自身建设成就的体现。

统一战线要充分发挥作用，离不开党坚强有力的领导。而党的建设也必须取得统一战线中广大人民群众和各方政治力量的关心和支持，才能具备丰厚坚实的基础。党

的领导不是通过盛气凌人的口号，而是通过党对于国家社会发展问题的透彻分析所建立的理论观点，通过党组织和党的成员的模范行为的号召力与影响力，使统一战线成员心悦诚服地与党合作。从90年的历史发展来看，党的领导对统一战线起着决定性作用。统一战线的每一个领域、每一个环节都必须坚持党的领导，否则统一战线就会迷失方向。第一，统一战线的产生、形成离不开党的领导。统一战线是党为了完成一定时期的历史使命而采取的战略方针，也是一种开展斗争和夺取胜利的策略原则。因此，它从1922年党的二大提出建立“民主联合战线”开始，就必然地置于党的领导之下，党在统一战线中必须掌握领导权。在这方面，党的历史上曾有放弃对统一战线领导权的血的教训，也有许多成功的经验。第二，统一战线的巩固壮大离不开党的领导。统一战线形成以后，就面临着进一步巩固壮大的问题。统一战线得不到正确领导，就无法巩固壮大，就会导致党的工作目标无法顺利实现。中国革命和建设的实践充分证明，统一战线在发展中的每一个阶段都离不开党的正确领导。离开了党的正确领导，统一战线就会瓦解，党的事业就会受到损失。第三，统一战线要发挥作用，离不开党的领导。每一时期的统一战线的确立，都有其明确的工作目标，都是为了完成特定时期党的中心任务而确立的。所以，统一战线如果没有党的正确领导，任何目标都将难以达成，任何使命都将难以完成。

所以，必须正确处理好执政党建设和统一战线的辩证关系。两者都是新世纪、新阶段党的工作的重要法宝，它们互为条件、相互作用，在全面建设小康社会和实现中华民族伟大复兴的事业中地位非常重要。要准确把握执政党建设和统一战线的新特点、新问题，正确研究和处理好两者之间的关系。

二、统一战线工作的实质是扩大执政党的社会基础

从政党组织与社会的关系来看，可以分为三个层次，一是政党自身的规模体系，二是政党的阶级基础，三是政党的社会基础。政党的生存和发展既取决于阶级基础的坚实程度，也取决于社会基础的厚重程度。从前两个层次看，任何政党都是有阶级性的，都是一定阶级利益的代表，任何政党都是一定的阶级和阶层的一部分，都有着自己赖以存在和发展的阶级基础。一般说来，政党的组织规模的大小和人数的多少与政党的影响力存在着一定的正相关关系，但也不是说政党的规模可以无限制扩大，人数越多越好。政党的阶级基础是必须要关照的，但是政党的阶级基础与其社会基础有时呈现相互交叠，两者之间会因社会结构的变迁有所变化。所谓政党的社会基础，是指那些认同政党的政治纲领、拥护政党的政策主张、对政党具有向心力、凝聚在政党周围并忠诚于政党的社会群体，是指政党所能代表其利益和要求的社会阶层。政党作为

人民意愿与政府最终采取行动之间的纽带和政府与民众之间的桥梁，其社会基础范围的大小和力量的强弱，形成了政党的生存土壤，影响着政党的生存环境，决定着政党的生命力。社会大众的支持是一切政党生存和发展的前提条件。争取尽可能多的社会群体和社会阶层的支持与拥护，是任何渴望求得生存和发展的政党必须首先思考的问题。因此，政党的社会基础是各国政党都必须面对的问题。当今世界是一个政党政治的世界，现在世界各国大大小小各种类型、各种模式的政党共有5 000多个，经常执政或曾经执政的政党也有上百个。在世界各个国家，不同政党之间以一定方式和制度性的规范，构成它们之间的相互关系以及各自同政权之间的关系，或为执政党，或为参政党，或为在野党，它们之间相互作用，或掌握政权，或直接参与政权，它们以各种方式影响国家政治，组织和推动社会的政治、经济生活，所以现代政治就是政党政治，政党制度是政治制度的核心。代表谁的利益，如何去代表并实现其利益，即政党的社会基础问题，是所有的政党应当时时关注、认真研究、慎重对应并正确解决的问题。

一般说来，政党必须代表“部分”才有安身立命之地和生存空间，同时，又必须尽可能地代表“全体”才有执政的可能，因为只有代表“全体”，才能实现最大多数人的利益，获得最大多数人的支持。因而扩大政党的社会基础对执政党显得尤为重要和迫切。执政党的使命与一般在野政党不同，与参政党也不尽相同，它不能仅仅强调对某一社会阶层的代表性，只代表社会的某一界别、某一阶层、某一群体的利益和要求，必须兼顾社会的方方面面而不能有失偏颇，须在尽可能多的社会阶层和群体中厚植根基。执政党的责任是把彼此存在利益冲突的集团和社会阶层联合起来，要在位于政治光谱两端的社会群体中履行调停或和解的职能，缓和它们之间的矛盾与冲突，从而增强国家的统一和民族的凝聚力。政党所处的国家社会政治环境总是不断变化的。在21世纪初，由于经济全球化和政治多极化，由于新科技的突飞猛进和我国改革开放30多年间社会主义市场经济的建立与发展，我国国内环境发生了重大变化，社会经济成分、组织形式、就业方式、利益关系和分配方式日益多样化，并由此引起了社会结构的重大变化。

首先，社会成员身份结构发生变化。传统的干部、职工、农民格局被彻底打破，社会成员的身份结构发生了很大变化并日趋复杂化。如干部被分为公务员和非公务员，职工被分为白领和蓝领甚至银领，农民更是大规模地走向城镇，转而从事其他多种职业，数以千万计地流动到城市，成为“农民工”，当然，也有的成了私营企业主。同时，因为科学技术的迅猛发展和社会的进步，出现了许多前所未有的行业，也出现了民营科技企业的创业人员和技术人员、受聘于外资企业的管理技术人员、个体户、私营企业主、中介组织的从业人员、自由职业人员等社会阶层。而且，许多人员在不同所有制、不同行业、不同地域之间频繁流动，人们的社会职业、身份经常变动，这已经成为社会发展不可逆转的潮流。这些新的社会阶层中的广大人员，通过诚实劳动和工作，通过合法经营，为发展社会主义社会的生产力和其他事业作出了贡献。他们与工人、农民、知识分子、干部和解放军指战员团结在一起，也是中国特色社会主义事业的建设者。人们在职业方面有了多种选择，许多新的自由职业者出现。

其次，社会成员群体阶层不断分化。在全体人民的生活水平由共同贫穷走向不断提高的同时，因分配差距拉大等因素导致的贫富差别态势亦十分明显，社会成员的阶层分化正在加速，在中国社会历史上从未有过的社会阶层和群体悄然形成，如大规模的非公有制经济人士出现，贫富分化现象也日益突出。同时，国有企业的不同行业之间、垄断性国有大企业与民营中小企业之间的收入分配存在着巨大差距。这种经济分层和同一阶层又分为不同经济群体的现象引起了人们的普遍关注。所谓经济分层，是指因财产、收入等方面的差异而造成的社会地位高低不同的现象。不同群体之间的经济状况、生活环境、思想认识、文化素质、心理特征各有不同。近几年来“富二代”、“山西煤老板”、“温州炒房团”等名词的出现，说明这种经济分层不仅有代际传承的特点，而且带有地域的色彩。改革开放以后，中国社会结构的变迁幅度之大、历时之短暂、所涉及的地域之广，在中国历史上是破天荒的，在世界历史上也是少见的。我国社会结构由单一到多样，由统一到分化，已经和正在继续演变成一种非常复杂的社会结构。这一特点反映在政治生活领域和政治制度中，使党的统一战线与扩大党的社会基础问题紧密地联系在一起。当一个国家不再有明显的阶级特征，社会阶层或群体改变了它在社会结构中的地位时，执政党必须结合时代的发展调整自己的纲领和政策措施，以继续保持与社会群体之间相互支持的关系。统一战线工作本质上就是为执政党协调社会各阶层、各界别关系，加强其社会基础和促进社会经济政治发展所提供的主要途径和工作平台。

中国共产党是中国工人阶级的先锋队，同时也是中国人民和中华民族的先锋队。党在增强阶级基础的同时，必须不断扩大自己的群众基础。这是因为，最大多数人的利益和全社会、全民族的积极性、创造性，对党和国家事业的发展始终是最具有决定性的因素。建设中国特色社会主义是一项长期、艰巨而又宏伟的事业，需要全国人民共同努力去为之奋斗。进入新世纪以来，关于“三个代表”重要思想、科学发展观和建设和谐社会的理论，一方面赋予统一战线以新的内容，另一方面要求执政党必须密切关注党的社会基础问题，尽可能地、最广泛最充分地调动一切积极因素，不断为社会主义现代化建设和中华民族的伟大复兴增添新力量。扩大党的社会基础并不是说要把社会各阶层，各群体的成员都拉入执政党内。执政党以自己的纲领、政策、措施和工作，代表和实现最大多数社会阶层与社会群体的利益和要求，使他们凝聚和团结在执政党的周围，以保持整个社会结构的平衡和社会政治的稳步发展。

社会结构虽然发生了重大变化，但社会各阶层存在着广泛的一致性，在对社会的主要问题上意见一致，对中华民族的统一和振兴有共同的期望，对当代中国政党制度、对中国共产党领导的核心地位和作用、对当代中国政治制度的运行规则和程序有较为一致的政治认同。这是执政党扩大社会基础的客观条件之所在。

因此，在新的历史条件下，不能仅仅把统一战线当作一种策略手段、把人民政协作为一种政治活动的形式。扩大执政党的社会基础，必然要求执政党具备兼容并蓄而又温和稳健的特质，而政治协商正是达到这一目的的最佳途径和方式方法。加强执政党的社会基础，要求执政党的所有政策、措施和工作，都应该正确反映社会不同群体的特点和要求，都应认真考虑和兼顾不同阶层、不同方面群众的利益，并妥善处理各种利益关系，承认和保护社会的多样性。执政党可以通过统一战线的正确政策和措施，通过多党合作和政治协商制度，通过人民政协，突出界别特点，发挥界别作用，使社会各阶层、各界别的社情民意得到充分反映。

在我党的历史上有着许多成功的经验，如新中国建立时《共同纲领》的基本精神是照顾四面八方，在新民主主义五种经济构成中兼顾各方利益，实行“公私兼顾、劳资两利、城乡互助、内外交流”的政策，以达到发展生产、繁荣经济之目的。在设计和创立中国共产党领导的多党合作制度时，就是从如何代表最广大人民群众的根本利益出发的。把这些内容写入新中国的建国纲领，在很大程度上是出于政权的合法性来源和对整个社会结构代表性的思考；在建国初期坚持和维护它们，则是从民主政治制度建设的高度，确立中共和民主党派“长期共存”的目的，是从“互相监督”、防止“做坏事和发生官僚主义”着眼的。这在全面建设小康社会、进行政治文明建设的今天，对于反腐败斗争仍有非常重要的意义。改革开放以来，我们在政党制度建设方面取得了重大成就，但如何在新的历史条件下“共存”和“监督”，在民主政治建设中充分发挥多党合作的制度优势，使统一战线得以持续发展，依然在考验着我们的政治智慧和意志力。

三、统一战线的工作成效体现着执政能力和执政水平

首先，党的执政能力建设离不开统一战线，丰富党的执政资源是加强党的执政能力建设的重要手段。加强党的执政能力建设，是马克思主义建党学说的重要内容，是党执政后的一项根本建设。加强党的执政能力建设，是世纪之交世界社会主义运动遭遇严重挫折给我们带来的深刻启示，是建国以来特别是改革开放以来中国共产党领导

全国人民顺利推进改革开放和社会主义现代化建设的基本经验，是我们党适应新形势、把中国特色社会主义伟大事业不断推向前进的根本保证。统一战线是党与非党的联盟，要增强党的执政理念，党的各级领导干部就必须用党的统一战线理论武装头脑，牢固树立起科学的统战观。统一战线作为不同阶层、群体、党派的联盟，执政党在其中处于领导地位，掌握着主动权，有许多有利条件，因为执政党掌握着国家和社会的许多资源。在各种资源如政治资源、经济资源、文化资源、道德资源中，道德资源最为可贵。统一战线工作的方方面面都与道德资源有关。周恩来是党的统一战线的重要领导者和具体实践者，他既是中国共产党人道德风范的楷模，也是中国传统文化优秀美德的典范，在民主革命时期，在重庆，民主党派和民主人士愿意与党合作，在一定程度上是深受以周恩来为代表的共产党人道德和魅力影响的结果。今天，由于党长期执政，处于优势地位，一些领导干部的贪污腐败、腐化堕落使党的道德资源大受影响。如任其流失或削弱，执政能力再强也只能是事倍功半。如何从统一战线的角度，去恢复和扩大党的道德资源，是执政党建设中应重视的重要问题。

其次，党领导人民在革命和建设中确立的与统一战线密切相关的基本政治制度，需要不断地坚持、完善和发展。在统一战线长期的历史发展过程中，所形成的具有中国特色的社会主义民主的政治体制，如多党合作和政治协商制度、民族区域自治制度，既是我国重要的基本政治制度，也是党的执政体制的重要组成部分和建立科学执政体制的重要内容。执政党要从国家制度和政治体制的高度去认识中国人民政治协商会议，不能再将其仅仅看做是统一战线组织。各级政协人才荟萃、智力密集，要充分发挥各级政协的优势，重大的决策要在政协进行协商，广开言路、广求善策，促进决策的民主化、科学化，帮助党制定正确的执政方略，实现党的重大战略目标。

最后，在长期统一战线工作中形成的协商的领导方式和民主的工作作风，是党能够赢得广大人民群众衷心拥护的重要原因。坚持这样的领导方式有利于提高党的领导能力和领导水平，进一步改善党的执政方式。统一战线成员中有大量的优秀人才，是一座蕴藏丰富的金矿。这些优秀人才在各自联系的群众中有着广泛的影响，在国家政治和社会生活中发挥着重要作用，是加强我国政权建设的重要力量。统一战线各方面代表人士与各自联系的群众有着密切的联系，能够及时掌握各族各界群众的思想动态，畅通社情民意的表达渠道，有效发挥协调关系、化解矛盾的社会功能，协调各党派、各民族、各团体以及各阶层成员之间的关系。统一战线工作是党执政环境和氛围的重要组成部分。研究和进一步优化执政党的执政环境，是执政党建设的重要任务。那种以为执政党可以包打天下，看不起统一战线工作的态度和做法是绝对错误的。

四、当前执政党建设和统一战线面对的新挑战及因应之策

一是应对世界政治多极化的挑战。冷战结束后，作为仅存的社会主义大国，我国长期面临着西方国家政治、经济、文化、宗教、意识形态等领域渗透的压力，他们打着“民主”、“人权”的旗号，企图在我国推行多党轮流执政，这使我国政党政治面临巨大挑战。在一些西方人看来，合作性的政党政治仅仅是一个过渡的、非常态的阶段；绩效的合法性是不稳定的，任何一个国家不可能永远维持经济的高效增长，因此绩效合法性必然向民主合法性转变。而且市场经济是多元的经济，经济利益的多元必然向政治利益的多元转变，竞争性的政党政治才是唯一反映政治利益多元的机制。因此，如何从理论上说明我国政党制度的历史必然性和价值优越性，并依靠稳定的经济发展和民主改革来推进与巩固我国的政党制度，是我国政治发展的新课题，也是执政党建设和统一战线所面临的严峻挑战。应对来自政治多极化的挑战，还需要执政党扩大与国外政党党际交往的范围，增强自身在国际政坛上的影响力，通过与国外政党进行交流，了解世界各国政治体制的变迁，总结国外政党政治的成败经验，为中国的政治体制改革提供借鉴。

二是应对来自经济体制转型的挑战。我国经济体制由计划经济走向市场经济的过渡转型，使本国政治因经济的变化而变化。市场经济追求效益，以效率优先，这既给经济的发展提供了目标，也给政治发展提出了挑战。这些挑战包括党政官员腐败现象滋生；“钱权政治”使选举失效；“数字政绩”引发群众对当权者产生信任危机；“上有政策下有对策”的潜规则，使中央与地方的关系陷入困境；等等。这些都会动摇执政党执政合法性的根基，使执政党失去威信，腐蚀执政党统一战线的道德资源。从执政的道德资源的角度，通过党风廉政建设严肃党纪、扭转党风、重树党德、鼓铸党魂，是执政党建设和统一战线发展的重大课题。

三是应对来自社会结构变迁的挑战。改革开放以来，社会结构的变迁强化了国家和社会之间的互动关系。民众对政治参与的渴求日渐加深，有着共同利益的人们结成社会团体，民间非政府组织大量涌现，他们都在以某种渠道来表达自己的利益诉求和政治意愿，并希望引起政府的关注，这些对我国的执政党建设和统一战线提出了挑战。应对来自社会结构变迁的挑战，要求执政党探索新形势下的党群关系，扩大现有政党制度对社会各阶层力量的融合，更好地整合社会各阶层的利益诉求和政治意愿，并通过一种合法有序的制度安排让人民真正当家做主，既成为政治上的主人，也成为经济和社会的主人。

四是应对政治体制改革的挑战。在中国政治体制改革中，政治民主化是一个发展

趋势。这就要求中国的政党体制既要强化党内的权力约束机制，又要加强社会权力以及参政党对于执政党的监督和制约。具体而言，就是发展党内民主与主动强化社会权力以及参政党的监督职能结合起来。我们应该看到，作为党组织内部的民主同国家领域的民主存在着诸多的差异，如政治特征上的差异、权利与义务规定顺序上的差异、两种民主基础上形成的权力结构差异等。因此，我们不能把党内民主看成是包治百病的灵丹妙药，它有其价值上的独特内涵和功能上的限度。就党外的监督而言，必须努力培育公民社会，营造公民政治参与的文化氛围，逐步扩展基层民主政治的深度和范围。当然，在社会权力的监督体系中，参政党对于执政党的监督是一个重要的方面。在我国，民主监督是民主党派最主要、最基本的政党职能之一。从“八字方针”到“十六字方针”，其中核心是“互相监督”这四个字，中国共产党几代领导人都特别强调民主党派监督中共。但是，历史的教训及其导致的现实状况却是，民主党派对中共的民主监督成为一个最薄弱的环节，这使我国政党制度的特点与优势的发挥受到极大的限制，与这一制度设计和安排的初衷相距甚远，严重影响了我国政党制度和参政党甚至执政党的国际形象。从中国政治良性发展的角度衡量，参政党应以“参”为基础，“监”为根本，真正承担起治疗腐败这一“权力痼疾”的重任。

五是应对港澳台政党政治的挑战。从一般的意义上而言，中国的政党制度是针对祖国大陆范围内的中国共产党和八大民主党派而言的。但是，随着香港、澳门的回归以及大陆与台湾经济文化交流的加深，中国的政党制度面临着如何与一国两制进行衔接的问题。这种衔接不仅有概念上的包容，更要有制度上的设计。我国宪法已经赋予了中国共产党以执政地位，这是不可动摇的，否则就不可能有“两制”，不可能有社会主义为主体这一“制”。因此，在民主政治的具体运作过程中采取何种形式，是否吸收一些特别行政区的爱国政党参与到政治协商会议，是否通过全国政协这一爱国统一战线组织包容台湾的有关人士，都是值得探讨的现实问题。如何从历史发展过程中汲取智慧，以合理的民主政治形式和运作机制来推动国家统一，也是执政党建设和统一战线所面对的重大任务。

论中央政法委对民事司法改革的领导

汤维建

一、最高法院主导下的民事司法改革及其评析

我国第一个阶段的民事司法改革，是由实务部门和理论界共同推动的。在这个阶段的司法改革进程中，学界的理论成果对民事司法改革起到了重要的指导作用。在学界的推动下，最高法院以西方法治国家的民事司法制度为标杆，先后采取了一系列的改革措施。

（一）改革措施

1. 民事司法理念的革新

在民事司法改革进程中，最大的变迁莫过于民事司法理念的革新。众所周知，我国的民事司法实践具有“重实体公正，轻程序正义”的传统。这一传统的后果即是，现行民诉法在司法实践中并没有得到应有的遵守，甚至有被架空的趋势。学界一向对我国这一传统充满了批判，但缺乏应有的反思。在第一个阶段的民事司法改革进程中，程序正义理念优先于实体正义理念，成为学界尤其是民事诉讼学界的主流观点，且被最高法院主导的民事司法改革所接受。因此，最高法院在推进民事司法改革的进程中，众多改革措施均体现了这种“先进”的民事司法理念。

2. 民事诉讼模式的变革

学界普遍认为，民事司法改革之前我国民事诉讼模式是超职权主义。在民事案件

数量不多的情况下，超职权主义民事诉讼模式在某种程度上确实能够保障实体公正，并没有受到当事人和实务界的批判。但是，随着改革开放的深入，我国的民事案件数量激增，尤其是经济发达地区的法官承受着极大的办案数量压力。在这种情况下，超职权主义已经不适应当时的民事诉讼形势，加上学界对超职权主义的批判，当事人主义的民事诉讼模式成为当时的理想选择。

3. 审判方式改革

在我国司法传统中，非正规化开庭一直普遍存在。法官了解案情主要不是通过正常的庭审程序，而是在与当事人的不断接触的过程中。无论这种随意性的审判方式之结果如何，但其随意性显然受到了学界的普遍批判。同时，由于这种审判方式事实上需要占用法官大量的时间，随着案件数量的激增，实务界亦存在改革此种审判方式的呼声。因此，在第一个阶段的民事司法改革进程中，“一步到庭”的审判方式被引进。

4. 民事证据规则的确立

现代民事诉讼实行证据裁判原则。[①] 当事人证据能力的强弱决定了案件的结果。无论中外，多数案件的案情是清楚的，只有少数案件需要适用证明责任予以解决。问题的关键在于，对于民事诉讼所需要的证据，由谁负责取得，如何取得，取得之后如何认定，即是证据规则所要解决的问题。在我国超职权主义的民事诉讼模式中，法官的调查取证权一直普遍存在，这一现象受到了学界的批判，当然亦随着案件数量的压力而引起了实务界的反思。在这种大的背景下，最高法院通过司法解释大规模地压缩法官在证据方面的权力，并将举证责任交由当事人承担，实为理所当然。

5. 调解与审判关系变迁

在建国后的相当长一段时期内，调解都受到了超应然的重视。一些被强制调解结案的民事纠纷，背后饱含着部分当事人的屈辱与无奈；大量的调解书进入了强制执行程序，更体现了自愿性调解的失败——在真正自愿性调解的情况下，债务人应当主动地履行义务。尤其是进入改革开放之后，我国诉讼调解所具有的侵蚀法治原则的功能受到了学界的批判。同时，由于占用法官大量时间的调解亦面临着案件数量激增的压力，作为体现法治刚性原则的审判受到了前所未有的重视。调解在第一个阶段的民事司法改革中被边缘化。

（二）评析

不可否认，由学界推动和最高法院主导的民事司法改革取得了重大进展，无论是

---

① 参见邵明：《论民事诉讼证据裁判原则》，载《清华法学》，2009（1）。

学界、实务界还是当事人的法治素质都得到了一定程度的提升，民事法治事业的基础已经初步形成。但是，第一个阶段的民事司法改革亦存在严重的问题，主要表现在以下几个方面。

1. 民事司法改革由最高法院主导，缺乏宏观性和全局性

“从拉班特至凯尔森、从贝格鲍姆至戈尔德施密特一直都很希望实行法律实证主义：让法律远离意识形态。但是这种希望只是一个幻觉。诉讼法缺乏政治抵抗力和意识形态抵抗力。”[①] 民事司法改革属于我国政治生活的重要组成部分，需要一个能够掌控全局的领导者主持。最高法院主导的民事司法改革，必然具有天然的局限性，即将改革的范围限于民事诉讼改革，不可能也无力将其扩展到整个民事纠纷解决机制。更为重要的是，即使是民事诉讼改革，某些问题的解决亦非最高法院本身能够解决的。比如，如何司法地方化问题、体制外的干预司法问题等。

2. 民事司法改革为最高法院主导，具有一定的非中立性色彩

由最高法院主导的民事司法改革，尽管在客观上起到了推动法治进步的作用，但相当一部分改革措施带有维护部门利益的痕迹，而丧失了应有的客观、中立的立场。无论是民事诉讼模式改革、审判方式改革、民事证据规则改革，还是调解与审判关系的变迁，均含有大量的减轻法官工作负担，而将义务转移给当事人的规定。客观地说，从当事人诉讼模式出发，最高法院主导的民事司法改革关于这些方面的规定并没有问题；但真正的问题是，当事人主义诉讼模式的推行需要一系列制度的配合。如果缺乏相应的制度背景，这些改革措施无疑会导致某些案件的不公正，甚至在司法实践中造成严重的问题。

3. 学术研究相对滞后，缺乏对西方法治国家民事司法制度最新进展的把握

在第一个阶段的民事司法改革进程中，学术研究主要以西方法治国家落后的甚至被淘汰的理论和制度作为借鉴的标杆，无疑起到了不良的作用。且不说19世纪末期的《奥地利民事诉讼法》即实行了社会诉讼观念，就连德国早在20世纪初期即认识到“民事诉讼中完全的当事人主义（尤其是当事人进行主义）是不切实际的、非社会的”[②]，从而修改了本国的民事诉讼法。在20世纪90年代的中国，学界还过分强调当事人主义诉讼模式[③]，学术研究的滞后性不言而喻。以这种西方法治国家修正前的理论指导我国的民事司法改革，不但造成了我国民事审判权的缺位，而且同时造成了审

---

① ［德］鲁道夫·瓦瑟尔曼：《社会的民事诉讼——社会法治国家的民事诉讼理论与实践》，见［德］米夏埃尔·施蒂尔纳编：《德国民事诉讼法学文萃》，赵秀举译，79页，北京，中国政法大学出版社，2005。

② 同上书，95页。

③ 关于民事诉讼模式的争鸣，韩波进行了梳理。时至今日，仍有相当一部分学者主张构建当事人主义民事诉讼模式。参见韩波：《民事诉讼模式论：争鸣与选择》，载《当代法学》，2009（5）。

判权的失范。[①]

4. 民事司法改革相对脱离国情

到目前为止，我国经济社会发展仍处于不平衡状态，全国各地的民事纠纷形势亦不一样。对于复杂多样的民事纠纷类型而言，希望全部以审判中心主义解决民事纠纷显然是不实际的。正如某基层法官对民事司法改革的评价："整天讲实事求是，实际上经常最不实事求是。我们基本上还是一个农业社会，农村占中国的绝大部分，这不论是人口，还是从地域面积上都是这样，但有多少法律能够反映中国农村的现实情况呢?"[②] 相对脱离国情的民事司法改革，对那些经济相对发达的城市来说也许不会出现严重的问题，但对于整个国家的民事诉讼来说其结果是可想而知的。

二、中央政法委主导下的民事司法改革及其评析

1997 年，党的十五大报告中首次提出要"推进司法改革，从制度上保证司法机关依法独立公正地行使审判权和检察权"。2003 年，党中央根据中央政法委的请示，成立了中央司法体制改革领导小组，全面领导司法体制改革，形成了中央政法委主导司法体制改革工作的格局。[③] 在中央政法委的主导下，我国的民事司法改革迅速采取了一系列最高法院无力单独完成的改革措施。

(一) 改革措施

1. 实体正义理念重新受到重视

我国学界曾经甚至到目前为止仍有部分学者持有一种不正确的观点，即认为程序正义优于实体正义。某些学者认为案件事实很难查清，只要程序公正，不管结果是否符合事实，都是公正的；且相当一部分学者认为在英美法系即是如此。首先，这是对查清案件事实的一种误解。对于审判来说，并不需要查清案件所有的事实，而仅仅需要查清案件的基本事实。其次，这种观念也属于对英美法系民事司法的一种误解。英美法学者亦认为："所有的程序都寻求实现正确性。"[④] 因此，"重实体，轻程序"固然不对，但把程序正义置于优先于实体正义的位置，亦属于矫枉过正。在中央政法委主导的民事司法改革中，实体正义理念重新受到应有的重视，纠正了以前的错误做法。

---

① 参见肖建华主编：《民事诉讼立法研讨与理论探索》，3～9 页，北京，法律出版社，2008。

② 信春鹰、葛明珍：《不同语境 不同困境——关于司法改革的田野调查》，见张明杰主编：《改革司法——中国司法改革的回顾与前瞻》，39 页，北京，社会科学文献出版社，2005。

③ 参见沈德咏主编：《中国特色社会主义司法制度论纲》，136～137 页，北京，人民法院出版社，2009。

④ [英] 阿德里安 A. S. 朱克曼：《危机中的司法/正义：民事程序的比较维度》，见 [英] 阿德里安 A. S. 朱克曼：《危机中的民事司法：民事诉讼程序的比较视角》，傅郁林等译，4 页，北京，中国政法大学出版社，2005。

2. 多元化纠纷解决机制基本形成

2009 年，最高法院发布了《关于建立健全诉讼与非诉讼相衔接的矛盾纠纷解决机制的若干意见》。该意见是经过中央批准的，且非诉讼纠纷解决机制的建立及其与诉讼机制的衔接问题也并非最高法院能够决定的。因此，在中央政法委的正确主导下，民事纠纷的类型化解决机制初步形成。在多元化纠纷解决机制中，社会调解、行政裁决、民事诉讼、仲裁、公证等针对不同类型的民事纠纷，各自发挥解决纠纷的作用。

3. 在和谐社会的构建中，调解重新受到重视

2006 年，党的十六届四中全会首次全面提出构建和谐社会，对民事司法改革提出了新的要求。在和谐社会的构建中，"案结事了"成为民事司法的重要内容。为了追求"案结事了"，诉讼调解重新受到重视。在某些基层法院，甚至实现了"零判决"，即全部以调解结案。[①] 同时，不但诉讼调解受到了重视，而且社会调解亦受到了一定程度的重视。

4. 证据规则在某种程度上得到了缓和

如果说在超职权主义阶段，我国法官依职权调查证据也存在一定问题的话，那么，最高法院制定民事证据规则的司法解释之后，我国民事证据规则的严重缺陷只不过换了内容，即由法官主导换成了由当事人承担且无程序保障。比如，我国民事证据规则过分强调"举证责任由当事人承担"，未能厘清当事人与法院在证据收集上的关系，当事人的证据收集权利缺乏程序保障等。这些缺陷影响了司法公正的实现和司法效益的提高。[②] 后来，由于某些民事证据规则不适合中国当时的国情，相当一部分刚性规定得到了一定程度的缓和。比如，证据规则失权在经过一定时期的司法实践后并没有得到严格的遵守。

5. 审判方式改革的多样化发展

在世界范围内，民事诉讼案件数量的增加是一个普遍现象。在这种背景下，各国法官都面临着严重的审案压力。面对这种审案压力，不同的国家采取了不同的措施。比如，美国的民事案件超过 95%在庭审之前即解决了，即是在民事审前程序中解决的。[③] 我国的民事案件数量自从 1998 年达到 500 万件后，除 2003 年略低于这一数量外，一直高于 500 万件。[④] 所有这些民事案件以普通一审程序审理是根本不可能的。因此，我国逐渐建立并完善了民事案件繁简分流机制，不再将希望全部寄托在一审普

① 参见苏永通：《不按"法理"出牌的高院院长》，载《南方周末》，2009-02-19。

② 参见奚玮：《民事当事人证明权保障》，205～213 页，北京，中国人民公安大学出版社，2009。

③ 参见［美］托马斯·A·马沃特：《审前程序》（英文版），14 页，北京，中信出版社，2003。

④ 参见蒋安杰：《司法调研要用好用活统计数据——访最高人民法院研究室主任胡云腾》，载《法制日报》，2009-07-08。

通程序上，而是充分发挥了简易诉讼程序在解决纠纷中的作用。仅 2008 年适用简易程序速裁速决的民商事一审案件就达 356 万余件，占一审案件总数的 66.22%。[①]

（二）评析

在中央政法委的主导下，司法的人民性、调解政策的转变和“三个至上”的提出使许多人误解了民事司法改革，甚至认为司法改革在走回头路。即使不赞成司法改革在走回头路观点的学者亦认为司法改革趋缓或进入了休整期。[②] 笔者认为这既不是司法改革在走回头路，亦不是进入了休整期；相反，中央政法委主导的民事司法改革正逐渐走向建设科学的中国特色社会主义司法制度的道路上。

1. 民事司法改革逐渐具有中国特色

同样为西方法治国家的德国和美国，在民事司法制度上即存在重大甚至是根本性的差异。[③] 事实上，“世界上并不存在绝对普遍适用的司法理念。发达国家的司法制度是与其特定的政治、经济制度和文化传统相适应的”。[④]中央政法委主导下的民事司法改革，逐渐建立和完善了中国特色社会主义司法制度。比如，对于审判委员会制度，《人民法院第二个五年改革纲要》仍然强调要建立并完善审理机制，属于典型的西方法治国家思路；而《人民法院第三个五年改革纲要》重新提出将审判委员会办理案件的机制改回“讨论制”，从而不同于西方法治国家的制度。[⑤] 同样，多元化纠纷解决机制亦属于中国特色的民事司法制度之重要内容。

2. 民事司法改革具有宏观性和全局性

民事司法改革是一项系统工程，涉及众多复杂的因素，需要一个强有力的机构负责。此前，最高法院主导民事司法改革，问题之一即是无力协调其他国家机构积极配合。而司法统一是现代法治国家的基本原则，司法改革缺乏宏观性和全局性时，不但民事司法改革的深度受到制约，而且亦会损害司法权威性。中央政法委作为党中央的一个工作部门，一个重要的职能即是“组织推动政法战线的调查研究工作，推动政法工作改革”。因此，中央政法委虽然在具体业务上不领导最高法院，但其主导下的民事

---

① 参见佟季、刘泽：《数说人民法院审判工作 60 年》，载《人民法院报》，2009-09-28。

② 参见徐昕、卢荣荣：《中国司法改革年度报告（2009）》，载《政法论坛》，2010（3）。

③ 关于德国和美国民事程序的基本差异，详见［美］米彻尔·亚当斯：《司法冲突——对美国和德国的审前证据开示程序、证据收集和调查以及诉费支付规则的经济学分析》，见［德］米夏埃尔·施蒂尔纳编：《德国民事诉讼法学文萃》，赵秀举译，755～774 页，北京，中国政法大学出版社，2005。

④ 褚红军：《改革开放以来司法改革的回望与反思》，见公丕祥主编：《回顾与展望：人民法院司法改革研究》，52 页，北京，人民法院出版社，2009。

⑤ 学界普遍认为审判委员会行使司法权违反审判规律，事实上并非如此。参见李先伟：《审判委员会司法权之理论基础与制度完善》，载《中州学刊》，2011（2）。至于审判委员会行使司法权过程中存在的问题，则属于是否规范的问题。

司法改革显然比最高法院主导下的民事司法改革更具备宏观性和全局性。

3. 民事司法改革具备了中立性，总体路线正确

凡是改革，均是对既得利益作出相应的调整。如前所述，最高法院作为民事司法的重要主体之一，在民事改革进程中难以保持中立之地位。事实上，第一阶段民事司法改革既有最高法院推进司法现代化的原因，亦有法院系统面临民事案件数量激增从而减轻工作压力之原因。许多改革措施虽然亦考虑司法的现代化，但较多地考虑了法院的利益，而牺牲了当事人的权利，甚至在某种程度上不利于实现司法公正。中央政法委作为领导政法机关的党的中央部门，在民事司法改革中并没有自身利益，从而具备了中立性，能够较好地平衡法院与当事人、社会三者之间的关系。

4. 民事司法改革中理论引导方面存在一定的不足

当前的民事司法改革具有强烈的实用主义色彩，而缺乏科学的理论指导。这一问题在许多民事改革措施中均有体现，比如我国当前的强制执行改革。自从 1991 年《民诉法》规定司法拍卖市场化——即委托拍卖机构实施以来，最高法院先后通过一系列司法解释，不断地强化司法拍卖的市场化。关于执行改革，“总的感觉是尽管多年来法院方面费尽心力，却没有从根本上解决问题，执行还难，执行还乱”[①]。对于司法拍卖市场化的弊端及其改进措施，学界亦缺乏应有的研究，更谈不上体系化的研究。

三、民事司法改革的未来之路

从总体上讲，中央政法委领导民事司法改革的综合能力显然高于最高法院，其主导下的民事司法改革亦取得了显著的成就。但是，中央政法委主导下的民事司法改革亦存在一定的问题，有加以改进之必要。我国未来的民事司法改革应当继续加强党的领导，同时强化程序法治理论的创新和指导，力求构建中国特色社会主义民事司法制度。

(一) 我国的民事司法改革必须坚持党的领导

历史实践充分证明，中国共产党是全心全意为人民服务的党，它以人民的利益为最高利益。作为社会政治制度重要内容的民事司法改革，必须坚持党的领导。“历史经验表明，无论什么时候，只有坚持司法的人民性，司法制度才会有无限的生机活力；反之，偏离司法的人民性，司法工作就会陷入困境和险途。”[②] 如果说第一个阶段的民

① 张志铭：《执行体制改革的想象空间》，载《人民司法·应用》，2008 (21)。

② 袁祥：《“偏离人民性，司法就会陷入困境和险途”——首席大法官王胜俊对人民法院“人民性”的所思所想》，载《光明日报》，2009-08-13。

事司法改革因追求精英主义而忽视了人民性，那么当前民事司法改革则恢复了我国民事司法的优良传统，即人民性。而只有中国共产党才强调民事司法的人民性；在一定意义上说，坚持党的领导与坚持司法改革的人民性实际上是一回事。我国是人民民主专政的国家，因此，我国的民事司法改革必须坚持党的领导。

（二）我国的民事司法改革应当以宪法为根据

中央政法委要将我国政治制度和党的政策贯彻落实到民事司法改革进程中。我国在政治上实行的是人民代表大会制度，行政机关和法院分别对各级人民代表大会负责，而不是西方三权分立的政治制度。在我国的政治制度下，各级法院虽然在某些情况下具有造法的功能，但并不具有制约各级人民代表大会立法的功能。因此，对人民代表大会制定的法律和地方性法规，各级法院并不具有司法审查的功能，这是我国进行民事司法改革必须遵循的原则之一。因此，那种认为法官应当是能动主义者的观点①，违背了我国宪法的规定，是我们在民事司法改革中必须坚决加以反对的。

（三）我国的民事司法改革必须尊重民事司法的基本规律

民事司法作为一种纠纷解决机制，已经有几千年的历史，即使现代民事司法制度也已有两百多年的历史。在民事司法改革的进程中，需要一套科学的、符合中国国情的民事司法改革理论。在这其中，主要要关注三大问题：其一，要处理好调解与审判的关系。宪法规定人民法院是国家的审判机关，行使审判权无疑是其基本职能。固然，我国法院应当强调调解，但不能把调解提高到不恰当的高度，甚至否定判决的作用；实践中出现的所谓“零判决”，就是违反基本的司法规律的，值得在改革中注意。其二，认真对待人民检察院的法律监督。在我国，人民检察院是宪法所规定的法律监督机关，民事诉讼法、行政诉讼法和刑事诉讼法均规定了人民检察院的法律监督权能。加强检察机关的法律监督，也是司法实践的迫切需要。其三，应当进一步强调民事司法的人民性原则。司法民主化、司法为民是由我国国家的性质所决定的，应当继续以司法的人民性为指导，强化司法的民主化色彩，主要是要完善人民陪审员制度，使之能切实发挥应有的作用，体现出司法的民主性。

（四）系统地创建中国特色的社会主义民事司法制度

当前，我国某些司法已经具备了中国特色，并非像有些人所说的那样违反了法治原则，比如我国的审判委员会、案件请示和批复制度等。事实上，无论是审判委员会

---

① 参见杨春福：《法官应该是司法能动主义者——从李慧娟事件说起》，载《现代法学》，2009（11）。

还是案件请示和批复制度中的上级法院法官，均不行使证据审查权，而仅仅行使（根据证据）事实认定权和法律适用权。在证据已经固定的情况下，审判委员会委员和上级法院法官行使上述权力并不需要以参与庭审为前提。这些具有中国特色的社会主义司法制度的完善，还有很长的路要走。在这个过程中，不但需要理论创新，还需要相应的实践基础。

党委新闻发言人制度与党的执政能力建设

罗建晖

2004年党的十六届四中全会通过的《关于加强党的执政能力建设的决定》全面分析了新时期党面临的执政考验以及全面加强执政能力的思路措施，其中明确提出要“逐步推进党务公开”，“完善新闻发布制度和重大突发事件新闻报道快速反应机制”。经过五年的积极探索实践，2009年党的十七届四中全会，首次在中央全会报告中正式提出必须切实“保障党员主体地位和民主权利”，“建立党委新闻发言人制度”。

构建并完善党委新闻发言人制度，是新时期中国共产党全面审视形势变化，密切党同人民群众的血肉联系，保障人民群众的知情权，把握社会舆论引导的主动权，进而提高党的执政能力的一项重要的战略性举措。本文拟就党委新闻发言人制度深层次的背景考察、实行党委新闻发言人制度需要明确的政治理念以及党委新闻发言人履行职责需要把握的若干关系等内容展开论述，强调我们党作为执政党，需要集中全党的智慧和力量，直面挑战和考验，在意识形态领域加强舆论引导能力，不断增强党组织在新媒体技术条件下的政治传播作用和政治凝聚能量。

一、新时期我们党肩负执政重任面临的巨大现实考验

（一）执政方位特殊性的再认识：从革命战争年代历史作出的必然选择，到62年治国理政沧桑巨变之后的现实判断

我们党在新的历史时期对于自身使命以及执政方位有着清楚的判断，“我们党历

经革命、建设和改革，已经从领导人民为夺取全国政权而奋斗的党，成为领导人民掌握全国政权并长期执政的党；已经从受到外部封锁和实行计划经济条件下领导国家建设的党，成为对外开放和发展社会主义市场经济条件下领导国家建设的党”①。这个目前拥有近8 000万党员的政党，从1921年建党以来90年的奋斗历程说明，前28年历经艰苦卓绝的斗争，把马克思主义普遍真理和中国革命实践相结合，提出富有科学性和感召力的民主革命纲领，以创建一个独立、自由、民主、统一、富强的新中国为己任，赢得了中国人民的衷心拥护，我们党的执政地位是郑重的、严肃的历史选择；后62年波澜壮阔的治国理政，党的领导体制、领导方式、组织结构、战略策略等随着党的任务改变以及外部环境变迁不断加以调整，这个东方文明古国重新焕发出勃勃生机，创造了人类历史上规模空前的深刻变革和快速发展。我们党面临的执政方位，既存在革命战争年代历史选择的必然性，同时也建筑在新中国成立以来领导人民群众获得伟大建设成就的基础之上。尽管存在着建设国家中复杂的认识过程和实践过程，但是只要我们党秉持着为人民服务的价值观，维护最广大人民的根本利益，始终保持马克思主义政党应有的先进性，就能够继续领导人民谱写中国特色社会主义事业的新篇章。

（二）改革攻坚任务艰巨性的再认识：渐进式改革取得巨大成绩的同时，更深层次的矛盾在积累叠加，解决的难度考验执政智慧，社会各阶层的利益平衡状况检验执政绩效

改革开放以来的30多年，是中国发生变化最为深刻的时期之一。选择“摸着石头过河”渐进式的改革路径，避免了经济政治结构的剧烈动荡产生的负效应，先易后难，在逐步积累经验、逐步探索创新的情况下实现了经济发展和社会进步。与此同时也应当注意到，后续发展所面临的更深层次需要解决的矛盾也在累积叠加。随着经济体制、经济结构的变化，人们的思想意识、价值取向、道德观念也逐渐呈现出多元、多样、多变的特点。我们看到，在未来经济和社会发展的进程中，经济由粗放型到集约型发展方式如何转变，人民当家做主的民主政治实现形式如何得到进一步有效探索，面对贫富差距扩大趋势如何完善收入分配的合理机制，在新的发展起点上如何满足人民群众在教育、医疗、住房、社会保障等方面的民生需求，如何在促进经济发展的同时保持生态环境的和谐，等等，这些新情况、新问题的应对解决，需要放在一个社会整体发展的视角下来思考，并稳妥地提出解决问题的思路和步骤。解

① 江泽民：《全面建设小康社会，开创中国特色社会主义事业新局面——在中国共产党第十六次全国代表大会上的报告》，11页，北京，人民出版社，2002。

决的难度考验着我们党的执政智慧，社会各阶层的利益平衡状况检验着我们党的执政绩效。

（三）国际环境与外交战略复杂性的再认识：意识形态领域的斗争和围绕国家利益的博弈仍很激烈，外部政治经济环境的复杂程度以及制定有效应对策略的要求今非昔比

尽管从世界总体局势上看，和平和发展仍然是当今时代的主流，但是世界范围内的各种思想文化的交流、交融、交锋呈现更加频繁的趋势，西方敌对势力对我国进行文化渗透的战略图谋始终如一，尤其在思想领域强调其政治制度和价值观念的优越性。一些形形色色理论包装之下的错误思潮和思想观点，干扰着我国改革开放和社会主义现代化建设的稳妥推进。随着我们国家在世界舞台上综合实力的提升（尤其经过多年的奋斗努力，2010 年中国国内生产总值超越日本，成为仅次于美国的经济大国），主权国家之间围绕着国家利益的较量博弈出现了一些新的变化，针对发展经济所必需的石油、铁矿石等能源资源的争夺，由转嫁国际金融危机所引发的贸易保护、贸易摩擦、外汇国债缩水贬值，争持岛屿归属、海域划界、海洋资源开发等海洋权益，应对全球气候变化的气候问题谈判，等等。通过观察分析这些情况，进一步印证了国家发展过程中的一个经典论断“落后就要挨打，崛起必遭遏制”①。我国整体外部政治经济环境的状况已然进入了由国家实力彼此消长而引发的新一轮竞争格局调整期，我们已经走到了世界事务舞台的重要位置，如何在坚定维护自己国家的政治经济安全的前提下，化解各种类型的国际事务危机，推进和谐世界外交愿景的形成，也成为新世纪我们党的一大执政考验。

在对于执政方位特殊性、改革攻坚任务艰巨性以及国际环境与外交战略复杂性的分析中，我们需要保持一个清醒的头脑，集中全党的智慧，正确分析形势和任务，在执政意识上坚持立党为公、执政为民，在执政体制上坚持党的领导、人民当家做主和依法治国有机统一，在执政方式上坚持科学执政、民主执政、依法执政。② 如果我们从以“科学执政、民主执政、依法执政”的原则构建执政能力建设体系来看，在意识形态领域加强舆论引导能力，增强党组织在新媒体技术条件下的政治传播作用，加强党委新闻发言人制度，就成为一件具有重要意义的紧迫性工作。

---

① 金一南：《做大“蛋糕”，同时要注重保住“蛋糕”》，载《学习时报》，第 577 期。

② 参见李君如：《中国共产党的执政经验和历史使命》，载《中国延安干部学院学报》，2010（5）。

二、2010 年全面完善党委新闻发言人制度的政治背景

(一)借鉴现代政党执政经验，夯实民主执政基础的需要：政党新闻发言人借助大众传媒工具，缩短了与社会各阶层的信息传递距离，在党务公开、执政理念传播、信念凝聚方面起到了重要的“新闻辅政作用”

马克思主义政党的政治运行既有着鲜明的意识形态特征，同时也遵循政党政治运作的一般规律。① 面对变化的社会环境和政治生态，政党不断吸纳社会进步的文明成果，实现自身的现代化，是贯穿在政党政治运行间的一项基本规律。为了最大程度争取社会公众对于政党执政合法性的认同与支持，夯实民主执政的民意基础，现代社会的执政党需要在政治沟通中，解决好政治系统运转过程中的信息传递交流、政治理念传播、凝聚社会共识的问题。

新闻媒体作为现代社会中进行信息传递和意见交流的重要平台，从它诞生之日起就与政治有着千丝万缕的联系，能够在政党内部的信息系统之外，构筑起比较迅捷便利的公众信息传播网络，减少和缩短执政党与社会各阶层的信息传递层级和传递距离。在新闻媒体比较发达的一些国家，政府或者政党的新闻发言人都十分重视如何充分地运用好媒体优势，争取选民投票或者公众的舆论支持，“换一个角度说，这些竞选如果没有媒体支持，获胜的可能性将是极小甚而是不可能的”②。越来越多的执政党认识到，能不能运用好媒体优势，将媒体力量转化为“新闻辅政”的资源至关重要，而政党新闻发言人制度正是有效借助媒体资源实现顺畅的政治沟通的一项重要制度性安排。我们党也应当充分汲取、借鉴其他国家执政党在现代信息社会借助大众传播工具实现政治沟通的有效经验。

(二)新媒体条件下迅捷应对社会热点，引导社会舆论的需要：信息技术的日新月异使得信息流动不可控、不可逆，在组织人事、纪检监察、思想宣传等传统党务领域的社会热点，需要有身份合适的人员及时作出回应

数字技术的出现使得社会信息系统的交流、媒介形态以及传播状态都发生了革命性的变化，尤其是以网络媒体和手机媒体为代表的新兴媒体在近十几年迅猛发展，越来越多的人使用网络论坛、网络播客、博客微博、手机短信等传递信息或发表意见。几乎所有的普通人都能够随时随地、不需要通过资格审核以及编辑把关，将信息迅速

---

① 参见尹德慈：《国外政党现代化：表现、动向及其启示》，载《理论参考》，2003 (11)。

② 吴建：《西方新闻发言人制度起因探析》，载《新闻界》，2005 (1)。

传播到世界各地，一个突发性事件可能瞬间成为引起社会公众高度关注、聚集社会舆情焦点的“媒介热点事件”。

信息流动的不确定性以及不可控、不可逆的特点给社会管理阶层的调控引导能力带来了前所未有的挑战，如此强大的媒体空间的舆论力量使得执政者在决策制定和执行环节中不能不对这些民意保持足够的警醒状态，给予足够的有效回应。

什么事件能够引起话语热点、挑起网民甚至社会公众“最紧绷的那根神经”，事实上也折射出了一段时期内社会公众的思想情绪和利益期盼。以网络舆情为例，涉及公权力大、公益性强、公众关注度高的“三公部门”以及其中的公职人员的争议性话题或者负面性新闻信息，尤其容易引起网民的特别关注，激起心理共鸣，进而引发意见啸聚，在很短时间内成为舆论的热点事件。长期以来，组织人事、纪检监察、思想宣传等传统党务工作，对于社会运行有着重要的推动和保障功能，也是社会公众重点关注的“三公部门”。在新媒体条件下，如果有社会热点牵涉到这些领域，需要有身份合适的人员例如党委新闻发言人及时出面作出回应，引导社会舆论。

（三）社会多元化趋势下延伸群众工作渠道，密切党和群众之间的联系，创新社会管理和社会服务的需要：应当充分利用各种有效渠道丰富群众工作的内涵，回应社会基层的利益诉求，畅通与群众沟通的渠道

随着改革开放的深入发展，我国社会经济成分、组织形式、就业方式、利益关系以及分配方式呈现多样化的趋势，社会结构也发生了全方位和根本性的深刻变化，与此同时，人们的独立性、选择性以及差异性也明显增强。在社会多元的今天，我们党所秉承的与人民群众的鱼水之情、血肉联系并没有随着时代的变化而发生改变，做好群众工作依然是我们党推进现代化建设需要特别关注的基础性工作。

我们党作为执政党，必须能够和各种不同利益群体建立起密切的联系和沟通渠道，强化自己的利益表达和利益协调功能：一方面，及时将社会上大多数人的共同利益和共同理想，经过政治程序转化为政党的行动指南和奋斗目标；另一方面，平衡照顾好社会方方面面的利益关系，统筹兼顾、协商协调，带着深厚的群众感情，采取强有力的群众工作措施，满足社会基层民众的利益诉求。完善党委新闻发言人制度，使执政党做好群众工作的声音能够及时通畅地传递给基层群众，在完成政治动员、政治参与、政治教育的同时，及时回应群众的呼声要求，平衡社会各阶层的利益关系，在社会多元化趋势下进行社会管理和社会服务的过程中发挥着难以替代的沟通桥梁作用。

三、实行党委新闻发言人制度需要明确的深层理念

(一) 完善党委新闻发言人制度传递出一种政治信念，即执政党充分尊重并采取措施切实保障社会公众的知情权。这是确保实现人民当家做主的必要前提，也是提升执政党执政能力的有效路径之一

“建设社会主义法治国家，发展社会主义政治文明”是我们党对全体人民作出的庄重承诺。如何实现人民当家做主，需要许多具体的制度安排和执行措施，使人民群众能够参与到国家的政治生活、参与到国家权力的使用过程中来。

胡锦涛同志在2007年党的十七大所作的报告中，特别提到“人民当家做主是社会主义民主政治的本质和核心。要健全民主制度，丰富民主形式，拓宽民主渠道，依法实行民主选举、民主决策、民主管理、民主监督，保障人民的知情权、参与权、表达权、监督权”①，将知情权列在四项权利之首。“人民行使管理国家的权力是以对公共事务的了解为前提的。”② 如果没有对党在执政兴国的决策和执行过程中基本情况的了解，没有一种把权力放在阳光下运行的信息披露过程，没有社会公众对于重大事务的知情，政治文明建设所需要的政治参与、意见表达以及民主监督都将失去应有的光芒。

完善党委新闻发言人制度，能够从制度设计的层面，充分保障社会公众知情权的实现，使得更多的人从党委工作信息的公开中，了解这个决定国家前途命运的政党关于决策内容、决策程序、决策实行、政策效果方面的信息，以便更好地参与国家权力的使用；更多决策信息以及执行信息的及时公布，使权力在阳光下运行，为党内外的监督创造了条件，防止权力在失去制衡的状况下发生误用和滥用的畸变，促使政策的制定和执行能够更加符合客观现实，促进党在复杂局势下提高统揽全局、执政兴国的本领。

(二) 党委新闻发言人履职可以看作是发挥两方面作用的行为，既是主动设置政治议程、凝聚社会共识的过程，也是及时回应社会热点、消除社会矛盾隐患的过程

现代社会是一个信息社会。进入现代社会，自然人希望通过直接接触的方式去感知和认识整个社会很难实现，取而代之的是依赖传媒提供的“拟态环境”去认知并借此修正自己的行为。③

在社会信息系统的运行过程中，存在着执政党的政治议程、新闻媒体的媒体议程

---

① 胡锦涛：《在中国共产党第十七次全国代表大会上的报告》，载《人民日报》，2007-10-24。

② 张明、靖鸣：《政府新闻发布与民众知情权、话语权冲突与协调》，载《新闻大学》，2006 (1)。

③ 参见郭庆光：《传播学教程》，126页，北京，中国人民大学出版社，1999。

以及社会公众的公共议程三者之间相互联系、相对区别而又难以分割的关系。党委新闻发言人的有效履职，可以使得政党规划的政治议程，通过媒体的加工处理转化为媒体议程，进而经过反复的信息交流沟通，更容易成为社会公众的公共议程，在更大范围之内为政治议程的推进凝聚社会共识，赢得更加广泛的民意支持。

在处理突发热点事件的过程中，党委新闻发言人正常履职，及时对有关情况表态，秉持冷静心态，按照专业标准进行相关工作，可以使得局面变被动为主动。尤其是在遇到事关执政党的重大问题和重大事件时，党委新闻发言人第一时间出现在聚光灯下，发出权威的声音，澄清有关事实，不仅可以消除谣言、“小道消息”造成的消极印象，避免误解、误会，更为重要的是通过正确及时的舆论引导，让普通的社会公众坚定对党治国理政的信心，消除可能的社会矛盾隐患。

（三）完善党委新闻发言人制度既是党务公开、增强党内民主的党内制度建设，也是面向社会公众传递政党执政理念的公共制度建设

从“坚持和健全民主集中制，积极发展党内民主”的角度，2009 年中央通过的《关于加强和改进新形势下党的建设若干重大问题的决定》明确要求推进党务公开，健全党内情况通报制度，及时公布党内信息，畅通党内信息上下互通渠道。[①] 完善党委新闻发言人制度，从党内信息传递的角度使得普通党员在正式组织传达渠道之外，获得了在公共信息平台中比较便捷的一条新的信息获取渠道，对于促进党内信息交流互动、进一步保障党员各项民主权利做了必要准备。我们党在领导人民进行国家民主建设的同时，也没有停止党内民主建设的脚步，通过一系列党内法规制度的建设以保障党内民主的落实。从这个层面上看，党委新闻发言人制度是发展党内民主——这个党的生命的信息平台和传播载体，是党内民主制度建设中非常重要的组成部分。

我们党在对信息公开的认识和实践方面，也经历了一个从政务公开到党务公开的深化过程。“党委新闻发言人制度的建立，使信息公开从执政党领导下的政府深入到执政党本身，深入到决策的最核心，这是共产党执政能力建设上质的深化。”[②] 2003 年“非典”疫情的爆发，使得我们对于信息化条件下新闻传播的规律以及政府新闻发布、信息公开有了一个不同以往的认识，政府新闻发言人制度获得了强有力的推动。政府面临的信息环境有了很大的变化，我们对于舆论引导能力的认识也有了进一步的深化。由于我们党在当代中国的政治地位以及在国家建设中的领导作用，使得这个政党组织的党内事务往往也同时决定着未来中国的走向和社会公众的福祉，所以党委新闻

---

① 参见《关于加强和改进新形势下党的建设若干重大问题的决定》，载《人民日报》，2009-09-28。

② 童兵、黄奇萃：《党委新闻发言人制度理论初探》，载《新闻传播》，2010 (6)。

发言人制度不仅仅是政党内部的制度建设，它同时也从属于这个社会的公共信息制度建设范畴。党委新闻发言人制度和政府新闻发言人制度在涉及内容领域里有所区别、有所侧重，但都是为了进一步促进社会信息的畅通流动，达到有效政治传播的目的。

（四）党委新闻发言人制度能达到预期目的，既需要发言人审时度势、及时发布、适时回应的精彩职业表现，更需要党和政府在治国理政过程中坚守“立党为公、执政为民”原则，在重大决策、重大部署中作出精彩实践表现

党委新闻发言人制度被高层领导和社会公众寄予了很高的期望。2011 年 2 月 22 日，李长春同志在会见首届全国党委新闻发言人培训班全体学员时表示：建立党委新闻发言人制度，对于新形势下提高党的执政能力，发展社会主义民主，保障人民群众的知情权、参与权、表达权、监督权，密切党同人民群众的血肉联系，把握舆论引导主动权，树立党和政府良好形象，具有十分重要的意义。① 普通社会公众也希望通过党委新闻发言人的渠道更多地得到来自执政党权威的声音，形成更多体现人民意愿和想法的政治共识。

这需要我们相关职能机构做好新闻发布的制度定位、权力定位以及受众定位。“防止出现发布工作缺位、错失新闻发布和舆论引导时机的现象”，“避免出现重复发布、多头发布和交叉发布特别是发布信息不一致、口径不一致等问题。”② 党委新闻发言人应具备党务工作者的基本素质，对政治大局、政策尺度、业务标准、媒体形势以及语言逻辑有“五位一体”的整体掌握；在上级布置的基本口径立场上，有着符合信息传播要求的个性化形象表达；在平时日常工作中，能够建立起、维护好良好的媒体公共关系，创造和谐通畅、良性互动的媒体环境。

党委新闻发言人制度能达到预期目的，更需要的是我们党和政府在治国理政过程中不断坚守“立党为公、执政为民”原则，始终代表最广大人民的根本利益，在重大决策、重大部署中作出精彩实践表现。唯有如此，党委新闻发言人制度的实施才能有效地凝聚起社会公众的政治认同，充分体现出党组织在新媒体技术条件下应有的政治传播作用和政治凝聚能量。

---

① 参见《李长春会见全国党委新闻发言人首次培训班学员》，载《人民日报》，2011-02-23。

② 王晨：《积极推进党委新闻发言人制度建设》，载《求是》，2010（20）。

领导干部素质能力建设的新探索
——中国 MPA 教育的产生、发展与未来

董克用

“为政之要，唯在得人”，领导干部素质能力建设是提高我党执政能力的必要条件和主要途径。大力加强领导干部素质能力建设，努力造就和保持一支适应中国特色社会主义建设需要的高素质干部队伍，关系到事业的兴衰成败。因此，我党在发展的各个历史阶段都十分重视领导干部素质能力的建设，顺应时代潮流，努力探索领导干部素质能力建设的有效方式。近年来，新兴的 MPA 教育作为一种新型的领导干部素质能力建设方式蓬勃发展，对于加强领导干部素质能力建设起到重要作用。

一、党加强领导干部素质能力建设的历史与时代要求

我党之所以能够领导中国人民在革命、建设和改革的伟大实践中赢取一个又一个胜利，一个重要原因就是党历来重视干部队伍建设。正是因为拥有较高素质和较强能力的广大党政领导干部带领广大人民群众坚定不移地贯彻执行党在各个历史时期的正确路线，党才能战胜各种艰难险阻，始终保持着强大的凝聚力、战斗力和生命力，成为中国特色社会主义事业的坚强领导核心。

党的革命、建设、改革和发展的历史也是党不断探索领导干部素质能力建设的历史。在党和国家事业发展的每一个关键时期，我党都能适时地发出加强领导干部素质能力建设的号召，准确地提出领导干部素质能力建设的阶段性要求，培养和造就适应时代需要、站在时代前列的德才兼备的优秀领导干部。

中国共产党成立之初，列强环伺，国弱民穷，在领导人民进行艰苦革命斗争的过程中，我们党汇集了当时最优秀的人才，培养了大量的革命骨干。早在抗战初期，毛泽东就指出："中国共产党是在一个几万万的大民族中领导伟大革命斗争的党，没有多数才德兼备的领导干部，是不能完成其历史任务的。十七年来，我们党已经培养了不少的领导人材，军事、政治、文化、党务、民运各方面，都有了我们的骨干，这是党的光荣，也是全民族的光荣。但是，现有的骨干还不足以支撑斗争的大厦，还须广大地培养人材。"[①] 正是从这里，我党开始了对加强领导干部素质能力建设的探索。在1939年延安在职干部教育动员大会上，毛泽东明确鼓励全党同志要加强学习，指出干部学习的方式应该是有系统、有组织地展开，并且将全党变成一个大学校，党、政、军、民、学的干部都应该积极地参与到学习的过程中来。

1978年党的十一届三中全会开启了改革开放的新时期，党和国家的工作重心转移到了现代化建设上来。但由于十年"文革"的影响，党面临的最紧迫问题是干部队伍整体素质同改革开放和现代化建设事业极不适应。因此，以邓小平为核心的党的第二代中央领导集体将建设一支能够领导改革开放和现代化建设事业的高素质干部队伍，作为事关全局的头等大事。邓小平多次强调"要建立一支坚持社会主义道路的、有专业知识的干部队伍。没有这样一支干部队伍，要实现四个现代化是不可能的"[②]。因此，在党的以"一个中心、两个基本点"为核心内容的基本路线正式确立后，邓小平提出必须紧紧围绕党的基本路线和根本任务建设一支具备"革命化、年轻化、知识化、专业化"素质的领导干部队伍。也正是在这一时期，"文革"期间被废止的高考制度得以恢复。重生的高等教育，在各行各业为我党培养了一大批优秀领导干部。

20世纪80年代末90年代初，国内国际形势发生巨大变化，时代发展的新课题摆在全党面前。在此重大历史关头，党的第三代中央领导集体肩负重任。江泽民同志反复强调，要认真按照党的基本路线和现阶段中心任务的要求提高干部队伍的整体素质。他在纪念中国共产党成立75周年的讲话中在党的历史上第一次完整地提出"建设高素质领导干部队伍"的命题，深刻论述了建设跨世纪高素质干部队伍的极端重要性和紧迫性，指出领导干部必须是忠诚于马克思主义、坚持走有中国特色社会主义道路、有知识、懂业务、胜任本职工作、会治党治国的政治家。[③] 党的十五大从我党干部队伍建设的现状出发，提出着力解决提高党的执政水平、领导水平和拒腐防变两大历史性课题，以及具有划时代意义的"三个代表"重要思想，为领导干部素质提升指出了方向。

---

① 《毛泽东选集》，2版，第2卷，526页，北京，人民出版社，1991。

② 中共中央文献研究室编：《邓小平年谱（上）》，588页，北京，中央文献出版社，2004。

③ 参见刘景泉：《论中国特色社会主义理论体系及其历史贡献》，载《南开学报》，2008（2）。

进入新世纪，世界形势对执政党建设提出了许多崭新的课题，为此党的十六大在党的历史上第一次提出加强党的执政能力建设这一重大课题。面对全面建设小康社会和实现经济社会可持续发展的新要求，胡锦涛总书记提出了提高领导干部贯彻落实科学发展观和构建和谐社会的能力、同时也是提高党的执政能力的要求，明确指出：现在我国改革开放和现代化建设已经进入关键时期，要全面贯彻落实科学发展观，实现经济社会全面协调可持续发展；领导干部应不断提高贯彻落实科学发展观的能力，提高“五个统筹”能力，即统筹城乡发展、统筹区域发展、统筹经济社会发展、统筹人与自然和谐发展、统筹国内发展和对外开放①，党加强领导干部素质能力建设的探索进入了全新的纪元。

结合新时期建设和发展工作的新特点，党在加强领导干部素质能力建设方面积极应对新的时代主题和要求，更加关注素质建设的系统化、专业化、高层次，并将国民教育体系纳入到新形势下加强党政领导干部素质能力建设的范畴之内，推动更高层次的素质能力建设和领导干部培养体系的不断完善、丰富与发展。

通过上述回顾，我们可以清晰地看出，从毛泽东时期的“系统、共同学习”到邓小平时期的“干部四化”、重视教育与高考制度恢复，到江泽民时期明确提出“建设高素质领导干部队伍”，再到新形势下制度化的专业化培训的发展与国民教育体系的参与，党对加强领导干部素质能力建设的方式进行了不断的探索与创新。

二、领导干部素质能力建设的新尝试——中国MPA教育的产生

进入新世纪，中国政府改革和公共管理发展如火如荼，由此带来的新问题是我国公共管理理论发展的滞后和党政领导干部在管理理念、技能方面面临的新挑战。这些挑战突出反映在权力运作、职能行使和思想观念②等各个方面。江泽民同志在党的十五大报告中提出：“完善公务员制度，建设一支高素质的专业化国家行政管理干部队伍。”这实际上明确了公务员队伍建设的目标是高素质、专业化。胡锦涛总书记也多次在讲话中提出，应该继续加强领导干部的素质能力建设，注重年轻化干部的培养，并结合发展的新状况，探索专业教育式的培养模式，建设高质量的公务员队伍。③ 前人事部公务员司刘嘉林司长对于公务人员素质能力要求也进行过明确的界定，他指出新时期公务员需要9种相对细化的能力，即在修正了公务员“8+X”能力模型基础上的政治鉴别能力、依法行政能力、公共服务能力、调查研究能力、学习能力、沟通协调

① 参见肖贵清、刘爱武：《科学理解中国特色社会主义理论体系》，载《思想教育研究》，2008（5）。

② 参见董克用：《公共治理与制度创新》，北京，中国人民大学出版社，2004。

③ 参见艾正清：《我国领导干部素质与能力的培养研究》，载《政治研究》，2011（3）。

能力、创新能力、应对突发事件能力以及心理调适能力。[①] 所有这些，都迫切需要根据我国公共管理改革的要求，建立强有力的教育与培训制度，促使现有的领导干部更新观念、开阔眼界、提高技能。通过教育培训，造就一支具有现代公共管理理念、掌握现代公共管理技能、了解国际公共管理改革趋势的高素质公共管理人才队伍，为深化公共管理体制改革提供最重要的人力资源保障。[②] 除此之外，公共管理教育与培训还能促进对政府基本职能、运行机制以及人事制度等方面的研究，从而推动公共管理体制改革的深化和公共管理绩效的提高。

现阶段，我党紧紧围绕党的基本路线和阶段性任务提出领导干部素质能力的具体要求。首先，必须具备“四化”素质，提高领导改革开放和经济建设的能力；其次，必须不断提高政治业务素质，具备践行“三个代表”的能力；同时，必须提高贯彻落实科学发展观的能力和构建社会主义和谐社会的能力。公务员队伍建设在继续坚持理论武装、提高公务员思想政治素质的前提下，要在“专业化”上多下工夫，因此，开展公共管理硕士专业学位教育就成为提高公务员素质的重要途径。[③]

从世界范围看，国家行政管理是朝着专业化的方向发展的，政府管理是一种专业化的工作，需要专业化的人才才能胜任，这已经越来越得到社会的广泛认同。公务员的“专业化”既符合时代发展的潮流，也是实践对公务员提出的基本要求。对于公务员队伍“专业化”的理解主要有两层含义，一是行政管理的专业化，二是业务领域的专业化。公务员从事的管理是国家行政管理，这种管理以法律和国家强制力为后盾，实现对社会的管理，同时涉及纷繁复杂的管理领域和社会生活的方方面面。[④] 这就要求公务员必须具备与工作领域相适应的专业知识和专业能力，能够“干一行、精一行”，成为本领域业务方面的“行家里手”。提高公务员的“专业化”水平，就要进一步加大行政管理、公共政策、行政决策、行政法、公共财政、公共经济、公共伦理等知识的培训力度。

MPA教育是在职公务员系统地学习现代行政管理理论，并结合实践提高行政管理水平、加强能力建设、开发公务员人才资源的重要措施。[⑤] 公共管理硕士专业学位是以公共管理学科及其他相关学科为基础的研究生教育，在知识结构和能力结构上突出两者的结合，重视实际能力与素质的培养，是与公务员队伍能力建设的目标一致的。

---

① 参见刘嘉林：《公务员需要的能力》，载《党政干部文摘》，2005（5）。

② 参见董克用：《中国MPA教育与公共部门人力资源开发》，载《新视野》，2004（6）。

③ 参见尹蔚民：《积极开展MPA教育，努力建设高素质、专业化的公务员队伍》，载《学位与研究生教育》，2001（5）。

④ 参见纪宝成：《研究MPA学位，办好MPA教育》，载《中国行政管理》，2001（7）。

⑤ 参见季明明：《推进国家公务员队伍专业化建设的一项重要举措——试论我国开办公共管理硕士专业学位教育的必要性》，载《中国高教研究》，1998（6）。

开展公共管理硕士专业学位教育，有利于优化公务员队伍的学历结构、知识结构和专业结构，有利于建设一支高素质、专业化的公务员队伍，有利于提高行政管理的水平和效率[①]，对加速培养适应新世纪经济、社会发展需要的高层次复合型行政管理人才起到了重要作用。

三、MPA 教育的成就与未来

开展公共管理硕士专业学位教育，推进高素质、专业化的公共管理干部队伍的建设，是新形势下国家公务员队伍建设对国家教育部门和人事部门提出的一项重要与紧迫的战略任务，也符合广大公务员的学习期望与要求。我国自 1999 年设立 MPA 专业学位以来，MPA 教育事业发展迅速。2006 年教育部副部长吴启迪代表教育主管部门宣布 MPA 教育试点工作结束，转入正式实施阶段。发展至今，我国的 MPA 教育已经走过了 15 个年头，在这期间我们取得了令人瞩目的成绩。

首先，MPA 教育围绕社会需求，教育规模迅速扩大。截至 2010 年底，共有 146 所办学机构开展了 MPA 教育，近年来每年 MPA 的报考人数都维持在两万人以上的水平，并且每年有近一万人可以接受到 MPA 的专业学位教育。[②] 高速的发展使 MPA 教育成为我国培养 21 世纪发展所需的高层次公共管理人才的重要渠道。[③]

其次，在十多年的发展历程中，具有中国特色的 MPA 教育模式渐具雏形，各办学机构强化了自身的办学实力，并且初步形成了一套"政府主导与市场自律相结合"的监管机制。[④] 这些制度上的创新和努力都为 MPA 教育的进一步开展奠定了坚实的基础，同时也给它提供了更好的发展平台。

最后，十多年来 MPA 教育在中国的公务员队伍培训建设和公共部门人力资源的开发中也实现了诸多跨越式的发展，功不可没。中国的 MPA 从无到有，成长壮大，是一个创新的过程。它开拓了一条新的培养公共部门管理人才的渠道，奠定了培养现代化公共管理人才的基础；搭建了新的公共管理知识整合平台，组织多学科参与了公共管理学科建设；构造了高校与政府之间联系与沟通的新桥梁，推动公共管理理论与实践更加紧密地相互联系；造就了一支应用型公共管理教学科研队伍，培养出一批熟悉政府和公共管理实际的教师；推动了对公共管理问题的研究。

---

① 参见徐林：《基于公务员能力提升的我国 MPA 教育路径选择》，载《中国行政管理》，2009（12）。

② 参见全国 MPA 专业学位教育指导委员会：《中国 MPA 教育发展报告（1999—2009）》，北京，中国人民大学出版社，2010。

③ 参见关群、徐伟：《中国 MPA 教育的培养目标与培养方案》，载《管理工程》，2001（12）。

④ 参见沈勇、程文浩：《中国 MPA 教育：十年总结与未来展望》，载《清华大学教育研究》，2009（6）。

基于上述成绩，我们有理由相信，中国的MPA教育将会在接下来的一段时间内保持自己迅猛发展的势头，并且形成更强的品牌特色，也将在领导干部素质能力建设和政府公务员队伍建设中发挥更为积极的作用。

经过十多年的发展，MPA在中国摸爬滚打取得了相当的成就，但是仍然存在诸如师资队伍建设、教育教学方法、培养经费等方面的问题。因此，在领导干部素质能力建设的要求下，中国的MPA教育仍然任重而道远，必须通过自身的改进和完善更好地为提高公务人员素质服务，实现自己设立和发展的初衷。

首先，我们应该进一步明确MPA教育的定位，从领导干部素质能力建设的基本点出发，构建具有中国特色的公共人力资源开发创新体系，以更好地完成培养公务人员的任务。可以参考以下观点展开新一轮建设：倡导人力资本是公共管理核心资本的理念，应加大对人力资源开发的投入力度①；构建全方位、多层次、立体化的公共人力资源开发的层次体系②；以公共人力资源的能力建设为中心，采取“走出去”和“引进来”相结合的办法，建立新型的培训开发机制、体系和方法；建立和完善公共人力资源开发的评估体系；确立公共人力资源开发的终身学习体系。③

其次，我们应该着力加快MPA专业学位建设步伐。一方面，要加强师资队伍建设，需要采取措施，吸引更多的优秀师资进入MPA教学队伍，并通过开展各种形式的研讨、培训、讲习、观摩等，提高教学水平；另一方面，要改进教学方法，由于公共管理人才多样化和教育对象主要是在职公务员的特点，要求教学方法要有利于激发培养对象主动参与教学活动，要从全面提高培养对象的素质和能力出发，使学员在灵活多样的教学形式中有所收益、有所体验、有所感悟，达到完善和提高自己的目的。同时，还要健全配套有关政策措施，加强教材和案例库的建设，从硬件和软件等多方面完善MPA教育。

党政领导干部的素质能力建设是一个历久弥新的话题，相关党政机构十分重视这一工作的开展。新时期，这一建设工作发生了一定的改变，而MPA作为一种尝试，对其进一步发展作出了有益探索。随着时间的推移，会有越来越多的创新出现在建设的过程中，新的探索也会将党政领导干部素质能力的建设推向新的高度，从而保证培养出更多的优秀公务员，更好地服务人民、服务社会。

---

① 参见董克用：《人力资源管理概论》，北京，中国人民大学出版社，2003。

② 参见朱立言：《中国MPA的十大贡献》，载《中国行政管理》，2003（11）。

③ 参见董克用：《中国MPA教育与公共部门人力资源开发》，载《公共管理科学》，2004（6）。

学习型政党建设

高校建设学习型党组织的实践与思考

牛维麟

党的十七届四中全会提出了建设马克思主义学习型政党的重要任务，这是党中央从全面推进中国特色社会主义伟大事业和党的建设伟大工程出发，对新时期党的建设作出的重大战略部署。高校是智力密集、人才密集、学习资源密集的重要场所，高校的学习型党组织建设较之其他部门应该具有更高标准、更多要求和更好效果。2010年9月9日，胡锦涛总书记考察中国人民大学时高度肯定了中国人民大学“立学为民、治学报国”的办学宗旨，以及在人才培养、科学研究等方面为党和国家事业发展作出的重要贡献，对我校学习型党组织建设发挥了巨大的推动作用。中国人民大学党委认真贯彻党中央关于建设学习型党组织的指示精神，结合学校发展的实际情况，部署各级党组织广泛开展了建设学习型党组织的活动，取得了良好效果。

一、高校建设学习型党组织的着力方向

第一，高校建设学习型党组织，要特别注重学生的理想信念教育。坚定的信念和崇高的理想，是中国特色社会主义伟大事业与民族复兴的强大精神动力和不竭智慧源泉。理想信念问题关系到党的前途和国家的命运，是我们党带领全国各族人民团结奋斗的共同思想基础。邓小平曾语重心长地告诫全党同志：“为什么我们过去能在非常困难的情况下奋斗出来，战胜千难万险使革命胜利呢？就是因为我们有理想，有马克思主义信念，有共产主义信念。我们干的是社会主义事业，最终目的是实现共产主义。

这一点，我希望宣传方面任何时候都不要忽略。”① 胡锦涛总书记强调：“崇高的理想信念，始终是共产党人保持先进性的精神动力。……共产党员有了这样的理想信念，就有了立身之本，站得就高了，眼界就宽了，心胸就开阔了，就能自觉为党和人民的事业而奋斗。……革命先烈在生与死的考验面前所以能够威武不屈，就是因为他们对共产主义理想坚贞不渝、矢志不移。在社会主义建设和改革中，许许多多共产党员所以能够为党和人民的事业鞠躬尽瘁、死而后已，也都是因为有崇高理想和坚定信念的激励。现在，有的党员在矛盾面前畏缩不前，在困难面前悲观失望，在诱惑面前不能洁身自好，说到底，还是共产主义理想和中国特色社会主义信念不坚定。”② 从我国当前党员发展情况看，高校每年发展党员的数量超过全国发展党员总数的 1/3，成为全党队伍壮大的最重要来源之一。而高校发展的党员绝大多数是青年学生，这部分党员学生毕业后将进入社会的各行各业，成为国家建设的中坚力量。能不能在高校中把他们培养好，使其具备较强的党性修养和理论素养，具备坚定的理想信念，事关党的兴衰和中国特色社会主义事业的成败。

中国人民大学正是以这种责任感和使命感来推进学习型党组织建设的。在学习型党组织建设的各个层面和整个过程，我们特别注意加强党员的理论教育和党史教育。在学校的每期学生党校和干部培训中，我们都充分发挥人民大学作为全国人文社科领域一面旗帜的独特优势，邀请校内外最好的专家学者为学员讲党课、作报告。讲学内容既包括中国特色社会主义的最新理论成果，也包括国内外政策与形势，还涵盖了学生感兴趣的热点敏感话题。专家们入情入理的分析、有理有据的科学解答，在学员中引起了广泛共鸣，实现了理论的“入心入脑”。

第二，高校建设学习型党组织，要高度重视学习高校发展的各方面知识。重视学习，善于学习，是中国共产党的优良传统，是党保持生机活力的不竭源泉。一部中国共产党的建党兴党史，就是一部重视学习、不断学习、善于学习的历史。尤其是当今世界，我们所面临的世情、国情、党情都正在发生深刻变化，新要求、新任务不断涌现，学习的任务空前艰巨，学习的要求空前迫切。高校是思想文化交流最频繁、先进科学知识最集中的地方，高校党组织的领导水平和执政能力面临着巨大考验。

面对新形势、新任务，中国人民大学在学习型党组织建设中，针对学校的发展实际，不断提出问题，思索对策，把学习活动与思考学校发展、推动学校发展结合起来，推动学习型党组织建设深入开展。在总结新世纪以来十年发展经验的基础上，人民大学提炼出了“人民、人本、人文，大师、大楼、大气，真情、真想、真干”的发展理

---

① 《邓小平文选》，1版，第3卷，110页，北京，人民出版社，1993。

② 《十六大以来重要文献选编》（中），620～621页，北京，中央文献出版社，2006。

念，并对未来人大的改革发展提出了“十年腾飞”的战略目标，加快建设“人民满意、世界一流”大学步伐。今年正逢国家“十二五”规划开局之年，在学校“十二五”规划的起草过程中，人民大学广开言路，调动各方面积极因素，集中全校智慧，使人民大学“十二五”规划的起草过程成为学校领导班子和各级组织一次很好的学习提高机会。

第三，高校建设学习型党组织，要密切关注高校师生的知识需求。建设学习型党组织，不仅是加强党建工作的关键抓手，也是促进校园学术风气的重要保障。大学之大，在有大学问、出大学者。但是，在市场经济条件下，原本安宁的象牙塔中，也充斥着一些不和谐的音符。有部分干部自律不严，忙于应酬；部分教师惰于本职，热衷名利；部分学生不思苦学，拜金享乐。高校党组织应该充分发挥自身的影响力和凝聚力，把广大师生员工团结起来，一起学习，一道成长。学习里面有学问，学什么，如何学，大有讲究。高校党组织只有在学习内容的设置上贴近师生的实际需求，结合好他们的专业和工作需要，才能最大限度地调动广大师生参与学习。中国人民大学有不少学生党支部在学习型党组织建设过程中，注意将支部活动与所学专业相结合，积极组织读书会、学术沙龙等学术科研活动，譬如新闻学院2009级博士生支部创办了博士生沙龙，通过学习交流产生了不少好文章，班级成员在《新闻与传播研究》、《新华文摘》等国家级核心学术刊物发表论文二十余篇，班风、学风焕然一新。

二、高校建设学习型党组织的主要举措

高校建设学习型党组织，一定要从自身实际出发，提出有针对性的举措，发挥优势，统筹安排。

一是领导带头，以学习型党组织建设带动领导班子提高办学治校能力。胡锦涛总书记在中央纪委第七次全体会议上强调：面对这样的新形势、新任务，如果我们的领导干部不抓紧学习、不抓好学习，不在学习和工作中不断提高自己，就难以完成肩负的历史责任，甚至难以在这个时代立足。建设学习型党组织，关键在领导班子，重点是领导干部。鉴于此，中国人民大学党委提出在学习型党组织建设中，党员领导干部要以身作则、率先垂范，先学一点，多学一点，学深一点，通过学习努力增强办学治校的本领，为全校广大师生作出表率。为了加强学习，学校领导班子以党委理论中心组学习为重点，充分发挥马克思主义理论研究重镇的优势地位，精心推选校内外知名专家学者为理论中心组学习进行专题辅导，增强了学习的效果。在学校领导班子的带动下，学校各个院系、部处的学习活动也卓有成效地开展起来了。

二是强化责任意识，以学习型党组织建设提高党建工作科学化水平。早在改革开

放初期，邓小平就提出，希望“全党的各级干部，首先是领导干部，在繁忙的工作中，仍然有一定的时间学习，熟悉马克思主义的基本理论，从而加强我们工作中的原则性、系统性、预见性和创造性”①。要保持党的先进性，首先要保持党组织和党员学习的自主性，使学习成为一种习惯，通过学习找到答案，破解难题。但是，经验告诉我们，学习一两次比较容易，要使学习成为一种态度、一种需要，要真正成为学习型的党组织和终身学习的党员，则需要一个长期努力的过程。为了更加深入地推进学习型党组织建设，中国人民大学提出研究是更好的学习，提倡有条件的党组织作出表率，实现从学习型到研究型的转变，要求各分党委特别是有关理论院系的党组织，发扬学校的优良传统，发挥理论学科专业优势，积极组织研究力量，有针对性地选择一些热点问题进行深入研究，力争多贡献出具有较高学术价值与现实参考价值的理论成果。2010年，学校党委针对多年党建工作中的热点难点问题，向基层党组织公开招标，展开了30个党建课题的专门研究，受到热烈欢迎，目前一些成果已经结项，有些成果在媒体公开发表，收到良好效果。

三是搭建各种平台，以学习型党组织建设拓宽高校师生学习视野。2010年12月，中国人民大学党委为迎接建党90周年，依托人民大学党史系在全国党史党建研究领域的巨大影响力，举办“学党史、助腾飞、立新功”系列“党史名家讲坛”，邀请国内学界的顶级学者，为人民大学广大领导干部、中层干部、后备干部和党员骨干作专题系列报告，内容涉及中国共产党90年革命、建设和改革的方方面面，是对人民大学广大师生的一次集中党史教育，受到了中央领导同志的高度肯定和全校师生的广泛好评。目前，“党史名家讲坛”系列活动仍在持续进行，通过学党史，达到了知党情、跟党走的教育目的。在学习型党组织建设中，我们还注意引导学生不仅从书本上学，更要从实践中学。2010年寒假，学校通过自由组队、集中组队、委托调研、基地合作、基层建设等模式来推动广大学生党员利用假期时间，下基层、进农村，结合所学知识进行社会调查研究，全方位地为学生深入基层、了解国情、增长才干搭建平台。

三、深入推进高校学习型党组织建设的思考

中国人民大学通过密切结合学校实际开展学习型党组织建设，进一步推动了学校领导班子治校办学能力的提高，推动了广大师生党员思想政治素质和业务素质的提高，促进了学校各项事业的良好运行。在推进学习型党组织建设过程中，我们有一些比较深刻的体会，初步积累了一些经验。

---

① 《邓小平文选》，1版，第3卷，147页，北京，人民出版社，1993。

第一，学习型党组织建设是巩固和发展我们党政治优势的根本途径，必须与当前正在进行的创先争优活动紧密结合。党中央关于开展创先争优活动的重大部署，是新世纪新阶段加强党的自身建设的重大举措，对于在新的历史条件下加强党的执政地位、推进中国特色社会主义事业长远发展具有重要意义。根据自身的使命和特点，高校开展创先争优活动，理应把学习型党组织建设放在更加突出的位置——甚至从某种意义上讲，建设好学习型党组织，就是高校开展创先争优活动的最好体现。基于这种认识，中国人民大学在开展创先争优活动中，高度重视学习型党组织的创建工作，把创先争优与建设学习型党组织有机结合起来。学校组织专家学者团队开展了创先争优本身的理论探索，通过深入研讨、精心准备，形成了《创先争优：保持党的先进性的基本经验》、《创先争优在党的先进性建设中的理论与实践意义》、《把学习作为建党、兴党的强大思想武器》等一批理论成果。

第二，学习型党组织建设是推进学校事业发展的重要保证，必须针对学校各级各类党组织的不同特点，找准方向。高校党的组织涵盖了从学生到老师、从一般干部到领导班子各个层面，不同类别党的组织任务各有侧重。在学习型党组织建设中，要根据各自特点，加强分类指导。具体来讲，领导班子要建设成学习型领导班子，提升治校办学能力；院系一级党组织要结合教学和管理工作实际，开拓思路，突出实践特色；学生支部要通过组织讲座、读书会、学术沙龙等形式多样的读书活动，在学习型党组织建设中发挥战斗堡垒作用；教师支部要结合好教研室活动，让党的活动进入教学科研主阵地，提高党组织的凝聚力和战斗力；机关党支部要着力增长服务本领，整合管理资源，把干部自身成长和提高部门工作效率结合起来，为学校改革发展贡献力量。

第三，学习型党组织建设是今后一个时期党的建设的基础性工作，必须加强制度建设，以求长远持续。早在 1938 年党的六届六中全会上，毛泽东就指出：“我们的任务，是领导一个几万万人口的大民族，进行空前的伟大的斗争。所以，普遍地深入地研究马克思主义的理论的任务，对于我们，是一个亟待解决并须着重地致力才能解决的大问题。”为此，他号召大家“来一个全党的学习竞赛”①。1940 年 1 月 3 日，党中央发出《关于干部学习的指示》，规定“全党干部都应当学习和研究马列主义的理论及其在中国的具体运用”；“各级组织的领导干部尤其是主要领导干部，必须以身作则地领导与提倡其他干部的学习。建立在职干部平均每日学习两小时的制度，并保持其持久性与经常性。”② 同年 3 月 20 日，党中央发出《关于在职干部教育的指示》，详细规定了在职干部的学习，并决定 5 月 5 日马克思生日为学习节。从此，延安的干部教育

① 《中共中央文件选集》，第 11 册，657 页，北京，中共中央党校出版社，1991。

② 《中共中央文件选集》，第 12 册，227、228 页，北京，中共中央党校出版社，1991。

尤其是在职干部教育工作走上了有计划、有组织地学习的轨道。历史充分表明，无论在什么条件下，我们党都将学习作为建党、兴党的强大武器。在革命战争时期需要学习，在建设和改革时期更需要学习。2010 年 5 月 5 日，人民大学专门组织活动，隆重纪念“五五”学习节 70 周年，学校党委明确提出要把“五五”学习节的传统继承好、发扬好，全面加强人民大学学习型党组织的制度建设，为学习型党组织建设的长远持续提供保障。

中国共产党建设马克思主义学习型政党的宝贵经验

郑水泉　韩　宇

重视学习、善于学习，是我们党成立90年来所形成的优良传统。中国共产党领导中国革命、建设和改革的历史，就是一部在学习中奋进、在奋进中学习的历史。在每一个重要历史关头，加强学习都是我们党应对挑战、夺取胜利的法宝；每一次学习热潮，又都推动着我们的事业取得大进步、大发展。科学总结中国共产党建设马克思主义学习型政党的宝贵经验，对于我们在新的历史起点上进一步推进学习型政党建设、提高党的建设科学化水平有着极其重要的理论与实践意义。

一、坚持和发展马克思主义，用理论创新的最新成果武装全党，是建设学习型政党的首要任务

中国共产党不仅重视学习，还善于学习。善于学习，最根本的要求就是运用马克思主义立场、观点和方法来把握中国国情与时代特征，把马克思主义基本原理同中国实际相结合，分析和研究中国革命、建设和改革中的现实问题。90年来，我们党把坚持马克思主义与发展马克思主义辩证地结合起来，在坚持中发展，在发展中坚持，不断推进马克思主义中国化的进程，取得了丰硕的理论成果。理论创新的根本目的是指导实践，其关键环节是要用马克思主义中国化的最新成果来武装全党。

大革命失败后，中国共产党独立肩负起了领导中国革命的历史任务。如何找到一条适合中国国情的正确的革命道路，成为我们党当时亟待解决的重大课题。是把马克

思主义当成教条，还是把它作为行动指南？解决中国的问题，是从马克思主义的“本本”出发，还是从中国的实际出发？以毛泽东同志为代表的中国共产党人根据中国反动统治力量主要集中在大城市、中国革命主力军是农民的这一特点，积极探索出一条以农村包围城市、武装夺取政权的正确道路。“马克思主义的‘本本’是要学习的，但是必须同我国的实际情况相结合”，“中国革命斗争的胜利要靠中国同志了解中国情况”①。毛泽东的这一论断，明确地回答了如何学习和运用马克思主义的问题。

抗日战争时期，党的任务和所处的环境发生了很大变化，需要进一步解决正确地学习和运用马克思主义的问题。1938 年 11 月，毛泽东在党的六届六中全会上提出了“马克思主义中国化”的战略任务。这一任务的提出，使中国共产党学习马克思主义进入一个全新的时期。从六届六中全会到 1942 年延安整风，再到 1945 年党的七大召开，在全党持续开展了一场真正“以研究中国革命的实际问题为中心”的深入学习马克思主义运动。党的七大把建党以来马克思主义中国化的成果概括为毛泽东思想，并确立为党的指导思想，实现了马克思主义中国化的第一次飞跃。

党的十一届三中全会以后，中国共产党站在新的时代高度，坚持用马克思主义的立场、观点和方法来认识与把握世情、国情和党情的变化，系统地回答了“什么是社会主义、怎样建设社会主义”，创造性地回答了“建设什么样的党、怎样建设党”，正确回答了“实现什么样的发展、怎样发展”这一系列关系到中国未来前途和命运的重大问题，形成了包括邓小平理论、“三个代表”重要思想以及科学发展观等重大战略思想在内的中国特色社会主义理论体系，实现了马克思主义中国化的第二次历史性飞跃。党的十五大以来，按照党的理论创新每推进一步、理论武装就要跟进一步的要求，中共中央先后在全党范围内开展了以深入学习邓小平理论为重要内容的“三讲”（讲学习，讲政治，讲正气）教育、以实践“三个代表”重要思想为主要内容的保持共产党员先进性教育、深入学习实践科学发展观等集中学习教育活动，深化了党员干部对马克思主义中国化最新成果的理解，为全面建设小康社会、开创中国特色社会主义事业新局面，奠定了更加坚实的思想基础和理论基础。

二、加强党的领导能力建设，提高党的领导水平，是建设学习型政党的中心内容

中国的革命、建设、改革事业能否成功，关键取决于其领导核心——中国共产党，取决于中国共产党的领导能力和领导水平的高低。90 年来，我们党紧密围绕不同时期

① 《毛泽东选集》，2 版，第 1 卷，111～112、115 页，北京，人民出版社，1991。

的历史任务和中心工作来开展学习运动，善于把握革命规律和执政规律，不断地加强党的领导能力建设和提高领导水平。

大革命时期，中国共产党结合迅速发展的革命形势，尤其是针对工人运动、农民运动和军事工作人才缺乏的现实，设立了各种妇女运动训练班、农民运动讲习所并积极选派党团员报考黄埔军校，为轰轰烈烈的大革命作出了重要贡献。

第二次国内革命战争期间，为适应当时革命军事斗争和根据地建设、白区工作对干部的急迫需要，我们党先后创办了培养军事干部的工农红军学校、培养党务干部的马克思共产主义学校，以及培养行政干部的苏维埃大学等，造就了大批军事政治人才。

抗日战争时期，我们党开展的学习运动遵循“最大限度为抗战服务”的原则，以“提高全党同志领导人民群众完成抗日救国任务的能力为重点”[①]，做到了一切从抗战需要出发开展学习，密切配合抗战每一阶段进程。例如，敌后工作的展开需要大批干部，陕北公学就集中培养敌后民运干部；陕甘宁边区政府急需各类管理干部，边区行政管理学院就制定方针，使教学更好地为边区工作服务。抗战时期我们党通过开展卓有成效的干部学习培训教育工作，极大地缓解了战争初期的干部缺乏和“本领恐慌”的局面，为党后来领导人民取得新民主主义革命的胜利提供了重要的保障。

新中国成立后，提高党领导经济工作的能力和水平成为当时最为紧迫的任务。建国初期，为了适应各项建设事业对领导干部和专门技术人才的急迫需求，我们党组织了大批干部到各专业学校学技术、学管理、学科学，迅速培养了大批能适应新岗位和新任务的干部，从而有力地领导了社会主义三大改造的完成和促进了社会主义建设事业的进行。

党的十一届三中全会作出了将党的工作重点转移到社会主义现代化建设上来的重大决策。党中央决定，根据“缺什么补什么”的原则加强对干部的培训，通过有计划地选送干部到高校进修和加强在职学习，尽快提高他们的专业知识水平和现代管理水平。[②] 党的十三届四中全会召开后，我们党开展的历次集中学习活动突出了“增强执政意识、提高执政能力”这个重点，把加强干部的领导能力建设贯穿于学习教育培训工作的各个方面，取得了显著成绩。党的十四大以来，中共中央每年确定一个专题，把省部级主要领导干部集中起来进行学习研讨，先后举办了省部级领导干部金融、财税、国际形势与 WTO、社会主义新农村建设、提高构建社会主义和谐社会能力、贯彻落实科学发展观加快经济发展方式转变、社会管理及其创新等专题研讨班，就一系列涉及我国改革和建设中带有全局性、战略性、前瞻性的重大问题进行专题研讨与集

① 张腾霄：《中国共产党的干部教育——抗日战争时期》，57 页，北京，人民出版社，1988。
② 参见李小三：《中国共产党干部教育简史》，289 页，北京，中共党史出版社，2009。

中学习。2008年11月，党中央对全国近2 000名县（市、旗）党委书记进行了集中培训，以切实增强他们领导农村改革发展的能力。实践证明，通过开展以加强执政能力建设为主要内容的学习活动，各级党组织和广大党员干部有效地提高了科学判断形势的能力、驾驭市场经济的能力、应对复杂局面的能力、依法执政的能力和总揽全局的能力，从而为党的事业的科学发展提供了强有力的干部保证。

三、正确评价党的历史，科学总结历史经验，是建设学习型政党的有效途径

党的历史作为中国共产党领导中国人民进行革命、建设和改革的历程的记录，既是一个蕴涵着成功与挫折、正确与失误的智慧宝库，又是一部对党员干部进行教育的生动教材。中国共产党在建设马克思主义学习型政党的实践中，善于从党史中汲取历史经验和精神力量，充分发挥了党史的“咨政育人”作用，进而使党更加走向成熟，不断发展壮大，赢得了一个又一个胜利。

延安时期，毛泽东在中央学习组作题为《如何研究中共党史》的演讲时指出：“如果不把党的历史搞清楚，不把党在历史上所走的路搞清楚，便不能把事情办得更好。”[①] 延安整风运动期间，党中央曾经多次召开总结党的历史经验的座谈会，通过对党史的学习、研究以及对历史经验的总结，使党员干部更好地看清了党的历史上的路线是非，提高了思想认识。[②] 在此基础上，党的六届七中全会形成了《关于若干历史问题的决议》，统一了全党的思想，实现了用中国共产党的历史、中国革命的经验来教育全党同志的实际效果。

“文化大革命”结束不久，全党上下围绕《关于建国以来党的若干历史问题的决议》（以下简称《决议》）进行了一次大规模的有关党的历史的广泛而切实的讨论。《决议》在起草的过程中，曾经在党内多次进行讨论、征求意见，其草案的第二稿曾交全党4 000名高级干部讨论。[③]《决议》对建国32年来中国共产党的历史进行了科学的分析和正确的总结，实事求是地评价了建国以来的重大历史事件，分清了功过是非，不但实现了统一全党思想、加强全党团结，而且对全党同志是一次具体生动的辩证唯物主义和历史唯物主义基本原理、党的历史经验的深刻教育。

党的十三届四中全会以来，党中央坚持了这一好的学习方法。江泽民同志在庆祝中国共产党成立80周年大会上的重要讲话，系统总结了我们党80年来奋斗的基本经

---

① 《毛泽东文集》，第2卷，399页，北京，人民出版社，1993。

② 参见胡乔木：《回忆延安整风》，载《党的文献》，1994（1）。

③ 参见金冲及：《二十世纪中国史纲》，第4卷，178页，北京，社会科学文献出版社，2009。

验，即：必须始终坚持马克思主义基本原理同中国具体实际相结合，坚持科学理论的指导，坚定不移地走自己的路；必须始终紧紧依靠人民群众，诚心诚意为人民谋利益，从人民群众中汲取前进的不竭力量；必须始终自觉地加强和改进党的建设，不断增强党的创造力、凝聚力和战斗力，永葆党的生机和活力。[①] 胡锦涛同志在党的十七大报告中对十一届三中全会以来党领导的改革开放、建设中国特色社会主义的实践经验作了高度概括，总结出了“十个结合”这一我们这样一个十几亿人口的发展中大国摆脱贫困、加快实现现代化、巩固和发展社会主义的宝贵经验。[②] 胡锦涛同志在纪念党的十一届三中全会召开30周年大会上的重要讲话中又对这“十个结合”逐一作了阐释，这是对改革开放30年实践经验的科学总结，更是我们党极为宝贵的精神财富。党的十七届四中全会又对全面执政60年来的历史经验进行了全面系统的总结，并号召全党同志要倍加珍惜党的历史，认真学习党的历史，从党的历史经验中汲取开拓前进的智慧和力量。

四、善于把握世界发展大势，注重借鉴国外执政党经验教训，是建设学习型政党的显著特征

一部近现代世界史，就是一个不断“全球化”的进程，在这样的历史条件下，能否具有世界眼光，对一个民族、一个国家、一个政党的发展至关重要。何谓世界眼光?一言以蔽之，是一种能够把握时代脉搏、与时俱进、掌握世界发展的新潮流、新趋势的精神状态；是一种全局意识、一种对外开放的意识。中国共产党是一个具有世界眼光的无产阶级政党，她的世界眼光不是与生俱来的，而是在适应时代发展的要求，在长期的革命、建设和改革的实践以及开展学习运动的过程中，不断进取而形成的一种优秀品质。

建党初期，我们党就不断地通过共产国际（苏共）、国际统一战线和外派党的干部出国学习深造等形式与渠道面向世界、面向外国学习革命的理论和经验。新民主主义革命时期，以毛泽东为代表的中国共产党人科学分析了中国革命所处的国际环境，认识到因为“第一次胜利的社会主义十月革命，改变了整个世界历史的方向，划分了整个世界历史的时代”，明确提出了“中国革命是世界革命的一部分”[③] 这一论断，从而确定了中国革命的大方向和总目标。新中国成立后，毛泽东多次旗帜鲜明地提出了“向外国学习”的口号。他指出：“一切民族、一切国家的长处都要学……必须有分析

---

① 参见《江泽民文选》，第3卷，270～271页，北京，人民出版社，2006。

② 参见《十七大以来重要文献选编》（上），75页，北京，人民出版社，2009。

③ 《毛泽东选集》，2版，第2卷，667～668页，人民出版社，1991。

有批判地学，不能盲目学，不能一切照抄，机械搬运。”① 20 世纪 50 年代，我们党选派了大批青年学生赴苏联以及东欧社会主义国家留学，学习建设新国家所需的管理和科学知识。应该说，在当时情况下学习苏联经验，对于促进我国社会主义建设事业起到了非常重要的作用。但随着自身实践经验的积累，我们党对于苏联经验中的一些弊端和错误，逐步有所了解，明确提出要以苏联经验为借鉴，探索一条适合中国情况的建设道路。但是，由于当时复杂的国际形势以及党内“左”的错误思潮的蔓延，探索道路被迫中止。

“文化大革命”结束后，中国共产党人坚持用马克思主义的宽广眼光观察世界，清醒地认识到：二战以来特别是 20 世纪 80 年代以来，国际局势发生了巨大的变化，世界进入了一个不同于战争与革命时期的新的历史时期。我们党正是从这种世界格局的变化出发，以求实的科学态度，对世界上其他社会主义国家的兴衰成败、发展中国家谋求发展的得失、发达国家发展的态势和矛盾进行正确分析，提出了和平与发展是当代世界两大主题的著名论断，毅然决然地作出了实行改革开放的伟大决策。

党的十三届四中全会以后，我们党十分注重总结各国发展的历史经验，汲取和借鉴了世界上一些大党、老党因丧失先进性导致失去执政地位的教训，清醒地判断党所处的历史方位，集中全党智慧提出了“三个代表”重要思想。党的十六大以来，我们党更加深入研究、大胆借鉴世界上其他政党在治国理政方面的有益做法，从世界政治经济发展的大格局中把握加强党的执政能力建设的规律。据统计，在十六届中央政治局组织的 44 次集体学习中，包含“世界”、“国际”、“海外”等词的主题占 40%。② 我们党正是在总结世界各国执政党在发展问题上的经验教训、借鉴国际社会发展的有益经验、准确认识我国发展的阶段性特征的基础上，提出以人为本，全面、协调、可持续的科学发展观，深化了对共产党执政规律、社会主义建设规律和人类社会发展规律的认识。

五、虚心向群众学习，尊重群众的首创精神，是建设学习型政党的重要法宝

唯物史观认为，人民群众是历史的创造者，是真正的英雄。90 年来，中国共产党始终与广大人民群众同呼吸、共命运，尊重人民群众的首创精神，善于从人民群众的实践中汲取智慧和力量。

---

① 《毛泽东著作选读》（下册），740 页，北京，人民出版社，1986。

② 参见崔常发、徐明善：《高层论坛——十六大以来中央政治局集体学习的重大课题》（下册），636 页，北京，红旗出版社，2007。

早在1925年10月，中国共产党第二次中央执委会扩大会议决议就指出："中国革命运动的将来命运，全看中国共产党会不会组织群众，引导群众，及时总结人民群众在革命实践中所创造的新做法新经验。"① 1943年11月，毛泽东同志指出："群众有伟大的创造力。中国人民中间，实在有成千成万的'诸葛亮'，每个乡村，每个市镇，都有那里的'诸葛亮'。我们应该走到群众中间去，向群众学习。"② 并表示要"和全党同志共同一起向群众学习，继续当一个小学生"。延安整风的一项重点任务就是要反对脱离群众的宗派主义，解决党同群众的关系问题。新民主主义革命时期，我们党所取得的每一次重大胜利都离不开人民群众的实践活动。中国共产党就是在人民群众丰富的革命斗争实践中，逐步认清了中国的社会性质和基本国情，认清了革命的动力、对象、任务和前途，依靠广大人民群众的实践取得了革命的胜利。

在改革开放的伟大实践中，我们党始终把密切联系群众、从人民群众的实践创造中汲取智慧作为自身不断前进、推动理论创新的力量源泉和保证，取得了一次次重大的突破。30多年来，从家庭联产承包责任制的推行，到经济特区的创办，到乡镇企业的异军突起，再到非公有制经济的快速发展，无一不是人民群众在实践中探索的结果。邓小平曾对此有过这样的评价："农村改革中，我们完全没有预料到的最大收获，就是乡镇企业发展起来了，突然冒出搞多种行业，搞商品经济，搞各种小型企业，异军突起。这不是我们中央的功绩。"③ 实践已经证明还将继续证明，我们党的方针政策不断完善，执政水平不断提高，无不得益于群众的帮助。善于向人民群众学习，尊重人民群众的首创精神，不仅是我们党的工作方法，也是建设学习型政党的重要法宝。

---

① 《中共中央文件选集（1921—1925）》，406页，中共中央党校出版社，1982。

② 《毛泽东选集》，2版，第3卷，933页，北京，人民出版社，1991。

③ 《邓小平文选》，第3卷，238页，北京，人民出版社，1993。

时代要求与马克思主义学习型政党建设

侯衍社

党的十七届四中全会通过的《中共中央关于加强和改进新形势下党的建设若干重大问题的决定》强调："必须按照科学理论武装、具有世界眼光、善于把握规律、富有创新精神的要求，把建设马克思主义学习型政党作为重大而紧迫的战略任务抓紧抓好。"深刻认识建设马克思主义学习型政党的重要性、紧迫性，深入推进马克思主义学习型政党建设，对于始终保持和发展党的先进性，不断巩固和加强党的执政地位，圆满完成党所肩负的历史使命，具有重要而深远的意义。

一、建设马克思主义学习型政党意义重大、影响深远

1. 建设马克思主义学习型政党是当今时代的客观要求

当今世界是更加开放的世界，经济全球化继续深入发展，科技进步日新月异，西方发达国家在经济科技方面依然占据明显优势，国家之间综合国力的竞争无论是在范围上还是在程度上都更加激烈，国际上不稳定、不确定因素增多。这些情况，在给我国发展带来新机遇的同时，也带来严峻挑战。从国内来看，经过新中国成立 60 多年特别是改革开放 30 多年的发展，我们在经济、政治、文化等方面都取得了举世瞩目的成就，人民生活水平大幅提高，国际地位明显增强，在中国特色社会主义道路上实现中华民族伟大复兴已经展现出灿烂的美景。与此同时，我们依然处于社会主义初级阶段，随着改革开放进入"深水区"，一些深层次的矛盾和问题不断浮出水面，社会各个领域

的发展与人民群众的新期待尚有很大差距。在我们这个人口众多、各地区发展水平很不平衡的发展中大国，中国共产党作为中国特色社会主义事业的领导核心，其肩负任务的艰巨性、复杂性、重要性世所罕见。在此纷繁复杂的国内外形势下，中国共产党要始终站在时代潮流的前头，领导全国各族人民深入推进改革开放和现代化建设，实现中华民族的伟大复兴，就必须以时不我待的精神加强学习，努力成为马克思主义学习型政党。

2. 建设马克思主义学习型政党是党的性质、宗旨的内在要求

中国共产党是中国工人阶级的先锋队，同时也是中国人民和中华民族的先锋队。自成立之日起，中国共产党就是中国各种进步力量的杰出代表，代表着中国先进生产力的发展要求，代表着中国先进文化的前进方向，代表着中国最广大人民的根本利益，因而能够团结带领全国各族人民先后取得了革命、建设和改革开放事业的伟大胜利，充分体现了立党为公、执政为民的根本宗旨。中国共产党是一个代表最广大人民根本利益的先进政党，而不是代表小团体利益的狭隘政党，必须善于根据客观形势的变化，不断学习，自觉提高自身的各种能力，才有可能始终奋进在时代前列。毛泽东深刻指出："情况是在不断地变化，要使自己的思想适应新的情况，就得学习。即使是对于马克思主义已经了解得比较多的人，无产阶级立场比较坚定的人，也还是要再学习，要接受新事物，要研究新问题。"[①] 在新世纪新阶段，我们面临的机遇前所未有，挑战也前所未有，中国共产党要在新的时代条件下始终保持先进性的品格，要实现好、维护好、发展好最广大人民的根本利益，就必须以空前的热情开展学习，努力成为马克思主义学习型政党。

3. 建设马克思主义学习型政党是解决党面临问题的现实要求

中国共产党作为执政党，其执政水平和领导能力、总体建设情况同党肩负的历史使命是适应的。同时，党的建设也存在一些值得注意的问题，突出表现为两个方面：一是不适应新形势、新任务要求的问题，二是不符合党的性质和宗旨的问题。主要表现为：一些党员、干部忽视理论学习，学用脱节，理想信念动摇；有些领导干部宗旨意识淡薄，个人主义突出，官僚主义严重；部分党员党员意识淡化、先锋模范作用不明显；一些领导班子推动科学发展、处理复杂问题的能力不够，等等。这些问题与党所肩负的历史使命不相适应，与党的性质、宗旨格格不入，必须切实加以改变。《中共中央关于加强和改进新形势下党的建设若干重大问题的决定》明确指出："全党必须牢记，党的先进性和党的执政地位都不是一劳永逸、一成不变的，过去先进不等于现在先进，现在先进不等于永远先进；过去拥有不等于现在拥有，现在拥有不等于永远拥

---

① 《毛泽东文集》，第7卷，271页，北京，人民出版社，1999。

有。”深入推进马克思主义学习型政党建设，加强和改进党的自身建设，对于提高党员干部的宗旨意识和责任感、使命感、光荣感，提高党的执政水平和领导能力，确保党的先进性，确保党在发展中国特色社会主义事业中的领导核心地位，具有强烈的现实意义和深远的历史意义。

二、建设马克思主义学习型政党必须明确任务、把握重点

建设马克思主义学习型政党是时代的要求、人民的要求、党自身发展的要求，是一项必须采取有效措施深入贯彻落实的重大战略任务。我们必须深刻认识建设马克思主义学习型政党的目标任务，明确重点，确保把建设马克思主义学习型政党的战略任务落到实处。

1. 建设马克思主义学习型政党，必须认真学习掌握马克思主义中国化的最新理论成果

思想理论建设是党的根本建设。重视从思想理论上建党，是我们党的优良传统、独特优势和最基本的经验。马克思主义是我们立党立国的根本指导思想，是与时俱进的科学理论体系。在中国共产党团结带领全国人民进行革命、建设和改革的不同历史时期，先后创立了毛泽东思想、邓小平理论、“三个代表”重要思想和科学发展观这些马克思主义中国化的伟大理论成果，极大地统一了全党全国人民的思想和行动，从而领导中国的各项事业不断从胜利走向胜利。早在改革开放初期，邓小平就提出，希望“全党的各级干部，首先是领导干部，在繁忙的工作中，仍然有一定的时间学习，熟悉马克思主义的基本理论，从而加强我们工作中的原则性、系统性、预见性和创造性”①。改革开放30多年来，我们在思想理论上取得的最大成果，就是创立了中国特色社会主义理论体系，实现了指导思想的与时俱进。建设马克思主义学习型政党，要求我们必须首先学习掌握这一马克思主义中国化的伟大理论成果。通过深入学习领会，牢牢把握正确的立场、观点和方法，使马克思主义始终与中国国情相结合、与时代发展同进步、与人民群众共命运，从而不断焕发出强大的生命力、创造力和感召力，进一步巩固全党全国各族人民团结奋斗的共同思想基础。

2. 建设马克思主义学习型政党，必须认真学习掌握群众路线这一根本的工作路线

人民群众是社会物质财富和精神财富的创造者，是社会变革的最终决定力量。群众路线是党的根本工作路线，是党的生命线。中国共产党作为中国工人阶级、中国人民和中华民族的先锋队，之所以伟大、之所以有无穷的力量，就在于她深深植根于群

---

① 《邓小平文选》，1版，第3卷，147页，北京，人民出版社，1993。

众之中——来源于群众，同时通过及时总结提炼群众创造的好做法、好经验而更好地服务于群众。马克思恩格斯指出："历史活动是群众的事业，随着历史活动的深入，必将是群众队伍的扩大。"[①] 列宁强调："生气勃勃的创造性的社会主义是由人民群众自己创立的。"[②] 江泽民同志在十六大报告中特别强调："我们党的最大政治优势是密切联系群众，党执政后最大的危险是脱离群众。"建设马克思主义学习型政党，必须牢固树立群众观点，认真贯彻群众路线，这是我们党始终保持生机活力的重要源泉，是我们的事业不断取得胜利的重要法宝。建设中国特色社会主义是前无古人的伟大事业，既无现成的模式可鉴，也无现成的经验可循，必须最大限度地发挥最广大群众的积极性、主动性、创造性，最大限度地调动他们的创造热情，最大限度地激发他们的创新活力，使他们在波澜壮阔的改革开放和现代化建设事业中不断创造出一个又一个人间奇迹，在创造自身幸福生活和美好家园的历史进程中将中国特色社会主义事业不断推向前进。

3. 建设马克思主义学习型政党，必须认真学习掌握古今中外一切优秀文明成果

中国共产党肩负着历史和时代赋予的神圣使命，实现现代化、完成祖国统一、维护世界和平与促进共同发展、实现中华民族的伟大复兴，这是今天亿万中国人民的光荣使命，也是一个多世纪以来无数志士仁人的美好理想。今天，中国共产党在一个全新的世界环境中领导着中国改革开放的伟大事业，其任务之艰巨、使命之光荣、挑战之严峻前所未有。正如胡锦涛总书记在中央纪委第七次全体会议上所强调：面对这样的新形势、新任务，如果我们的领导干部不抓紧学习，不抓好学习，不在学习和工作中不断提高自己，就难以完成肩负的历史责任，甚至难以在这个时代立足。邓小平强调："社会主义要赢得与资本主义相比较的优势，就必须大胆吸收和借鉴人类社会创造的一切文明成果，吸收和借鉴当今世界各国包括资本主义发达国家的一切反映现代社会化生产规律的先进经营方式、管理方法。"[③] 中国共产党必须以广阔的世界视野大力推进马克思主义学习型政党建设，自觉用人类文明的优秀成果武装自己的头脑，不断提高科学判断形势的能力、驾驭市场经济的能力、应对复杂局面的能力、依法执政的能力、总揽全局的能力，科学认识人类社会发展规律、社会主义建设规律和共产党执政规律，不断提高执政和领导的科学化水平，才能始终在领导中国人民建设中国特色社会主义的历史征程中掌握主动权，始终正确地引领时代潮流。

---

① 《马克思恩格斯全集》，中文1版，第2卷，104页，北京，人民出版社，1957。

② 《列宁全集》，中文2版，第33卷，53页，北京，人民出版社，1985。

③ 《邓小平文选》，1版，第3卷，373页，北京，人民出版社，1993。

三、建设马克思主义学习型政党必须坚持科学方法、深入推进

建设马克思主义学习型政党是一个复杂的系统工程，不可能一蹴而就，必须坚持科学的方法论原则，突出重点，深入推进，才能收到良好效果。

1. 建设马克思主义学习型政党，必须坚持学习知识与推动实践相结合

一方面，建设马克思主义学习型政党，必须认真学习书本知识，不断提高党员干部的思想政治素质、科学文化素质和精神境界。另一方面，建设马克思主义学习型政党，必须认真向实践学习、向群众学习，因为学习的目的主要在于应用。在建设马克思主义学习型政党过程中，要自觉把学习书本知识与学习直接经验相结合，学习知识与提高能力相结合，学习理论与推动实践相结合，从而在理论与实践的双向互动中不断提高全党的知识水平和执政能力。毛泽东说："实践、认识、再实践、再认识，这种形式，循环往复以至无穷，而实践和认识之每一循环的内容，都比较地进到了高一级的程度。这就是辩证唯物论的全部认识论，这就是辩证唯物论的知行统一观。"① 建设马克思主义学习型政党的过程，就是党的认识水平和实践能力不断提高的螺旋式上升的过程，就是党的执政能力和领导水平不断提高的过程。

2. 建设马克思主义学习型政党，必须坚持立足中国与面向世界相结合

中国共产党是在中国这个具体国度里建设社会主义现代化的，必须从中国特色社会主义初级阶段的基本国情出发，确定我们的基本理论、路线、纲领和方针、政策，才能卓有成效地推动我们的经济建设、政治建设、文化建设、社会建设和生态文明建设。曾几何时，不顾国情，教条式地照搬照抄的错误做法使我们深受其害，对此我们必须保持足够的警惕。同时，我们也要清醒地看到，我们是在一个经济全球化加速发展的"地球村"里搞建设的，随着互联网等高科技的飞速发展，不同国家、民族之间的交流、交往、沟通、合作越来越密切。邓小平深刻洞察了这一历史潮流，明确指出："任何一个国家要发展，孤立起来，闭关自守是不可能的，不加强国际交往，不引进发达国家的先进经验、先进科学技术和资金，是不可能的。"② 建设马克思主义学习型政党，必须坚持立足中国与面向世界相结合。一方面，要深深立足于中国实际，坚持马克思主义基本原理同中国具体实际相结合，积极推进马克思主义中国化、时代化、大众化。另一方面，要始终把中国的发展置于世界变革的大背景下来考量，科学分析世界大势，准确把握时代潮流，牢牢抓住抓好一切有利于中国发展的机遇，奋力推进中

---

① 《毛泽东选集》，2版，第1卷，296～297页，北京，人民出版社，1991。
② 《邓小平文选》，1版，第3卷，117页，北京，人民出版社，1993。

华民族伟大复兴的历史进程。

3. 建设马克思主义学习型政党，必须坚持立足现实与面向未来相结合

建设马克思主义学习型政党，必须立足现实，以我国改革开放和现代化建设的实际问题、以我们正在做的事情为中心，鼓实劲，出实招，见实效。通过学习，切实推动党的各种素质和能力的明显提高，推动实际问题的科学解答和正确解决。但是，这样决不意味着我们仅仅局限于思考和解决眼前的问题。人无远虑，必有近忧。《中共中央关于加强和改进新形势下党的建设若干重大问题的决定》强调："全党必须居安思危，增强忧患意识，常怀忧党之心，恪尽兴党之责，勇于变革、勇于创新，永不僵化、永不停滞"。建设马克思主义学习型政党，要求我们必须要有忧患意识、超前眼光和创新精神，立足眼前，着眼长远，善于从复杂现象中看到本质，从偶然性中揭示必然性，从变化中把握不变，深刻认识人类社会发展规律、社会主义建设规律和共产党执政规律，不断提高科学判断形势、应对复杂局面和总揽全局等各种能力，从而在错综复杂的矛盾和问题面前沉着冷静、应付自如，始终在改革开放和现代化建设的伟大实践中成为最广大人民群众的主心骨，团结带领全国各族人民向着民族复兴的伟大目标阔步前进！

论马克思主义学习型政党的基本要求

徐志宏

党的十七届四中全会通过的《中共中央关于加强和改进新形势下党的建设若干重大问题的决定》(以下简称《决定》)指出:“不断学习、善于学习,努力掌握和运用一切科学的新思想、新知识、新经验,是党始终走在时代前列引领中国发展进步的决定性因素。必须按照科学理论武装、具有世界眼光、善于把握规律、富有创新精神的要求,把建设马克思主义学习型政党作为重大而紧迫的战略任务抓紧抓好。”这一论述深刻阐明了建设马克思主义学习型政党的基本要求,意义重大而深远。

一、科学理论武装,深入结合实际,形成最新成果

重视科学理论武装,坚持理论联系实际,不断总结新经验、形成新成果,并用最新理论成果指导新的实践,是建设马克思主义学习型政党的基本要求。

中国共产党是善于用科学态度对待马克思主义的党。马克思主义是发展的理论,与时俱进是马克思主义的思想精髓和理论品质。党在长期发展中,始终坚持从书本中学习马克思主义,从实践中领会马克思主义,从失败和成功中汲取正反两方面的经验与教训,深刻掌握了这一思想精髓和理论品质,形成了党认识问题、分析问题和解决问题的思想路线:一切从实际出发,理论联系实际,实事求是,在实践中检验真理和发展真理;也形成了党对待马克思主义的一贯立场和科学态度:马克思主义中国化、时代化、大众化和用发展的马克思主义指导新的实践。毛泽东思想、邓小平理论、“三

个代表”重要思想、科学发展观就是党在长期奋斗中把马克思主义基本原理与中国具体实际相结合，不断总结中国革命、建设和改革的宝贵经验，及时荟萃人民群众的大胆创造和集体智慧而形成的一个又一个理论成果，是马克思主义中国化、时代化和大众化的生动体现，是指导中国革命、建设和改革事业不断前进的思想武器，是中国共产党和中国人民来之不易、需倍加珍惜的精神财富。

党取得今天的执政地位和成就，靠的是科学理论的武装和党的先进性。但是，中外许多政权兴衰更替的历史告诉人们一个道理：党的先进性和执政地位都不是一劳永逸、一成不变的，过去先进不等于现在先进，现在先进不等于永远先进。面对日趋激烈的综合国力竞争和多种力量的较量，面对不断增加的各种不稳定、不确定性因素，面对社会主义初级阶段呈现出的一系列阶段性新特点，面对随经济社会深入发展而出现的一系列新情况、新问题和新矛盾，党在前进道路上肩负任务的艰巨性、复杂性、繁重性世所罕见，遇到的挑战和考验也空前巨大，任何麻痹大意、骄傲自满、不思进取，都会给党和党领导的事业带来灾难性后果。

建设中国特色社会主义是前无古人的开创性事业，前进道路上艰难险阻在所难免。能不能取胜的关键在党，在党自身的建设能不能搞好，而搞好党自身建设的关键首先在于把党的思想建设搞好。历史经验证明，一个理论正确、精神振奋、理想远大、信念坚定的党必然战无不胜。

当前，党的思想建设总体上与党的执政宗旨、执政要求和执政使命相适应，但是，党内也存在不少不适应甚至危害党执政的问题，其中最突出、对党长期执政危害最大的问题就是一些党员、干部忽视理论学习、学用脱节，理想信念动摇，对中国特色社会主义缺乏信心。而所有这些都可以归结为一个问题，就是丧失了科学理论的武装。所以，建设学习型政党，首先就是要进一步用科学理论武装全党。

用科学理论武装全党，有三项迫切需要做好的工作：第一，继续推进马克思主义中国化、时代化和大众化，把马克思主义基本原理与中国当代实践和时代特征相结合，深刻总结建国 60 多年特别是改革开放 30 多年的发展经验，赋予马克思主义新的时代内涵，有力回答国际国内形势变化提出的一系列重大理论问题和党员干部、人民群众的思想困惑，以通俗形式让马克思主义的真理为人民群众所掌握，化为人民群众改造主观世界和客观世界的强大精神武器，正确回答什么是马克思主义、怎样发展马克思主义的问题。第二，用中国特色社会主义理论体系武装全党，深入贯彻落实科学发展观，用发展着的马克思主义指导新的实践，自觉执行党的路线、方针和政策，坚定走中国特色社会主义道路的信心和信念，正确回答什么是社会主义、怎样建设社会主义和什么是科学发展、怎样实现科学发展的问题。第三，深入开展社会主义核心价值体系的学习教育，让党员干部树立正确的世界观、人生观、价值观和远大的共产主义理想，用积极健康、昂扬向上的思想观念引领社会思潮和社会风气，增强拒腐防变的能力，正确回答建设什么样的党、怎样建设党和什么是先进性、怎样保持先进性的问题。

二、学习古今中外，掌握最新知识，具有世界眼光

学习是学习型政党的本质特征，但是，不同政党有不同的学习要求。学习古今中外，掌握最新知识，具有世界眼光，是时代赋予马克思主义学习型政党建设的新要求。

中国是一个历史悠久的文明古国，五千年的发展历史包含丰富多彩、博大精深的思想文化，平民百姓的生活故事，先辈前贤的智慧创造，社会兴衰治乱的过程轨迹，历代王朝治国理政的经验教训等，是一部打开了的活生生的百科全书。学习历史，可以从历史中汲取前人创造的经验和智慧，可以分清传统思想文化的精华与糟粕，也可以避免前人走过的弯路，是让人变得聪明的有效办法，也是学习型政党建设不可缺少的内涵。

中国共产党最善于学习历史、总结历史经验、把握历史规律并给予历史以应有的尊重。党的90年奋斗历史就是一部以史为鉴、不断汲取历史经验、从历史中崛起、不屈不挠、催人奋进的生动教材。毛泽东、邓小平等党的领导核心更是为全党树立了熟知历史知识、运用历史经验、尊重历史规律的典范。

学习掌握历史知识和历史经验非常重要，学习掌握最新知识和最新经验更加重要。我们生活在社会发展速度越来越快和知识信息生产越来越多的时代。人类社会的一切领域和人类交往的一切方式都在发生改变，新知识不断增加，新领域不断拓展，新情况不断出现，新问题不断产生，关系的复杂性、变动的剧烈性和管理的高难性，都超出了前人想象。面对这种情形，无论个人还是组织，无论政党还是国家，如果不加强学习，不提高掌握新知识、运用新知识的能力，势必会落伍。

早在抗日战争时期，毛泽东就指出："我们要建设大党，我们的干部非学习不可。学习是我们注重的工作，特别是干部同志，学习的需要更加迫切，如果不学习，就不能领导工作，不能改善工作与建设大党。"① 建国前夕，毛泽东又深刻指出："严重的经济建设任务摆在我们面前。我们熟习的东西有些快要闲起来了，我们不熟习的东西正在强迫我们去做。……我们必须克服困难，我们必须学会自己不懂的东西。"② 毛泽东还非常严肃地向全党指出："如果我们在生产工作上无知，不能很快地学会生产工作，不能使生产事业尽可能迅速地恢复和发展，获得确实的成绩，首先使工人生活有

---

① 《毛泽东文集》，第2卷，179页，北京，人民出版社，1996。

② 《毛泽东选集》，2版，第4卷，1480～1481页，北京，人民出版社，1991。

所改善，并使一般人民的生活有所改善，那我们就不能维持政权，我们就会站不住脚，我们就会要失败。”

党的十一届三中全会前夕，邓小平在总结过去几十年社会主义建设的经验教训时指出：“这些年来，应当承认学得不好。主要的精力放到政治运动上去了，建设的本领没有学好，建设没有上去，政治也发生了严重的曲折。现在要搞现代化建设，就更加不懂了。所以全党必须再重新进行一次学习。”① 对于重提实现社会主义现代化建设目标，邓小平指出：“在不断出现的新问题面前，我们党总是要学，我们共产党人总是要学，我们中国人民总是要学。谁也不能安于落后，落后就不能生存。”② 邓小平还就如何把过去耽误的时间补回来，奋起直追世界先进水平向全党发出号召：“实现四个现代化是一场深刻的伟大的革命。在这场伟大的革命中，我们是在不断地解决新的矛盾中前进的。因此，全党同志一定要善于学习，善于重新学习。”③

在改革开放和社会主义市场经济不断深入的过程中，江泽民同志郑重指出：“要把经济建设搞上去，要使社会主义中国在世界上永远立于不败之地，全党同志任重道远。而我们不懂得、不熟悉、不精通的东西还很多，或者过去懂得的、熟悉的东西，随着科学技术的迅猛发展和知识的迅速更新，又变成不懂得、不熟悉了。所以唯一的办法，就是加强学习。只有加强学习，方能做到日新日日新，跟上时代前进的步伐。”④ “学习问题，关系到广大干部自身的进步，关系到国家、民族的兴衰和社会主义现代化事业的成败。我们全党全民族都必须有这个共识。”⑤ “当今时代，是要求人们必须终身学习的时代”⑥，必须“构筑终身教育体系，创建学习型社会”，促进人的全面发展。

进入21世纪，胡锦涛总书记进一步指出：“面对不断发展变化的国内外形势，面对知识日新月异的当今时代，我们只有勤于学习、不断学习、善于学习，才能始终走在时代前列，才能不断提高领导水平和执政水平，真正担负起领导人民在中国特色社会主义道路上实现中华民族伟大复兴的历史使命。”“如果我们的领导干部不抓紧学习，不抓好学习，不在学习和工作中不断提高自己，就难以完成肩负的历史责任，甚至难以在这个时代立足。”“要做合格的领导者和管理者，必须大力加强学习，努力用人类社会创造的丰富知识来充实自己。”胡锦涛总书记特别强调指出：“要引导广大党员树立重视学习、坚持学习、终身学习的观念，自觉做到学以立德、学以增智、学以创业。”

---

① 《邓小平文选》，2版，第2卷，153页，北京，人民出版社，1994。
② 同上书，270页。
③ 同上书，152～153页。
④ 《十三大以来重要文献选编》（下），2085页，北京，人民出版社，1993。
⑤ 江泽民：《论党的建设》，145页，北京，人民出版社，2001。
⑥ 《十五大以来重要文献选编》（上），696页，北京，人民出版社，2000。

学习新知识、掌握新经验，不能自我封闭和自我陶醉。眼光只局限于本单位、本地区和自己国家，必然是井底之蛙，难有大的学习成就，必须以开放的胸怀、开放的心态和前瞻的眼光，学习世界上一切值得学习的东西。“具有世界眼光”是马克思主义学习型政党不同于其他学习型组织的本质要求，也是党的优良传统的最好总结。早在社会主义建设初期，毛泽东就在《论十大关系》中指出：“我们的方针是，一切民族、一切国家的长处都要学，政治、经济、科学、技术、文学、艺术的一切真正好的东西都要学。”他甚至非常通俗地告诉人们，“找知识要到各方面去找，只到一个地方去找，就单调了”。

邓小平在总结“文化大革命”给党和国家事业发展造成的巨大破坏时说，“科学技术是人类共同创造的财富。任何一个民族、一个国家，都需要学习别的民族、别的国家的长处，学习人家的先进科学技术”。“中国在历史上对世界有过贡献，但是长期停滞，发展很慢。现在是我们向世界先进国家学习的时候了。”江泽民同志指出：“科学技术的突飞猛进，越来越深刻地影响着世界政治经济的格局和人们的社会生活。中国在扩大开放、实现现代化的进程中，需要重视学习和吸收世界各国人民、包括美国人民创造的一切优秀科技成果。”

三、懂得辩证思维，善于把握规律，富于创新精神

学习的本质是把握规律、解决问题、进行创新，为学习而学习就失去了学习的真正价值。《决定》把“善于把握规律、富有创新精神”作为建设马克思主义学习型政党的内在要求，从根本上抓住了建设学习型政党的实质。

多数人都知道把握规律的重要性，也知道规律是事物的内在联系和本质联系。但是，要真正做到认识规律、把握规律、运用规律并不容易。因为，规律往往隐藏在大量复杂事物和复杂关系背后，不经过“去粗取精、去伪存真、由此及彼、由表及里”的加工制作，不经过深入细致的调查研究、反反复复的试验实践和认真透彻的分析思考，是很难发现规律和掌握规律的。

认识规律和把握规律难，不仅在于规律隐藏在事物内部和关系之间，而且在于规律本身也处在发展变化之中，具有鲜明的时空性。规律作为事物的内在本质和内在联系，事物一旦发生变化，事物的联系就会发生变化，事物的规律也必然会发生变化，为什么“关键在坚持与时俱进”？说到底，是因为时空性、规律性和创新性之间有着内在的逻辑联系。时间不同，空间不同，事物及联系就会发生改变，事物的发展趋势即规律也就会出现变化。认识与掌握了过去事物的内在本质和相互关系，不等于认识与把握了已经变化或新出现的事物的本质和相互关系；过去进行过创造

和创新，不等于现在和将来不再需要创造和创新。这是生活的辩证法。不懂得辩证法，不学会掌握辩证思维，很难懂得这一道理，更不用说把握新事物、新规律和进行创新了。所以，把握规律与进行创新是同一个认识过程和实践过程。要进行创新，就必须认识新事物和把握新规律；认识和把握了新的事物和规律，就必然能够进行创新。

中国共产党把“善于把握规律、富有创新精神”作为建设马克思主义学习型政党的本质要求，表现了党对时空性、规律性和创新性辩证关系的深刻理解与正确把握，是思想建设的与时俱进。

纵观社会发展历史，时代、环境改变了，社会政治、经济、文化及社会生活其他方面的发展规律和发展趋势也必然会发生变化。党要适应变化了的形势和环境，就必须研究新情况、新问题，把握事物变化发展的新规律、新趋势，并用对新规律的认识和把握来指导行动。否则，将一事无成。

发现新事物、新规律，就是在进行创造和创新；敢于和善于发现新事物、新规律，就是富有创新精神。当今世界，谁富有创新精神，敢于和善于发现新事物、新规律，把握新知识、新经验，并用对新规律的认识和把握来指导新的实践，谁就能在综合实力的激烈竞争中处于优势，立于不败之地。

开拓进取、锐意创新是形势变化、时代发展的要求，是中国共产党提高执政水平和执政能力的需要。不开拓，就走不出一条新路；不创新，就达不到新境界。20 世纪 60 年代，毛泽东曾经指出：“人类总得不断地总结经验，有所发现、有所发明、有所创造、有所前进。停止的观点，无所作为的观点，都是错误的，其所以是错误，因为这些论点不符合大约一百万年以来人类社会发展的历史事实，也不符合迄今为止我们所知道的自然界的历史事实。”中国新民主主义革命特殊道路的发现、中国特色社会主义建设道路的开创，无不证明了创新的重要性。“创新是一个民族进步的灵魂，是一个国家兴旺发达的不竭动力，也是一个政党永葆生机的源泉。”

立足中国，放眼全球，世界在变化，我国改革开放、市场经济和现代化建设在前进，人民群众的伟大实践在发展，迫切要求我们党以勤奋好学、与时俱进的勇气，总结实践新经验，借鉴文明新成果，在思想、理论、知识和技术上不断扩展新视野，作出新概括。用新的理论概括、新的知识文化及新的科学技术引导、鼓舞党和人民，把中国特色社会主义事业不断推向前进。“实践基础上的理论创新是社会发展和变革的先导。通过理论创新推动制度创新、科技创新、文化创新以及其他各方面的创新，不断在实践中探索，永不自满，永不懈怠”，这就是我们要建设的学习型政党，也是必须长期坚持的治党治国之道。

四、健全学习制度，创新学习方法，形成优良学风

马克思主义学习型政党建设是一项系统工程。科学健全的学习制度、切实有效的学习方法和严谨优良的学习风气是这一系统工程不可缺少的要素。

1. 科学健全的学习制度

中国共产党自成立以来就非常重视学习活动的制度建设。时至今日，党已经形成了一套比较系统的学习制度，总结归纳主要有八项：全党组织集体学习制度；领导干部培训制度；领导干部调查研究制度；基层党员轮训制度；党员个人自学制度；党员主题教育制度；党员领导干部学习考核制度；党员干部和党组织学习成果转化制度。这八项制度构成了建设学习型政党制度框架和制度体系最核心的内容。现在需要做的工作就是对每一项制度加以健全和完善，并在学习型政党建设中加以严格的贯彻和执行。通过不断健全和完善学习制度，使党的全体组织和全体党员干部牢固树立学习和终身学习的理念，形成崇尚学习和终身学习的党内风气，并把它们转化为党内的一种习惯和气质。

2. 切实有效的学习方法

建设学习型政党，最根本而又必须坚持的方法有三个：学用结合，有的放矢；深入实践，调查研究；学思结合，恒心钻研。

学用结合，有的放矢。所谓学用结合、有的放矢，就是要把学习知识、理论和技能与解决本地区、本部门、本单位经济社会发展中的重大问题，人民群众最关心、最直接、最现实的利益问题，党的建设中最重大、最突出的问题紧密结合起来，从理论和实践的结合上真正“系统地而不是零碎地、实际地而不是空洞地”学习、掌握与运用新知识、新理论、新技能和新经验，以推动本地区、本部门、本单位的工作，推动本地区、本部门、本单位党的建设，提高党员干部思想政治素养，真正做到“学以致用、用以促学、学用相长”。

深入实践，调查研究。毛泽东有一句名言：“没有调查就没有发言权。”任何知识、理论、方针和政策，归根结底来源于实践。实践的本源性决定了掌握任何真知都必须深入实践，而调查研究是深入实践、获取真实资料的第一路径。不深入实践，不调查研究，知识理论就没有牢固根基，方针政策就缺少真实依据。用没有牢固根基的知识理论和没有真实依据的方针政策做人行事、推动工作、指导实践，其结果必然是害人误事。今天，世界各国相互联系越来越紧密，相互依赖、相互影响越来越显著，经济、政治、文化、社会、生态等关系越来越复杂，变化越来越快速，不确定性因素越来越多，社会发展的新情况、新问题、新特点越来越突出，人民群众的民主意识、参与意

识、维权意识和利益诉求越来越强，党治国理政的难度和挑战越来越大，在这种情况下，党的方针政策的制定和党员干部知识理论的获取如果不是建立在深入实践、调查研究而获得的真实资料的基础上，必会造成难以估量的损失。

学思结合，恒心钻研。古人云："学而不思则罔，思而不学则怠。"学习必须是"学"和"思"的结合，只有把书报和文件中所含的知识、理论、思想、观点放在恰当的历史背景中去理解和把握，从书报和文件形成的时代特点、社会条件、指导思想和动机目的等多方面综合研读与思考，才能弄通读透书报文件的内容和真义，才能在此基础上把握历史脉搏，品评时政人物，研判世界大势，吸取经验教训，形成自己的独立看法和观点。

学习的最大敌人是自我满足和不思进取，核心是学风问题。如果学风端正，无论党员干部还是党的组织都会呈现出一种努力工作、积极进取、锐意创新的精神面貌，相反，就会缺乏生机与活力，许多不好的问题也会相伴而生。所以，建设学习型政党的根本问题是学风问题。学风就是党风，关系着党的生死存亡。只有形成并保持优良的学风，学习型政党的建设任务和建设目标才能真正实现，党才能真正解决长期执政、执好政的历史性课题。

克服消极的障碍，形成优良学风，除了需要健全学习制度、创新学习方法外，还必须努力做到：第一，想学、爱学、勤学。学习是人的自觉行为。无论党员干部个人，还是各级党组织，不想学、不爱学，就没有学风建设。只有想学、爱学、勤学，学风建设才有前提和基础。而要让党员干部想学、爱学、勤学，就必须营造学习光荣、不学习可耻的社会氛围，使党员干部有一个爱学习的生存发展环境；必须优化党员干部准入和晋升机制，严把党员入口关和干部提升关；必须改进和完善基层党组织考核办法，把学习型党组织建设作为考核领导班子和基层党组织办法的重要内容。第二，真学、真懂、真信。学习是要解决问题，能不能解决问题是学风好坏的试金石。不下深工夫，只做表面文章，没有弄懂弄透，只记文章词句，看似学了，但主观世界和客观世界没有得到任何改造，是学风不正的表现。第三，解放思想，勇于创新。探索永无止境，学习永无止境。满足已有的知识，思想保守，故步自封，不思进取，是学风不纯的表现，只有解放思想，勇于创新，虚怀若谷，才能胸怀宽广，登高望远。

共产党人要做马克思主义者
——写在纪念建党90周年之际

梁树发

一、问题的提出

提出“共产党人要做马克思主义者”，主要根据党员目前的思想状况。有相当一部分共产党员在思想上、在世界观方面对自己没有要求，对作为党的行动指南的马克思主义没有明确认识，不能够甚至不愿意学习和掌握马克思主义、用马克思主义指导自己的行动。他们不了解马克思主义的世界观基础，甚至排斥这种基础，头脑中装的不是辩证唯物主义和历史唯物主义，而是唯心主义和封建迷信思想。本文提出这个问题的目的，是希望我们党和广大党员关注党目前的思想状况，唤起理论上的自觉，用马克思主义武装头脑，用马克思主义指导行动。

提出“共产党人要做马克思主义者”，受到手头有的两份材料的启示：一份是著名的德国社会民主党理论家、第二国际的领袖卡尔·考茨基的《一封关于马克思和马赫的信》，另一份是著名德国共产党理论家、“西方马克思主义”的先驱卡尔·科尔施的《我为什么是一个马克思主义者》。考茨基在信中表明了一种反对俄国社会民主党内讨论“马赫是否是马克思主义者”的问题的态度，认为这一争论本来是私人的事情，却被拿来麻烦党。这一问题涉及是否承认马克思主义有其特定的哲学基础的问题，涉及马克思主义者是否应该做辩证唯物主义者的问题。考茨基则认为关于党的世界观基础的问题，“对于我们的思想的明确性和统一性来说不是完全无关紧要的，但是对于党的明确性和统一性来说，这是一个完全无足轻重的问题”。“个别同志尽可以作为私人来研究”，而“不应当拿它来麻烦党”①。就我们党目前相当一部分同志存在的轻视哲学，甚至排斥哲学、排斥世界观问题的倾向来说，有必要提出共产党人应该做马克思主义者的要求。卡尔·科尔施提出的“我为什么是马克思主义者”② 的问题，实际是一个对马克思主义的认识问题，一个马克思主义观的问题，也是一个怎样做马克思主义者的问题。今天看来，这一问题同样具有突出的理论意义和现实意义。对马克思主义的正确认识，是做马克思主义者的理论前提。有学者可能认为，虽然可以一般地提出是否应该做马克思主义者的问题，但是要把它作为对共产党人的明确的甚至带有强制性的要求提出来，是否适当则值得考虑。本文认为这种要求是完全适当的，对于每一位共产党人、对于党的思想建设来说，这是不可回避并应明确的问题。

二、共产党人为什么要做马克思主义者

对于共产党人是否应该做马克思主义者的问题，有人可能以为这不是一个问题。他们或者认为，共产党人理应是一个马克思主义者；或者以为一个已经是共产党人的人，一定也已经是一个马克思主义者。更多的人则可能对此不能一下子作出明确回答，他们实际不清楚二者之间究竟是一种什么关系，他们通常也不去思考这个问题。这是一个问题吗？我们的回答是，这要看从什么意义上说。从理论上说，共产党人作为共产主义者与作为马克思主义者本质上是一致的，但是二者不是直接同一的，它们的一致、同一是有条件的，需要在理论上说明。而从目前党内的实际思想状况来看，这就更是一个问题了，许多共产党人离马克思主义者、离共产主义者的距离还很远。

共产党人为什么要做马克思主义者？理由是：

第一，这是由共产主义与马克思主义的关系决定的。我们所说的共产主义，是指由马克思和恩格斯共同创立并超越了以往的空想共产主义的科学共产主义，是在对其他形形色色的共产主义思潮的批判和改造中产生的共产主义。这种改造和超越在于为无产阶级从而也为整个人类指明了解放的现实道路。而实现这一改造和超越的理论基础正是马克思主义，特别是它的哲学——辩证的历史的唯物主义。共产主义，无论是作为一种学说、一种理想和信仰，还是作为一种运动和一定的社会形态，都是马克思主义的具体表现。马克思主义作为科学的理论体系和实践系统，包含共产主义。马克

---

① ［德］卡·考茨基：《一封关于马克思和马赫的信》，见《国际共运史研究资料》，第3辑，251、253页，北京，人民出版社，1981。

② ［德］卡尔·科尔施：《我为什么是马克思主义者》，见《马列主义研究资料》，第3辑，245页，北京，人民出版社，1983。

思主义通过对社会发展史的科学考察及社会阶级结构和阶级斗争现实的科学观察与分析，发现了社会发展的一般规律和共产主义的必然趋势，并且找到了无产阶级这一实现社会发展的现实力量和革命主体。可以说，没有马克思主义就没有共产主义。当然，没有共产主义，也就没有马克思主义，或者说马克思主义就不可能是完整的和现实的。没有共产主义的马克思主义和没有马克思主义的共产主义，都是不可想象的。共产主义与马克思主义的这种内在的联系，要求每一位以共产主义为理想和信仰，并且实际献身于这一伟大事业的共产党人，不能不同时是一个马克思主义者。

第二，这是由党的指导思想的理论基础决定的。毛泽东在中华人民共和国第一届全国人民代表大会第一次会议上的开幕词中指出："领导我们事业的核心力量是中国共产党。指导我们思想的理论基础是马克思列宁主义。"① 中国共产党的领导和马克思主义的指导，是我们的事业取得胜利的两个根本保证，对于我们的事业的发展，对于我们的革命、建设和改革实践，意义是绝对的和普遍的。就二者的关系来说，中国共产党是马克思主义的实践主体和理论创新主体，而马克思列宁主义、毛泽东思想、邓小平理论和"三个代表"重要思想则是中国共产党的行动指南。这就决定党的每一个成员，必须学习马克思主义，弄通弄懂马克思主义，用马克思主义指导自己的行动，并且做一个马克思主义者。做马克思主义者，是对共产党人、中国共产党人的一个总的要求，比较说来，也是一个更高的要求。

第三，对共产党员来说，这是一个在思想上入党的要求。共产党员是在组织上已经入党的人。一个人在组织上入了党，表明他（她）不仅有加入共产党组织的志愿，而且符合党章规定的共产党员的条件。在中国共产党党员的思想条件方面，有"中国共产党员是中国工人阶级的有共产主义觉悟的先锋战士"的规定，要求党员必须履行的义务是："认真学习马克思列宁主义、毛泽东思想、邓小平理论和'三个代表'重要思想，学习科学发展观，学习党的路线、方针、政策和决议，学习党的基本知识，学习科学、文化、法律和业务知识，努力提高为人民服务的本领。"② 这里，作为"条件"和"义务"提出的思想方面的要求，虽然还不是一个做马克思主义者的要求，并且离达到这一要求还有相当的距离，但是我们又不能不承认它是部分地（可能是在最低要求的意义上）包含了这一要求的。我们通常说"共产党员不但要在组织上入党，而且要在思想上入党"。"在思想上入党"既是对党员的现时的要求，也是过程要求，即要求每一位共产党员都必须在思想上对自己有严格的要求，要不断学习和在思想上、政治上不断进步。对共产党人做马克思主义者的要求，表达了这样一种思想的和

① 《毛泽东文集》，第6卷，350页，北京，人民出版社，1999。
② 《中国共产党章程》，12页，北京，人民出版社，2007。

政治的要求。

第四，这是一个党的思想建设问题。对“共产党人要做马克思主义者”的意义作一般性的解读，它就是一个党的思想建设问题，是以一种特殊形式提出的关于党加强思想建设的要求。就党的建设的经验来说，向全党同志提出这一要求和不提出这一要求，是大不一样的。提出这一要求，就使我们党的思想建设，使党员的思想和行为，有了具体的目标，使我们党关于学习马克思主义理论的要求、“思想上入党”的要求更加鲜明。就结果而言，主要的当然不在于我们实际造就了多少个马克思主义者，而在于它在党内造成一种热爱学习、政治进步、崇尚高尚、拒绝低俗的氛围，对于净化党内风气，防止腐败发生，发挥着积极的作用。

总的来说，做共产主义者与做马克思主义者没有本质区别。对共产党人做真正的共产主义者的要求，着重于对其政治实践方面的要求；对共产党人做马克思主义者的要求，着重于对其思想理论方面的要求（当然，不排除实践方面的要求）。国际共产主义运动的历史表明，一个自觉的、彻底的共产主义者从来就是一个坚定的马克思主义者。而一个坚定的马克思主义者，从来就是一个真正的共产主义者。马克思、恩格斯、列宁是伟大的共产主义者，也是伟大的和创造性的马克思主义者。我党和我国已故领导人毛泽东、周恩来、刘少奇、朱德、邓小平、李大钊、董必武、任弼时、瞿秋白、陈云、彭真、李先念等，同样既是“伟大的马克思主义者”、“杰出的马克思主义者”或“坚定的马克思主义者”，又是无产阶级革命家、政治家和共产主义者。

三、什么是马克思主义者

什么是马克思主义者的问题，实质说来，是一个“什么是马克思主义，怎样对待马克思主义”的问题。如果说，前面提到的考茨基给俄国工人本迪阿尼泽的信中他关于马克思主义的本质的认识是错误的，那么信中他的下面一句话则不能不说是正确的：“马赫是马克思主义者吗？这要看人们对马克思主义怎样理解。”[①] 前面同样提到的科尔施的那篇文章，标题是《我为什么是一个马克思主义者》，内容则是对马克思主义的本质的论述。在他们看来，判断一个人是不是马克思主义者和是一个什么样的马克思主义者，取决于判断者对马克思主义做什么样的理解。考茨基得出“马赫本人并不是马克思主义者”的结论，在于考茨基否认马克思主义是哲学，而把马克思主义看做“一种经验科学，一种特殊的社会观”。由于“马赫是一个物理学家，对社会的科学

① ［德］卡·考茨基：《一封关于马克思和马赫的信》，见《国际共运史研究资料》，第3辑，251页，北京，人民出版社，1981。

研究同他不相干”，所以考茨基得出结论说“马赫不是马克思主义者”。事实上，马赫不是马克思主义者的问题不会这么简单。马赫的哲学，无论是在认识论上，还是在本体论意义上，都是同马克思主义哲学相对立的。考茨基的关于马克思主义作为“特殊的社会观”，“固然同唯心主义哲学是互不相容的，但是同马赫的认识论并不是互不相容的”① 说法，是十分荒谬和可笑的。

科尔施“主张直接研究马克思主义的理论和实践中的一些最有用的论点，而不要一般地讨论马克思主义”。“对于马克思主义者说来，正像没有一般的‘民主’，一般的‘专政’或者一般的‘国家’一样，根本没有一般的‘马克思主义’。”他说：“在国内和国外都存在着称为马克思主义的很不相同的理论体系和实际运动，它们具有不同的历史发展水平、不同的地理分布环境和各种马克思主义学派的信条和倾向的显著区别。”在科尔施看来，承认不承认这种马克思主义的具体性、多态性的合理性，在于人们坚持一种什么样的马克思主义观，而这正是决定一个人是否是马克思主义者的基本根据。按此逻辑，他说：“所以对无产阶级，甚至对无产阶级的最先进最有利的部分首先就产生了‘我为什么是马克思主义者’的问题。”② 科尔施提出了他关于“马克思主义最本质的几点”的认识。这几点是：“1. 马克思主义的全部原理，包括那些表面上带普遍性的原理，都带有特殊性。2. 马克思主义不是实证的，而是批判的。3. 马克思主义的主题不是现在处于肯定状态的资本主义社会，而是显得日益分崩离析和腐朽的正在衰亡的资本主义社会。4. 马克思主义的主要目的不是观赏现存的世界，而是对它进行积极的改造。”③ 正是从他关于“马克思主义最本质的几点”的归纳、认识出发，即一种实际说来的批判的革命的马克思主义观出发，而把自己同那些对马克思主义做“表面的假科学的解释”的“正统马克思主义”者区别开来，否定“正统马克思主义”者是马克思主义者。

不管考茨基、科尔施对马克思主义的理解是否正确，他们根据一些人对马克思主义的理解、他们的马克思主义观，来判断其是否是马克思主义者的这一方法、思路无疑是正确的。作为一个马克思主义者，前提是对马克思主义有一个正确的认识。这是一个十分简单和朴实的道理。

关于什么是马克思主义的问题，我在一篇题为《关于“什么是马克思主义”的提问》的文章中曾把这个提问看做马克思主义发展史上的一种规律性现象，并指出这一

① ［德］卡·考茨基：《一封关于马克思和马赫的信》，见《国际共运史研究资料》，第3辑，251页，北京，人民出版社，1981。

② ［德］卡尔·科尔施：《我为什么是马克思主义者》，见《马列主义研究资料》，第3辑，245页，北京，人民出版社，1983。

③ 同上书，246页。

提问的实质在于解决如何对待马克思主义的问题。[①] 怎样对待马克思主义，具有回答什么是马克思主义的意义，也具有回答什么是马克思主义者的意义。我们以 19 世纪 70 年代末马克思对法国“马克思派”即盖得派的批评为例。德国社会民主党理论家弗・梅林在《马克思传》中，做了如下回忆：马克思在他逝世前的 1882 年，对法国工人党表现出的“幼稚病”和他的女婿们（大女婿龙格和二女婿拉法格，盖得和拉法格是这个党的领袖）叙述他的思想的方式感到不满，他愤懑地说：“龙格是最后一个普鲁东主义者，而拉法格则是最后一个巴枯宁主义者！让他们见鬼去吧！”接着，“他脱口说出了一句后来常被一切庸人所引用的话，即：他本人无论如何不是一个马克思主义者。”[②] 马克思当然不会真的认为自己不是马克思主义者，他只是为了同那些错误地理解和以错误的方式对待他的思想的那些自称“搞马克思主义”的人划清界限才这么说，是为了表明他的马克思主义不同于那些人的所谓的“马克思主义”。这些人对待马克思的马克思主义的方式主要是宗派主义和教条主义。恩格斯在其晚年曾经不下三次引用马克思的这句话，以批评德国社会民主党内以青年大学生为主体的“青年派”对马克思主义的这种错误态度。1890 年 8 月 27 日，恩格斯在致保・拉法格的信中写道：“德国党内发生了大学生骚动。”“所有这些先生们都在搞马克思主义，然而他们属于 10 年前你在法国就很熟悉的那一种马克思主义者，关于这种马克思主义者，马克思曾经说过：‘我只知道我自己不是马克思主义者。’”[③] 1890 年 9 月 7 日，恩格斯在致德国社会民主党日报《社会民主党人报》编辑部的信中，谈到他给予德国“青年派”机关报《萨克森工人报》编辑部的答复，信中除了谈到他自己同这个编辑部没有什么实际的联系以外，特别在理论方面对这家报纸提出了批评，指出他在这家报纸上看到的“马克思主义”是被歪曲得面目全非的“马克思主义”，其特点是：“第一，对他们宣称自己在维护的那个世界观完全理解错了；第二，对于在每一特定时刻起作用的历史事实一无所知；第三，明显地表现出德国著作家所特具的无限优越感。”此后，恩格斯又一次引用马克思的这句话，目的是划清他自己的理论亦即马克思主义同这家报纸的非马克思主义的界限。他说：“马克思在谈到 70 年代末曾经在一些法国人中间广泛传播的‘马克思主义’时也预见到会有这样的学生，当时他说‘tout ce que je sais，c'est que moi，je ne suis pas marxiste’——‘我只知道**我**不是“马克思主义者”’。”[④] 马克思对法国“盖得派”、恩格斯对德国“青年派”的态度，充分表明合格的马克思主义者、真正的马克思主义者是那些不仅对马克思主义有正确的理解，而且是能够以正确的方式

① 参见梁树发：《关于“什么是马克思主义”的提问》，载《中国人民大学学报》，2000 (4)。

② 弗・梅林：《马克思传》，655 页，北京，人民出版社，1965。

③ 《马克思恩格斯选集》，2 版，第 4 卷，695 页，北京，人民出版社，1995。

④ 同上书，398 页。

对待他们的理论的人。马克思主义的道理懂得再多，而不能正确地对待它，特别是教条主义地对待它，也不是马克思主义者。王明就是我们党的历史上这样对待马克思主义的一个反面教员。

这样看来，做马克思主义者就不仅是对共产党人的一种理论方面的要求，而且是实践方面的要求。实践方面的要求，特别是一个正确对待马克思主义的要求，就是要把马克思主义的普遍真理同具体实践结合起来，在实践中运用马克思主义、在实践中发展马克思主义。马克思和恩格斯在《德意志意识形态》中指出："对**实践**的唯物主义者即**共产主义者**来说，全部问题都在于使现存世界革命化，实际地反对并改变现存的事物。"① 正是在实践的意义上，共产主义者与马克思主义者达到了统一。它告诉每一位当代共产党人：做马克思主义者，就要做实践的马克思主义者。

四、学习做马克思主义者

做马克思主义者是对共产党人的一种更高要求。那么，共产党人应该是什么样的人呢？是在共产主义伟大事业中把自己塑造成、锤炼成真正的共产主义者、坚定的马克思主义者的人，是在无产阶级和人类解放的伟大实践中不断完善自己的特殊品格的人。一个人在组织上成为了共产党人，不一定就是一个现时的共产主义者，更难说是一个现时的马克思主义者，而且可能不是少数不是，而是多数不是。实际说来，无论是做共产主义者，还是做马克思主义者，都是共产党人的一生的事、一生的选择和追求。做共产主义者、做马克思主义者，是一个过程。

做马克思主义者是对共产党人的一种全面性的要求。这种全面性还不只是作为一个合格的共产党人的条件的全面性，而是有着更为广泛的内容要求。从马克思主义者的条件的全面性看，它应包括理论和实践两个方面。实践方面的要求在于善于把马克思主义运用于实际。理论方面的要求在于不仅精通马克思主义，具有极高的马克思主义理论修养。总的来说，是解决好什么是马克思主义和怎样对待马克思主义的问题。正确对待马克思主义，不只限于做到把马克思主义运用于实际，而且在于把马克思主义怎样运用于实际，在于是否能够把马克思主义的普遍原理同实际有机地结合起来。教条主义者不是不把马克思主义向实际运用，而在于把马克思主义的个别结论当做可以到处套用的条条，不能达到马克思主义普遍原理与具体实践的有机结合，造成的结果是理论脱离实际。但是，同做共产主义者的要求比较起来，做马克思主义者的要求，突出的是理论方面的要求，或者说是更为全面的要求。从理论的方面讲，他们是把马

---

① 《马克思恩格斯选集》，2版，第1卷，75页，北京，人民出版社，1995。

克思主义这一无产阶级的科学世界观和先进理论灌输给无产阶级的一批先进分子，是能够把这个理论变成无产阶级的阶级意识并使整个阶级行动起来的人，是不仅能够用马克思主义理论指导自己的实际生活，而且能够指导整个阶级的行动，特别是能够在实践中创新理论的人。总之，他们是具有崇高的马克思主义修养的共产主义者。马克思、恩格斯、列宁、毛泽东、邓小平等都是这样的共产主义者，他们都是伟大的马克思主义者。

做马克思主义者是一个过程。对于每一位共产党人来说，这实际是一个学习做马克思主义者的问题。向现时的马克思主义者学习，学习他们成为马克思主义者的经验是一个方面，在革命、建设和改革的实践中自觉地锻炼、成长是另一个方面，但是基本的还是要学习马克思主义基本理论，做到真正精通马克思主义，熟练运用马克思主义，把做马克思主义理论家同做马克思主义者统一起来。

对于马克思主义基本理论的学习，主要的途径是学习马克思主义经典著作，并且要下工夫，真正弄通弄懂，善于把握马克思主义的精神实质，并在马克思主义基本原理的运用中加深理解。

马克思主义基本理论的学习，基础的方面是马克思主义哲学基本原理的学习。马克思主义哲学是马克思主义的基础。要懂得什么是唯物主义，什么是唯心主义；什么是辩证法，什么是形而上学；什么是马克思主义的唯物主义，什么不是马克思主义的唯物主义。要有马克思主义发展史和马克思主义哲学发展史的理论修养，了解马克思主义及其哲学发展的基本过程和基本经验，了解马克思主义哲学变革的实质和实现这一变革的经验。学习中要善于把自己摆进去，查查自己的辩证唯物主义和历史唯物主义的世界观是否牢固，是否善于按辩证法办事。就目前我们的党员、干部的思想状况来说，不懂哲学、轻视哲学甚至拒斥哲学的倾向是比较突出的，相当一部分党员、干部在世界观方面对自己没有要求，思想上占主导的甚至是唯心主义和有神论。通过学习，一定要使我们的党员明确，对共产党人来说，世界观是唯物主义的还是唯心主义的、是坚持有神论还是无神论，绝不是私人的事情。辩证唯物主义和历史唯物主义是无产阶级政党的世界观，是每一个共产党人必须接受和坚持的理论立场。

在纪念中国共产党建党 90 周年之际，本文提出共产党人要做马克思主义者的命题，是为了重申一下我们党的世界观，我们党员的世界观问题。它是共产党人价值观、人生观的基础。不重视党的思想建设，在党的思想建设中不注意党员的世界观问题，或者说我们的党员解决不好这个问题，党的健康发展是不可能的，党要承担起领导全国人民完成建设和改革的大任，建设好中国特色社会主义，也是不可能的。在这个问题上，在我们党的 90 年的历史中正反两方面的经验教训都有，今天我们特别应该汲取它们。

中国共产党学习观与学习型政党建设思想

——90年来党不断走向胜利的重要保证

郑吉伟

中国共产党作为一个在经济文化相对落后的国家形成和发展起来的马克思主义政党，形成了具有鲜明阶级性和时代特征的学习观。中外许多思想家、教育家和哲学家都十分重视学习，并对学习内容和学习方法作出了一定的论述，但是，中国共产党的学习观与他们的学习观存在着本质区别。中国共产党始终强调马克思主义理论学习，强调围绕完成党的历史使命和不同阶段的重要任务而学习一切科学的新思想、新知识、新经验，强调理论联系实际的学风。这是我们党90年来应对各方面的挑战，最终取得胜利的重要保证。

建设马克思主义学习型政党思想是中国共产党学习观的继承和发展。它一方面强调了学习的重要性，继承了中国共产党一贯坚持的理论联系实际的学风；另一方面强调学习中国特色社会主义理论体系，阐述了符合新的时代特征和党面临的新的历史使命的学习内容，拓展了学习的视野，从而发展了中国共产党学习观。系统地挖掘中国共产党学习观，有利于我们深刻领会马克思主义学习型政党建设的科学内涵和重大意义，有利于我们在实践中深入贯彻科学发展观，推进马克思主义学习型政党建设，从而实现中华民族的伟大复兴。

一、中国共产党十分重视学习，始终把学习看做是一项关系党的事业兴旺发达的战略任务

列宁指出："只有以先进理论为指南的党，才能实现先进战士的作用。"① 中国共产党自诞生以来，就十分重视学习。早在延安时期，毛泽东认为一些干部理论文化知识相对薄弱，水平不高，不能担当领导群众进行革命的重任，并形象地把这种现象称为"本领恐慌"，提出干部要"进货"。"我们要建设大党，我们的干部非学习不可。学习是我们注重的工作，特别是干部同志，学习的需要更加迫切，如果不学习，就不能领导工作，不能改善工作与建设大党。这领导工作、改善工作与建设大党，便是我们学习运动的直接原因"②。党的十一届三中全会以后，我国社会主义事业进入了新的发展时期。邓小平在领导改革开放和现代化建设的过程中，在全党倡导进行一次新的学习。在1978年底中央工作会议闭幕会上，邓小平在著名讲话《解放思想，实事求是，团结一致向前看》中强调："实现四个现代化是一场深刻的伟大的革命。在这场伟大的革命中，我们是在不断地解决新的矛盾中前进的。因此，全党同志一定要善于学习，善于重新学习。"③ 在改革开放和社会主义市场经济不断深入的过程中，江泽民同志仍然强调学习对于党的极端重要性。1993年7月，江泽民同志在《领导干部要切实加强学习》中指出："在改革开放和现代化建设中，新情况新问题层出不穷，我们不熟悉、不了解、不懂得的东西很多。因此，全党同志首先是各级领导干部一定要加强学习，而且必须有紧迫感，必须提高自觉性。我们的口号应该始终是学习，学习，再学习!"④ 1999年1月，江泽民同志在《论加强和改进学习》中指出："我们事业的发展，同全党的学习状况是密切相关的。"同时，他要求"全党同志首先是党的高级干部，必须以对党、对人民、对历史高度负责的态度来加强学习"⑤。

我们党在每一个重大历史转折时期总是号召全党同志加强学习，这是因为"在重大的历史转折关头，新矛盾、新问题、新情况、新知识、新经验层出不穷"，"分析新矛盾，解决新问题，研究新情况，掌握新知识，摸索新经验，既是新的实践过程，也是新的学习过程"⑥。中华人民共和国的成立开辟了中国历史新纪元。在新中国成立前夕，毛泽东号召全党重新学习，告诫全党："严重的经济建设任务摆在我们面前。我们

---

① 《列宁选集》，3版，第1卷，312页，北京，人民出版社，1995。
② 《毛泽东文集》，第2卷，179页，北京，人民出版社，1993。
③ 《邓小平文选》，1版，第2卷，152～153页，北京，人民出版社，1994。
④ 江泽民：《论党的建设》，86页，北京，中央文献出版社，2001。
⑤ 《江泽民文选》，第2卷，282、284页，北京，人民出版社，2006。
⑥ 江泽民：《论党的建设》，144页，北京，中央文献出版社，2001。

熟习的东西有些快要闲起来了，我们不熟习的东西正在强迫我们去做。这就是困难。……我们必须克服困难，我们必须学会自己不懂的东西。”① 这些学习取得了明显的效果，邓小平在1978年这样评价这次学习活动：“那一次我们学得不坏，进城以后，很快恢复了经济，成功地完成了社会主义改造。”② 改革开放是决定当代中国命运的关键抉择。在改革开放之初，邓小平就尖锐地指出：“这些年来，应当承认学得不好。主要精力放到政治运动上去了，建设的本领没有学好，建设没有上去，政治也发生了严重的曲折。现在要搞现代化建设，就更加不懂了。所以全党必须再重新进行一次学习。”③

20世纪80年代末90年代初，世界局势发生重大变化。东欧剧变、苏联解体，世界社会主义运动出现严重曲折。苏联和东欧国家长期执政的共产党失去了执政地位，一些国家也因此面临着人民生活水平下降、社会动荡的困难局面。而中国不仅坚持社会主义基本制度，而且国家综合实力不断增强，人民生活不断改善，国际地位大为提高。90年来，中国共产党在中国革命、建设和改革开放的历史进程中能够不断取得成功，一个极其重要的原因就是我们党十分重视学习。

首先，学习是提高党的战斗力量和巩固党执政地位的客观要求。早在1938年，毛泽东就指出：“在担负主要领导责任的观点上说，如果我们党有一百个至二百个系统地而不是零碎地、实际地而不是空洞地学会了马克思列宁主义的同志，就会大大地提高我们党的战斗力量。”④ 进入社会主义建设时期后，他又强调：“无产阶级没有自己的庞大的技术队伍和理论队伍，社会主义是不能建成的。”⑤ 1992年6月，江泽民指出：“要把经济建设搞上去，要使社会主义中国在世界上永远立于不败之地，全党同志任重道远。而我们不懂得、不熟悉、不精通的东西还很多，或者过去懂得的、熟悉的东西，随着科学技术的迅猛发展和知识的迅速更新，又变成不懂得、不熟悉了。所以唯一的办法，就是加强学习。只有加强学习，方能做到日新日日新，跟上时代前进的步伐。”⑥

其次，学习是做好各项工作，完成党的历史使命的必然选择。1949年3月，毛泽东向全党指出：“如果我们在生产工作上无知，不能很快地学会生产工作，不能使生产事业尽可能迅速地恢复和发展，获得确实的成绩，首先使工人生活有所改善，并使一般人民的生活有所改善，那我们就不能维持政权，我们就会站不住脚，我们就会要失败。”⑦ 1980年1月，邓小平指出：“只靠坚持社会主义道路，没有真才实学，还是不能实现四

---

① 《毛泽东选集》，2版，第4卷，1480～1481页，北京，人民出版社，1991。

②③ 《邓小平文选》，2版，第2卷，153页，北京，人民出版社，1994。

④ 《毛泽东选集》，2版，第2卷，533页，北京，人民出版社，1991。

⑤ 《毛泽东文集》，2版，第7卷，309页，北京，人民出版社，1999。

⑥ 《十三大以来重要文献选编》（下），2085页，人民出版社，1993。

⑦ 《毛泽东选集》，2版，第4卷，1428页，北京，人民出版社，1991。

个现代化。无论在什么岗位上，都要有一定的专业知识和专业能力，没有的要学，有的要继续学，实在不能学、不愿学的要调整。我们要按照专业的要求组织整个领导班子，充分发挥专业人才的作用，并且领导广大群众，按照专业的要求，去学习和工作。”① 1994年3月，江泽民同志指出：“不加强学习，就会处于盲目、被动和落后状态，就不可能取得领导的主动权。……学习问题，关系到广大干部自身的进步，关系到国家、民族的兴衰和社会主义现代化事业的成败。我们全党全民族都必须有这个共识。”②

最后，学习是党避免犯错误的有力武器。毛泽东在新中国成立之前就认为，只有通过学习，才能清除农民阶级的狭隘性和小资产阶级的动摇性，才能克服党内各种非无产阶级思想和反马克思主义的思想，才能达到党在思想上的高度一致，才能提高“党的战斗力量”，为革命和社会主义建设事业的胜利奠定思想基础。1957年4月，邓小平在西安干部会上讲了一段意味深长的话。他说，在中国社会主义建设的过程中，“不犯大错误，不栽大跟头”是可能的，“关键在于党的领导”，“关键在于党是不是善于学习，学习得好就可以避免犯大错误”。相反，“如果不好好学习，不总结经验，我们也会在建设问题上栽跟头”③。1962年2月，邓小平又进一步指出：“我们忙于事务，不注意学习，容易陷入庸俗的事务主义中去。不注意学习，忙于事务，思想就容易庸俗化。如果说要变质，那末思想的庸俗化就是一个危险的起点。”④ 于是，他提出要造就一种学习的空气，学习理论的空气，学习实际的空气。中国共产党是中国革命和社会主义建设事业的领导核心，在任何时候都要与时俱进，都要保持生机勃勃的状态，都要保持无产阶级政党的先进性。一个执政党丧失了先进性，就有失去执政地位的危险；同样，如果我们党放松学习，就会走上邪路。1997年12月，江泽民同志指出：“作为共产党人，放松了学习，思想落后于形势，就会丧失先进性，使精神世界陷于低级趣味，就难以抵挡利欲的诱惑。我在提出领导干部要讲学习、讲政治、讲正气时，是把学习放在第一位来强调的。学习是个前提，不学习，政治上就不可能成熟，就不可能自觉改造自己的主观世界。”⑤

二、学习马克思主义和一切科学的新思想、新知识、新经验，坚持理论联系实际的学风

中国共产党人既将学习视为党存在和发展的内在要求，也把学习看做完成无产阶

---

① 《邓小平文选》，2版，第2卷，262页，北京，人民出版社，1994。
② 江泽民：《论党的建设》，144～145页，北京，中央文献出版社，2001。
③ 《邓小平文选》，2版，第1卷，264、263页，北京，人民出版社，1994。
④ 同上书，316页。
⑤ 《十五大以来重要文献选编》（上），151页，北京，人民出版社，2000。

级政党的任务的一种手段。马克思、恩格斯在《共产党宣言》中指出："在实践方面，共产党人是各国工人政党中最坚决的、始终起推动作用的部分；在理论方面，他们胜过其余无产阶级群众的地方在于他们了解无产阶级运动的条件、进程和一般结果。"① 理论上的先进性和实践上的先进性是马克思主义政党区别于其他一切政党最鲜明的本质特征。中国共产党是马克思主义理论武装起来的政党。同时，中国共产党是中国革命和建设事业的领导者，作为"合格的政治领导者，哲学、政治学、经济学、法学、历史学、文学和科学技术等方面的知识都要学，特别要注重学习反映当代世界政治、经济、文化新发展的各种新知识，努力使自己的思想水平和知识水平适应时代前进的需要"②。中国共产党的学习内容十分广泛，概括起来主要有两个方面。

首先，学习马克思主义，特别是马克思主义中国化的最新理论成果。马克思主义是中国共产党的理论基础和指导思想，并且马克思主义是在批判吸收人类全部知识的基础上产生并且随着时代、实践和科学的发展而不断丰富发展的，是人类迄今为止最先进的思想体系，因此，学习最重要的是掌握马克思主义理论。1937 年 5 月，毛泽东指出："在全党中提高马克思列宁主义的理论水平是完全必要的，因为只有这种理论，才是引导中国革命走向胜利的指南针。"③ 毛泽东强调领导我们事业的核心力量是中国共产党，指导我们思想的理论基础是马克思列宁主义。1984 年 6 月，邓小平指出："对马克思主义的信仰，是中国革命胜利的一种精神动力。"④ 后来，他又在中国共产党全国代表会议上的讲话中指出现在要建设中国特色社会主义，"这就更要求我们努力针对新的实际，掌握马克思主义基本理论"⑤。1999 年，江泽民同志指出："我们学习理论，关键是要学会运用马克思主义的立场、观点、方法来观察和解决问题，提高辩证思维的能力，防止形而上学和片面性。"⑥

马克思主义具有与时俱进的理论品质。中国共产党找到了马克思列宁主义这个崭新的思想武器，但还必须把马克思主义的基本原理同中国的具体实际结合起来，实现马克思主义的中国化。所以，中国共产党特别重视马克思主义中国化最新成果的学习。毛泽东思想是马克思主义中国化的第一个重大理论成果。1956 年 9 月，邓小平指出："党的各级组织的任务，就是要认真地加强对于广大的新党员的教育，切实地组织和指导他们进行对于马克思列宁主义的学习，对于毛泽东同志的著作的学习，对于党的历史和党的政策的学习，并且加强无产阶级国际主义的教育，以提高他们的觉悟程度，

---

① 《马克思恩格斯选集》，2 版，第 1 卷，285 页，北京，人民出版社，1995。
② 《江泽民文选》，第 2 卷，284～285 页，北京，人民出版社，2006。
③ 《毛泽东选集》，2 版，第 1 卷，264 页，北京，人民出版社，1991。
④ 《邓小平文选》，第 3 卷，63 页，北京，人民出版社，1993。
⑤ 同上书，147 页。
⑥ 《江泽民文选》，第 2 卷，286 页，北京，人民出版社，2006。

使他们在思想上也具备着成为一个真正合格的共产党员的条件。”① 邓小平理论是马克思主义中国化第二次历史性飞跃的理论成果，党的十五大将邓小平理论确定为党的指导思想。1999 年 1 月，江泽民同志指出：“坚持用马克思列宁主义、毛泽东思想特别是邓小平理论武装全党。”② 2002 年，党的十六大将“三个代表”重要思想写入党章并确定为党的指导思想，同时，提出“坚持用马克思列宁主义、毛泽东思想和邓小平理论武装全体党员，在全党兴起一个学习贯彻‘三个代表’重要思想的新高潮”③。

其次，为完成党的历史使命而学习一切科学的新思想、新知识、新经验。1955 年 3 月，毛泽东要求党的相关部门负责同志“都要奋发努力，在提高马克思列宁主义水平的基础上，使自己成为精通政治工作和经济工作的专家”④。1957 年 10 月，毛泽东在中国共产党第八届中央委员会扩大的第三次全体会议上的讲话中更为明确地指出：“政治和业务是对立统一的，政治是主要的，是第一位的，一定要反对不问政治的倾向；但是，专搞政治，不懂技术，不懂业务，也不行。我们的同志，无论搞工业的，搞农业的，搞商业的，搞文教的，都要学一点技术和业务。我看也要搞一个十年规划。我们各行各业的干部都要努力精通技术和业务，使自己成为内行，又红又专。所谓先专后红就是先白后红，是错误的。因为那种人实在想白下去，后红不过是一句空话。……但是单有红还不行，还要懂得业务，懂得技术。”⑤ 邓小平在新的历史条件下对红与专的辩证关系进行了深刻的阐述，并引用列宁的话说工人一分钟也不会忘记自己需要知识的力量。他指出：“对又红又专要有正确的理解，合理的要求。”⑥ 红与专是统一的，是相辅相成的。红不等于专，但红能为专提供强大的精神动力、科学的方法，并能保证专沿着正确的政治方向发展。但是，只红不专，没有真才实学，还是不能实现四个现代化的。邓小平指出：“把坚定正确的政治方向放在第一位，这不仅不排斥学习科学文化，相反，政治觉悟越是高，为革命学习科学文化就应该越加自觉，越加刻苦”⑦。江泽民同志提出要坚持学习一般知识和学习专门知识的统一。1999 年 1 月，他指出：“不但要坚持用马克思列宁主义、毛泽东思想特别是邓小平理论武装全党，同时要努力用人类社会创造的一切知识来丰富和提高自己。”⑧

---

① 《邓小平文选》，2 版，第 1 卷，247 页，北京，人民出版社，1994。
② 《江泽民文选》，第 2 卷，284 页，北京，人民出版社，2006。
③ 《江泽民文选》，第 3 卷，569 页，北京，人民出版社，2006。
④ 《毛泽东文集》，第 6 卷，396 页，北京，人民出版社，1999。
⑤ 《毛泽东文集》，第 7 卷，309 页，北京，人民出版社，1999。
⑥ 《邓小平文选》，2 版，第 2 卷，91～92 页，北京，人民出版社，1994。
⑦ 《邓小平文选》，2 版，第 2 卷，104 页，北京，人民出版社，1994。
⑧ 《江泽民文选》，第 2 卷，284 页，北京，人民出版社，2006。

中国共产党学习一切科学的新思想、新知识、新经验，是由中国共产党的历史使命和不同发展阶段的历史任务所决定的。1957 年 3 月，毛泽东指出："情况是在不断地变化，要使自己的思想适应新的情况，就得学习。即使是对于马克思主义已经了解得比较多的人，无产阶级立场比较坚定的人，也还是要再学习，要接受新事物，要研究新问题。"① 改革开放以后，中国共产党面临的形势更加复杂，学习的内容也应该更加全面。江泽民同志指出："改革开放和现代化建设是一个宏伟而复杂的系统工程，各方面工作必须相互协调、相互配合，顾此失彼、畸轻畸重，就不会取得最终的成功。""我们从事的事业是宏伟的、波澜壮阔的，我们的学习也应该是全面的、系统的。"② 应该看到，古今中外许多哲学家、教育家不仅自身十分重视学习，而且强调学习的重要性，强调学习一些科学知识。但是，他们将都将学习看做是实现个人目标和价值的手段。这也是中国共产党的学习观与一些哲学家和思想家的学习观之间的重要区别。

恩格斯以政治经济学为例指出，马克思主义"不是提供我们牛奶的奶牛，而是需要认真、热心为它工作的科学"③。中国共产党人在长期的学习实践中既解决了学什么的问题，也解决了怎么学的问题。怎么学的问题就是学风问题。中国共产党认为学风问题也是党风问题，并将学风看做是关系党的兴衰和事业成败的一个重大政治问题。中国共产党一直强调坚持理论联系实际的学风。毛泽东在延安整风时提出："对于马克思主义的理论，要能够精通它，应用它，精通的目的全在于应用。"④ 邓小平强调各级党员干部学习马克思主义要同本单位的实际情况结合起来，分析问题，解决问题，不能当"收发室"，"马克思主义的活的灵魂，就是具体地分析具体情况。马列主义、毛泽东思想如果不同实际情况相结合，就没有生命力了"⑤。1996 年 6 月，江泽民同志指出坚持理论联系实际是一个重大的政治问题，这个问题解决好了，我们贯彻执行党的路线方针政策就会更加自觉和全面，就能排除各种错误倾向的干扰，避免和减少在工作中出现片面性、绝对化和左右摇摆。"马克思主义是从实际中来并被实践所证明了的科学理论，只有联系实际，才能真正学懂，也只有联系实际才能真正用好。从党的历史上看，什么时候理论和实际结合得好，党的事业就蓬勃发展；反之，党的事业就遭受挫折。"⑥

---

① 《毛泽东文集》，第 7 卷，271 页，北京，人民出版社，1999。
② 《江泽民文选》，第 2 卷，307、284 页，北京，人民出版社，2006。
③ 《马克思恩格斯全集》，中文 1 版，第 16 卷，235 页，北京，人民出版社，1972。
④ 《毛泽东选集》，2 版，第 3 卷，815 页，北京，人民出版社，1991。
⑤ 《邓小平文选》，2 版，第 2 卷，118 页，北京，人民出版社，1994。
⑥ 《十四大以来重要文献选编》（下），1961 页，北京，人民出版社，1999。

三、建设马克思主义学习型政党的思想是中国共产党学习观的继承和发展，构建马克思主义学习型政党最重要的是学习中国特色社会主义理论体系

党的十六大以来，以胡锦涛同志为总书记的党中央提出了科学发展观等一系列重大的战略思想，明确地提出了建设马克思主义学习型政党的重大任务，从而将全党的学习摆在了更为重要的位置上。2002年，党的十六大把“形成全民学习、终身学习的学习型社会，促进人的全面发展”作为全面建设小康社会的重要目标之一。2004年，党的十六届四中全会在《中共中央关于加强党的执政能力建设的决定》中第一次以党的中央全会决定的方式提出了“努力建设学习型政党”的要求，并强调要“重点抓好领导干部的理论和业务学习，带动全党的学习”。2007年，党的十七大提出“要按照建设学习型政党的要求”，提高运用科学理论分析和解决实际问题的能力。2009年9月，党的十七届四中全会审议通过了《关于加强和改进新形势下党的建设若干重大问题的决定》，在提出建设马克思主义学习型政党这一重大而紧迫的战略任务时，把建设学习型党组织作为它的一项基础工程提出来了。随后不久，中共中央办公厅又印发了《关于推进学习型党组织建设的意见》，对落实这一基础工程做了全面部署。

以胡锦涛同志为总书记的党中央提出建立马克思主义学习型政党的思想具有深刻的实践基础和理论基础。它一方面是我们党在深刻认识党的建设历史经验和新鲜经验基础上作出的战略决策，体现了对时代发展脉搏和新形势下党的建设新要求的高度自觉与清醒把握，另一方面是中国共产党学习观的继承和发展。

首先，建设马克思主义学习型政党的思想与中国共产党的学习观是一脉相承的科学思想。胡锦涛同志指出，我们党历来高度重视学习问题，始终把学习作为一项关系党的事业兴旺发达的战略任务来抓，“要充分发挥建设学习型政党的积极推动作用，大力发扬我们党勤于学习、善于学习的优良传统，努力传授现代科学文化知识、我国优秀文化、人类文明有益成果，在促进学习型政党建设进而促进学习型社会建设方面发挥积极推动作用”①。建设学习型政党思想继承了中国共产党人的学习观，主要体现在：第一，建设马克思主义学习型政党的思想同样强调学习对于中国共产党的极端重要性。党的几代领导人都十分重视学习，正如胡锦涛同志所指出的：“毛泽东同志、邓小平同志、江泽民同志都反复强调全党同志特别是领导干部要坚持和加强学习。”② 在

① 胡锦涛：《以改革创新精神全面推进党校工作　充分发挥党校在党和国家事业发展中的重要作用》，载《人民日报》，2008-10-28。

② 胡锦涛：《加强领导干部学习提高执政兴国本领》，载《人民日报》，2002-12-27。

新的历史条件下，胡锦涛同志仍然强调学习对于中国共产党的极端重要性。早在2002年12月，胡锦涛同志就指出我们党要团结带领全国各族人民抓住机遇、迎接挑战，实现全面建设小康社会的宏伟目标，不断开创中国特色社会主义事业新局面，“必须坚持把学习作为全党一项十分重要的任务，不断加强，不断推进，努力使全党的马克思主义理论水平和科学文化水平不断有新的提高”①。2009年9月，他又指出：“不断学习、善于学习，努力掌握和运用一切科学的新思想、新知识、新经验，是党始终走在时代前列引领中国发展进步的决定性因素，直接关系巩固党的执政地位、实现党的执政使命。我们党历来重视学习，特别是在每一个重大历史转折时期总是号召全党同志加强学习，而每次这样的学习热潮都会推动我们的事业实现大进步大发展。”② 第二，建设马克思主义学习型政党的思想同样强调理论联系实际的学风。早在2003年7月，胡锦涛同志就指出：“学习的目的全在于运用。只有同指导实践相结合才能把理论学深学透。要深刻认识学习好、运用好科学理论对推进事业发展的重大意义，大力弘扬理论联系实际的马克思主义学风，努力做到学以致用、用以促学、学用相长。”③ 2008年9月，他又指出：“我们学习马克思主义理论，学习科学发展观，必须注重实践、注重应用，与贯彻落实党的十七大作出的一系列重大部署紧密结合起来，与促进改革发展稳定紧密结合起来，与做好各项工作紧密结合起来。”④

其次，建设马克思主义学习型政党的思想是对中国共产党学习观的重要发展。进入21世纪，我们党已经站在新的历史起点上，改革开放和现代化建设面临着一系列前所未有的新情况新问题，而且当今世界又处在大发展、大变革、大调整时期。在新的历史条件下，以胡锦涛同志为总书记的党中央继承和发扬我们党在学习方面的优良传统，同时，结合新的时代特征和党所面临的历史任务，进一步发展了中国共产党的学习观。从学习内容看，建设马克思主义学习型政党对中国共产党学习观的发展主要体现在两个方面。第一，建设马克思主义学习型政党最重要的是学习中国特色社会主义理论体系。中国特色社会主义理论体系，就是包括邓小平理论、“三个代表”重要思想以及科学发展观等重大战略思想在内的科学理论体系。中国特色社会主义理论体系既坚持马克思主义基本原理，又具有鲜明的时代特征，是马克思主义中国化的最新成果。胡锦涛同志指出：“提高全党的马克思主义理论水平，首先要用中国特色社会主义理论体系武装全党。中国特色社会主义理论体系，反映了党对共产党执政规律、社会主义建设规律、人类社会发展规律的重大认识，反映了党对新的历史条件下推进改革开放

---

① 胡锦涛：《加强领导干部学习提高执政兴国本领》，载《人民日报》，2002-12-27。
② 胡锦涛：《努力开创新形势下党的建设新局面》，载《求是》，2010（1）。
③ 《十六大以来重要文献选编》（上），374页，北京，中央文献出版社，2005。
④ 《十七大以来重要文献选编》（上），581页，北京，中央文献出版社，2009。

和社会主义现代化建设、发展中国特色社会主义的重大认识，是马克思主义中国化最新成果。”① 第二，为了完成党在新阶段的历史任务，“学习做好工作所需要的一切新知识”②。党的十六大以来，国际局势发生了深刻变化，国内现代化的任务更为繁重，改革发展处于关键时期，社会利益关系更为复杂，因此，我们党面临着新的形势与历史任务。建设马克思主义学习型政党的思想反映了新的时代要求。2009 年 9 月，胡锦涛同志在党的十七届四中全会第二次全体会议上指出：“面对不断发展变化的国内外形势，面对知识日新月异的当今时代，我们只有勤于学习、不断学习、善于学习，才能始终走在时代前列，才能不断提高领导水平和执政水平，真正担负起领导人民在中国特色社会主义道路上实现中华民族伟大复兴的历史使命。正因为如此，全会鲜明提出建设马克思主义学习型政党的战略任务。”③

本世纪头 20 年是我国社会经济发展的重要战略机遇期，我们能否抓住这个机遇期，推动社会主义事业更好更快地发展，关键在于党。党的十七届四中全会通过的《中共中央关于加强和改进新形势下党的建设若干重大问题的决定》指出：“不断学习、善于学习，努力掌握和运用一切科学的新思想、新知识、新经验，是党始终走在时代前列引领中国发展进步的决定性因素。”党中央提出的建设马克思主义学习型政党的伟大战略是我们在新世纪新阶段抓住重要战略机遇期，全面实现“十二五”时期的战略目标和任务，推动社会主义事业不断前进的重要保证。

① 《十七大以来重要文献选编》（上），114 页，北京，中央文献出版社，2009。

② 同上书，814 页。

③ 胡锦涛：《努力开创新形势下党的建设新局面》，载《求是》，2010（1）。

延安整风运动时期艾思奇学习思想探析

——兼论对建设学习型政党的启示

郭小香

1941 年 5 月 19 日，毛泽东在延安高级干部会议上作了《改造我们的学习》的报告，延安整风运动以此为标志正式开始，历时 4 年。在此期间，艾思奇积极投入整风运动，充分发挥了他作为一个哲学家的作用。艾思奇当时在中央研究院工作，是该院整风运动领导成员之一，这一特殊身份给予了他较为宽广的视野，使他能深刻地总结整风运动中的经验与教训，对整风运动中的学习现象作出深入思考。在此期间，艾思奇有针对性地写了很多文章，主要包括《反对主观主义》、《谈主观主义及其来源》、《不要误解实事求是》、《学习观念的革新》等。这些著述蕴涵着丰富的学习思想，从哲学层面上对主观主义进行了批评，对延安整风运动的顺利进行起到了较大的促进作用。研究延安整风运动时期艾思奇的学习思想，对于当前我们进行学习型政党建设具有重要的现实意义。

一、延安整风运动时期艾思奇的学习思想

艾思奇作为一个哲学家，从哲学的高度对整风运动中的学习现象进行了深入的思考，形成了较为系统的学习理论。他的学习思想深刻而丰富，他全面阐述了学习的方法、内容、立场和态度。艾思奇学习思想最大的亮点是关于学习方法的理论，他从根本的思想方法、逻辑思维方法和具体的学习形式等不同的层面对学习方法进行了探讨，具有重要的方法论意义。

（一）关于学习方法的思想

艾思奇关于学习方法的思想非常丰富，他从哲学家的视角对学习方法进行了不同层面的研究：包括对根本的思想方法的研究、对逻辑思维方法的探讨和对具体的学习形式的思考，构成了一个关于学习的严密的方法论系统。

1. 对学习的根本思想方法的研究

艾思奇认为学习必须树立正确的思想方法，即辩证唯物论的思想方法，具体来讲就是理论联系实际、实事求是和反对主观主义。关于理论联系实际，艾思奇主张首先要搞清楚什么是理论，他认为“我们的理论必须是‘与实际密切联系着的理论’，‘是从实际中抽出来，又在实际中得到证明’的理论”①，其实就是中国化了的马克思主义理论，在当时的社会历史条件下也就是指毛泽东的著作报告和党的文件。其次，要搞明白什么是实际。艾思奇认为：“所谓实际，必须是与我们斗争有关的、一定的具体的实际问题。”② 即实际是与面临的主要矛盾、主要问题相关的具体的实际问题。那什么是理论联系实际呢？艾思奇说：“所谓联系实际，必须是把适当的理论作为指导武器，来解决当前的一定的实际斗争问题。”③ 他所阐述的理论联系实际特别强调理论要能够解决实际问题，他认为判断是否做到理论联系实际的标准就是是否能够运用理论正确地解决当前的问题。

实事求是是马克思主义的精髓，也是我们开展学习活动的根本方法。艾思奇认为，真正的实事求是必须做到四点：首先，必须注意事实的各个方面，不能只看片面。在评价某一现象时，必须弄明白它在现象全体中所处的地位，不能离开全体孤立看待。其次，必须从实质上来理解事实，而不能只看表面、形式。再次，必须把事实看做一定条件下的事实，并依据每一事实所处的条件来确定它的正确意义。最后，不仅要理解事实和认识事实，而且要从对事实的理解和认识中总结出指导行动、推动工作的方法。他认为实事求是需要揭发事实，然而这仅是全部工作的第一步，揭发事实是为了找到解决问题的方法，如果认识不到这一点，只停留在第一步，就会犯主观主义的错误。艾思奇的这一理解抓住了实事求是的要旨。

艾思奇反复强调学习理论要避免陷入主观主义。艾思奇认为主观主义是只善于清谈的空洞的理论和原则，遇到问题时，不依据具体的事实情况找出正确的解决方法，而只凭主观的感想来进行判断。艾思奇指出，克服主观主义就是要克服片面夸大、不求甚解的形而上学的思想病，“就是要养成关于对具体情况做系统周密的了解的健康的认识作风”④，就必须要学习群众经验和认真进行调查研究。艾思奇认为，虽然实际

---

①②③ 《艾思奇全书》，第3卷，355页，北京，人民出版社，2006。

④ 同上书，293、340、340、341页。

是出发点，目的却是要求得到对于实际理论的理解，当中的一环是经验知识，而学习他人的经验，首先就是要学习群众的经验，认真进行调查研究，否则就会陷入经验主义。

2. 对逻辑思维方法的探讨

艾思奇认为学习应该采取正确的逻辑思维方法，即辩证的思维方法，他重点对分析和综合进行了深入的研究。关于分析，艾思奇指出："分析，用通俗的话来说，就是要找出条理。"① 而"我们所要找的条理，就是事物本身各方面的规律的条理"②。关于怎样进行分析，艾思奇指出："分析，是要求对全体中的各个部分获得明确深刻的认识。"③ 他指出部分是全体中的部分，"同样的一种部分，他所依存的全体不同，它本身也就有不同的作用和意义"④。基于分析和全体不可分割的关系，艾思奇指出："分析必须照顾全体，因此，当分析任何对象前，对于该对象的全体，必须先在我们心中大体上掌握一个全盘的轮廓。"⑤ 而对于马克思主义者来说，则是"在研究问题之先，必须详细占有一切材料，材料是混乱的。然而详细的占有，是可以首先给我们一个全盘的轮廓……以便于正确的分析"⑥。

关于综合，艾思奇提出要防止两种误解：一是认为综合是人工的、机械的结合，二是认为综合是只要找出各个方面的一个基本点，提出最基本的意见。艾思奇认为，综合是以现实的自然关系为依据，而不是"甲乙丙丁开中药铺"人工的任意结合。正确的综合必须能做到科学把握事物内部各个方面之间的客观的内在联系，必须能反映事物的客观发展规律。针对第二种误解，艾思奇认为综合不是只找出事物最基本的方面，而舍弃了事物其他从属的方面，只提出最基本的方面仍是分析而不是综合。基本的方面之所以是基本的，是因为存在着从属方面，"不把从属方面联系在一起，基本方面的认识，也是悬空的，不具体的"⑦。艾思奇还指出，综合要以正确的分析为基础。正确的分析能够得到各个部分的本来的地位和作用，在思想上把它们贯穿起来，就得到科学的综合。

3. 对具体学习形式的思考

艾思奇从延安整风运动的学习经验中总结出了具体的学习形式。他主张在学习党风文件之前，要先学习具有"总论"性质的内容，以对整风运动获得一个总的概念。学习文件时，对文件要反复精读，深入思考，做笔记并逐条讨论。在学习的组织方面，艾思奇强调组织中心学习小组来领导学习运动的全部计划和布置。他还提出，在学习中领导同志要以身作则，敢于自我批评。艾思奇主张学习组织形式的多样化，要做到

---

①②③ 《艾思奇全书》，第3卷，293、340、341页，北京，人民出版社，2006。

④⑤⑥⑦ 同上书，342、342、343、347页。

个人学习与集体学习的适当配合，可以采取个人学习、漫谈会、集体讨论会、集体座谈会等多种组织形式。艾思奇非常提倡一种学习方法，那就是写思想自传，就是根据学习所得“来对自己的思想意识做一个历史的全面的检讨，从社会的根源上，历史的发展上，分析自己的思想意识的具体形态和现在的矛盾，并考虑以后努力的方向”①，这样就会对自己获得一个清楚的认识，并且制定切实的改造自己的方法。艾思奇认为写思想自传比针对个别问题的反省和自我批评有更大的意义。

（二）关于学习内容的思想

学习内容不仅和学习效果紧密地联系在一起，而且也体现出一个政党的性质。对于学习内容，艾思奇在《学习观念的革新》一文中指出：“学习些什么？不仅是要学习‘理论’，更重要的是要学习把工作做好。”② 也就是说，学习内容主要包括两个方面，一是学习理论，二是学习怎样工作。那么就理论来说，又应该学习什么样的理论呢？就这一问题，艾思奇曾说道：“任何理论都有这重要意义吗？当然不是的。理论本身必须是具有革命的性质，才能够对于革命运动发生这实际的力量。……我们要学习马克思列宁主义的理论，这也是用不着说明的。”③ 艾思奇明确地指出：“我们的理论必须是‘与实际密切联系着的理论’，‘是从实际中抽出来，又在实际中得到证明’的理论。”④ 而在当时，与实际密切联系着的理论就是中国的理论，就是毛泽东的著作、报告和党的文件。对于马克思主义理论的学习，艾思奇认可学习书本的重要性，认为书本知识是科学研究的成果，从书本上可以比较容易地学取宝贵的结论和原理。但艾思奇绝不同意对马克思主义理论所有的内容都全盘接受，他指出：“我们的学习，要紧的是要求懂得马克思、列宁怎样依据自己环境的实际情况，而获得了这些理论的结论和原理。这就是说，我们是要学习‘他们观察问题与解决问题的立场与方法（《论新阶段》），学习它们的唯物论的方法的实质’。”⑤ 理论方面的学习，除了要学习马克思主义理论之外，艾思奇主张还要学习文件报告。他认为文件是“一百年无产阶级革命经验和二十年中国革命经验的总结”⑥。其实艾思奇是在主张学习马克思主义理论与中国革命实践结合以后“创造”出的中国自己的马克思主义理论，即发展了的马克思主义理论，也可以说是马克思主义中国化的理论成果。

艾思奇认为学习内容的第二个方面是学习怎样工作。他在《学习观念的革新》一文中对这一思想进行了深刻的阐述。他说：“研究文件报告，是为着‘改变思想’和‘改造工作作风’，这是学习的不可分的两个因素。必须在工作上也‘面目为之一新

①② 《艾思奇全书》，第3卷，354、323页，北京，人民出版社，2006。
③④⑤⑥ 同上书，282、355、287、325页。

了'，才能算是达到了思想革命的目的。思想革命不是仅仅在头脑里翻几个筋斗的事，它同时也应该是实际行动上的变革。”① 显然，艾思奇认为我们进行学习的更深远的目的和价值在于运用，是把理论运用到工作当中去，从而去改变我们的工作作风。他还认为学习理论和学习怎样工作这两个方面是紧密地联系在一起的。艾思奇指出：“真正掌握马克思主义，标准不在于从书本上学习了多少，而在于能否了解自己所要改造的周围环境的规律，如果我们背熟了马克思列宁主义的文句、公式，而对于中国社会各方面的发展规律却毫无所知，那我们就不能算真正掌握了马克思列宁主义的理论，而只是空洞的文句引用者。”②

（三）关于学习立场和学习态度的思想

有无正确的学习立场与学习态度是能否形成良好学风和得到较好学习效果的关键。艾思奇在《怎样改造了我们的学习》一文中明确指出：“大多数的同志都没有把学习的立场看做一个重要的问题，也就没有认识到整风运动是一个思想革命，是要站在无产阶级的立场上来克服小资产阶级意识。”③ 正确的学习立场是无产阶级的立场，是为了完成革命的事业和人民群众的解放而学，是为了克服小资产阶级意识，形成无产阶级的高度组织性和纪律性而学。关于学习态度，艾思奇非常反对主观主义和自由主义，并且指出了正确的学习态度。他认为：“不断地积累新的工作经验，不断地依据新的经验来温习文件，来回味理论上的许多原理原则，这样来学习应用马克思主义的立场和方法，正确解决一切工作问题。这就是我们在学习上应该采取的新的态度和新的观念。”④

二、延安整风运动时期艾思奇学习思想对建设学习型政党的启示

艾思奇在延安整风运动时期的学习思想是他以自己精深的哲学造诣对整风运动中的学习实践经验进行深刻思考的基础上形成的理论成果，反映出他对学习规律的正确理解和科学把握，对于今天我们建设学习型政党具有重要启示。主要包括以下几个方面的内容：

（一）用正确的思想方法指导学习，实事求是，理论联系实际

艾思奇认为学习要取得良好的学习效果，就必须具有正确的思想方法。陈云也曾说过：“学习理论，最要紧的是把思想方法搞对头。因此，首先要学哲学，学习正确观

---

①②③ 《艾思奇全书》，第3卷，323、284、349页，北京，人民出版社，2006。
④ 同上书，325～326页。

察问题的思想方法。”[①] 艾思奇认为学习的正确的思想方法就是实事求是、理论联系实际。艾思奇认为做到实事求是非常重要的一点是要能够客观地看待事实，而要做到这一点，就必须全面地、从联系中和实质上认识事实，进而在此基础上，找出事物内部的矛盾和客观规律，总结出正确解决问题的办法。理论联系实际是马克思主义最基本的原则之一，是当前我们进行学习型政党建设的主要思想方法。要做到理论联系实际，关键在于搞清楚什么是实际。艾思奇认为，实际是与面临的主要矛盾、主要问题相关的具体的实际问题。当前，建设学习型政党，要特别注意理论联系实际，把理论与我们面临的主要问题结合起来，以马克思列宁主义、毛泽东思想和中国特色社会主义理论体系作为理论武器来解决中国特色社会主义建设中的实际问题。另外，为做到实事求是和理论联系实际，艾思奇主张学习要超越狭隘的个人直接经验，进行调查研究，学习群众经验。只有进行调查研究，学习群众经验，才能了解中国的社会现实，真正做到实事求是和理论联系实际，制定出符合国情和最大多数人民群众意愿的路线、方针和政策，做到立党为公、执政为民。

（二）科学研究和把握认识规律，以辩证思维方法为指导开展学习活动

学习作为一项认识活动，具有自身独特的发展规律。开展学习活动必须在遵循和把握认识规律的前提下进行，这就需要采取正确的思维方法。辩证思维方法是以唯物辩证法为基础，是唯物辩证法在思维过程中的具体化，是人类思维方法的最高成果，是人类认识和实践活动的可靠手段。艾思奇特别主张在学习中运用辩证的思维方法，他尤其主张在学习中要科学运用分析和综合，并对分析和综合进行了深入的探讨。艾思奇认为，分析是对全体中的各个部分获得明确深刻的认识，分析要照顾全体，要在对事物整体的全面认识、掌握的基础之上进行。而关于综合，他认为综合应该做到科学地把握事物内部各个方面之间的客观的内在联系，综合不是只找出事物最基本的方面，而舍弃了事物其他从属的方面，综合要以正确的分析为基础。分析和综合是辩证思维方法的基本方法，分析与综合是思想方法中分不开的两个方面，我们在学习中要综合运用分析与综合，只有这样，才能获得正确的认识。除了分析和综合，辩证思维方法还包括归纳和演绎、从抽象上升到具体、历史和逻辑相一致等内容，在学习的过程中要综合运用这些辩证思维方法，只有这样，才能做到学习的科学化，最大限度地提高学习效率。

（三）学习内容要科学、全面

艾思奇认为马克思主义具有一般的正确性，因为它“是科学的理论，特别是

① 《陈云文选》，第1卷，11页，北京，人民出版社，1995。

关于社会发展和社会变革的科学理论"①，是"科学的方法，是客观地具体研究问题的引导"②，是无产阶级的革命行动的指南。因而，党员干部首先要学习马克思主义理论，重点在于学习马克思、列宁等革命导师观察问题与解决问题的立场和方法。其次，要学习与今天中国的社会经济实际联系最密切的理论——中国特色社会主义理论体系，它是马克思主义中国化的最新理论成果。再次，要认真学习中国的传统文化，学习历史、哲学、中文等社会科学，学习时代的实践经验和思想文化的精华，要吸收包括自然科学发展成果在内的人类的一切优秀思想成果。最后，要认真学习业务知识和其他知识与本领。艾思奇反复强调学习不仅是学习理论，而且还要学会怎样工作。毛泽东也曾说过："政治和业务是对立统一的，政治是主要的，是第一位的，一定要反对不问政治的倾向；但是，专搞政治，不懂技术，不懂业务，也不行。"③ 因而，广大党员干部在学习中应该把理论与工作结合起来，熟练地掌握业务知识，这样才能不断增强领导社会主义建设的本领。

（四）树立正确的学习立场和态度

建设学习型政党必须要树立正确的学习立场和态度，只有明白了为什么而学和以什么样的态度去学，党的学习活动才会有意义并取得明显的成效。艾思奇认为正确的学习立场是无产阶级的立场，是为了完成革命的事业和实现人民群众的解放而学习，是为了克服小资产阶级意识，形成无产阶级的高度组织性和纪律性而学。他的这一认识对于今天进行学习型政党建设，树立正确的学习立场和学习态度仍具有重要的启示意义。广大党员应该树立正确的学习立场，以提高自身执政能力、理论修养和党性修养为学习的出发点，以增强统揽全局的能力和推进中国特色社会主义建设为学习的目的。要进一步端正学习态度，反对主观主义和自由主义，克服学习中的畏难、浮躁情绪，认认真真、扎扎实实地进行学习。树立正确的学习态度，关键在于学以致用，把知识转化为能力，要学会运用马克思主义的立场、观点和方法指导实践，不断提高解决实际问题的能力。

（五）创新学习形式

采取什么样的学习形式对取得什么样的学习效果具有重大的影响。艾思奇提出的学习形式，如个人学习，通过漫谈会、集体讨论会和座谈会开展学习，对今天党员干部的学习仍具有重要的启迪作用。但是时代毕竟不同了，我们需要随着时代的变化采

---

①② 《艾思奇全书》，第2卷，775、776页，北京，人民出版社，2006。

③ 《毛泽东文集》，第7卷，309页，北京，人民出版社，1999。

取新的学习形式。我们要充分利用现代信息科学技术的发展和现代管理学的知识对学习形式进行创新与改造，推行网络化学习、质疑性学习、互动性学习和研究性学习等新学习形式。艾思奇主张的写思想自传的学习方法对今天党员干部进行学习仍然具有借鉴意义，除此之外，还可以采取辅导式学习、解读式学习、演讲式学习、备课领读式学习、专栏访谈式学习等多种学习形式，来提高学习兴趣，增强学习效果。

中国道路

论中国的经济模式：政治经济学的视角

张　宇

一、引　言

2011年是中国共产党建党90周年，90年的伟大成就归结起来就是：找到了一条实现强国富民和中华民族伟大复兴的道路与模式，“中国经验”、“中国道路”、“中国模式”受到全世界日益广泛的关注。中国模式最引人瞩目的是它的增长奇迹，即究竟是什么原因导致了中国持续了30多年10%左右的高增长率？最具历史意义的则是这一奇迹背后所蕴涵的制度和理念，即到底存在不存在一种与西方资本主义不同的成功的发展道路以及制度和理念？后一个问题是近现代中国历次重大社会变革所关注的持久主题，也是广大发展中国家现代化过程中面临的共同和艰难的抉择，如何回答这一问题在很大程度上决定着历史发展的方向和未来世界的面貌。中国模式的内涵是十分丰富的，体现在经济、政治、文化、社会等各个方面。本文主要从政治经济学的角度对中国经济模式的特征、意义及对其认识的发展过程进行分析。

二、对中国经济模式认识的演进与发展

对中国经济模式的认识和研究是随着实践的发展而不断发展的。早在20世纪50年代后期社会主义制度建立之初，以毛泽东为代表的党的第一代中央领导集体就提出了要实现马克思主义与中国实际的第二次结合、走自己道路的思想，对中国特色社会

主义建设的道路进行了初步的探索。在学术界，以孙冶方等为代表的一批学者对于中国社会主义经济建设中的一些重大问题也进行了深入的探索和思考，取得了一些重要的理论成果。从指导思想和实践进程看，中国的经济模式无疑是在中国化的马克思主义理论的指导下形成和发展的。就学术层面来说，对中国经济模式的认识是随着实践的发展而不断发展的，同时，存在着不同的流派和观点。概括起来说，改革开放后学术界对中国经济模式认识的发展经历了以下三个主要的发展阶段：

（一）比较经济学的范式：20世纪80年代对经济体制改革目标模式的探讨

在经济改革的初期，一方面，经济体制改革的实践全面展开，对改革理论的需求日益强烈；另一方面，正统的西方经济学和传统的社会主义经济理论中又缺乏关于市场经济体制演化的系统理论。在这种情况下，比较经济学的理论大显身手，成为探索经济模式的重要理论支柱。在理论上，苏联东欧学者关于社会主义经济体制的理论，如兰格的“计划模拟市场”模式、布鲁斯的“含市场机制的计划经济”模式、奥塔·锡克的“宏观收入分配计划调节下的自由市场”模式、科尔内的“宏观调控下的市场协调”模式、诺夫的“可行的社会主义”模式等，都曾在中国学界受到重视。在实践中，南斯拉夫的自治社会主义，匈牙利的新经济机制，戈尔巴乔夫的新思维，以及东亚模式、北欧模式、英美模式等，都曾引起过人们的关注。在上述比较研究的基础上，国内的学者们对中国经济体制改革的目标模式进行了深入的探讨，取得了许多重要的成果。例如，刘国光、戴园晨、张卓元等提出了体制模式与发展模式的“双模式转换”论和企业改革与价格改革两条主线协同并行的“双向协同”改革战略①；厉以宁等提出了企业改革主线论和股份制作为企业改革主要形式的观点②；吴敬琏、周小川等提出了以价格改革为中心进行综合配套改革的“协调改革”的观点③；董辅礽提出了社会主义经济是“八宝饭”的混合经济的观点④；卫兴华、洪银兴和魏杰提出了“计划调节市场，市场调节企业”的有计划商品经济的运行模式⑤；从1987年10月起，国家体改委委托有关经济主管部门、科研机构、大专院校，以及少数省市的专家学者，研究今后八年（1988—1995年）我国经济体制改革的中期规划，形成了几份具有不同特点的综合规划和总体报告，这些规划和报告集中体现了那一时期人们对经济体制改革的目标模式的系统认识。⑥

① 参见刘国光主编：《中国经济体制改革的模式研究》，北京，中国社会科学出版社，1988。
② 参见厉以宁：《中国经济改革的思路》，北京，中国展望出版社，1989。
③ 参见吴敬琏、周小川等：《中国经济体制改革的整体设计》，北京，中国财政经济出版社，1988。
④ 参见董辅礽：《经济体制改革研究》，北京，经济科学出版社，1994。
⑤ 参见卫兴华、洪银兴、魏杰：《计划调节导向和约束的市场调节》，载《经济研究》，1987（1）。
⑥ 参见国家体改委综合规划司编：《中国改革的大思路》，沈阳，沈阳出版社，1988。

比较经济学的理论和方法对于我们正确借鉴国外的经济模式具有重要参考价值，它在摆脱传统计划经济理论的束缚和探索中国经济体制改革的目标模式方面功不可没。但是，比较经济学的方法存在着严重的局限：一方面，它是经验的而不是规范的，它对历史与现实中存在的经济体制从实证的角度进行了比较和概括，但是并没有形成关于制度变迁的一般理论。另一方面，这一理论是抽象的，而不是现实的，它把不同社会制度和不同历史环境下的经济体制简单化、图式化。西方比较经济学最主要的弊病是缺少唯物史观和辩证法的科学思想，回避了性质不同的生产关系之间的比较以及不同历史阶段和社会制度下经济规律的根本差别，撇开了生产资料所有制与具体管理体制和运行机制之间深刻的内在联系，并把不同社会制度下的经济体制抽象地归纳为集权、分权和集权与分权的结合等模式，或者是动力机制、决策机制、调节机制等因素，这些过分抽象与简化的模式和因素与实际的经济生活相距甚远，当然不可能把握中国经济改革与经济发展的复杂过程和内在逻辑。

（二）转轨经济学的范式：20世纪90年代对渐进式改革与激进式改革的比较

随着高度集中的计划经济体制向市场经济的全面过渡，过渡经济学或转轨经济学应运而生。当20世纪80年末90年代初苏东剧变发生时，在西方正统经济学家中间立刻达成了一种共识，即：向市场经济的过渡必须实行以宏观经济的稳定化、价格的自由化和国有企业的私有化为核心的激进式改革，人们不可能两步跨越一道鸿沟，渐进式改革是难以成功的。但是，实践的结果却大大出人意料：经济学家事先没有预料到价格自由化和宏观稳定化之后产量的大幅度下降；私有化的结果导致了“内部人”获益；有组织的犯罪活动引人注目地增长，黑手党现象严重；众多国家分崩离析；最大的正面意外是中国经济改革的成功。所有这些出乎意料之处都表明，经济学家还没有准备好面对转型的任务，人们有关转型的知识和对转型的理解相当有限，并且大部分是“事后诸葛亮”。① 中国经济的持续增长和原苏联东欧各国经济的持续衰退形成了巨大反差，正如斯蒂格利茨所说，成功与失败的对比是如此鲜明，以致如果人们不试图从中汲取一些教训，那未免也太不负责任了。② 随着转型过程的深入，赞同渐进式改革和批评激进式改革的意见逐步增多，对中国渐进式改革与苏联东欧激进式改革道路的比较成了那一时期过渡经济学或转轨经济学关注的焦点。

在转轨经济学的范式中，国外有代表性的观点主要有三个：

一是新古典经济学的范式。以萨克斯等为代表的新古典经济学家推崇的是以私有

---

① 参见［比］热若尔·罗兰：《转型与经济学》，17～18页，北京，北京大学出版社，2002。

② 参见［美］斯蒂格利茨：《改革向何处去？——论十年转轨》，见胡鞍钢，王绍光编：《政府与市场》，北京，中国计划出版社，2000。

化和自由化为核心的“华盛顿共识”及激进的“休克疗法”。他们认为，中国渐进式改革的成功只是一种例外，主要是得益于有利的初始条件，如以农业为主的经济结构、传统计划体制内部的松散性等，因而，中国的改革经验不具有普遍意义；另一方面，他们强调，中国渐进式改革的成功是十分有限的，改革由于没有实行彻底的私有化和自由化而正在陷入困境，面临着一系列所谓的深层矛盾和危机。①

二是凯恩斯主义的范式。以斯蒂格利茨为代表的新凯恩斯主义者认为，不完全且代价很高的信息、不完全的资本市场、不完全的竞争，这些都是市场经济的现实，以亚当·斯密“看不见的手”为基础的新古典经济学在转型经济和制度选择中用处很小，渐进式改革比激进式改革更为可取。② 阿姆斯旦和泰勒等人认为，向资本主义的过渡更多需要的是“看得见的手”而不是新自由主义的“看不见的手”。资本主义的成功有赖于能够支持长期投资和承担风险的制度，而这种制度只有通过国家才能建立。③

三是演进主义的范式。蒙勒、诺顿等持演进主义观点的人认为，社会是复杂的，人的理性是有限的，改革只能用试验的方法逐步推进，最成功的改革将属于那些在一个较长的时间里不断进行变革的国家，而不是那些用经济战略在过去和未来之间造成突然断裂的国家。④ 青木昌彦等人认为，经济体制是一个复杂的进化系统，不同制度之间存在着互补性，互补性越强，改革的成本越高。进行大规模经济改革时，即使总的方向已经确定，改革的结果和过程也会有很大的不确定性，因此，渐进式改革方式更为可取。⑤

上述三种理论在对经济转型的性质和目标的理解上并没有根本的不同，都把经济转型理解为从社会主义计划经济向西方资本主义市场经济的过渡。所不同的是，新古典理论主张的是全面的一步到位的激进式改革；凯恩斯主义承认市场经济的局限并肯定了政府干预的意义；演进主义则揭示了资本主义市场秩序的自发演进的性质。它们的共同缺陷是：主要从主观主义和个人主义的世界观出发考虑问题，缺乏对经济转型过程的整体和历史的考察，把资本主义市场经济当做了天然合理、亘古不变的理想制度，同时又有意无意地忽视了中国的渐进式改革与苏联东欧激进式改革在性质和目标上的根本差别，即中国的渐进式改革是完善社会主义基本制度，苏联东欧的激进式改

---

① 参见 Jeffre Sachs and Wing Woo, “Structural Factor in the Economic Reforms of China, Eastern Europe and Former Soviet Union,” *Economy Policy*, 18, April 1994。

② See: Josph E. Stigliz, *Whither Socilism*, MITPress, 1994.

③ See: Allce H. Amsden, Jacek Kochanowicz, Lance Taylor, *The Market Meets It's Match*, Havard University Press, 1994.

④ 参见［美］彼得·蒙勒：《论激进经济改革与渐进经济改革》，见李兴耕等编：《当代国外经济学家论市场经济》，北京，中共中央党校出版社，1994；Mcmillan, Jand B. Naughto, “How to Reform a Planned Economy: Lesson from China”, *Oxford Review of Economic Policy*, Vol 8, No1, 1992。

⑤ ［日］青木昌彦等：《经济体制的比较制度分析》，北京，中国发展出版社，1999。

革是否定社会主义制度，而离开了这一根本差别，不仅不可能把握中国经济模式的本质，反而会出现南辕北辙的错误。

对于中国的转型模式，国内学者也进行了深入的探讨，以下的观点是比较有代表性的：

林毅夫等人认为，改革以前中国发展缓慢的根本原因在于推行了重工业优先发展的赶超战略，而改革以来中国经济迅速发展的关键则在于改革三位一体的传统经济体制，使中国的资源比较优势能发挥出来。同时，中国改革成功的一个重要保证是采取了一条代价小、风险小，又能及时带来收益的渐进式改革道路。①

樊纲等人把渐进式改革的实质概括为双轨过渡和增量改革，特别是非国有经济的迅猛发展。② 张军认为，以价格双轨制为特征的“边界改革”的经验在于，国有部门在计划外边界上通过对价格信号作出反应去捕捉获利机会，要比突然被私有化的国有部门去对经济扭曲和短缺作出的反应更迅速。③

周振华认为，中国经济体制改革的内涵是由制度博弈的结构或“改革的程序”决定的。这种“改革程序”的设定可以归纳为：市场化取向的改革目标动态化；诱致性激励的改革选择集弹性化；制度交易的合同非完全化。而在这当中所贯穿的核心，是改革与发展的一体化。④

钱颖一等人认为，中国改革的成功主要得益于传统体制的M型结构，即一种以区域原则为基础，多层次、多地区的“块块”结构，这种结构削弱了行政控制，强化了市场活动，刺激了非国有企业的发展。⑤ 杨瑞龙认为，在向市场经济过渡中，中国的制度变迁方式将依次经过供给主导型、中间扩散型和需要主导型三个阶段，在中间扩散型制度变迁过程中，地方政府发挥着关键作用。⑥

还有的学者从改革目标的不确定性、改革过程的非均衡性、改革方式的非激进性以及自发性改革的重要性和传统文化的影响等方面阐述了中国经济转型模式的特点。

中国学者的这些探讨和见解，揭示了中国经济转型方式的某些经验和特点，丰富了对经济转型过程的认识。⑦ 不过应当看到的是，这些探讨和见解虽然各有侧重，但

---

① 参见林毅夫等：《中国和奇迹：发展战略与经济改革》，上海，上海三联书店、上海人民出版社，1994。

② 参见樊纲：《渐进改革的政治经济学分析》，上海，上海远东出版社，1997。

③ 参见张军：《“双轨制”经济学：中国的经济改革（1978—1992）》，上海，上海三联书店、上海人民出版社，1997。

④ 参见周振华：《体制变革与经济增长——中国经验与范式分析》，上海，上海三联书店、上海人民出版社，1999。

⑤ 参见钱颖一、许成钢：《中国的经济改革为什么与众不同》，载《经济与社会体制比较》，1993（10）。

⑥ 参见杨瑞龙：《中国制度变迁方式三个阶段论》，载《经济研究》，2001（6）。

⑦ 在这一阶段，也有学者认识到了改革的目标和宪法制度对改革道路的决定性作用。例如，在《过渡之路：中国渐进式改革的政治经济学分析》一书中，笔者曾经提出一个以马克思主义整体的政治经济学范式为基础的过渡经济学分析框架，并把中国渐进式改革定义为工业化与社会主义宪法制度双重约束下的市场化。但是，这种观点在当时是比较少的。参见张宇：《过渡之路：中国渐进式改革的政治经济学分析》，北京，中国社会科学出版社，1997。

大都是在改革的目标相同而且确定的假定前提下围绕着改革方式的差别展开讨论的，主要的局限在于：第一，没有深入考察改革的过程与改革的目标之间的辩证关系，只是在市场化的方式的层面上认识转型问题。第二，没有深入考察社会主义基本制度与经济体制的紧密联系，忽视了改革是社会主义制度的自我完善这一根本性质。第三，只有抽象空洞的市场经济的概念而没有具体历史的社会主义市场经济概念。① 第四，没有形成与中国的制度和国情相适应的中国特色的经济转型理论，比较多地运用了西方经济学的理论观点。从这些方面来看，上述观点并没有从根本上超越西方转轨经济学的范式。

（三）政治经济学的范式：新世纪以来对中国经济模式基本特征和一般意义的探讨

进入新世纪后，中国的经济体制改革进入了一个新阶段。2002 年中共十六届三中全会通过的《中共中央关于完善社会主义市场经济体制若干问题的决定》指出："我国经济体制改革在理论和实践上取得重大进展。社会主义市场经济体制初步建立，公有制为主体、多种所有制经济共同发展的基本经济制度已经确立，全方位、宽领域、多层次的对外开放格局基本形成。"这一论断表明，中国的经济转型已经完成了它的主要目标和任务，经济改革已经从 20 世纪 80 年代的以"破"主，90 年代的以"立"为主，进入到了以"完善或定型"为主的阶段。特别是科学发展观的提出，使中国经济发展的理论和实践得到了进一步的丰富与完善。

2007 年以后，对于中国模式的基本特征和一般意义的探讨全面深入地展开了，三个重要的历史事件推动了这一进程：

一是，在中共十七大报告中，胡锦涛同志对中国改革开放的基本经验作了科学的概括，提出了"十个结合"的重要论断，并在纪念党的十一届三中全会召开 30 周年大会上的讲话中对这"十个结合"作了进一步的深入阐述。这些概括与阐述使我们对"中国经验"、"中国道路"和"中国模式"的认识达到了一个新的高度。

二是，围绕纪念改革开放 30 周年和建国 60 周年，关于"中国模式"的文献大量涌现，对中国模式的探讨从学术层面进入到了主流媒体②，从改革方式进入到了基本制度和发展模式，从经济领域进入到了政治、文化和社会领域，从经验的总结进入到了理论的提升，对"中国模式"的关注度空前提高，认识不断深化。

---

① "'社会主义'这几个字是不能没有的，这并非多余，并非'画蛇添足'，而恰恰相反，这是'画龙点睛'。所谓'点睛'，就是点明我们市场经济的性质。"参见江泽民：《论社会主义市场经济》，202 页，北京，中央文献出版社，2006。

② 2008 年以来，人民网、《人民论坛》、《中国社会科学》、《经济学动态》等重要媒体和杂志都发文探讨了"中国模式"。

三是，由美国次贷危机所引发的全球金融和经济大危机引发了人们的深刻反思，资本主义制度和新自由主义模式受到了广泛的质疑，而中国特色的社会主义发展道路和社会主义市场经济体制则在应对危机中显示出了特殊的优势，这进一步激发了人们对“中国模式”的关注和思考。

面对新的形势和任务，人们逐步摆脱了转轨经济学的思维，试图从中国的实践中提炼出对经济发展和制度变迁具有一般意义的理论与经验，转轨经济学的范式开始被政治经济学的范式所代替。我们知道，马克思主义政治经济学是联系生产力和上层建筑、研究社会生产关系及与此相适应的经济运动规律的科学，马克思主义政治经济学不同于西方经济学的根本特征在于：(1) 以辩证唯物主义和历史唯物主义为基础的世界观、方法论。(2) 为无产阶级和广大人民群众利益服务的政治立场。(3) 以生产力与生产关系相互作用为核心的经济分析体系。(4) 建立社会主义和共产主义的社会理想。政治经济学的范式对中国经济模式的认识和研究具有以下突出特点：

一是更加重视中国模式的制度特征。王振中等运用马克思主义主义关于经济社会形态的二重基本结构的分析方法，从生产关系系统和交换关系系统两个角度研究了中国的转型问题，并把经济转型过程分为两个不同方面，即从计划经济向市场经济的过渡和基本经济制度的选择。① 程恩富指出，中国模式区别于其他模式的显著体制特征，是经济发展的四主型制度，即以公有制为主体的多种类产权制度、劳动主体型的多要素分配制度、国家主导型的多结构市场制度、自力主导型的多方位开放制度。②

二是更加重视中国模式与中国特色社会主义的本质联系。程恩富明确提出，中国模式是社会主义本质的中国实现形式。③ 胡钧等指出，中国模式就是有中国特色的社会主义道路，其成功的关键在于中国共产党的领导、公有制的主体地位、政府的主导作用和有效利用市场。④ 秦宣、徐崇温等强调，中国模式是我们党把马克思主义的普遍真理同我国的具体实际结合起来，走自己的道路，建设中国特色社会主义的产物。⑤ 刘国光指出，中国之所以能够从容应对危机，是因为我们坚持了中国特色社会主义模式。⑥

三是更加重视中国模式的发展维度。进入新世纪以后，对中国模式的认识更多聚焦于发展问题，中国模式在许多场合下被等同于中国的发展模式，如何实现科学发展

---

① 参见王振中：《中国转型经济的政治经济学分析》，北京，中国物价出版社，2002。

② 参见程恩富：《中国模式的经济体制特征和内涵》，载《经济学动态》，2009 (12)。

③ 参见程恩富：《中国模式：社会主义本质的中国实现形式》，载《中国社会科学报》，2011-01-13。

④ 参见胡钧、韩东：《“中国模式”的实质、特点和面临的挑战》，载《政治经济学评论》，2010 (4)。

⑤ 参见秦宣：《“中国模式”之概念辨析》，载《前线》，2010 (2)；徐崇温：《关于如何理解中国模式的若干问题》，载《马克思主义研究》，2010 (2)。

⑥ 参见刘国光：《中国模式让我们有望最先复苏》，载《红旗文稿》，2009 (11)。

成为新时期经济发展的主题，如何实现经济发展方式的转变成为新时期经济发展的主线，中国经济发展的速度、质量、结构和动力等问题的研究受到普遍的重视，对中国经济增长奇迹的解释以及对中国发展模式的经验和意义的评估受到国内外学术界日益广泛的关注。

四是更加重视中国经济模式的整体历史结构。越来越多的人认识到，需要在整体性视野中认识和把握中国模式的内涵，必须从经济、政治、文化、社会、历史的有机联系中把握中国经济模式的总体特征，而不能作割裂或分立式的理解。① 越来越多的人认识到，不能割裂新中国前30年和后30年之间的内在联系，也不能割裂当代中国发展与历史和传统的深刻联系。有的学者强调，中国模式实际上是关于中华人民共和国60年成功之路的理论解释，中国模式的基础是中华文明的延续性。②

五是更加重视中国模式的世界影响。随着中国日益参与到经济全球化的进程之中，中国经济与世界经济的联系日益紧密，人们开始从世界体系的历史演进中，探求中国模式的历史意蕴和对世界秩序变动的深刻影响。③ 中国模式的崛起还引起了人们对依附理论的重新审视，中国经济的发展是开辟了自主发展的成功之路，还是会陷入依附性发展的困境，重蹈依附性发展的暗淡命运？④ 中国模式对人类社会发展的方向、发展中国家的发展道路和世界社会主义的未来的影响也开始受到重视。

对于中国模式的认识和研究的上述五个方面的特点，体现了唯物史观和马克思主义政治经济学关于生产力与生产关系、经济基础与上层建筑以及历史与逻辑、理论与实践的辩证关系，反映了中国特色社会主义发展的历史进程。这清楚地表明，学术界对于中国经济模式的认识和研究已经开始超越西方主流经济学的狭隘视野、价值偏见和思维定义，政治经济学的范式正在并且必将成为学术界认识和研究中国经济模式的主流。

三、中国经济模式的主要特征

迄今为止，对中国经济模式基本特征的概括是按照以下一些不同的视角展开的：一是基本制度，二是经济体制，三是发展道路，四是转型方式，五是全球化。实际上，这些不同的视角是相互联系、密不可分的，其中，基本制度特别是基本经济制度处于

---

① 参见赵剑英、吴波主编：《论中国模式》，北京，中国社会科学出版社，2010。

② 参见潘维主编：《中国模式：解读人民共和国的60年》，北京，中央编译出版社，2009。

③ 代表性的著作有［意］乔万尼·阿里吉：《亚当·斯密在北京》，10页，北京，社会科学文献出版社，2009。

④ 参见［荷］安德鲁·马丁·费希尔：《中国正在拉美化吗？在全球失衡浪潮中，中国在实力与依附性之间的平衡行为》，载《政治经济学评论》，2010（4）；卢荻：《世界发展危机与“中国模式”》，载《政治经济学评论》，2010（4）。

核心地位，起着关键作用。马克思主义政治经济学认为，经济基础决定上层建筑，而在经济基础中，基本经济制度又处于核心地位。所谓基本经济制度，就是指生产资料的所有制及其构成，它决定着一个社会生产关系的本质特征，决定着生产、分配、交换以至消费等各个环节，决定着一个社会的经济体制和经济发展道路，并从根本上决定着一个社会的政治制度、意识形态等上层建筑。因此，只有从基本经济制度出发，才能准确把握中国经济模式的本质及其内在逻辑。可以这样认为，中国的经济模式实际上是中国的基本经济制度在现实的改革、发展与开放过程中的展开或实现，其主要特征可以概括为以下方面：

（1）以公有制为主体、多种所有制经济共同发展的基本经济制度。新中国成立后，通过社会主义改造，我国建立了以公有制为基础的社会主义制度。改革开放以来，中国逐步确立了以公有制为主体、多种所有制经济共同发展的社会主义初级阶段的基本经济制度，这一基本经济制度的主要内容是：毫不动摇地巩固和发展公有制经济，毫不动摇地鼓励、支持、引导非公有制经济发展，坚持平等保护物权，形成各种所有制经济平等竞争、相互促进的新格局。深化国有企业改革，形成适应市场经济要求的现代企业制度和企业经营机制。优化国有经济布局和结构，增强国有经济活力、控制力、影响力。长期稳定并不断完善以家庭承包经营为基础、统分结合的农村双层经营机制。建立归属清晰、权责明确、保护严格、流转顺畅的现代产权制度。以现代产权制度为基础，发展混合所有制经济。根据上述内容进行的所有制和产权制度的改革，在实践中取得了显著的成效，在理论上是巨大的创造，既坚持了科学社会主义的基本原则，又根据我国实际和时代特征赋予其鲜明的中国特色；既搞活了公有制经济，又促进了多种所有制经济的共同发展。中国的经验证明，那种认为公有制经济注定低效率、注定与市场经济相冲突的观点是根本站不住脚的。公有制的主体地位保证了市场经济的社会主义性质，有利于经济的持续稳定协调发展和实现社会的共同富裕。多种所有制经济的共同发展有利于发挥各种生产要素的作用，调动各方面的积极性。社会主义初级阶段基本经济制度的确立，为中国特色社会主义的发展奠定了坚实的基础，中国能够拥有今天这样比较雄厚的综合国力和重要的国际地位，能够在激烈的国际竞争中持续稳步发展，能够在急剧变革的转型过程中保持社会的基本稳定，能够经受住 20 世纪末苏东剧变、东南亚金融危机和 2008 年的抗震救灾、金融海啸等重大突发事件的考验，都是与这个基本经济制度密不可分的。

（2）与社会主义基本制度相结合的新型市场经济体制，即社会主义市场经济体制。中国经济体制改革的目标是建立社会主义市场经济体制。社会主义市场经济是与社会主义基本制度相结合的新型市场经济，中国经济改革获得成功的关键就是在社会主义基本制度特别是公有制经济与市场经济之间创造出了一种可以相互兼容和相互促进的新型关系。在这种新型的关系中，社会主义基本制度具有了新的含义，焕发出了新的活力；市场经济也具有了新的特点，体现了社会主义基本制度的要求。从中国的实践看，社会主义基本制度与市场经济相结合的途径和方式主要有以下方面：建立与市场经济相适应的公有制的新形式和新体制，促进多种所有制经济共同发展；坚持公有制的主体地位，发挥国有经济的主导作用，深化国有企业改革；建立以按劳分配为主体、多种分配方式并存以及效率与公平相结合的收入分配制度；形成统一开放竞争有序的现代市场体系；建立健全计划引导下的以市场为基础的宏观调控体系；建立健全完善的社会保障体系；建立与市场经济相适应的完善的法制体系；建立与市场经济相适应的新型社会管理体制；形成内外联动、互利共赢、安全高效的开放型经济体系；不断提高党驾驭社会主义市场经济的能力。可以说，把社会主义基本制度与市场经济有机地结合起来，是中国经济改革的目标所在、实质所在、特色所在、经验所在。从经济运行的特点来看，改革开放以来形成的中国的市场经济体制是一种以市场调节为基础、国家调节为主导、经济发展为目标、制度转型为背景的社会主义大国的市场经济体制，是一种计划调节与市场调节、中央集权同地方分权、直接调节与间接调节、供给管理与需求管理、短期目标与长期目标、总量平衡与结构优化有机统一的国家主导型的市场经济模式。这种市场经济体制与发达资本主义国家的市场经济体制存在着重要的差别，也不同于其他发展中国家和转轨国家的市场经济体制。中国的经验再次告诉我们，强有力的国家是发展中国家实现现代化不可或缺的关键因素，更是社会主义制度的本质特征，所谓“大市场、小政府”和国家管的越少越好的自由主义观点是完全不靠谱的。

（3）以新型工业化和体制创新为动力的科学发展道路。发展是硬道理，发展是中国共产党执政兴国的第一要务。中国模式最引人瞩目的是它的增长奇迹，即持续了30多年、近10%的高速增长。那么，中国经济增长的奇迹是如何取得的呢？国内外的学者们对此作了多方面的解释，包括：广阔的市场需求、稳定的政治环境、高储蓄率和投资率、低成本的人力资源、有效的政府干预、经济的市场化、对外贸易和利用外资、技术的进步、二元结构的转换等。从根本上来说，中国经济的持续快速增长是以新型工业化和体制创新的不断深化为动力的，工业化与信息化的相互促进以及经济和社会体制的全面创新，一方面激发了资本、劳动力等资源投入的不断增加和需求的不断扩大，另一方面推动了资源配置效率的不断提高和经济创新的持续深入的展开，这是一种由结构性变迁、技术进步和体制创新共同推动的结构性或变革性经济增长。推动这种增长的基本因素，即新型工业化和体制创新在相当长的时期内是不会改变的，这就使中国经济的增长具有持续稳定的动力。这就是所谓中国经济奇迹的奥秘所在。从发展理论和发展战略的角度看，中国经济模式的最重要成果和最宝贵经验就在于它从中国的实际出发，探索形成了符合中国特色的发展理论、发展战略和发展道路，最重要的就是科学发展观，还有“三步走”和全面建设小康社会的战略，以及中国特色新型工业化道路、中国特色农业现代化道路、中国特色自主创新道路、中国特色城镇化道路、中国特色区域发展道路等体现科学发展要求的经济发展道路。这些成果，体现了中国特色社会主义对发展的要求，为中国的经济发展开辟了更加广阔而光明的前景。

（4）独立自主的对外开放战略。改革开放以来，中国确立了对外开放的基本国策，并通过主动、渐进和可控的方式，以及从建立经济特区到开放沿海、沿江、沿边、内陆地区再到加入世界贸易组织，从大规模“引进来”到大踏步“走出去”的路径，实现了从封闭、半封闭到全方位开放的历史转折。中国对外开放的模式有以下主要特点：一是统筹国内国际两个大局，坚持互利共赢的开放战略，把“引进来”和“走出去”相结合，充分利用国际国内两个市场，优化资源配置，拓宽发展空间，以开放促改革、促发展。二是明确经济全球化具有二重性，有两种发展趋势。一方面，它促进世界资源的合理配置，促进各国生产力的发展，从而造福各国人民。另一方面，它是资本主义经济关系的全球扩张，进一步加剧世界资源配置和经济发展的不平衡，继续扩大南北发展差距，加剧贫富分化和环境恶化。我们应选择并推进前一种趋势，警惕并控制后一种趋势。三是把积极参与经济全球化同独立自主结合起来。在坚持对外开放的同时，把立足点放在依靠自身力量的基础上，把引进与开放创新、利用外资与自己积累结合起来，注意维护国家的主权和经济安全，注意防范和化解国际风险的冲击，始终保持对关键行业和领域的控制力。同时，要不断提高自主创新的能力，努力建设创新型国家，形成经济全球化条件下参与国际经济合作和竞争新优势。

（5）以社会主义市场经济为目标的渐进式转型。20 世纪 80 年代末 90 年代初，从传统计划经济向市场经济的过渡形成了两条不同的道路，即苏联东欧的激进式改革和中国的渐进式改革。中国经济改革的成功不仅在于它向世人昭示了社会主义与市场经济是可以结合的，而且还在于它在实践中探索出了一条有中国特色的渐进式改革道路或改革方式，这种改革方式的主要特点是：

——自上而下与自下而上相结合。在坚持统一领导的前提下，充分发挥基层单位在制度创新中的积极性和创造性。

——双轨过渡，增量先行。在保留计划协调的前提下，通过在新增资源中逐步扩大市场调节的比重的办法来稳步向市场经济过渡。

——整体协调，重点突破。在坚持全国一盘棋的前提下，分部门、分企业、分地区各个突破，由点到面，实现经济体制的整体转换。

——兼顾改革、发展与稳定。把改革的力度、发展的速度和社会可承受的程度统一起来，在社会稳定中推进改革和发展，通过改革和发展促进社会的稳定。

——分步推进，循序渐进。先试验后推广，并根据实践的需要和认识的发展不断调整与完善改革的具体目标和具体思路。

目标决定方法，方法内生于目标，不能脱离改革的性质和目标抽象讨论改革的方式问题。中国的经济改革之所以采取渐进式的改革方式，从根本上来说是由社会主义市场经济这一改革目标的特殊性质决定的，这是因为：

社会主义市场经济是与社会主义基本制度相结合的市场经济，改革的目标并不是要根本否定社会主义基本制度，而是要通过制度创新克服传统计划经济体制的弊端，赋予社会主义基本制度新的活力，中国经济改革的这种根本性质，决定了其方式和过程必然具有温和渐进的特点。在这里，新旧体制之间不是泾渭分明、截然对立的，而是具有明显的连续性和继承性，它们之间的转换要经历许多具体阶段，经过许多中间环节，采取许多中间形式。

中国目前处在社会主义初级阶段，市场发育和市场机制的作用不仅受社会制度的制约，而且受经济发展阶段的制约，在相当长的时期内面临着分工粗疏、结构简单、信息不畅、基础设施薄弱、城乡差距大等因素的制约，中国的市场化与工业化、体制模式的转型与发展模式的转型是结合在一起的，因此，市场经济的形成和发展必然要经历一个比较长的历史过程，中国的改革只能是渐进式改革。

社会主义市场经济是一种新型的市场经济，它的具体含义和实现形式并不是先验的、固定不变的，而是不断变化发展的，具有一定的不确定性。实际上，把改革目标确立为社会主义市场经济并不是一开始就明确了的，而是经历了从计划经济、商品经济到社会主义市场经济的长期探索过程。社会主义市场经济体制改革目标的确立，也没有一劳永逸地解决关于改革目标的所有问题，已经形成的社会主义市场经济仍需不断加以完善。

因此，中国渐进式改革与苏联东欧激进式改革的根本区别不是市场化的方式和方法，而是改革的目标和性质。正如科尔内所概括的那样，渐进与激进的差别不在于转型的方式和速度，也不在于它们是温和的还是激烈的，而在于是改革还是“革命”。①中国经济改革的目标是完善社会主义制度，而苏联东欧激进式改革的目标则是否定社会主义制度，这才是中国渐进式改革与苏联东欧激进式改革的根本区别。

中国经济模式上述几个方面的特点是相互联系的有机整体。中国经济模式，从基本制度的角度看，就是以公有制为主体、多种所有制经济共同发展。这一基本制度体现在经济体制方面，就是社会主义市场经济体制；体现在对外开放方面，就是独立自

---

① See：Kornai，*Highway and Byways*，MIT Press，1995.

主的对外开放战略；体现在经济发展方面，就是科学发展的道路。这些相互联系的内容集中到一点，就是建设中国特色社会主义经济。正如在党的十七大报告中胡锦涛总书记指出的："改革开放以来我们取得一切成绩和进步的根本原因，归结起来就是：开辟了中国特色社会主义道路，形成了中国特色社会主义理论体系。"中国特色社会主义是中国经济模式的核心和灵魂，中国经济模式形成和发展的过程，就是中国特色社会主义经济理论与实践形成和发展的过程。

认识中国经济模式的基本特征还需要把握以下几点：第一，中国经济模式是在建国 60 多年社会主义革命和建设的基础上发展起来的，前 30 年的革命与建设为中国经济模式的形成奠定了物质的和制度的前提，改革开放 30 多年的实践则形成了中国经济模式的基本内容和主要框架。第二，中国经济模式的核心是社会主义初级阶段的基本经济制度，主要内容是在社会主义制度的基础上推进市场化、工业化和对外开放，主题则是发展中国特色社会主义。第三，中国经济模式既有相对稳定的一般性的特点，同时又是一个处在不断改革与发展过程中的动态概念，在不同的阶段、不同的部门和不同的地区有着不同的表现形式。第四，中国经济模式一方面体现了经济社会发展的普遍规律，另一方面体现了时代特征、民族特色和基本制度，是在共性与个性的统一中创造的新的经济模式。

四、中国经济模式面临的矛盾与选择

中国经济模式虽然业已形成并取得了举世瞩目的光辉成就，但是这一模式还不完善，还存在不少尖锐矛盾和严重问题，如生态环境恶化、失业压力增强、贫富差距扩大、自主创新水平低、社会事业发展滞后、社会保障体系不健全、腐败现象严重等。

针对上述问题，近年来社会上流行着两种相互对立的观点。

一种是新自由主义的观点，这种观点认为，中国的改革之所以成功，是因为实行了所谓的私有化、自由化和国际化，而中国改革存在的问题则在于私有化、自由化和国际化的程度不够，公有制经济和国有经济的比重过大，政府干预和社会调节过多，与国际接轨的程度不高，政治体制改革滞后。由此得出的结论是，要进一步深化市场化改革，继续减少和取消政府干预与社会调节，对国有企业实行彻底的私有化，进一步加快与国际经济接轨的步伐，并逐步引入西方式的所谓民主化的宪政体制，为自由市场的作用奠定政治和法律基础。

另一种观点则对中国市场经济改革的方向提出了质疑，这种观点在西方一些新左派学者中比较流行，代表人物有大卫·哈维、马丁·哈特、沃克尔等人。① 持这种观点的学者认为，市场化的改革造成中国国有企业比重下降和私营企业比重上升，收入与财富分配越来越不公平，经济的扩张日益依赖外国投资与出口，资源与环境的危机日益加剧，阶级矛盾日益凸显，社会矛盾日益激化。如果不改变市场经济的改革方向以及相应的所有制和阶级结构，这些问题是不可能克服的。

新左派与新自由主义的观点看似对立，实则相通，它们都否定了社会主义和市场经济结合的可能性与合理性，也就从根本上否定了中国经济模式的价值与意义。不同的是，新自由主义否定的是社会主义，新左派否定的是市场经济。这当然不是什么新见解，而是那种把社会主义与市场经济相对立的“左”的和右的教条观点的再现。

那么，到底应当如何看待中国经济模式中出现的问题呢？从现象的层面看，问题是由多种因素造成的：有市场化不足的问题，如企业制度不完善、市场体系不健全、政府干预过多等；也有泛市场化问题，如公共部门乱收费、公共服务产业化、权钱交易现象的蔓延等；还有法律、法规、政策和管理上不完善的问题；更多的问题则是发展中的问题，如科技水平落后、自主创新能力低、城乡二元结构、就业压力大、社会保障体系不健全等，这些问题虽然也与体制上的缺陷有关，但从根本上说只能通过科学发展来加以解决。现实的问题错综复杂，不能简单归结为市场化不足或市场化过度。从根本上来说，我们所面临的主要问题还是如何实现社会主义与市场经济之间更好结合的问题，这是贯穿中国经济模式发展的主线，也是决定中国社会主义市场经济前途和命运的关键。关于这一点，十四大以来中央的许多重要文献有明确的论述，需要我们牢牢把握。中共十四大报告明确指出，“社会主义市场经济是同社会主义基本制度结合在一起的”。十五届四中全会指出，“建立和完善社会主义市场经济体制，实现公有制与市场经济的有效结合，最重要的是使国有企业形成适应市场经济要求的管理体制和经营机制”。中共十六届三中全会强调，“坚持社会主义市场经济的改革方向”，“继续探索社会主义制度和市场经济有机结合的途径和方式”。中共十六届四中全会提出，“把握社会主义市场经济的内在要求和运行特点，自觉遵循客观规律，充分发挥社会主义制度的优越性和市场机制的作用”。中共十七大报告在总结我国改革开放的历史经验时，强调“把坚持社会主义基本制度同发展市场经济结合起来”。在当前新的历史条件下，实现社会主义与市场经济的更好结合，是从根本上解决制约我国经济发展诸多矛盾的必由之路。

---

① See：Harvey D.， “Neoliberalism ‘with Chinese Characteristics’，” in *A Brief History of Neoliberalism*，120-151，Oxford University Press，2005. Mqrtin Hart-Landsbergc and Burkett， “China and Socialism：Market Reform and Class Struggle”，*Monthy Review*，56（1）：6～30，2004. Walker R. and Buck D.，“The Chinese Road，Cities in the Transition to Capitalism，” *New Left Review*，46，July-Aug，39-66，2007.

实现社会主义与市场经济更好结合的关键，是如何在实践中自觉坚持和完善我国的基本经济制度。在这一问题上，目前社会上存在不少模糊甚至混乱的认识。比如，有人混淆概念，把本来属于全体人民所有的全民所有制经济或国有经济说成是“垄断资本”，而本来属于私有制范畴的民营经济却被当做是“人民群众”的代表，甚至将国有企业与私有企业正常的市场竞争说成是“与民争利”。有的人曲解国有经济的改革目标。本来国有企业改革的目标是建立现代企业制度，与市场经济相结合，但有人却认为国有企业只能存在于非竞争领域，不能参与市场竞争、追求利润，国有经济只能“退”不能“进”，否则就是改革的倒退。有人不顾近年来中国国有经济效益大幅提高、竞争力不断增强和经济机制明显改善的事实，坚持把国有经济与低效率画上等号。还有人忽视国情，把社会主义经济中的国有经济与资本主义经济中的国有经济混为一谈，认为国有企业的主要职能是提供公共物品，从事私有企业不愿意经营的部门，补充私有企业和市场机制的不足。基本经济制度是我国经济和政治制度的基石。对于基本经济制度认识上的这种模糊、分歧乃至混乱，必然会影响中国特色社会主义事业的顺利发展。另一方面，我们也要看到，在社会主义初级阶段基本经济制度这一重要理论提出后的十多年时间里，我国的所有制结构发生了深刻而重要的变化，如何在新的历史条件下进一步坚持和完善我国的基本经济制度面临着许多新的课题，例如，马克思的公有制理论与当代我国现实中的公有制有什么样的关系？公有制经济的优越性体现在哪些方面？社会主义国家的国有经济与资本主义国家的国有经济有什么不同？用什么样的指标来界定公有制的主体地位和国有经济的主导作用？如何确立国有经济的定位和功能？怎样看待国有经济在市场竞争中的“进”与“退”？能否把国有经济的主导地位等同于“垄断”？如何遵循社会主义生产关系的规定性，搞好国有企业？非公有制经济能看做国民经济主体吗？外资企业能看做是中国企业吗？这些问题是进一步坚持和完善我国的基本经济制度必须深入研究与解决的。

实现社会主义与市场经济的更好结合，还要努力完善我国的收入分配制度。改革开放以来，我国居民的收入大幅增长，生活持续得到改善。与此同时，不同社会阶层之间的收入差距也越来越大，成为突出的经济和社会问题。中共十七届五中全会通过的《中共中央关于制定国民经济和社会发展第十二个五年规划的建议》强调，加大收入分配调节力度，坚定不移走共同富裕道路。实现共同富裕与基本制度的完善是密切相关的。这是因为，分配决定于生产，“所谓的分配关系，是同生产过程的历史规定的特殊社会形式，以及人们在他们生活的再生产过程中互相所处的关系相适应的，并且是由这些形式和关系产生的”①。从当前的实际情况看，弄清这一问题需要区分两类性

① 马克思：《资本论》，第3卷，999页，北京，人民出版社，1975。

质不同的收入差距：一类收入差距发生在普通的劳动者之间，主要是由于不同部门、地区、行业之间劳动者的素质或贡献和生活费用的差别造成的，比如，高科技部门劳动者的收入高于一般的劳动者，城镇居民的生活费用高于农村居民的生活费用。同时，也与现实中存在的行业垄断、劳动力市场不完善等不合理因素有一定关系。这类收入差距体现了按劳分配的要求，有利于调动生产者的积极性，对于其中不合理的因素则需要采取措施进行调节。另一类收入差距发生在不同的财产占有者之间特别是资本的所有者与劳动者之间，主要是由于人们在财产（包括资本、房地产、各种金融资产和经济资源）占有特别是生产资料占有上的差别造成的。这类收入差距是市场经济发展的必然产物，有利于发挥市场机制的作用，但如果没有有效的调节，则必然会导致财产占有和收入分配的两极分化：一极是财富在少数人手中的不断积累和增大，另一极则是大多数人生活的相对贫困。这就是马克思揭示的以私有制为基础的资本主义市场经济中资本积累的一般趋势。对于我国目前是否存在两极分化问题，社会上有不同的认识。但是，两极分化问题作为一种趋势和日益临近的威胁已是不争的事实，对此，我们不应当回避，而必须严重关切，高度重视。同时需要明确，导致贫富两极分化趋势的主要原因，绝不像有的人认为的那样，来自于所谓的国有经济的垄断和政府的过多干预，而是来自于财产占有差别日益扩大和劳动与资本利益的分化。因此，实现共同富裕固然需要加大收入的再分配调节的力度，包括完善社会保障制度、增加公共支出、加大转移支付力度等措施，但初次分配体制和财产关系的公正合理才具有根本的意义，这就是：坚持完善以公有制为主体、多种所有制共同发展的基本经济制度，坚持完善以按劳分配为主体、多种分配方式并存的基本分配制度，建立和谐的劳动关系，保障劳动的基本权益，完善工资正常增长机制，提高劳动收入在国民收入分配中的比重，普遍较快地增加城乡居民收入。此外，还要构建能有效缩小贫富差距的税制体系，加大对财产性收益和资源利用的税收调节，依法逐步建立以权利公平、机会公平、规则公平、分配公平为主要内容的社会公平保障体系，更好地体现出社会主义制度的优越性。

此外，完善中国经济模式还必须在充分发挥市场机制的基础性作用的同时，更加关注科学发展，更加关注社会公平，更加关注民生建设，更加关注自主创新。归根到底，中国经济模式是社会主义基本制度与市场经济相结合的成果，离开了社会主义基本制度与市场经济的结合这一主线，中国经济模式就失去了灵魂，迷失了方向。应当清楚地认识到，所谓的中国模式，并不是一种一成不变的东西，而是丰富多彩、生机勃勃、与时俱进的历史创造过程。因此，我们必须从实际出发，不断解决与克服现实经济中存在的各种矛盾和问题，不断丰富和完善中国模式的内涵，并不断赋予其新的活力和创造力，实现社会主义与市场经济的更好结合，使中国特色社会主义道路越走越宽广。

五、中国经济模式的意义：普遍性与特殊性

中国经济模式是一种特殊的事例还是具有普遍的意义？对于这一问题，人们的认识不尽一致。持特殊性观点的人认为，中国的成功主要得益于一系列有利的初始条件，因而，中国的改革经验不具有普遍意义，而是一种特殊环境的产物。持普遍性观点的人则认为，中国的改革道路是一条代价低、风险小，又能及时带来收益的成功的道路，既然改革中国家的传统经济体制及其弊端都是相同的，改革的道路也应该是相通的。所以，中国改革的经验是普遍的而不是独特的。①

应当说，中国经济模式首先是中国特殊国情的产物，是与中国特色社会主义道路和中国的基本制度紧密地联系在一起的；此外，特殊的初始条件、特殊的历史文化传统以及特殊的改革路线乃至于领导集团特殊的风格，都是塑造中国经济模式的重要因素。走自己的道路，既是中国革命获得成功的根本经验，也是中国改革与发展获得成功的根本经验。任何照搬照抄别国的理论与经验的教条主义的做法，都必然会在中国改革与发展的丰富多彩和生机蓬勃的实践面前折戟碰壁。同样，对中国来说是成功的模式和经验并不一定适用于任何时代的任何国家，不同时代和不同国家的市场经济体制既有共性，也有差别，抽象的适用于任何时代和国家的市场经济是不存在的，只有立足于现实和历史的市场经济制度与市场经济发展的模式才是有生命力的经济模式。

或许有人会说，市场经济就是市场经济，在全世界都是一样的，没有什么国家与地区之分，更没有姓“社”与姓“资”之分，因此，不可能有什么中国特色的市场经济。事实并非如此。市场经济并不是一种可以脱离具体的社会结构而存在的某种设备或某种工具，可以在不同的制度环境和历史条件下随意搬来搬去。相反，不同历史阶段和不同社会结构下的市场经济体制既有共性，也有差别。古典的市场经济不同于现代的市场经济，英美模式不同于北欧模式，东亚模式又有自己的特点。同样是发展市场经济和实现工业化，中国与其他国家相比，面临着如下一些特殊的社会历史条件：（1）具有悠久而深厚的历史文化传统。（2）实行社会主义的经济和政治制度。（3）处于工业化与信息化的双重转型之中。（4）人口众多而资源相对稀缺。（5）在世界资本主义体系中处于相对落后的地位。（6）地域辽阔且区域差异巨大，等等。因此，中国经济模式既体现了经济现代化和市场经济发展的一般规律，又反映了中国特殊的制度、国情和历史阶段的要求，因而，它既尊重一般规律，又充满了首创精神；既有特

① 参见林毅夫等：《中国和奇迹：发展战略与经济改革》，上海，上海三联书店、上海人民出版社，1994。

殊性，也有普遍意义；既是民族的，也是世界的。

强调中国特色并不意味着中国经济模式只是一种特例或偶然。共性寓于个性之中，特殊性中包含着普遍性。市场经济的形成与发展有其客观的普遍的规律，中国的经验和模式中也必然包含着某些普遍的规律与一般的意义。中国经济发展的经验和模式开阔了经济学研究的视野，丰富了人们对市场经济发展规律的认识，深化了人们对经济发展和制度变迁规律的认识，这一点已为越来越多的人所认识。所谓“北京共识”，虽然不能说是一种严密的理论和权威的解释，却反映了人们试图提升中国经验的愿望。① 邹至庄的观点也具有代表性。在《中国的经济转型》一书中，他提出，除了方法论之外，对中国经济转型的研究提供了六个关于经济学实质性的命题：私有制并不一定产生管理效率；市场刺激手段对于经济迅速发展的关系不充分；政府的形式与经济发展的速度无关；不同的经济体制均可以为市场经济服务；政治上的可行性是经济转型中的一种重要因素；中央计划下的官僚主义经济体制难以清除。②

在人类历史的发展进程中，中华民族从来就不是更不应当仅仅是文明的模仿者和追随者，而是有所发明、有所创造、有所贡献。中国经济模式向人们提供了这样一种启示，即那些看似相互对立的因素是如何相互补充、融合、渗透、促进和发展的，包括：公有与私有，效率与公平，国家与市场，自由与和谐，集权与分权，经济与社会，发展与稳定，传统与现代，自主性与全球化，新体制与旧体制，等等。归根结底，中国模式的根本意义在于，它在理论上要推倒的是资本主义现代化的目的论，它要从区别工业化与现代化、市场化与资本主义化入手，得出现代化与市场化的转型未必要以资本主义工业化和市场经济为标准的结论，挑战资本主义的优越性和普遍性的意识形态，实现社会主义与市场经济的历史性结合。③ 这种结合就是特色，就是创造。关于这一点，我们可以举个例子来说明。

众所周知，对于国家与市场的关系，经济学家历来众说纷纭，导致了经济自由主义和国家干预主义此消彼长的持久争论，形成了“自由市场论”、“国家调节论”、“国家推动发展论”、“驾驭市场论”、“亲善市场论”、“发展型政府论”等多种观点。但是，其中的任何一种观点都难以准确地说明中国的经验和现实。由于面临着比较相似的历史文化传统和发展阶段，中国经济模式具有比较明显的所谓发展型政府的特点。④ 但

---

① 参见［美］乔舒亚·库珀·拉莫：《北京共识》，见黄平、崔之元主编：《中国与全球化：华盛顿共识还是北京共识》，北京，社会科学文献出版社，2005。

② 参见邹至庄：《中国的经济转型》，北京，中国人民大学出版社，2005。

③ 参见林春：《“中国模式”议》，载《政治经济学评论》，2010（4）。

④ 发展型政府的原型是所谓的东亚模式，其主要特点有：政府对经济的干预程度较高，利用制定发展战略、规划和实行扶植性产业政策等方式促进经济发展，政治精英与经济精英在发展问题上达成了基本一致，国家与社会的合作等。

是，即使与一般的发展型政府相比，中国的国家与市场的关系也呈现出许多新的特点：一是国家与市场的关系不是单一的，而是多元的，在不同部门、企业和领域有不同的组合。比如，沿海不同于内地，农村不同于城市，农业不同于工业，国有企业不同于非国有企业等。二是国家与市场的关系不是固定的，而是不断变化的，在不同的历史发展阶段存在过不同的模式，如计划经济为主、市场调节为辅的模式，有计划的商品经济的模式，社会主义市场经济体制的模式，社会主义市场经济体制在不同的阶段也有不同的特点。三是国家与市场的关系具有经济、政治、文化和社会，以及宏观与微观、生产力与生产关系等多种维度。比如，科学发展、社会和谐、政治动员、计划协调、统筹兼顾、宏观调控、微观管制、制度创新、国有资产管理等都体现了政府的经济职能。四是中央与地方的关系具有特殊重要的地位，地方政府既是一级行政组织，又担当了类似企业家的角色，从而使国家与市场的关系呈现出了复杂的结构，成为影响中国改革与发展的一个十分重要的因素。五是国家和市场的关系与社会主义经济和政治制度存在着密切的关系，体现了社会主义基本经济和政治制度的要求。中国模式中关于国家与市场关系的这些创新性的做法和思想，对经济理论和实践的发展无疑具有重要的启示。可以相信的是，随着中国经济模式的发展和影响的扩大，人们对中国经济模式一般意义的探索也会不断加强和深化。

加强和深化对中国经验和中国模式的认识，需要对已有的西方主流经济学的信条以至知识体系的必要警醒，意识到它们的局限和偏颇，需要破除这样一种新的教条主义或蒙昧主义思想。这种思想认为，整个世界上的经济学只有一种，这就是西方的主流经济学，它是科学的、普适的，是无民族、无国界的，毫无疑问地相信它、学习它，不折不扣地贯彻它、实践它，这就是所谓的国际化和规范化，这就是中国经济改革的方向。按照这种逻辑，所谓的中国经济学和中国经济模式是不存在的，存在的只是西方经济学和西方经济模式在中国的应用与推广。这种观点的错误在于：第一，西方经济学并不只有一种，而是存在众多的理论和流派，而且这些理论和流派的地位与影响也随着历史的发展在不断变化，被许多人尊崇的现代西方新古典经济学其实也只是众多经济学流派中的一支，它绝不是什么普遍和永恒的真理。第二，经济学的发展和人类文明的发展一样，从来都是不同国家、不同时代与不同群体的人根据他们自身特殊的环境、经验和知识背景提出的，是不同思想理论之间相互交流、碰撞、融合的结果。因此，经济学的发展绝不是某些国家和某些人的专利。第三，中国的发展是在与西方国家不同的历史条件和国际国内环境下进行的，因而不可能照搬西方的模式和经验。第四，任何一种经济理论都是以一定的现实为基础的，都不可避免地会反映出理论的生产者的利益倾向、历史经验、价值理念、文化背景和思维方式。照搬西方的经济理论与发展模式的危害不仅在于它无助于理解中国的道路和模式，更在于它会使我们成为新教条主义或新蒙昧主义的奴隶，失去应有的自我发展和自主创新的能力。亨廷顿说得明白："普世文明的概念是西方文明的独特产物。""20 世纪末，普世文明的概念有助于为西方对其他社会的文化统治和那些社会模仿西方的实践和体制的需要作辩护。普世主义是西方对付非西方社会的意识形态"①。中华民族的伟大复兴，必然伴随理论的繁荣与兴盛，中国应当对于人类有较大的贡献。我们要从中国的实际出发总结经验、提炼思想、创新理论，发展与中国经济模式相适应的自主性和原创性的经济理论，无愧于我们的时代和民族。

总而言之，中国模式的形成既体现了经济现代化和市场经济发展的一般规律，又反映了中国特殊的制度、国情和历史阶段的要求，因而，它既尊重一般规律，又充满了首创精神；既有特殊性，也有普遍意义；既是民族的，也是世界的。中国经济模式为发展中国家走向现代化、发展市场经济和参与全球化，开辟了一条新的道路，展现了一种新的可能；同时也为人类的进步和社会主义的复兴带来了光明与希望。

1956 年毛泽东在《纪念孙中山先生》一文中说过："中国应当对于人类有较大的贡献。而这种贡献，在过去一个长时期内，则是太少了。这使我们感到惭愧。"② 1987 年邓小平在会见一位外国领导人时说过："到下一个世纪中叶，我们可以达到中等发达国家的水平。如果达到这一步，第一，是完成了一项非常艰巨的、很不容易的任务；第二，是真正对人类作出了贡献；第三，就更加能够体现社会主义制度的优越性。""这不但是给占世界总人口四分之三的第三世界走出了一条路，更重要的是向人类表明，社会主义是必由之路，社会主义优于资本主义。"③ 现在，当中国人民以一往无前的进取精神和波澜壮阔的创新实践，在建设富强民主文明和谐的社会主义现代化国家的征程上大步迈进的时候，我们是否可以说，中国模式的成功将会是中华民族对人类文明发展作出的新的较大贡献。

---

① ［美］亨廷顿：《文明的冲突与世界秩序的重建》，55～56 页，北京，新华出版社，1998。

② 《毛泽东文集》，第 7 卷，157 页，北京，人民出版社，1999。

③ 《邓小平文选》，1 版，第 3 卷，224～225 页，北京，人民出版社，1994。

论科学发展观的时代性

陶文昭

科学发展观既是马克思主义中国化的最新成果，也是马克思主义时代化的最新成果。立足于最新国情，放眼于最新世情，吸纳发展新观念，倚重发展新技术，科学发展观具有强烈的时代性。

一、立足最新国情

当代中国最基本的国情是处在社会主义初级阶段。这是一个长期的历史阶段，将延续到21世纪中叶实现现代化为止。这个长期的阶段在发展的不同时期，必然表现出不同的阶段性特征。中国特色社会主义理论体系立足于社会主义初级阶段的基本国情。这个体系继承和发展了毛泽东思想，包括邓小平理论、“三个代表”重要思想以及科学发展观等战略思想。这个体系是一个开放的体系，还将不断地丰富和发展。中国特色社会主义理论体系的每个重大理论成果，都密切反映着社会主义初级阶段不同时期的国情。科学发展观作为中国特色社会主义理论体系的最新成果，立足于新世纪新阶段的最新国情。

对于新世纪新阶段的国情特征，2002年党的十六大指出：现在达到的小康还是低水平的、不全面的、发展很不平衡的小康。5年之后，2007年党的十七大对这一阶段的特征概括为：经济实力显著增强，同时生产力水平总体上还不高，自主创新能力还不强，长期形成的结构性矛盾和粗放型增长方式尚未根本改变；社会主义市场经济体制初步建立，同时影响发展的体制机制障碍依然存在，改革攻坚面临深层次矛盾和问题；人民生活总体上达到小康水平，同时收入分配差距拉大趋势还未根本扭转，城乡贫困人口和低收入人口还有相当数量，统筹兼顾各方面利益难度加大；协调发展取得显著成绩，同时农业基础薄弱、农村发展滞后的局面尚未改变，缩小城乡、区域发展差距和促进经济社会协调发展任务艰巨；社会主义民主政治不断发展、依法治国基本方略扎实贯彻，同时民主法制建设与扩大人民民主和经济社会发展的要求还不完全适应，政治体制改革需要继续深化；社会主义文化更加繁荣，同时人民精神文化需求日趋旺盛，人们思想活动的独立性、选择性、多变性、差异性明显增强，对发展社会主义先进文化提出了更高要求；社会活力显著增强，同时社会结构、社会组织形式、社会利益格局发生深刻变化，社会建设和管理面临诸多新课题；对外开放日益扩大，同时面临的国际竞争日趋激烈，发达国家在经济科技上占优势的压力长期存在，可以预见和难以预见的风险增多，统筹国内发展和对外开放要求更高；等等。

党的十七大指出，科学发展观“立足社会主义初级阶段基本国情”①。科学发展观是党的十六大之后正式提出的。很显然，科学发展观所强烈针对的不是初级阶段的一般性国情，而是新世纪新阶段的新国情，即十七大报告所列的“八个同时”，包括了经济增长、体制改革、人民生活、经济结构、政治建设、文化建设、社会建设、对外开放等八个方面的基本特征。这些特征既包括正面的成绩，也包括负面的问题和困难。这些国情既有社会主义初级阶段的共性，也有当前这个时期的特殊性，是社会主义初级阶段基本国情在新世纪新阶段的具体表现。科学发展观正是从新世纪新阶段党和国家事业发展全局出发提出的重大战略思想。

新世纪新阶段的一个标志性的指标是人均国内生产总值突破一千美元。胡锦涛同志曾多次提到一千美元，这包括但不限于：2004 年 5 月 5 日的《把科学发展观贯穿于发展的整个过程》，2004 年 9 月 19 日的《做好当前党和国家的各项工作》，2004 年 9 月 21 日的《在庆祝人民政协成立五十五周年大会上的讲话》，2005 年 2 月 19 日的《在省部级主要领导干部提高构建社会主义和谐社会能力专题研讨班上的讲话》，2005 年 10 月 11 日的《努力实现“十一五”时期发展目标，推动经济社会又快又好发展》等。2003 年中国人均国内生产总值突破一千美元，胡锦涛志同认为这“跨上了一个重要台阶”②。一些国家和地区的发展历程表明，在人均国内生产总值突破一千美元之后，经济社会将进入一个关键的发展阶段。在这个阶段，既有因为举措得当从而促进经济快速发展和社会平稳进步的成功经验，也有因为应对失误从而导致经济徘徊不前和社会

---

① 胡锦涛：《高举中国特色社会主义伟大旗帜　为夺取全面建设小康社会新胜利而奋斗》，13 页，北京，人民出版社，2007。

② 《十六大以来重要文献选编》（中），60 页，北京，中央文献出版社，2006。

长期动荡的失败教训。中国改革发展正处在关键时期，是一个既有难得机遇又有严峻挑战的时期。能不能抓住新机遇、解决新问题、实现新发展，是对我们党的重大考验。

科学发展观针对了新世纪新阶段的最新问题。胡锦涛同志指出："我们提出科学发展观，就是为了更好地解决改革发展关键时期遇到的各种问题。"① 中国生产力和科技、教育还比较落后，实现工业化和现代化还有很长的路要走；城乡二元经济结构还没有改变，地区差距扩大的趋势尚未扭转，贫困人口还为数不少；人口总量继续增加，老龄人口比重上升，就业和社会保障压力增大；生态环境、自然资源和经济社会发展的矛盾日益突出；经济体制和其他方面的管理体制还不完善；民主法制建设和思想道德建设等方面还存在一些不容忽视的问题等。针对这些问题，科学发展观坚持发展是硬道理，提出了全面、协调、可持续发展，实现以人为本又好又快发展。十六大以来，党中央还提出了构建社会主义和谐社会、党的执政能力建设、构建社会主义核心价值体系、建设社会主义新农村、建设创新型国家等，这些都对解决当下中国问题具有强烈的时代针对性。

二、放眼最新世情

科学发展观既立足于中国，也放眼于世界。当代中国同世界的关系发生了历史性变化，中国的发展离不开世界，中国的前途命运日益紧密地同世界的前途命运联系在一起。正因为如此，邓小平提出"应当把发展问题提到全人类的高度来认识，要从这个高度去观察问题和解决问题"②。在新世纪新阶段，胡锦涛同志更强调"我们制定政策、推进工作、处理问题，必须有世界眼光"③，在观察形势时要善于通盘把握国内形势和国际形势，在进行重大决策时要善于综合考虑国内因素和国际因素，在开展工作时要善于充分利用国内有利条件和国际有利条件，在处理问题特别是各种突发事件时要善于综合考虑国内影响和国际影响，要始终站在国际大局与国内大局相互联系的高度审视中国和世界的发展问题，思考和制定中国的发展战略。科学发展观是在深刻分析世界形势、顺应世界发展趋势、借鉴国外发展经验的基础上提出来的。

科学发展观以更加积极的姿态面向世界。进入 21 世纪，经济全球化趋势深入发展，科技进步突飞猛进，区域经济一体化进程加快，发展不平衡问题更加突出。新世纪，中国加入了世界贸易组织，对外开放迈上了新台阶，中国与世界的联系更加紧密。面对新的世情，以胡锦涛同志为总书记的党中央致力于统筹国内国际两个大局，切实

---

① 《十六大以来重要文献选编》(中)，309 页，北京，中央文献出版社，2006。

② 《邓小平文选》，1 版，第 3 卷，282 页，北京，人民出版社，1993。

③ 《十六大以来重要文献选编》(上)，402 页，北京，中央文献出版社，2005。

提高科学判断国际形势的能力，正确把握时代发展的趋势，努力从国际国内形势的相互联系中把握发展方向，从国际国内条件的相互转化中用好发展机遇，从国际国内资源的优势互补中创造发展条件，从国际国内因素的综合作用中掌握发展全局。尤其是在经济方面，新世纪国际经济发展很不平静，各地区多次爆发不同程度的经济危机，尤其是爆发了波及全球的金融危机，对我国经济发展产生了巨大影响。中国密切关注世界经济的走势，未雨绸缪地观察世界经济可能发生的重大变化及对我国经济发展的影响，充分利用国际国内两个市场、两种资源，以在激烈的国际竞争中掌握主动权。中国冷静而积极地应对了最新的国际金融危机，致力转变经济发展方式，推动我国经济又快又好地发展。中国对内坚持科学发展、和谐发展，对外坚持和平发展，这是深刻把握国情世情、顺应时代潮流而做出的战略选择。

科学发展观以更加虚心的态度借鉴世界发展的经验。发展是时代的主题，当今各国都重视经济增长与社会发展。但是，由于过去单纯追求经济增长，不重视社会发展和社会公平，忽视能源资源节约和生态环境保护，一些国家的发展遇到了这样那样的问题。有的国家走了一条先发展、后治理的路子，为解决生态环境严重恶化问题付出了高昂的代价；有的国家由于经济结构失衡、社会发展滞后，导致发展质量不高、后劲不足；有的国家进入工业化中期阶段和中等收入国家行列后，没有处理好财富增多与收入分配、经济增长与社会公平的关系，导致贫富悬殊、失业增加、社会矛盾激化。例如“拉美化”现象，一些拉美国家在现代化进程取得了巨大成就，但是也引发了严重的贫富分化以及由此引起的各种社会问题，在新世纪出现了巨大的经济波动和危机。世界各国发展的经验教训表明，一个国家坚持什么样的发展观，对这个国家的发展会产生重大影响，不同的发展观往往会导致不同的发展结果。十六大以来党中央提出的各项重大战略思想，都不同程度地汲取了当今世界各国的经验教训。例如，汲取了世界各国关于社会建设的经验和成果，提出了构建社会主义和谐社会；借鉴了世界各国政党建设的经验教训，提出了加强党的执政能力建设。总之，科学发展观既是对中国发展经验的总结，也是对人类发展经验教训的总结；既进一步回答了当代中国的发展问题，也科学地展示了人类社会的发展前景。

科学发展观以更加敏锐的眼光关注各国发展的最新动向。进入 21 世纪尤其是在国际金融危机的背景下，什么是发展、如何发展成为当今世界共同关注的战略问题。世界范围内生产力、生产方式、生活方式、经济社会发展格局正在发生深刻变革。培育新的经济增长点、抢占国际经济科技制高点已经成为世界发展大趋势。各国尤其是主要大国都在对自身经济发展进行战略筹划，纷纷把发展新能源、新材料、信息网络、生物医药、节能环保、低碳技术、绿色经济等作为新一轮产业发展的重点，加大投入，着力推进。中国以更加开阔的视野观察世界，全面了解世界经济、政治、文化、社会发展趋势，全面了解当代知识创新、科技发明、人文进步情况，敏锐地觉察到发展的外部环境发生了很大变化，科学制定符合时代特征的发展战略和政策措施，加快经济发展方式的转变。

三、吸纳最新观念

发展观是历史演进的，有一个从低级到高级不断扬弃和进步的过程。在理论上，二战之后发展研究成为国际学术界的热点。就理论流派而言，就有发展纯理性学派、心理学学派、传播学派、社会学学派等等。就发展学科而言，出现了如发展经济学、发展政治学、发展社会学、发展战略学、发展伦理学等等。这些不同流派、不同学科研究的专业和侧重点各不相同，所持观点极为复杂，但从总体上看，现代发展理论的基本演进过程是从经济增长论到综合发展论，再到可持续发展论以及更进一步的以人为中心的发展论。在实践上，依照发展观的核心理念和价值取向的不同，二战之后世界发展的演进大体经历了四个阶段。第一阶段的发展观是以经济发展为核心，价值取向为：发展＝经济增长。第二阶段的发展观是以社会发展为核心，价值取向为：发展＝经济增长＋社会变化。第三个阶段的发展观是以可持续发展为核心理念，价值取向为：发展＝经济＋社会＋生态。第四个阶段的发展观是以以人为本为核心理念，价值取向为：发展＝以人为本的社会全面发展。

中国是一个发展中国家，在发展中遇到过先进国家曾面临的问题，面临着其他发展中国家类似的问题。世界各种发展理论和观念都是对发展历史进程的反映，是对发展经验教训的总结，都在一定程度上体现了人类对现代化实践在认识上的不断深化。科学发展观汲取了人类社会发展最新观念，站在了发展潮流的最前列，反映了中国在发展上的自觉。当然，科学发展观的时代性是指面向现时代，而不是超越现时代。每一种发展观都是一定历史条件下形成的，都带有那个时代的烙印，都具有那个时代的相对合理性。发展观不能脱离于时代，这首先当然指不能落伍于时代，但也要防止超越时代。

需要指出的是，科学发展观吸纳了世界发展理论的积极因素，但不能将之简单类比或等同于这些理论。在理论的地位上，世界上的新发展观并不都是一个执政党和政府的长远执政理念，即便有些政党持这样的理念，往往也只注重其中的某一个方面，比如西方社会民主党比较注重社会政策，而绿党则更注重环保政策。这与我们将科学发展观作为指导思想、统领社会经济发展是不同的。在理论的性质上，比如以人为本问题，许多发展观也强调这一点。但是在西方制度下，利润是资本的最终追求，这就决定其不可能把以人为本贯彻到底。科学发展观的以人为本、发展为了人民、发展依靠人民，在发展的价值取向和根本动力上，体现了历史唯物主义的人民创造论、中国共产党的执政为民观和社会主义的人民当家论。这使得科学发展观从本质上区别于并高于其他各种发展理论。

四、倚重最新技术

科学发展观的第一要义是发展。当代科学技术作为第一生产力，对一个国家、一个民族现在和未来的发展具有决定性意义。作为发展的理论，科学发展观必须关注科技发展的最新趋势。当今科技进步日新月异。进入21世纪，世界新科技革命发展的势头更加迅猛，信息科技成为推动经济增长和知识传播应用进程的重要引擎，生命科学和生物技术对改善与提高人类生活质量发挥关键作用，能源科技为化解世界性能源和环境问题开辟途径，空间科技促进人类对太空资源的开发和利用。科学技术引发的重大创新，推动了世界范围内生产力、生产方式以及人们生活方式进一步发生深刻变革，引起了全球经济格局的深刻变化和利益格局的重大调整。当今世界各国尽管在历史文化、发展水平、社会制度等方面存在着这样那样的差异，但普遍关注和重视科技进步。各国特别是大国高度关注科学技术的发展趋势，纷纷加强科学展望和技术预见，认真思考和积极实施新的科技发展战略与科技政策，希望通过科技进步来推动本国的经济发展和社会进步。在这种形势下，中国要实现科学发展，必须把发展立足于科技进步之上。

随着以信息技术为标志的新科学技术革命的兴起，发展具有信息时代的特色。现代化不仅是实现工业化的过程，也是实现信息化的过程，并且是在工业化和信息化基础上实现社会全面进步的过程。中国提出以信息化带动工业化，以工业化促进信息化，走出一条科技含量高、经济效益好、资源消耗低、环境污染少、人力资源优势得到充分发挥的新型工业化路子。中国还进一步认识到，改革开放以来，虽然经济高速增长，但主要是靠资金高投入和资源高消耗作支撑的。科技自主创新能力的薄弱，愈益成为制约我国经济社会健康发展的瓶颈，妨碍我国经济结构的调整和经济增长方式的转变，使我们付出更大的资源、环境代价。建设创新型国家是时代的要求。只有把科学技术真正置于优先发展的战略地位，大力增强国家的自主创新能力，中国才能在国际竞争中抢占先机，牢牢把握发展的主动权。

五、时代化的启示

以上可见，科学发展观立足于最新国情，放眼于最新世情，吸纳发展新观念，倚重发展新技术。这些表明，科学发展观包含着时代性的关键要素，是中国马克思主义时代化的最新成果。

科学发展观在推进马克思主义时代化方面留下了深刻的启示。

第一，中国化与时代化不可分割、不可或缺。马克思主义中国化是马克思主义普遍原理与中国国情相结合。但究竟结合于什么样的国情，必须弄清。中国国情当然包括历史的国情，但更重要的还是当下的国情。国情不是一成不变的，而是逐渐和不断地在变化。因此，马克思主义要发挥巨大的思想威力，只有不断地结合于最新国情，不断实现时代化。

第二，时代化必须有世界眼光。时代化要立足于最新国情。然而，当代中国与当代世界更为紧密地联系在一起。不把握最新世情，也不能很好地把握最新国情。还要看到，中国属于后发的国家，世界上很多国家走在发展的前列。邓小平曾表示："我们要赶上时代，这是改革要达到的目的。"① 放眼世界才能真正站在时代的前列，对中国的发展未雨绸缪。

第三，时代化必须融合世界观念。马克思主义"绝不是离开世界文明发展大道而产生的一种故步自封、僵化不变的学说"②，而是在综合人类思想积极成果的基础上形成的。马克思主义时代化也要不断吸纳人类文明新成果。与世界割裂、与时代割裂，就不会有理论的时代化。科学发展观就是在"吸收人类现代文明进步新成果的基础上提出来的"③。

第四，时代化必须联系最新科技。科学技术在现代社会中所起的巨大的和无所不在的作用，使得忽视或脱离了科技发展新趋势的理论，就不能称之为真正时代化的理论。关于社会发展的理论更是如此，离开了科学技术，就不能理解什么是真正的发展，更谈不上去解决如何发展的问题。

---

① 《邓小平文选》，1版，第3卷，242页，北京，人民出版社，1993。

② 《列宁专题文集：论马克思主义》，66页，北京，人民出版社，2009。

③ 《十六大以来重要文献选编》（中），1047页，北京，中央文献出版社，2006。

遵循科学发展观的精神　推进中国新闻教育改革

高　钢

党的十七大将科学发展观确定为我国经济社会发展的重要指导方针，发展中国特色社会主义必须坚持和贯彻的重大战略思想，这对于我们国家现代化进程的推进，对于中华民族复兴理想的实现有着重要意义。

科学发展观的第一要义是发展，核心是以人为本，基本要求是协调可持续，根本方法是统筹兼顾。这是科学发展观的科学内涵、精神实质和基本要求。从这里我们不仅看到了凝聚着全党和全国人民共同利益追求的治国理念，而且看到了经过中国改革开放30多年实践锤炼而成的适用于我们推进各个领域工作的科学的思维方法、智慧的行动原则和光辉的人文精神。

中国改革开放30多年的实践告诉我们，信息环境已经是一个国家、一个民族生存与发展的基础环境要素。信息传播，特别是新闻信息传播，已经直接影响到一个国家、一个民族的生存环境的建造。因此，21世纪的中国需要现代新闻业的支持，而支持21世纪中国现代新闻业的核心力量是高端专业人才。

今天的中国新闻教育担负着神圣的使命，这就是为中国培养出热爱祖国和人民，具有强烈的社会责任感、宽阔的国际视野、深厚的文化修养、科学的思维方法和精湛的专业技能的新闻工作者。

自20世纪90年代起，中国新闻教育进入了一个高速度、大规模、多元化发展的时代。目前，中国已经有500多所高等院校建立了新闻传播学院或者新闻传播系，新闻传播的教学点（即专业点）已经超过800个，在校学生超过15万人。①

我们在为中国新闻教育的蓬勃发展欣喜之际，也为新闻教育出现的种种问题而深深忧虑。

今天，我们需要遵循科学发展观提供给我们的思维方法、行动原则和人文精神，认真思考师资队伍、课程体系、教学平台作为支撑新闻教育的三大基础元素在新的历史环境中的新一轮建构。

中国人民大学新闻学院是我们党创建的第一所新闻高等教育的机构，是国家一级重点学科点，在国家启动的四年一次的一级学科评审中，这个学院连续两次在全国同学科中排名第一。处于这样的历史方位，面对世界的复杂变局、中国的巨大变迁、业界的蓬勃发展和信息技术的飞速进步，我们深感担负着推进中国新闻教育改革的重任。

一、建设拥有跨学科知识、跨文化思维、跨媒体技能的师资队伍

师资队伍的素质是保证教育质量的核心环节。今天新闻教育事业需要的师资队伍，既需要精通新闻传播专业的知识，也需要拥有跨学科背景知识的支撑；既需要了解专业理论知识，也需要掌握实务工作方法；既需要了解人类的经典知识体系，也需要洞察学科前沿的发展；既需要深刻理解和把握中国的国情与传统，也需要准确把握世界的前沿动态和趋向。

面对急剧变化的环境，我国新闻教育机构的教师队伍普遍面临知识重构、能力再造的任务。拥有不同专业背景的教师，都需要突破自己的专业局限，优化自己的知识结构，使自己拥有跨学科、跨文化、跨媒体的思维观，形成以下的专业素质与能力：

跨学科知识基础：这种跨越学科的知识基础，对于个体教师来说，不仅是对同一学科不同专业之间的核心知识体系的了解，更是对至少一门跨越部类学科知识体系的了解，同时掌握各种科学工具的使用。对于整个师资队伍来说，由于新闻传播学科所具有的广泛的人文社会科学的属性和与自然科学的密切关联，因此，需要具有构成人文社会科学主要学科知识背景和与信息传播相关的理工学科知识背景的人员广泛加入新闻传播学科的师资行列，新闻传播学科的发展才能够拥有坚实的人才基础。

跨文化思维能力：新闻传播学科的教师需要了解和把握国际范围内业界与学界的基本情状及前沿动态，需要具有对于世界多元文化的了解与尊重。这不仅关系到教师视野的开阔度、思维的深刻度，而且关系到教师与时俱进的潜能蓄积。

---

① 参见2006—2010年教育部高等学校新闻学学科教学指导委员会：《2008—2009新闻传播学学科发展战略报告》。

跨媒体工作能力：特别是实务专业课教师，应该了解网络数字信息时代新闻传播的技术核心与技术趋势，各种媒体形式之间的能量互换方式和传播效果控制的原则及手段。

新闻传播学科的师资队伍的建造，需要强调学科背景的丰富性、学缘关系的多元性、实践经验的广博性，在此基础上建造起整个师资队伍的协作机制，使得个体教师的能量在团队集群中发挥更大的专业效应。

近些年来，中国人民大学新闻学院为提升师资队伍的专业能量，通过多种渠道和手段进行师资队伍的建设。其中包括：

全方位引进人才，将具有各方面强势的各个专业背景和各个年龄段的专业人士充实到学院的教师队伍中，形成师资队伍的多元化建设。

在国家“985”计划的支持下，聘请国际高端学者为教师开展专业培训，与国际主流专业机构进行学术交流，派遣中青年专业骨干教师去国外进修。通过这些措施，拓宽教师的学术视野，更新教师的知识系统，活跃教师的科学思维，刺激教师的改革意识。

聘请活跃于新闻界的各方面专业人士进入课堂，以充实课程的前沿性和实用性。新闻学院多年来将聘请业界专业人士进入各个教学环节作为一种制度。

为中青年教师参与高端科研项目创造条件。一方面鼓励中青年教师积极申请和开发具有前沿性的科研项目；另一方面将中青年教师编入重大科研项目的团队，让他们担当重要任务。

一个新闻教育机构要想自身组建起一个专业覆盖全面、知识结构完整、创新机能健全的师资队伍是困难的，因此，需要在国家制度层面上考虑高校师资队伍建设机制上的改革。新闻教育机构需要通过与业界的衔接、与学界的衔接、与技术行业的衔接、与国际专业教育机构和科研机构的衔接，探索提高师资队伍学术水平和专业素质的新途径。

二、建设宽口径、厚基础、跨媒体、精专业的课程体系

为保证新闻教育的质量标准和教育目标的完整实现，就必须对新闻专业人才培养的基本环节进行质量控制。这种质量控制应该从课程体系的标准化建造和教学过程的标准化管理着手。

新闻学科课程体系应该能够保证学生具备和拥有：

(1) 高尚的人文品格和道德情操；

(2) 热爱祖国和人民政治素养上的社会责任意识；

(3) 对中国历史、中华文化和中国国情的全面知晓与深刻理解；

(4) 坚实的人文科学知识基础；

(5) 宽阔的国际视野和跨文化交往能力；

(6) 科学的思维方法和科学工具的使用能力；

(7) 良好的新闻专业素养和精湛的专业工作能力。

我们要下力气探索新闻教育过程如何对学生形成有效影响、深度影响和长久影响的方法、途径与机制。

中国新闻传播教育在长期历史中形成的课程体系是宝贵的，这些课程体系的核心成分与新闻业的职业使命和职业道德一样，也具有其自身的稳定基因。然而，面对今天信息传播技术的发展和媒介市场化的进程所推进的新闻传播业的变革，基于传统新闻业结构模式和运营方式形成的新闻教育的课程体系面临着与时俱进的改革需要。

从世界范围看，今天的新闻传播学科的专业教育应该包括三个层面的教育，即通识教育、专门学科基础教育和新闻传播专业教育。

通识教育是指人的生命潜能全面开发和人的精神的健康发展所需要接受的构成人类文明基础知识体系和价值认识体系的教育。

"通识教育作为大学的理念应该是造就具有远大目光、通融见识、自由精神和优美情感的人才所需要的高层文明教育和完备人性教育。"[①] 通识教育的课程设计应该保证学生了解人类文明的进程及传统，塑造高尚的人文精神和良好的品格修养，了解不同知识体系的结构方式和方法体系，掌握语文、计算、外语这些终身学习和潜能发掘所需要的基础知识与技能。

专门学科基础教育是指新闻传播学科之外的一门专业学科相对完整的知识系统的教育。

从美国一些著名新闻传播院校进入 21 世纪后的课程设置情况来看，基于一门专业学科的基础教育之上进行的新闻传播的专业教育已经是普遍的课程设置原则。

哥伦比亚大学新闻学院就开设了一系列专业分工细致的双学位课程，包括地球与环境科学新闻、新闻与法律、新闻与商业、新闻与宗教，以及与法国大学合办的国际与公共事务新闻。[②]

北卡罗来纳大学新闻与传播学院根据自身的学科发展优势，突出强调法律与新闻

① Lee C. T.，"General Education：Ideal and Practice"，In the paper presented on the 2nd Conference on General Education in University and Colleges，1997。转引自李曼丽：《通识教育——一种大学教育观》，北京，清华大学出版社，1999。

② 参见哥伦比亚大学新闻学院网站：http://www.journalism.columbia.edu/。

传播学的结合教育，他们与该大学的法学院合作，联合培养具有法律专业背景的新闻传播领域的专门人才。此外，他们还注重培养医学领域的新闻传播的专门人才。①

密苏里新闻学院则是让学生在大学的前两年接受人文社会科学或自然科学各个领域的专业教育，在后两年实施新闻专业教育。

在今天，媒体分工日益细化，新闻报道专业深度日益加强，业界对新闻人才的专业性要求也变得日益突出。

新闻传播专业教育是专业工作的思维与方法及专业工作技能的培训教育。

目前我国新闻学科专业课程体系的一般缺陷表现在：专业课程内容陈旧；专业方法课程欠缺；与专业实践联系薄弱；专业课程数量总量过多。

由于教育过程特有的周期性，上述缺陷造成的影响会形成巨大惯性，加大了培养目标与新闻业人才需求之间的差距。我国新闻学科的课程体系整体上面临着加强新颖性、科学性和实用性的改造。

传媒市场对人才的选择已经说明，仅仅具有新闻传播的知识和技能已经不能适应媒介市场对人才的需求。多学科知识背景和跨媒体专业技能的集成成为今天媒体选择人才的共同价值取向。

自2007年开始，中国人民大学新闻学院在全校推进通识教育的整体部署下，对新入学的学生启动由法学、经济学、社会学、管理学、心理学、政治学、管理学、文学、数学、外语、计算机科学等学科课程构成的通识教育体系。同时新开设网络数字化信息传播领域的系列前沿课程，以保证为学生的发展奠定宽厚的知识基础。

中国人民大学新闻学院从2006年起，本着“宽口径、厚基础、精专业”的人才培养原则，对所有新入学的学生在入学后的第一年统一进行学科基础课程的教育。从第二年起，再让学生选择专业方向。

为了适应媒介融合的趋势，在学院的本科课程改革中，将基础采访与写作、音视频内容制作、数字传播技术和媒介经营与管理等课程，作为所有学生的学科基础课。同时，学院也通过“数字新闻传播”等新的专业方向的建设，进一步探索数字新闻传播技术条件下的人才培养模式。学院的整体教学改革方向是，打破传统的专业之间的壁垒，使学生在具有丰富知识积累和跨媒体思维的“宽”、“厚”基础上，掌握某一类媒体工作的技能。

但是，这些改革并没有形成完整的科学课程体系和融会贯通的整体教育过程，制约中国新闻教育发展的深层矛盾依然未得其解。这些矛盾的解决首先有赖于新闻教育观念的转变。

---

① 参见北卡罗来纳大学新闻与传播学院网站：http://www.jomc.unc.edu。

从新闻传播学科应用型人才培养目标上看，专门学科基础教育体系的引入和跨媒体工作能力教育体系的建造是中国新闻传播教育体系改革的两个核心突破点。

从新闻传播学科研究型人才培养目标上看，我们需要加大跨学科课程的比重，加大科学研究方法课程的比重，优化课程结构，改良教学方法，给学生更多的知识以滋养其智慧，给学生更多的方法以增强其能力，给学生更多的自由去探索其未知。

三、建设多功能、跨媒体、可扩展的教学平台

在新技术条件下，教学实践平台的建设已经不是传统概念中的独立的实验室建设，而是拥有多种专业功能、多种使用目标的融合性实验教学和实习教学平台的构建。这种多功能、跨媒体、可融合的教学平台是今天新闻教育依托的设施基础。

今天新闻教育机构的实验平台已经不再是信息采集工具和编辑工具的简单集成，而是具有多元设备、多元功能、多元扩展空间的实验平台。网络数字信息技术成为开发这种实验平台巨大潜能的底层技术。

中国人民大学新闻学院在国家“211 工程”、“985 工程”等资金支持下，在原有的实验室基础上，根据新闻传播技术发展的趋势，投入千余万元人民币建设起新的新闻传播实验中心。“十五”期间，新闻传播实验中心的建设重点转移到以媒介融合为方向的教学与科研功能的开发和利用上。

目前这个实验中心聚合了广播电视、多媒体出版、新闻编辑、网络传播、新闻与广告摄影、数字影像处理、传播效果及媒介经济的各项子系统功能，各个子系统既有自身专业功能，又相互联动沟通，形成能量交互的集群，在一个多元功能平台上，满足新闻传播实验教学的多种需求，实现新闻采编、广播电视制作、新闻图片制作、广告创意与制作、网络新闻制作、多媒体信息合成、视觉传播研究、传播心理研究、媒介经营等多元教学与科研的目标。

在实验平台建设中，中国人民大学新闻学院的建设原则是：

（1）注重实验平台技术设备与技术标准的前沿性，以保证学生和教师掌握现代新闻传播业所依赖的技术体系，知晓这一技术体系的核心要素和发展趋势。

（2）注重实验平台与新闻业界实务工作平台的衔接性，以保证学生和教师对业界主流技术系统的精确了解。

（3）注重实验平台对新闻传播学科各个专业方向的兼容性，以保证在有限的物理空间和有限的设备规模下让实验教学平台对整个学科产生最大的功能效益。

（4）注重实验平台先进功能的持续扩展性，以保证实验物理空间和软硬件设施能够最大程度具备兼容技术发展的能量，能够持续平稳顺畅地扩充新的实验教学与科研

的功能。

为了保证上述原则的实现，中国人民大学新闻学院在实验平台的建设过程中，引入了与主流新闻机构和前沿科技企业携手共建的机制，试图通过这样的合作建设，将前沿技术、前沿趋势、高端项目、高端人才引入学院的教学与科研领域。

我们的最终目标是建成一个“融合性平台”系统。这种融合性体现在两方面：其一是教学、实验、实习的融合，其二是多种媒体技术平台的融合。每一门课程的教学或实践成为大系统中的一个单元，每个单元都可以充分调用各个实验室的资源，各个单元之间也可以实现资源的共享、流程的衔接。

新闻教育的改革是一个复杂的系统工程，三大基础元素的建构不是孤立的，也不是改革的全部内容，它们需要在严谨的制度体系、高效的管理模式和科学的运行机制之下形成整体能量，需要与高端科研规划的实施相结合、与业界的动态实践成果相结合、与前沿的社会服务相结合，以获得新闻教育可持续发展所需的源源不断的动力。

置身于中国社会变革的伟大时代，中国新闻教育工作者有责任为祖国建造起具有中国特色的现代中国新闻教育体系。我们要从“发展”这个科学发展观的第一要义中去领悟我们的改革责任，我们要从“以人为本”这个科学发展观的核心去认知我们的改革目标，我们要根据“协调可持续”这个科学发展观的基本要求和“统筹兼顾”这个科学发展观的根本方法去设计我们的改革路径。

“变则通，通则久”。中国改革开放30多年的伟大实践给予我们的一个重要的经验启迪就是要坚持开放，不断变革，自主创新。我们越是开放，我们就越能汲取强大自身的大千世界的能量；我们越是变革，我们就越能突破旧式束缚，赢得全新的发展；我们越是创新，我们就越能够享有物质文明与精神文明的创造，拥有属于我们的美好未来。

以党内民主推进社会民主：中国民主化道路的合理选择

马俊峰

从世界历史的角度看，民主化是与现代化过程直接关联并作为其内在特质的一种现象，正因此，随着现代化的全球性展开，民主化也成为一种世界性的潮流。但正如现代化没有模式统一的道路一样，不同民族国家实现民主化的具体道路、民主实现的具体形式、政治民主的具体样式，又必然与各个民族国家的传统文化、实际国情相联系并受之规定，不能不带有各个民族自己的特点。这两个方面完全是一种辩证的关系，任何只看到或只承认一个方面而否认另一个方面的观点，理论上都是错误的，都会影响到发展道路和发展目标的选择，给国家给民族带来严重的危害。

一

唯物史观和剩余价值理论是马克思的两大创造性发现，而世界历史理论则是马克思运用唯物史观的基本方法，分析资本运动和市场经济的发展趋势而形成的结果。世界历史理论为我们研究现代化的全球性扩展过程、研究现代性社会的基本矛盾、理解社会主义与资本主义辩证的复杂关系提供了一个合理的分析框架，也是一个更有利于切入现代性问题的“中层理论”。我们过去在一个很长的时期内，由于对世界历史理论的重要地位缺乏应有的重视，直接诉诸唯物史观所揭示的“一般历史规律”来理解资本主义与社会主义，对它们之间现实而具体的复杂关系就难以形成合理的、符合实际的认识，或者说认识只停留在抽象的层面而难以上升到“具体概念”的程度。理论认识上的失误必然导致实践中的迷误和政策选择上的摇摆不定，对社会主义建设造成了很大的危害。具体到民主问题上，由于我们未能站在世界历史发展的高度理解封建主义、资本主义与社会主义的关系，过于强调社会主义民主与资本主义民主的区别和对立，而没有充分认识到这二者都属于现代文明而与封建专制主义之间的根本对立，在这个战略大三角关系中，不是理性地、科学地看待资本主义民主的历史进步性，借鉴其中的合理因素以防止和克服封建专制主义的弊端，倒是自觉不自觉地沿袭了中国（封建主义）传统的思路来理解社会主义并反对西方国家实行的市场经济和民主制度，对“资本主义复辟”危险性的担心远超过对封建专制主义“复辟”的担心，在与资本主义“对着干”的过程中甚至在一定程度上与封建专制主义结成了同盟。受此影响，也就无法自觉地告别人治社会而转向民主法治社会，直到发生了“文化大革命”的浩劫，我们才真正认识到封建专制主义的极大危害性，才开始逐步走上了建设民主法治社会的道路。

现在我们许多人都说民主化是世界性潮流，是世界大势，这自然是不错的，可为什么能成为世界性潮流、世界大势，并不是仅凭着经验就能够说明的。从世界历史理论的角度看，民主化是现代化的内在特质，没有民主化就不可能有现代化，没有民主化的所谓现代化只能是一种“伪现代化”。这是因为，现代化既不是如清末洋务派人士所简单理解的“船坚炮利”，也不是后来不少人理解的以“富国强兵”为指向的“四个现代化”，而是一种整体性的社会转型，一种从传统的农业文明向现代工业文明、从以等级制为基础的臣民社会向以民主法制为基础的现代公民社会、从狭隘的地域性民族历史时代向以普遍交往为基础的世界历史时代的转型。现代化在经济层面依赖的是大工业和自由竞争的市场交换机制，二者结合并相互促进，使得生产社会化，即形成了全面的分工和合作体系、全面的需要体系和生产能力；在社会层面，则需要人口的自由迁徙和适度集中，城市化过程构成了现代化的重要内容；由于各种产品、各种资源都成了商品，都可以通过市场交换来获得，使得人们都成了“市民”，市民社会逐渐发育起来。走出原来“熟人社会”而进入“生人社会”的相对独立的个人，面对着阴晴无定的市场风云，面对着同样是相对独立的其他个人的竞争，每个人都有选择的自由，但后果必须自负，等等。在这种新的条件下，人们的观念、处理人们之间关系的方式、解决人们之间利益冲突的方式都发生了很大的变化，撇开情感道德因素而对各种实际利益的精确算计和公开主张，经过平等协商确立的契约，为保护契约人权利而对法制的公正性和权威性的要求，从纳税人的角度对公共管理机构地位和功能的契约式理解，基于对公民权利的维护而对国家权力不合理使用的排拒，如此等等，这一切都构成了民主观念的最深刻、最普遍的基础。如果说，工业化、城市化、世俗化构成了现代化的经济的社会的观念的基础，那么理性化、民主化、法制化则是现代性政治的基本特征或内在特质。尽管可以说在前现代时期人类也有过关于民主的可贵尝试，如古希腊的城邦民主，但那仅仅是人类历史上的“灵光乍现”，既不具有“自发扩展”的基因，也根本无法普遍推广，所以很快就消失在历史的烟尘中。民主本质上是现代文明的产物，是建立在现代大工业和市场经济基础上的市民社会发展的必然要求，是由于普遍交往使人们摆脱了“人与人的依赖关系”而进入“人对物的依赖基础上的独立发展阶段”的必然要求，也是“一切等级的和固定的东西都烟消云散了，一切神圣的东西都被亵渎了”[①] 这种国家被“祛魅”后的时代重新确立公共权力合法性的一种社会机制。

如果说大工业被证明是人类解决物品匮乏问题的最有力手段，市场经济是形成个人的普遍交往和主体独立性的基本条件，那么民主法制则是解决和舒缓这个时代各种复杂矛盾的合理而有效的途径，是最有利于使人们过“有尊严的生活”的一种保障。正因此，民主成为最具有吸引力和“自发性扩展”能力的一种具有世界性意义的东西，无论那些尚处于落后、专制国家的统治集团如何禁绝和批判这些民主观念，即使广大民众从未接触过这些观念，一旦经知识分子们的介绍宣传阐发，就总是能从内心里亲和并拥护这些东西。中国共产党当年在反对国民党专制统治的斗争中，高举民主的旗帜，从而获得了绝大多数知识分子和人民群众的拥护，就是典型的例证。在当今交往普遍化资讯全球化的时代，情况就更是如此。

二

“民主是个好东西”，这已经成了一种普遍的观念，一种在世界范围内流行的普遍观念。然而，这种观念也最容易成为一种抽象的和理想化的东西，尤其在那些尚未实现现代化、生活中缺乏民主并压制民主而人们正在努力为实现民主而斗争的民族国家，就更是这样。在这些地方和国家，来自发达国家的各种关于民主生活的信息影像资料，既传播着、扩散着民主的理念，也往往调高了人们对于民主的期望值，很容易把现实生活中的各种弊端都归结为没有民主的结果，同时又由于没有民主生活的实践经验而对民主问题的复杂性包括一些弊端缺乏切身的感受，似乎一实行民主就能够解决一切问题。如果我们从世界历史的视野去看，就会发现，到目前为止，民主制度发展得比较稳健、社会问题解决得比较好的主要还是那些发达国家，在广大的发展中国家特别是那些原来作为殖民地半殖民地而后来获得独立的国家中，不少按照宗主国的西方民主模式构建了自己的政治体系，如印度和一些拉美国家，但经济建设成功的并

① 《马克思恩格斯选集》，2版，第1卷，275页，北京，人民出版社，1995。

不多，而阶级矛盾、族群矛盾、官员腐败等问题也长期未得到较好解决，两极分化、贫富悬殊、社会动荡、冲突不断，基本的社会秩序都难以形成。许多人将这种现象解释为民主“移植”过程中“水土不服”的问题，用我们的话说是“不能照抄照搬”。诸如此类的说法似乎不错，但基本都停留在经验解释的层面，如果我们深入地分析，就发现这些说法并没有抓住问题的实质。黑格尔曾讲过一句著名的格言，“真理不是钱币”，不是拿到就能随意使用的“东西”，即不是一种有形体的、感性的因而能够占有或拥有的“物件”。当我们说“民主是一个好东西”的时候，我们是否意识到这正是把它当做是一个“东西”，一个能够随便“移植”的植物般的“东西”，一个能够“照抄照搬”的工程设计之类的“东西”？不去反思这个前提是否能够成立，只在“移植”的过程，在“抄”、“搬”的过程中去寻找失败的教训，显然就是本末倒置。至于那些从根本上就不认同民主是“好东西”，甚至连民主的实质是什么都没弄清楚就要坚决“拒斥”、“说不”、“绝不搞”这一套的人，如果不是立场有问题，只是表达某种激愤情绪，那他们的观念更是等而下之，不值得与之进行理性的讨论。

民主，就其一般本质而言，是一种与“君主”专制相对立的现代性文明的价值观念，一种与自由、平等、人权内在联系又相互支持、相互为用的现代精神气质，一种基于这种价值观念和精神气质的社会治理方式，一种与市场经济相适应、以市民社会为基础、以现代法治为支撑的生活方式、社会制度和政治运行机制。我们可以按照领域将民主分为经济民主、社会民主、政治民主，或是分为民主制度、民主作风、民主习惯等，但这些都应看做是民主在不同领域、不同方面的表现，或者说是民主的不同表现形式，是受着民主的本质规定的制约并表现民主的一般本质的。如果脱离开这种本质的制约而把某种形式如民主作风当做是某种独立的东西，就会得出一些荒谬的结论，比如说唐太宗能够与大臣们讨论一些问题、能够纳谏，所以比较“民主”，又比如说封建国家是地主阶级的国家，对地主阶级实行“民主”，这实际上都是把本属于现代性的观念当做是超时代的东西到处乱套，是头脑糊涂的表现，也是“诬古”欺今的表现。

孙中山根据他所接受的美国人的思想，曾把民主表达为“民有”、“民治”、“民享”，他所要建立的国家是“民主”、“共和”的国家，即“民国”，用当今用得最多也最为普遍的表达，是“主权在民”、“人民当家作主”，这些都表现了“民主”与“君主”的对立，是从国家所属性质的角度立论的，是从反对“专制”的合法性着眼的，也符合民主运动兴起和发展的历史情况。在“君主”统治的时代，无论这个“君”是有道明君还是无道昏君，无论他是实际上“做主”还是大权旁落，也无论是一个人实行决策的所谓“寡头专制”还是一群人共同执政的所谓“贵族专制”，就整个国家制度的性质说都是专制制度，而其合法性的根据就是“家天下”或“君权神授”的理念。

在这种理念和制度下，所有的官吏无非是皇帝或国王的“家臣”，老百姓则是皇家的奴仆，为皇家服役或纳税是老百姓的“本分”，是天经地义的事情。当资产阶级率领第三等级进行革命的时候，这场革命之所以被称为“民主革命”，就在于它从根本上颠覆了“家天下”或“君权神授”的理念，代之而起的是“天赋人权”、“(政治）权力人（民）授”，平等和自由都是天赋的、与生俱来的、谁也不能剥夺的基本权利，国家是人们之间订立契约的结果，国家官吏靠纳税人的税款来生活，自然也就是“公仆”，人民才是国家的主人。法国革命、英国革命、美国革命采取的形式尽管不同，革命后建立的政权形式或政体形式也有所区别，但它们的基本理念却是一致的。这些观念并非某个或某些思想家的天才发明，而是社会经济运动的产物，其最深刻的现实基础就是大工业和市场经济成为社会主导性的生产方式，在市场经济中成长和壮大起来的资产阶级再也不愿忍受封建国家的横征暴敛和贵族僧侣们寄生虫式的挥霍无度，他们要把国家的权力掌握在自己手里，把自己的思想赋予“普遍性的形式，把它们描绘成唯一合乎理性的、有普遍意义的思想”。而“进行革命的阶级，仅就它对抗另一个**阶级**而言，从一开始就不是作为一个阶级，而是作为全社会的代表出现的；它俨然以社会全体群众的姿态反对唯一的统治阶级。它之所以能这样做，是因为它的利益在开始时的确同其余一切非统治阶级的共同利益还有更多的联系，在当时存在的那些关系的压力下还不能够发展为特殊阶级的特殊利益”①。也就是说，自由、平等、人权及其相互联系的民主思想观念，一开始并不是欺骗，而是作为革命的旗帜或宣言，作为“社会全体群众”的观念至少是他们都认同的观念而存在而发挥作用的。在民主革命胜利、资产阶级成为统治阶级之后，一方面，这些观念被写进了宪法，实现了“人的政治解放”，而在另一方面，由于资产阶级的利益与其他一切非统治阶级的共同利益产生了冲突，为了维护自己的特殊利益，资产阶级又从这些观念和立场倒退，尽可能只保持其形式的意义，而在内容上进行阉割，使其残缺不全，比如以资产、性别、种族等条件作为人们拥有选举权的一种限制。只是经过工人阶级和广大群众的各种斗争，包括“依法”维权的各种抗议、游行、罢工等，才迫使国家取消了这些直接性的限制，实现了一人一票的普选制。普选制的实现是工人阶级斗争的一个成果，具有非常重要的历史意义。但同时也必须看到，无论是西方国家议会选举还是总统选举中，仍然设计了一些机制，以保障整个国家能够控制在有产者代表的手中。“现代的国家政权不过是管理整个资产阶级的共同事务的委员会罢了。”②

从上面的讨论可以看出，把自由、平等、人权、民主这些历史上首先由资产阶级

---

① 《马克思恩格斯选集》，2版，第1卷，100页，北京，人民出版社，1995。

② 同上书，274页。

提出的观念说成是“资产阶级的”观念，是没有根据的、错误的，它们不是资产阶级的专利，同样为无产阶级和人民群众所认同，并作为向资产阶级斗争争取自己的合法权利的重要武器。但是，把普选制当做是“真正民主”的标准也是不对的，是一种从形式上看问题的观点，尽管说这种形式毕竟是一种历史的重大进步。至于说到“三权分立”，那更是作为“政体”方面，属于权力制衡的现代具体形式，并非天然就具有“资产阶级的性质”，或者说它本身并不具有阶级属性，这正如市场经济并不专属于资本主义一样。

民主的本质与民主的具体形式之间有差别，不能简单地混同，把某一种形式当做是民主本身，同样的，民主的实现道路也并非只有一条。由于各个国家的历史传统和具体国情不同，其实现民主的道路、途径，其形成的民主的具体样式，也都会有所不同，是多种多样的，并没有一个统一的模式。由于历史发展的不平衡性，先行实现现代化的国家，亦即所谓西方资本主义发达国家，在实行市场经济的基础上通过不断试错的实践探索出了经济管理、社会治理、政治运行的一整套经验，对于后发达国家来说，确实具有某种榜样的作用，欲使国家现代化而又不去学习借鉴这些现代经验，或是只学些皮毛以敷衍民众，固然难以取得应有的效果，但如果不顾自己的传统和国情，也未分清西方经验中一般性、普遍性的与特殊性、个别性的实质内容和具体形式，将其囫囵吞枣地“移植”或“嵌入”到自己国家，几乎没有不失败的。殷鉴不远，教训多多，后来者不可不对之进行深刻的反思，慎重地予以对待。

三

中国自鸦片战争失败之后，被迫改变“闭关锁国”政策，与西方各国进行交往，从而被强行“拖进”现代化的过程。一百多年来，中国屡遭变故，命运多蹇，直到中华人民共和国成立，才终结了半殖民地半封建社会外无主权内无民主、既一盘散沙又各自为政的混乱局面，为进行现代化建设提供了稳定的条件。但由于当时恶劣的国际环境，也由于如上所述的认识上的失误，加之领导人因胜利而滋生的骄傲和急躁情绪，我们过早地结束了新民主主义阶段，建立了排斥市场、消灭商品、违反生产社会化规律的计划经济体制；民主法制建设方面不惟乏善可陈，简直可以说根本就不重视民主法制建设，相反，对之采取的是一种虚无主义加实用主义态度。最近披露的一些材料证明，不是哪一个领导人，而是相当多的一批领导人都嫌法制太麻烦，束缚手脚，主张靠开会、靠会议文件甚至靠领导人的讲话来治理国家，人治的倾向越来越严重，直到出现了“大跃进”、特别是“文化大革命”这样的惨祸才醒悟过来，改弦更张，走上了改革开放、建立社会主义市场经济和法治国家的道路。改革开放 30 多年，我们在经济建设方面取得了巨大的成就，历史上第一次解决了物品匮乏的问题。市场经济不仅促进了经济的快速发展，也带动了整个社会面貌的根本性改变，广泛的社会交往，利益分化导致的明显社会分层，各种主体的利益冲突增加，公民意识的普遍觉醒，法治观念的逐渐增强，人们对基于社会公正、民主权利、自由平等的“有尊严的生活”的呼声越来越高，人民大众对民主法治的要求与因政治体制改革滞后而未能予以有效改进的社会管理模式管理机制之间发生了尖锐的矛盾，政府的公信力和法制的尊严在急剧流失，日益增多的“群体性事件”和一些恶性事件就是最明显的证明。这些确实都属于邓小平所讲的“发展起来后的问题”，或发展中的问题，也属于“新时期人民内部矛盾问题”，但如若不能通过积极稳妥地加快政治体制改革，找到一种妥善解决这些矛盾的合理方式，而是犹豫拖延，任社会矛盾不断积累、不断激化，就可能会危及社会稳定甚至酿成社会动乱的局面，使经济社会的持续发展成为泡影。这绝不是危言耸听。

中国共产党作为执政党，是中国改革开放的领导者、组织者、推动者，也是中国保持政治稳定和社会稳定的最大政治力量。在当今中国，经济体制改革、政治体制改革、民主化建设、维护社会稳定，等等，都不能绕开和离开中国共产党，这不是一种理论推演的结论，而是一个不争的事实。中国作为一个地域广袤和由 56 个民族构成、具有 13 亿人口的大国，又是一个经济政治文化发展很不平衡的国家，维护国家的统一、社会的稳定、民族的团结，历来都是最大的政治问题，也是经济持续发展的基本前提，是中华民族发展的核心利益，而若没有一个强有力的中央政权，稳定就难以维持，就很可能出现封疆大吏各自为政、纠葛不断、冲突频生甚至导致分裂的危险。自从秦始皇创设郡县制以来，尽管朝代更替，但“百代都行秦政制”，根本原因就在于此。中国作为一个后发展国家，在残酷的国际竞争过程中，面对那些跨国公司的“大鳄”，只有依靠国家力量，才能有效地进行社会动员，集中有限的资源，形成一定的“拳头”和保护性措施，从而避免被各个击破的命运。这是从消极的方面说。从积极的方面说，中国的现代化过程正处于起飞阶段，正在改变既有的国际力量格局。各种国际势力出于自身利益的考虑，制造摩擦，挑起争端，对中国实施围堵，国内的各种矛盾错综纠结，到处都存在着顾此失彼的“两难”困境，如何消解、舒缓这些矛盾，化解这些争端，突破这些围堵，保持这种现代化的积极势头，使之能够平稳持续地进行，至关重要。而没有一种高于相互冲突的各种社会力量之上、能够居中调停并起平衡作用的权威，是无法达成这个目标的。在当今中国，只有中国共产党及其领导的中央政府能够充任这种权威，而没有其他任何一种政治力量能够代替这种地位。所以，那种以各种理由要求削弱、消解乃至取消共产党领导的想法和做法，都是不利于中国的现代化事业发展和中华民族的根本利益的。

当然，承认这种权威的必要性并不等于认同这种权威的某种行使方式，也不等于就直接承认了这种权威的合法性。民主化要求的实质就在于要追溯和解决这种权威的合法性问题，是以制度化的方式建立保护公民权利并形成以权利制约权力的机制的问题。在许多人看来，民主就是选举，只要实行了普选制，这个问题就自然而然地解决了。这显然是一种理想化的也是抽象化的、简单化的观点，是脱离复杂的社会条件的一种理论推论。民主化是一个过程，绝不可能一蹴而就，普选需要各种条件，也得付出相当的成本和代价，国家的地域和人口规模越大，经济政治文化发展越不平衡，就越是如此。没有市场经发展所形成的统一市场以及各个地区间的密切联系和“有机团结”，没有市民社会相当程度的发育所形成的“社会自治”能力的提高和公共生活各种习惯的养成，没有经济生活与政治运作的适度疏离所带来的政治权威对经济社会生活作用的弱化以及作用方式的极大转变，换句话说，当国家的统一、民族的团结、经济的发展、社会的稳定在很大程度上都依靠着政治权威和政治稳定的时候，就进行激进的政治体制改革，贸然实行全民普选，势必造成整个经济社会的很大混乱，打断中国现代化的进程，甚至造成严重的国家分裂的危机。一些后发展国家如印度、巴基斯坦等很早就实行了全民普选，但各种社会矛盾依然十分尖锐，族群冲突不断，官员腐败严重，政府的动员能力、组织能力也没有什么提高；苏联、捷克、南斯拉夫等国家转轨过程中所出现的社会动乱、民族分离甚至国家解体，也与其推行激进的政治体制改革有关。这些惨痛的教训我们必须吸取。

中国的政治体制改革和民主化进程必须积极推进，因为各种社会矛盾、政治矛盾越是压制就越不利于合理解决，害怕政治体制改革的风险而有意拖延只能造成更大的麻烦、更大的风险。但激进的改革方案也绝不可取。李泽厚先生曾提出“告别革命”，实际是讲“告别”那种“革命思维方式”、那种总想一揽子彻底解决问题的激进方案，他提出的方案是“自由优先”民主后置，即通过完善法制切实保障人民的自由权利得到落实，民主（普选）的问题可以推后一些，如英治下的香港。但如何实现，李先生也没有提出具体的意见。我们认为，以党内民主推进社会民主，就可以作为一种适合当代中国国情的合理的选择方案。中国共产党拥有八千多万党员，且多是各个方面的精英人士，其中知识分子又占了很大比例，都有较强的民主意识及较好的组织纪律训练。随着党和国家领导干部任期制和退休制度的实施，退下来的许多领导干部都还有相当精力和能力，在各个层级的党内生活中都形成一种制约现任领导权力的力量。同时，长期处于和平建设年代，各级干部的年轻化、知识化，这些都使得党在战争年代形成的那种集中领导的传统逐渐淡化，也难以形成毛泽东、邓小平那样的政治权威人物，民主协商将成为主导的方面。党内高层对于首先在党内形成民主制度、民主机制，以提高执政能力，合理进行权力制衡以及权力的顺利移交，进而以党内民主推进社会民主，基本已形成共识，并写进了党的文件。总体上看，加强党内民主建设，通过制度化安排加强各级党代会的作用，完善党内权力制衡和民主决策的机制，加强党内监督和社会舆论监督，切实保障党员的民主权利，形成浓厚的民主生活氛围，同时利用广大党员对于社会各个方面、各个层次的影响及其维护公民权益、捍卫法制尊严的带头作用，积极推进社会民主制度建设。这样，就能够既为民主化培养了骨干力量，也保持了整个民主化进程的有序性和可控性；既在相当程度上保障了党的领导的权威性，又为进入民主的更高阶段打下了坚实基础。

总之，以党内民主推进社会民主，是目前能够获得最大共识、上下都能接受也最符合中国实际情况的一种路径选择，是处理稳定、改革、发展辩证关系，保持现代化进程良好势头的比较合理的方案，是代价较小而收益较大的一种渐进式的政治体制改革的方式。我们必须顺应民主化的世界潮流，顺应人民群众对于建立民主法治国家的普遍要求，从党内民主入手来推进社会民主，改善形象，给人希望，凝聚党心，凝聚人心。中国共产党有八千多万党员，这是中华民族实现民族复兴的先锋队，也是实现现代化、建立民主法治国家的骨干力量，切实保障每个党员的民主权利，发挥其推进社会民主的模范带头作用，目标坚定，群策群力，我们就一定能够像在经济建设中创造了 30 多年持续高速发展的世界性奇迹那样，在民主法治建设方面再创辉煌，走出一条有中国特色民主政治的道路。

意识形态现代化的战略任务与展开形式

刘少杰

中国改革开放和社会主义市场经济建设已经取得了显著成就，这不仅为中国意识形态现代化奠定了现实基础，而且也推进中国意识形态在现代化的道路上呈现出明显的进展。因此，立足新形势，思考中国社会意识形态现代化的战略任务和展开形式，乃是理想追求和现实考察的统一。

一、意识形态现代化的战略任务

根据马克思主义的社会形态理论，应当把中国意识形态现代化问题同中国社会形态的总体发展变化联系起来思考，应当到物质生产或经济生活的发展变化中去揭示中国意识形态现代化的战略任务。改革开放 30 多年来，特别是随着市场经济的快速发展，中国的社会生产力水平空前提高，经济体制也发生了深刻变动，国有、民营、外资、中外合资、个体等多种经济体制并存，这些生产领域或经济领域里的深刻变化，直接引起了社会结构变迁、大规模的人口流动，特别是数以亿计的农民工进城，不仅促进了城市化进程，而且导致工人阶级和农民阶级的构成及知识分子队伍也发生了复杂变化，一批知识分子走出国有单位，进入民营企业或自办民营、私营企业，形成了充满活力的新社会阶层。

经济结构和社会结构的深刻变化必然要引起思想观念乃至整个意识形态的变化。中国社会在价值信念、道德观念、社会思潮等方面的变化，已经充分说明中国社会意识形态正在发生空前复杂的变化。为了把中国社会意识形态的复杂变化引向健康发展的轨道，使意识形态同经济形态、政治形态协调发展，进而实现中国社会形态的平稳运行、和谐发展，党中央明确提出了社会主义意识形态建设的战略任务，其实质也就是实现意识形态的现代化。

党的十七大对社会主义意识形态建设的主要内容或战略任务作了明确部署，胡锦涛同志在党的十七大报告中指出："社会主义核心价值体系是社会主义意识形态的本质体现。要巩固马克思主义指导地位，坚持不懈地用马克思主义中国化最新成果武装全党、教育人民，用中国特色社会主义共同理想凝聚力量，用以爱国主义为核心的民族精神和以改革创新为核心的时代精神鼓舞斗志，用社会主义荣辱观引领风尚，巩固全党全国各族人民团结奋斗的共同思想基础。"可见，社会主义意识形态的本质体现是社会主义核心价值体系，所以开展社会主义意识形态建设就必须从社会主义核心价值体系入手。

《中共中央关于构建社会主义和谐社会若干重大问题的决定》指出，马克思主义指导思想、中国特色社会主义共同理想、以爱国主义为核心的民族精神和以改革创新为核心的时代精神、社会主义荣辱观，构成社会主义核心价值体系的基本内容。这里已经明确地说明了马克思主义同社会主义核心价值体系的关系。因此，建设社会主义核心价值体系，不仅要大力开展马克思主义理论研究与建设，而且还要以马克思主义为指导，切实树立中国特色社会主义共同理想，有效培育以爱国主义为核心的民族精神和以改革创新为核心的时代精神，积极倡导社会主义荣辱观。

罗文东和谢松明撰文具体地论述了马克思主义理论同社会主义核心价值体系的关系，他们指出："马克思主义不仅是社会主义核心价值体系最重要的组成部分，而且作为'灵魂'贯穿于该体系的每个领域和层面，共同构成一个相互联系、有机统一、完整严密的价值观念体系。建设社会主义核心价值体系，最根本的是始终坚持马克思主义的指导地位，坚定不移地以马克思主义中国化的理论成果武装全党、教育人民。科学发展观作为马克思主义中国化的最新理论成果，阐明了新世纪新阶段我国社会主义发展的一系列重大问题，开辟了社会主义建设的新思路和马克思主义理论的新境界，对建设社会主义核心价值体系具有非常重要的指导作用。"①

正是因为马克思主义理论在社会主义核心价值体系中占有基础和灵魂的地位，并且社会主义核心价值体系又是社会主义意识形态的本质体现，所以中央把马克思主义理论建设放在十分重要的战略地位。2004 年 1 月，中共中央发出《关于进一步繁荣发

① 罗文东、谢松明：《马克思主义是社会主义核心价值体系的灵魂》，马克思主义研究网，2008-02-25，http://myy.cass.cn/。

展哲学社会科学的意见》，提出实施马克思主义理论研究和建设工程。这不仅是一项巩固马克思主义在意识形态领域指导地位的基础工程，而且也是一项重大的马克思主义理论创新工程。实施这一工程，是以胡锦涛同志为总书记的党中央作出的一项战略决策，是不断开辟马克思主义发展新境界的必然要求，是全面贯彻落实科学发展观、构建社会主义和谐社会的客观需要，是加强党的理论建设、保持党的先进性、巩固党的执政地位的重要保证。

马克思主义理论研究和建设工程的主要任务是：以研究邓小平理论、“三个代表”重要思想和科学发展观作为重点，以重大现实问题为主攻方向，把马克思主义在中国发展的最新理论成果贯穿到哲学社会科学的学科建设、教材建设中，进一步加强马克思主义理论队伍建设。具体有五方面工作：一是加强对马克思主义中国化理论创新成果和重大现实问题的研究；二是加强对马克思主义经典著作的编译和研究；三是建设具有时代特征的马克思主义基础理论和哲学社会科学学科体系；四是编写体现当代中国马克思主义最新理论成果的哲学、政治经济学、科学社会主义、政治学、社会学、法学、史学、新闻学和文学等重点学科教材，形成哲学社会科学教材体系；五是建设一支老中青三结合的马克思主义理论研究和教学骨干队伍。①

马克思主义理论研究与建设工程实施七年多以来，取得了很多重要成果，特别是在探索马克思主义理论中国化方面的成就最为显著。马克思主义的基本理论是马克思、恩格斯、列宁等经典作家阐述的，他们在马克思主义哲学、政治经济学和科学社会主义等方面的理论观点至今仍然是社会主义建设事业的指导思想。马克思主义经典作家创立的理论体系是开放的系统。在中国社会主义革命和社会主义建设历史进程中，毛泽东、邓小平、江泽民和胡锦涛等几代中国共产党领导人，把马克思主义基本理论同中国革命和建设实践相结合，形成了毛泽东思想、邓小平理论、“三个代表”重要思想和科学发展观等中国化的马克思主义理论，丰富和发展了马克思主义理论宝库。在改革开放和社会主义市场经济向纵深发展的新形势下，党的十七大向全党发出号召：“大力推进理论创新，不断赋予当代中国马克思主义鲜明的实践特色、民族特色、时代特色。开展中国特色社会主义理论体系宣传普及活动，推动当代中国马克思主义大众化。”李长春从五个方面概括了党的十七大提出的马克思主义理论研究与建设任务：

“一是党的十七大鲜明地提出高举中国特色社会主义伟大旗帜，坚持中国特色社会主义道路和中国特色社会主义理论体系，这就要求工程深入研究阐释‘一面旗帜、

① 参见《马克思主义理论研究和建设工程简介》，《科学发展观百科辞典》，http://yyf.wenming.cn/mkszy/2009-08/06/。

一条道路、一个理论体系’，引导广大干部群众坚定不移地高举中国特色社会主义伟大旗帜，坚定不移地坚持中国特色社会主义道路，坚定不移地坚持中国特色社会主义理论体系。二是党的十七大对科学发展观进行了全面系统的阐述，明确指出科学发展观是同马克思列宁主义、毛泽东思想、邓小平理论和‘三个代表’重要思想既一脉相承又与时俱进的科学理论，是我国经济社会发展的重要指导方针，是发展中国特色社会主义必须坚持和贯彻的重大战略思想。这就要求工程不断深化对科学发展观的研究，为学习贯彻科学发展观提供坚实的理论基础，进一步增强人们贯彻落实科学发展观的自觉性坚定性。三是党的十七大提出要继续解放思想，勇于变革、勇于创新，永不僵化，永不停滞，这就要求工程深入研究继续解放思想的重大理论意义、实践意义、现实意义、历史意义，践行十七大的要求，积极推动理论创新，用党的理论创新引领各方面的创新。四是党的十七大强调建设社会主义核心价值体系，增强社会主义意识形态的吸引力和凝聚力，这就要求工程深入开展社会主义核心价值体系的研究和宣传，积极探索用社会主义核心价值体系引领社会思潮的有效途径，推动在全社会形成统一的指导思想、共同的理想信念、强大的精神力量和基本的道德规范。五是党的十七大提出推动文化大发展大繁荣、提高国家文化软实力的重大工作部署，这就要求工程深入研究包括理论建设在内的国家文化软实力在综合国力中的重要地位和独特作用，研究提升国家文化软实力的总体战略和目标任务，不断增强我国文化的总体实力和国际竞争力。”①

从李长春的讲话可以清楚地看出，中央把马克思主义理论研究与建设工程放在一个非常重要的地位，并且对有效实施这项战略工程的各项部署也是具体明确的。从中国改革开放和社会主义市场经济发展的实际要求看，党的十七大对马克思主义理论研究和建设工程的重视及中央领导对实施这项工程的一系列部署，是非常必要和十分及时的。中国是一个幅员辽阔、人口众多的大国，中国共产党领导13亿中国人民所进行的改革开放和社会主义市场经济建设，是一项具有深刻探索性和积极开创性的伟大事业，在这项伟大事业中遇到的问题是空前复杂的，只有解放思想、实事求是、与时俱进，用贴近实际、贴近生活、贴近群众的中国化的马克思主义理论去指导党和人民群众的社会主义实践，才能保证正确的前进方向和持续的发展过程。

既然马克思主义是社会主义核心价值体系的基础和灵魂，而社会主义核心价值体系又是社会主义意识形态的本质体现，所以大力开展马克思主义理论研究与建设工程，就是抓住了社会主义意识形态建设或意识形态现代化的根本内容。不过，尽管社会主义意识形态是当代中国的主流意识形态，是执政党坚持的占主导地位的意识形

---

① 李长春：《在马克思主义理论研究和建设工程工作会议上的讲话》，2008-04-25。

态，在思想文化领域里占有统治地位，但在社会主义初级阶段还存在很多非社会主义的意识形态，包括各种非社会主义社会思潮以及形形色色的旧传统、旧观念。因此，开展社会主义意识形态建设还要考虑到怎样用社会主义核心价值体系引领各种社会思潮，怎样在对话交流中尽可能地同各社会思潮达成最大共识。

社会主义核心价值体系是社会主义意识形态的本质体现，而社会主义意识形态又是社会主义本质的观念反映和理论表达，因此，建设社会主义核心价值体系或社会主义意识形态最根本的要落实到坚持中国特色社会主义道路上。中国共产党和中国人民对社会主义本质的认识经历了艰辛的探索过程，邓小平最明确地揭示了社会主义的本质，他指出："社会主义的本质是解放生产力，发展生产力，消灭剥削，消除两极分化，最终达到共同富裕。"在邓小平关于社会主义本质界定的基础上，中国共产党越来越清楚地认识了社会主义道路。党的十七大报告指出："中国特色社会主义道路，就是在中国共产党领导下，立足基本国情，以经济建设为中心，坚持四项基本原则，坚持改革开放，解放和发展社会生产力，巩固和完善社会主义制度，建设社会主义市场经济、社会主义民主政治、社会主义先进文化、社会主义和谐社会，建设富强民主文明和谐的社会主义现代化国家。"

既然社会主义核心价值体系与社会主义意识形态是社会主义本质的观念反映和理论表达，因此建设和传播社会主义核心价值体系与社会主义意识形态就应当坚持中国特色社会主义道路，这不仅体现了意识形态作为社会意识是社会存在的反映、社会存在决定社会意识的历史唯物主义原理，而且也体现了中国共产党实事求是、理论联系实际的优良传统，体现了避免空谈、把社会主义意识形态建设同社会主义实践紧密结合起来的务实精神，并且，也只有这样才能避免意识形态建设成为脱离实际的空中楼阁，真正发挥社会主义意识形态的重要作用。

二、意识形态现代化的展开形式

马克思主义理论、社会主义共同理想、爱国主义为核心的民族精神、改革创新为核心的时代精神以及社会主义荣辱观等，是社会主义核心价值体系或社会主义意识形态的基本内容，建设、提高、传播这些社会主义意识形态的思想内容，固然是充分发挥社会主义意识形态作用必须高度重视的基本任务，但是仅此还不能真正实现社会主义意识形态现代化、有效发挥其实际作用的目的，还应当考虑一个至今不为人们明确认识的重要任务：优化社会主义意识形态的表现形式和传播形式。

任何事物都是内容和形式的统一，意识形态更是如此。意识形态的内容是指各种思想观点、价值原则、社会信念、民族精神和时代精神等，而意识形态的形式则是指这些思想内容以什么样的形式表现出来，亦即意识形态的表现形式。事实上，内容和形式是不可分的，没有无内容的形式，也没有无形式的内容。不仅思想观点要以一定的语词、判断和推理表现出来，而且即便没有形成某种理论形式的社会信念、社区意识或集体精神，也一定要通过某种心理倾向、社会共识或集体表象表现出来。

正是因为意识形态是思想内容和表现形式的统一，思想家们都十分重视从意识活动的内容和展开形式两个方面的紧密联系中去分析意识形态现象。马克思批判青年黑格尔派意识形态时，不仅揭示其思想观念的荒谬性，而且指出其表现形式上的头足倒立；曼海姆论述意识形态的历史演变时，不仅概括了意识形态在理论立场和学术流派上的变迁，而且还说明它在形式上怎样从特殊意识形态向普遍意识形态的发展；迪尔凯姆论述集体意识或群体心理时，不仅对其中的道德规范和宗教原则等作了分析，而且还指出了介于范畴和本能之间的表象意识是其存在形式。

意识形态的复杂性决定其表现形式的多样性，只有明确地把握了意识形态变换多样的表现形式，才能清楚地把握其复杂的思想内容，所以思想家们都十分注意从形式和内容两个方面去研究意识形态问题。然而，面对社会主义初级阶段十分复杂的意识形态现象，那些新、奇、特的思想观点、价值取向和心理变化，令人目不暇接，人们往往在追踪、捕捉或辨析这些千变万化的思想内容时，对其丰富多彩的表现形式却没有给予足够的重视，以致关于当代中国意识形态表现形式和传播形式的研究成为一个薄弱环节。特别值得注意的是，随着当代文化影视化、网络化、数字化的快速发展，意识形态的表现形式不断翻新，而在这方面的研究却很少有人涉及。

讨论意识形态的传播方式，一个不可回避的问题是：如何认识意识形态在文字文化时代和视觉文化时代不同的主要表现形式？在以印刷文字为思想意识主要传播工具的文字文化时代，意识形态的表现形式主要是通过语词或语句表达出来的概念、判断和推论。相对于人们要表达的价值信念或思想观点，语词、语句和概念、判断、推论都属于思想的形式。而相对于人们要指涉的事物和要表达的意愿，语词、概念和判断等都是抽象的。但到了 20 世纪后期，特别是进入 21 世纪，视觉文化取代了文字文化的统治地位，意识形态的主要表现形式和主要传播方式都发生了明显变化。各种数字化的信息技术，日益发达的影视传媒，还有 3D 和 3G 等令人耳目一新的图像技术，以及可视电话、多媒体和互联网等技术，为人们展开了一个五彩缤纷、生动具体的影像世界，原先被抽象地包含在语词或概念中的政治观念、法律道德或价值信念，纷纷融入琳琅满目的形象之中，摆脱了抽象枯燥的形式，以生动的形象获得了空前活跃的生命力。

这些变化说明，当代传媒技术不仅改变了意识形态的主要表现形式，而且也改变了意识形态的主要传播方式。当然，这里不是说意识形态就不以印刷文字的形式存在和传播了，而是说相比之下，意识形态的思想内容更多地是以影视形象存在和传播的。社会主义意识形态作为中国的主流意识形态，承载着对话、整合其他各种社会意识形态的重大任务，若想社会主义意识形态能够不辱使命地完成其承载的任务，仅仅凭借庞大的宣传队伍和占绝对优势的宣传设施还不够，还必须以生动、鲜活的形式表现自己的思想观点和价值信念。

为了更有效地建设和传播社会主义意识形态，既要不断创新社会主义意识形态的新思想或新内容，而且也应当使其不断地获得崭新的形式。要做到这一点，首先应当突破在印刷文字时代形成的抽象意识形态观念。可以说，不仅那些从事意识形态工作的专业研究人员、职业工作者或主管思想政治工作的领导干部，而且大部分对意识形态有些认识的非意识形态专业社会成员，在提到意识形态时，首先想到的是理论化、体系化的思想观念，或者说，只有那些称为理论体系的思想观念才被人们看成是意识形态。应当承认，理论化、体系化的思想观念确实是意识形态的重要内容，特别是作为一个阶级或一个政党的意识形态更应当达到理论化、体系化的程度。但是，如果在更广阔的层面上来观察意识形态现象，那些尚未达到理论化、体系化程度的理想信念、价值原则，也应当承认是意识形态的重要构成。

特别是在当代新传媒技术大规模地替代印刷文字，以丰富的生动形象传播意识形态的新形势下，更应当及时调整把意识形态仅仅看成理论化和体系化的思想观点的认识，应当敏感而清醒地意识到在文化影视化、传媒视觉化的新形势下，大量意识形态现象是以生动的感性形象表现自身的。在回忆改革开放之初的中国意识形态变化时，人们很容易想起 1978 年在思想理论界乃至一般社会成员中都产生强烈反响的“实践检验真理标准的大讨论”，这场以哲学观点为主要内容甚至涉及马克思主义理论体系的讨论，确实起到了解放思想的重要作用，为后来的改革开放进一步发展奠定了思想基础。就此而言，理论层面的意识形态是不可低估的。

但是，不能因为肯定理论层面的意识形态而轻视了非理论层面尤其是以生动形象表现出来的意识形态现象。1980 年，一部名为《大西洋底来的人》的 17 集美国科幻电视剧在中国播放，这是国内正式引进的第一部美国电视剧，尽管当时每周只在周六晚上播一集，却在全国引起了极大的轰动效应，有人形容当时收看这部电视剧的情形是万人空巷。看过这部电视剧的人至今仍能想起，剧中给人们留下的印象不仅是“麦克哈里斯”这位来自“大西洋底来的人”能在深海高水压中自如地游泳，长着类似蹼样的双手，呼吸和力量都与人类不同的特点，而且人们还能想起初次在电视剧中看到美国城市高耸入云的摩天大楼、车水马龙的高速公路，这些发达而富裕的城市生活不仅极大地刺激了人们实现现代化的欲望，而且也引起了人们关于社会主义与资本主义关系的复杂思考。

可以说，这部没有直接宣扬美国实用主义和现代化理论的电视剧，其意识形态的作用却十分强烈。那些重复收看《大西洋底来的人》的群众，未必能从中概括出一些系统的理论观点，但是人们却能从中领悟到很多可以用来突破陈旧保守的政治说教的思想原则。因此，这部电视剧对长期在“左”倾政治观念的束缚下形成的封闭、保守的思想观念和价值信念的挑战、冲击，既是巨大而深刻的，也是广泛而充分的，它在改革开放之初起到的推动思想解放的意义不可低估。从这部电视剧在中国放映的效应可以得出令人信服的结论：在感性形象中蕴涵的意识形态，对广大社会成员的影响更为具体有效。

直至现在，很多从事政治宣传或意识形态传播的专业人员，仍然习惯于以理论讲解和概念推论的形式来向别人灌输社会主义意识形态，不善于像电视剧《大西洋底来的人》那样，把意识形态观念通过生动的形象表达出来，还停留在20世纪六七十年代学文件、读报纸的水平上，群众喜闻乐见的影视媒体、艺术形象不能得到有效的利用。意识形态表达与传播抽象化，是社会主义意识形态建设中应当努力克服的一个问题。党的十七大提出，要“积极探索用社会主义核心价值体系引领社会思潮的有效途径”。而把社会主义核心价值体系或社会主义意识形态传播到广大社会成员中并得到广泛认同，最有效的办法莫过于把抽象的意识形态观念蕴涵在生动的艺术形象中，让群众在喜闻乐见中接受社会主义的核心价值体系。

中国特色社会主义宗教理论体系研究

何虎生

中国共产党第二代、第三代中央领导集体和以胡锦涛同志为总书记的党中央在把马克思主义宗教观同中国宗教的具体实际相结合、处理宗教问题和领导中国宗教工作的过程中，逐渐形成了中国特色社会主义宗教理论体系。

一、关于宗教的本质特征、发展规律和社会作用问题的理论

（一）关于宗教本质特征问题的理论

宗教信仰、宗教感情、宗教仪式和宗教组织构成了宗教最本质的特征。中央 19 号文件指出："宗教是人类社会发展一定阶段的历史现象，有它发生、发展和消亡的过程。宗教信仰，宗教感情，以及同这种信仰和感情相适应的宗教仪式和宗教组织，都是社会的历史的产物。"① 就是说，宗教是一种社会历史现象，有其自身的演化规律，是由宗教信仰、宗教感情、宗教仪式和宗教组织组成的，是有神论的信仰，既有个人的信仰和情感，又有社会的组织和活动。这就把宗教概念从一个意识形态范畴扩大为一个社会范畴，说明了宗教的构成既包含内在要素，也包含外在要素，从而更全面地阐述了宗教的性质和特征。

宗教是人类文化的重要渊源和重要组成部分，它对人类文化的发展产生了重要的

① 《新时期宗教工作文献选编》，54 页，北京，宗教文化出版社，1995。

影响。习仲勋在谈到道教时指出："在长期的历史发展过程中，对我国政治、经济、文化思想都发生过深刻的影响，积累了大量的经籍和文献资料，是我国古代文化遗产中一个重要组成部分。"[①] 李瑞环同志也肯定佛教的文化性："佛教传到中国已有两千多年的历史，在中国的影响是比较深远、广泛的。讲中国的传统文化，其中的一部分就是佛教文化，中国的传统文化与佛教文化是分不开的。"[②] 江泽民同志表示："我国宗教在其产生和发展的过程中，与我国文化的发展相互交融，吸取了我国建筑、绘画、雕塑、音乐、文学、哲学、医学当中的不少优秀成分。"[③] 这就明确了宗教是人类创造的文化的一部分，是中华文明的重要内容，是建设中国特色社会主义新型文化的重要来源。

关于宗教本质特征问题的理论揭示了宗教的内在联系及其性质，明确了宗教是有神论的，是人们的信仰，是文化的重要内容。改变了长期以来视宗教为麻醉人民的鸦片的片面认识，对我们重新认识宗教的本质特征具有方法论上的指导意义。

（二）关于宗教发展规律的理论

宗教的产生和存在有自然的、社会的、认识论的以及其他复杂的因素。中央 19 号文件指出："进到阶级社会以后，宗教得以存在和发展的最深刻的社会根源，就在于人们受这种社会的盲目的异己力量的支配而无法摆脱，在于劳动者对于剥削制度所造成的巨大苦难的恐惧和绝望，在于剥削阶级需要利用宗教作为麻醉和控制群众的重要精神手段。"[④] 这是中国共产党对阶级社会中宗教产生和存在根源的一次全面阐释。江泽民同志也指出，社会主义社会只是消灭了宗教赖以存在的阶级根源，"但是，由于我国生产力发展水平还不高，科学技术还不发达，人们的思想道德素质和科学文化素质也还不高，加上国际环境的影响，我国宗教存在的根源仍将长期存在"[⑤]。这就从生产力发展水平、人们的认知能力和国际影响等方面阐明了宗教存在的根源。

宗教在社会主义社会将长期存在。江泽民同志指出："宗教作为一种社会现象，具有漫长的历史，在社会主义社会也将长期存在。宗教走向最终消亡也必然是一个漫长的历史过程，可能比阶级和国家的消亡还要久远。"[⑥] 这就从宗教存在的客观规律的理论高度阐明了宗教存在的长期性，使宗教在社会主义社会的存续有了合理性。

主张宗教的自然消亡，反对用行政命令的方式消灭宗教，并阐述了宗教消亡的途

---

① 《新时期宗教工作文献选编》，155 页，北京，宗教文化出版社，1995。

② 同上书，244 页。

③ 《江泽民文选》，第 3 卷，388～389 页，北京，人民出版社，2006。

④ 《新时期宗教工作文献选编》，54～55 页，北京，宗教文化出版社，1995。

⑤ 《江泽民论有中国特色社会主义》（专题摘编），372 页，北京，中央文献出版社，2002。

⑥ 同上书，371 页。

径。邓小平曾讲过："像宗教这样的问题不是用行政方法能够解决的。"[①] 江泽民同志在谈到宗教消亡途径时指出："我们解决宗教问题的根本途径只能是发展社会主义的物质文明和精神文明，逐步消除宗教赖以存在的根源。也就是说，必须把经济建设搞上去，必须提高人们的科学文化素质。经济建设搞不上去，人的科学文化素质提不高，就宗教论宗教是解决不了问题的。"[②] 尊重宗教发展规律，明确宗教的消亡途径，避免了人为地消灭宗教、宗教工作就是消灭宗教的错误认识和做法。

关于宗教发展规律问题的理论，揭示了宗教产生与存在的根源、演化过程及其消亡规律，明确了宗教的产生和存在有自然的、社会的和认识论的根源，它在社会主义社会将长期存在，我们要遵循宗教自然消亡的规律，克服长期以来视宗教将随着社会主义制度的建立而迅速消亡的观念，有利于做好宗教工作，保证中国宗教的健康存续。

（三）关于宗教社会作用的理论

重视宗教界人士在建设中国特色社会主义事业中的积极作用。邓小平指出："各民族的不同宗教的爱国人士有了很大的进步。"[③] 江泽民同志也指出："我们处理同宗教界朋友之间的关系的原则是政治上团结合作，思想信仰上互相尊重。这一点是永远不会变的。"[④] 强调要"继续巩固和发展党同宗教界的爱国统一战线"[⑤]。视宗教界人士为积极力量，建立与他们的统一战线，克服了一段时间内存在的由于信仰不同而视宗教界人士为建设社会主义消极因素的看法，对我们重新认识中国宗教的积极作用有重要意义。

重视宗教的文化价值和宗教文化在对外交往中的作用。改革开放初期，邓小平盛赞鉴真像回中国展在中日交往和文化交流中的意义，指出："这是一件具有深远意义的盛事。它必将鼓舞人们发扬鉴真及其日本弟子荣睿、普照的献身精神，为中日两国人民世代友好事业作不懈努力。"[⑥] 江泽民同志在谈到宗教文化时，强调"可以研究和发掘其中的精华"[⑦]。2008年5月10日，胡锦涛主席在参访日本奈良法隆寺、唐招提寺时，盛赞佛教在中日两国人民友好交往中的贡献。在法隆寺，他指出："法隆寺给我留下了深刻印象。这里珍藏的珍贵文物，凝聚了古代日本人民的智慧，也是源远流长的中日友好交往的见证。希望两国佛教界继续加强友好交流，这也是两国人民友好的组

---

① 《邓小平思想年谱（1975—1977）》，134页，北京，中央文献出版社，1998。
② 《新时期宗教工作文献选编》，200页，北京，宗教文化出版社，1995。
③ 《邓小平文选》，2版，第2卷，186页，北京，人民出版社，1994。
④ 《新时期宗教工作文献选编》，210页，北京，宗教文化出版社，1995。
⑤ 《江泽民文选》，第3卷，396页，北京，人民出版社，2006。
⑥ 《新时期宗教工作文献选编》，22页，北京，宗教文化出版社，1995。
⑦ 《江泽民文选》，第3卷，389页，北京，人民出版社，2006。

成部分。”在唐招提寺，他又指出：“1 200 多年间，中国和日本都发生了很大的变化，但是两国人民的友谊没有变。”① 强调宗教的文化价值，肯定其在对外交往中的积极作用，并要在当代发扬光大，这是中国共产党对中国宗教当代价值的积极肯定。

重视宗教道德中的“弃恶扬善”内容和心理调节作用。对宗教道德中的弃恶扬善内容，江泽民同志指出：“宗教道德中的弃恶扬善等内容，对鼓励广大信教群众追求良好的道德要求有积极作用。”② 说明宗教道德来源于世俗，只是进行了神圣化，它对人类优秀道德的流传作出了贡献。对宗教的心理调节作用，江泽民同志指出：“宗教通过对信教群众的心理慰藉，对稳定信教群众的情绪、调节信教群众的心理也有积极作用。”③ 肯定了宗教在调节人们心理中的积极作用，对过去的鸦片说、欺骗说是一种否定。

讲宗教的积极作用，“分寸一定要把握好。既应肯定宗教中的积极因素，但又不能夸大”④。我们讲的是发挥积极作用、消除消极因素。关于宗教社会作用问题的理论，揭示了宗教的社会功能、作用和意义，明确了宗教的作用具有双重性，既有积极作用，也有消极作用，克服了长期以来视宗教为落后的意识形态，要加速其消亡的观点，有利于我们发挥宗教的积极作用，规避消极作用。

二、关于宗教与国家之间关系，宗教与社会主义社会相适应，以及建设和谐宗教关系的理论

（一）关于宗教与国家之间关系的理论

坚持政教分离的原则。新时期，针对“一些地方早已被废除的宗教封建特权死灰复燃，利用宗教干预行政、司法、教育的情况有所抬头”⑤ 的问题，1982 年 3 月，中央 19 号文件指出：“绝不允许宗教干预国家行政、干预司法、干预学校教育和社会公共教育。”⑥ 1982 年宪法规定：“任何人不得利用宗教进行破坏社会秩序、损害公民身体健康、妨碍国家教育制度的活动。”⑦ 1991 年 2 月，中央 6 号文件也指出：“任何人不得利用宗教反对党的领导和社会主义制度，危害国家统一、社会稳定和民族团结，不得损害社会、集体的利益，妨碍其他公民的合法权利。”“不得恢复已被废除的宗教

---

① 《古风悠韵，情传千载——胡锦涛主席参访日本奈良法隆寺、唐招提寺》，载《中国宗教》，2008 (5)。

②③ 《江泽民文选》，第 3 卷，389 页，北京，人民出版社，2006。

④ 叶小文：《社会主义与宗教的历史新篇》，载《中国宗教》，2002 (1)。

⑤ 《江泽民文选》，第 3 卷，383 页，北京，人民出版社，2006。

⑥ 《新时期宗教工作文献选编》，60 页，北京，宗教文化出版社，1995。

⑦ 同上书，77 页。

封建特权和压迫剥削制度。"[①] 2001 年 12 月，江泽民同志再次强调了"我国实行政教分离的原则"[②]。因此，政教分离原则是中国处理宗教问题的一项基本原则。

中国是一个世俗国家，新中国建立以后，党和国家在政教分离的原则下，对我国的宗教制度进行了民主改革，佛、道教废除了封建制度，基督教、天主教割断了与帝国主义的联系，实现了独立自主自办，藏传佛教、伊斯兰教废除了事实上存在的政教合一制度，实行了政教分离。改革开放以来，党和国家从国家根本大法到党的方针政策都明确了我国实行政教分离的原则，任何人不能利用宗教干预社会公共事务，要巩固宗教制度民主改革的成果。正是由于坚持政教分离的原则，建立了新型的政教关系，才使我国宗教得以健康发展，逐渐与新中国和社会主义社会相适应。

反对利用宗教达到不良目的。利用宗教干涉别国内政，挑起地区冲突，从事破坏民族团结，分裂祖国的活动，危害他人和社会，是国内外敌对势力的一贯伎俩。

在当代中国利用宗教达到不良目的主要表现有三类：一是"国内外敌对势力一直把利用宗教进行政治渗透作为他们对我国推行和平演变战略的一个重要手段"[③]。其目的是利用宗教对我进行和平演变，达到颠覆我国社会主义制度的目的。二是"达赖及其集团从来没有放弃'西藏独立'的主张，也从来没有停止分裂祖国的活动"[④]。分裂主义分子"利用'泛伊斯兰主义'、'泛突厥主义'或打着其他旗号，在我国某些地区煽动分裂的图谋"[⑤]，"'法轮功'等邪教组织的各种破坏活动"[⑥]，其目的是利用宗教制造民族分裂、破坏祖国统一和危害国家安全。三是"一些地方滥建、扩建寺观教堂，频繁进行大型宗教活动"，"利用宗教干涉行政、司法、教育、婚姻和群众生产、生活"，"甚至恢复了早已被废除的宗教封建特权和压迫剥削制度。有的地方教派纷争，发生流血事件"[⑦]。其结果是增加信教群众负担，影响社会稳定。

国内外敌对势力对中国的宗教渗透实质是对我国进行和平演变的重要手段。"藏独"打着藏传佛教的旗号，"疆独"、"东突"、"泛伊斯兰主义"、"世维会"等打着伊斯兰教的旗号，实际上"他们既背叛了祖国，也出卖了自己的民族，是国家和民族的罪人"[⑧]；"法轮功"等打着"宗教"旗号进行的违法犯罪活动，不是宗教信仰问题，而是"危害社会和人民的邪教"[⑨] 问题。这些问题不是宗教问题，而是政治问题。

---

① 《新时期宗教工作文献选编》，215 页，北京，宗教文化出版社，1995。

② 《江泽民文选》，第 3 卷，385 页，北京，人民出版社，2006。

③ 《新时期宗教工作文献选编》，211 页，北京，宗教文化出版社，1995。

④ 《西藏工作文献选编（1949—2005 年）》，518 页，北京，中央文献出版社，2005。

⑤ 《江泽民论有中国特色社会主义》（专题摘编），377 页，北京，中央文献出版社，2002。

⑥ 同上书，217～218 页。

⑦ 《新时期宗教工作文献选编》，250 页，北京，宗教文化出版社，1995。

⑧ 《江泽民论有中国特色社会主义》（专题摘编），376～377 页，北京，中央文献出版社，2002。

⑨ 同上书，226 页。

依法管理宗教事务。中国“实行依法治国方略，法律是国家治理的最高权威”①，就宗教本身而言，宗教除包含有宗教情感、信仰等思想因素外，还有宗教仪式、组织等涉及国家利益和社会公共利益的事务，必须依法进行管理，这既是依法治国，建设社会主义法治国家的需要，也是为了保障公共利益和包括信教者在内的全国各族人民的根本利益的需要。政府依法对宗教事务进行管理。“政府对有关宗教的法律、法规和政策的贯彻实施进行行政管理和监督。政府依法保护宗教团体和寺观教堂的合法权益，保护宗教教职人员履行正常的教务活动，保护信教群众正常的宗教活动，防止和制止不法分子利用宗教和宗教活动制造混乱、违法犯罪，抵制境外敌对势力利用宗教进行渗透”②。这就是依法管理宗教事务的内涵和主要内容。党和国家一直注重用法律手段解决宗教问题。2010 年 1 月，回良玉同志在全国宗教工作会议上再次强调，要“进一步贯彻落实《宗教事务条例》，依法加强对宗教事务的管理，善于运用法律手段抓好重点工作，破解难点问题”③。

宗教不能以政教分离为借口，不服从政府的依法管理。中国是一个世俗国家，“一切社会组织包括宗教组织都必须在宪法、法律范围内开展活动，都不能超越法律享有特权”④。作为宗教徒的个人，既是一个宗教信仰者，更是一个公民；宗教组织是许多宗教活动和仪式的组织者，是联系信教群众的重要纽带，也是社会事务的重要组成部分，必须依法进行活动。

依法管理宗教事务，是为了把宗教活动纳入有关宗教的法律、法规和政策范围，而不是去干预宗教团体的内部事务和限制正常的宗教活动。相反，依法管理宗教事务能够更好地维护宗教界的合法权益，保护正常的宗教活动的开展。它是“保护合法，制止非法，抵御渗透，打击犯罪”⑤ 的有机统一。实践证明，这是中国宗教健康发展和党的宗教工作不断完善的重要保证。

（二）关于宗教与社会主义社会相适应的理论

宗教必须适应社会的需要，要随着社会的发展而发展。江泽民同志指出：“通观我国和世界的宗教历史，可以发现一条共同的规律，就是宗教都要适应其所处的社会和时代才能存在和延续，十六世纪基督教发生的宗教改革运动就是一个例子。”⑥ 就是说宗教的存续必须适应社会的需要，而且要随着社会的发展而发展，这就从历史唯物主

---

① 王作安：《从国家宗教局职能看中国政教关系》，载《中国宗教》，2009（11）。

② 《新时期宗教工作文献选编》，216 页，北京，宗教文化出版社，1995。

③ 《全国宗教工作会议在京举行》，载《中国宗教》，2010（1）。

④ 王作安：《从国家宗教局职能看中国政教关系》，载《中国宗教》，2009（11）。

⑤ 《江泽民文选》，第 3 卷，386 页，北京，人民出版社，2006。

⑥ 同上书，387 页。

义的理论高度论证了宗教与社会相适应的必然性和必要性。

"我国宗教是在社会主义条件下存在和活动的，必须与社会主义社会相适应"[①]。"一方面，从我们党和政府来说，要坚定不移地贯彻执行尊重和保护公民宗教信仰自由的权利、保护正常的宗教活动、保护宗教界的合法权益这样一些长期不变的基本政策；另一方面，从宗教界来说，要坚定不移地拥护中国共产党的领导，拥护社会主义，坚持独立自主自办教会的原则，坚持在宪法、法律、法规和政策规定的范围内开展宗教活动。"[②] 宗教与社会主义相适应，既是党对宗教的要求，也是宗教自身的需求，是必然的，也是可行的，二者相辅相成，党和国家积极引导，宗教主动适应，就从根本上解决了宗教与社会主义社会的关系问题，即宗教在社会主义社会能够存在和存在的方式问题。

宗教与社会主义社会相适应是全方位的。在政治方面，"我们必须团结、教育、引导这部分群众（作者注：信教群众），把他们在生产和工作中的积极性和创造性充分调动起来，以利依靠和团结全体人民共同推进社会主义物质文明和精神文明建设"[③]，要坚持"政治上团结合作、信仰上互相尊重"[④] 的原则，不断巩固和扩大新时期的爱国统一战线。在经济方面，"希望宗教界发扬爱国主义优良传统，为'两个文明'建设做出新贡献"[⑤]，"为发展社会主义市场经济做贡献"[⑥]。在文化方面，宗教界要"改革不适应社会主义的宗教制度和宗教教条，利用宗教教义、宗教教规和宗教道德中的某些积极因素为社会主义服务"[⑦]。在社会方面，要"运用宗教来为维护社会秩序和社会稳定服务"，"鼓励宗教界多做善行善举"，"从事一些有益于社会发展的公益、慈善活动"[⑧]，"发挥宗教在促进社会和谐方面的积极作用"[⑨]。这既是对宗教在构建社会主义和谐社会中积极作用的肯定，又对其提出了更高的要求。

全面贯彻落实党的宗教工作基本方针，是引导宗教与社会主义社会相适应的根本保证。"积极引导宗教与社会主义社会相适应，不是要求宗教界人士和信教群众放弃宗教信仰"[⑩]。"我们实行宗教信仰自由政策的根本出发点和落脚点，就是要大力加强广大信教和不信教的群众的团结，把他们的力量凝聚到建设有中国特色社会主义这个共

---

① 《江泽民论有中国特色社会主义》（专题摘编），375页，北京，中央文献出版社，2002。
② 《新时期宗教工作文献选编》，210页，北京，宗教文化出版社，1995。
③ 《江泽民文选》，第3卷，381页，北京，人民出版社，2006。
④ 同上书，384页。
⑤ 李瑞环：《学哲学　用哲学》，上册，334页，北京，中国人民大学出版社，2005。
⑥ 《新时期宗教工作文献选编》，258页，北京，宗教文化出版社，1995。
⑦ 同上书，255页。
⑧ 《江泽民文选》，第3卷，388页，北京，人民出版社，2006。
⑨ 《中共中央关于构建社会主义和谐社会若干重大问题的决定》，33页，北京，人民出版社，2006。
⑩ 《江泽民文选》，第3卷，387页，北京，人民出版社，2006。

同目标上来”[①]。因此，全面贯彻落实党的宗教信仰自由政策是引导宗教与社会主义社会相适应的必然要求和重要前提。同时，也“应该看到，民族和宗教问题中的矛盾，大量是属于人民内部矛盾。一定要做好人民内部矛盾的疏导工作，即使出了点乱子，也要始终立足于信任、争取、团结最大多数群众，以利于坚决、准确地孤立和打击极少数敌对分子”[②]。因此，依法管理宗教事务是引导宗教与社会主义社会相适应的一个重要手段。“国内外敌对势力一直把利用宗教进行政治渗透作为他们对我国推行和平演变战略的一个重要手段。这实质上是政治问题”[③]。“越是在扩大开放的形势下，越要坚持独立自主自办原则不动摇，越要做好抵御渗透的工作”[④]。因此，坚持独立自主自办是引导宗教与社会主义社会相适应的一个重要原则。宗教工作基本方针，是中国共产党宗教工作的经验总结，“是完全符合实际的”[⑤]，是引导中国宗教与社会主义社会相适应的根本保证，“必须毫不动摇地遵循”。

关于宗教与社会主义社会相适应的理论，揭示了宗教与社会发展和变化的关系，明确了相适应的可能性和必要性、相适应的内涵和途径，有利于宗教在社会主义社会的准确定位，全方位的相适应和可实现性，解决了宗教在社会主义社会存在的合法性和存在的方式问题，对宗教在社会主义中国的存在，以及如何处理与社会主义社会的关系，如何发挥作用有决定性意义。

（三）关于建设和谐宗教关系的理论

信教群众与不信教群众、信仰不同宗教群众之间和谐相处。首先，要彼此尊重。“尊重每个公民信仰宗教的自由和不信仰宗教的自由。任何组织和个人都不得强制公民信仰宗教或者不信仰宗教，不得歧视信仰宗教的公民和不信仰宗教的公民。”[⑥] 就是说信教与不信教群众应互相尊重。中国还是一个多宗教的国家，国家“不支持这个宗教，也不支持那个宗教”，信仰不同宗教的群众应互相尊重。其次，要平等相处。“在社会主义条件下，信教和不信教以及信仰不同宗教的群众，他们在这种信仰上的差异是比较次要的差异，他们在政治上、经济上的根本利益是相同的。”[⑦] 最后，要团结合作。“无神论者和有神论者思想信仰虽然不同，但在爱国、维护祖国统一、拥护社会主义等涉及政治立场和政治方向的原则问题上是可以一致的。因此，必须坚持政治上团

---

① 《江泽民文选》，第3卷，383～384页，北京，人民出版社，2006。

② 《新时期宗教工作文献选编》，251页，北京，宗教文化出版社，1995。

③ 同上书，211页。

④ 王作安：《中国的宗教问题和宗教政策》，226页，北京，宗教文化出版社，2002。

⑤ 《全国宗教工作会议在京举行》，载《中国宗教》，2010（1）。

⑥⑦ 《江泽民文选》，第3卷，384页，北京，人民出版社，2006。

结合作、信仰上互相尊重。”① 努力实现“信教群众和不信教群众、信仰不同宗教群众和谐相处，为构建社会主义和谐社会作出积极贡献”②。

宗教内部群众之间、宗教与宗教之间应和谐共存。宗教内部群众之间的和谐就是要实现民主有序。“新中国成立后，我国各宗教通过开展反帝爱国运动和宗教制度的民主改革，政治上发生了根本性变化”③。目前宗教领域仍有一些不和谐的因素，但“绝不允许恢复已被废除的宗教封建特权和宗教压迫剥削制度”④。防止宗教内部信教群众之间的不和谐，以促进和谐共存。宗教与宗教之间的和谐就是维护好中国多种宗教并存的局面。“和谐是中国文化的特征向量，在中国‘和’文化的海洋中浸润千年的中国各宗教，很早就形成了多元共存、和合共生的优良传统”⑤。“我们尊重历史上形成的我国五大宗教的格局。”⑥ 各宗教也要在建设中国特色社会主义的旗帜下团结起来，为构建和谐社会尽责尽力。

宗教与社会其他方面的和谐共赢。目前还存在“一些地方宗教活动混乱，教徒发展泛滥，乱建寺观教堂、滥塑佛像和以各种借口聚敛钱财的现象屡禁不止”⑦。宗教活动影响了其他社会集团的利益。我们“还应该看到，不尊重信教群众的信仰、干涉正常宗教活动、侵犯宗教界合法权益的情况，在一些地区仍不同程度地存在”⑧。因此，“宗教活动要服从和服务于国家的最高利益与民族的整体利益”⑨。宗教与其他社会利益集团，各司其职和谐共赢。人们的信仰是多种多样的，除宗教信仰外，还有政治信仰、群体（或社团）信仰、文化信仰和其他信仰等，这就需要“信仰上互相尊重”，不信教群众“不要妨碍信教群众的信仰，不要伤害他们的宗教情感”⑩，“任何组织和个人都不得强制公民信仰宗教”⑪。要处理好宗教信仰和世俗信仰的关系。在教言教，宗教信仰者与其他信仰者之间和谐共赢。宗教活动本身具有社会功能，但“宗教必须在宪法和法律规定的权利和义务范围内活动，任何人不得利用宗教反对党的领导和社会主义制度，宗教活动不得妨碍社会秩序、工作秩序和生活秩序”⑫。依法管理，为处理好宗教与社会其他方面的关系提供保证。

---

① 《江泽民文选》，第3卷，384页，北京，人民出版社，2006。

② 贾庆林：《认真学习〈江泽民文选〉，全面落实科学发展观，促进民族地区经济社会又快又好发展》，载《人民日报》，2006-08-22。

③ 《江泽民文选》，第3卷，379页，北京，人民出版社，2006。

④ 同上书，386页。

⑤ 《宗教对话的启示》，载《中国宗教》，2006（12）。

⑥ 《江泽民文选》，第3卷，391页，北京，人民出版社，2006。

⑦⑧ 同上书，383页。

⑨ 《江泽民论有中国特色社会主义》（专题摘编），371页，北京，中央文献出版社，2002。

⑩ 《江泽民文选》，第3卷，385页，北京，人民出版社，2006。

⑪ 同上书，384页。

⑫ 同上书，385页。

长期以来，如何处理作为唯心主义意识形态和社会组织形式的宗教与各方面的关系，中国宗教应该是一个什么样的状态，其努力的方面和价值目标是什么，也是困扰中国宗教和党的宗教工作的一个难题。正确处理宗教与社会、宗教与宗教、宗教内部群众之间的关系，建设和谐的宗教关系是贯彻落实科学发展观，构建社会主义和谐社会的重要内容，也是中国宗教和党的宗教工作不懈奋斗的目标，二者找到了一个共同点，一个共同的价值目标，开拓了中国宗教和党的宗教工作的新境界。

三、关于宗教与无产阶级政党、宗教信仰与共产主义信仰之间的关系，以及加强党对宗教工作领导的理论

（一）关于正确处理宗教与无产阶级政党关系的理论

尊重和保护信教群众的宗教信仰自由。中央 19 号文件指出："要使宗教信仰问题成为公民个人自由选择的问题，成为公民个人的私事。"① 这就明确了宗教信仰是个人的私事，是个人的选择，是基本的人权。江泽民同志强调："尊重和保护公民的宗教信仰自由权利，是我们党维护人民利益、尊重与保护人权的重要体现，也是最大限度团结人民群众的需要。"② 党和国家尊重与保护人民的宗教信仰自由，也就是保护人民的基本权利。江泽民同志多次强调："我们党的宗教信仰自由的政策一定会保持稳定性和连续性，是绝对不能改变的。"③ 这是党和国家从法律与制度层面上，对尊重和保护信教群众宗教信仰自由的庄严承诺与制度保证。

重视与宗教界人士结成统一战线。中央 19 号文件指出："争取、团结和教育宗教界人士首先是各种宗教职业人员，是党对宗教的工作的重要内容，也是贯彻执行党的宗教政策的极其重要的前提条件。"④ 对于他们，"一定要予以应有的重视，团结他们，关心他们，帮助他们进步"⑤。统一战线是我们战胜敌人，取得新民主主义革命胜利的法宝，也是建设中国特色社会主义事业必须坚持的原则。2007 年，胡锦涛同志指出："要加强宗教教职人员队伍建设。要加大培养、选拔、使用工作力度，努力造就一支政治上靠得住、学识上有造诣、品德上能服众的合格宗教教职人员队伍。"⑥ 党和国家还提出了在思想、组织、制度等方面加强宗教团体建设，培养爱国宗教专职人士的一系列措施，取得了显著的成就，党同宗教界的爱国统一战线不断巩固。

---

① 《新时期宗教工作文献选编》，60 页，北京，宗教文化出版社，1995。

② 《江泽民文选》，第 3 卷，383 页，北京，人民出版社，2006。

③ 《新时期宗教工作文献选编》，210 页，北京，宗教文化出版社，1995。

④⑤ 同上书，61 页。

⑥ 《全面贯彻党的宗教工作基本方针，积极主动做好新形势下宗教工作》，载《人民日报》，2007-12-20。

要引导宗教界参与国家的政治生活。中国“虽然实行政教分离，但信教公民同其他公民一样，享有同等的政治权利，不得因宗教信仰不同造成政治权利上的不平等现象。宗教组织的代表可以通过合法渠道参与政治生活，如通过参加各级人民代表大会和政治协商会议等途径，表达社会主张，对依法管理国家事务和社会事务、管理经济和文化事业特别是宗教事务提出意见和建议，并实施民主监督”①。宗教界人士与其他公民相比较，除了信仰差别外，与其他公民享有同等的政治权利。我国许多政治组织，特别是各级人大、政协组织都有宗教界人士的参与，他们与普通公民一样，都有参与国家政治生活的权利，并取得了积极和良好的效果。

中国共产党是当代中国的执政党，决定着中国宗教问题处理与解决的程度和好坏。党和国家从尊重人权和代表广大人民群众根本利益的角度出发，保护信教群众的宗教信仰自由的权利；严格思想信仰与政治信仰的区别，尊重宗教界人士的宗教信仰，并在政治上加以团结，扩大了爱国统一战线的基础；视宗教界人士为中国革命、建设、改革和构建社会主义和谐社会的积极力量，在政治上视其为普通公民、普通社会团体，引导其政治参与，这是国家民主政治发展的重要体现。尊重信仰、统一战线、政治参与就构建了新型的宗教与无产阶级政党的关系，这是中国共产党人处理无产阶级政党与宗教关系的重大创新，凝聚了中国共产党人处理中国宗教问题的巨大的政治智慧，也保证了无产阶级政党与宗教的和谐相处，党发挥领导作用，宗教发挥积极作用。

2007 年 10 月，胡锦涛同志在中共十七大报告中指出，要“发挥宗教界人士和信教群众在促进经济社会发展中的积极作用”②。2007 年 12 月，胡锦涛同志在中央政治局第二次集体学习时指出：“鼓励我国宗教界发扬爱国爱教、团结进步、服务社会的优良传统，支持他们为民族团结、经济发展、社会和谐、祖国统一多作贡献。”③ 这是对发挥宗教积极作用的新认识、新境界。

发挥宗教在爱国爱教、民族团结、祖国统一等方面的积极作用。2005 年 2 月，胡锦涛同志在接受第十一世班禅额尔德尼·确吉杰布拜见时，“希望他以十世班禅大师为榜样，继承和发扬爱国主义的光荣传统，为巩固民族团结和维护祖国统一作出自己的贡献，成为爱国爱教的典范”④。对第十一世班禅的要求，也是对整个中国宗教界的要求，要求他们要做爱国爱教的典范。2006 年 8 月，贾庆林同志在青海湟中塔尔寺看望和慰问宗教界人士时，勉励他们“继续发扬爱国爱教的优良传统，旗帜鲜明地反对

---

① 王作安：《从国家宗教局职能看中国政教关系》，载《中国宗教》，2009（11）。

② 《高举中国特色社会主义伟大旗帜，为夺取全面建设小康社会新胜利而奋斗》，31～32 页，北京，人民出版社，2007。

③ 《全面贯彻党的宗教工作基本方针，积极主动做好新形势下宗教工作》，载《人民日报》，2007-12-20。

④ 《胡锦涛接受第十一世班禅拜见》，载《人民日报·海外版》，2005-02-04。

分裂，坚决维护祖国统一、民族团结和社会稳定”，明确了宗教要在维护民族团结方面作出努力。2006 年 11 月，刘延东同志要求中国宗教要“以宗教特有的方式，增进港澳台同胞对中华民族和中华文化的认同，推动两岸联系更密切、感情更融洽”①。明确了宗教要在推进祖国统一大业中作出努力。2007 年 12 月，胡锦涛同志指出，要“努力使宗教界人士和信教群众在拥护中国共产党的领导和社会主义制度、热爱祖国、维护祖国统一、促进社会和谐等重大问题上增进共识”②。这是党对宗教界人士和信教群众的政治要求，也是党与他们团结合作的政治基础。

发挥宗教在经济建设、社会稳定和慈善事业等方面的积极作用。2006 年 7 月，胡锦涛同志强调要处理好宗教关系，为促进社会主义经济建设服务，“要积极引导宗教与社会主义社会相适应，使信教群众在全面建设小康社会的宏伟目标下最大限度地团结起来”③。2007 年 12 月，胡锦涛同志指出：“要坚持以人为本，最大限度地把信教群众团结起来，把他们的智慧和力量凝聚到实现全面建设小康社会、加快推进社会主义现代化的共同目标上来。”④ 就是说，宗教要在全面建设小康社会实践中作出努力。2005 年 2 月，胡锦涛同志指出：“宗教与社会主义社会相适应，就是要自觉遵守国家法律法规，努力维护社会稳定、民族团结和祖国统一。”⑤ 宗教要在维护社会稳定上作出努力。胡锦涛同志指出：“积极弘扬宗教教义中扬善抑恶、平等宽容、扶贫济困等与社会主义社会道德要求贴近的积极内容。”⑥ 宗教要在参与社会慈善事业中作出努力，这既是对中国宗教界的要求，也是中国宗教的优良传统。

发挥宗教在文化建设与和谐世界建设等方面的积极作用。2005 年 2 月，贾庆林同志在中南海与全国性宗教团体负责人座谈时指出，要“努力挖掘和弘扬宗教教义、宗教道德和宗教文化中有利于社会发展、时代进步和健康文明的内容，对宗教教义作出符合和谐社会要求的阐释，在构建社会主义和谐社会过程中创造新业绩”⑦，要求宗教界在挖掘和弘扬宗教文化中的有益内容方面作出努力。2006 年 8 月，贾庆林同志在接见中国宗教界和平委员会出席世界宗教和平第八届大会代表团全体成员时指出，要“坚持原则，多做工作，广交朋友，寻求共识，向世界宗教界人士积极宣传中华民族悠久灿烂的文化，宣传我国改革开放和现代化建设的显著成就，宣传我国的宗教政策以及宗教信仰自由的真实情况，宣传我国走和平发展道路和致力构建社会主义和谐社会的理念，把一个稳定、开放、繁荣的中国展示给世界，进一步树立我国在国际社会的

---

① 《全国宗教团体领导人研讨会举行，刘延东出席会议并发表讲话》，载《中国宗教》，2006。
② 《全面贯彻党的宗教工作基本方针，积极主动做好新形势下宗教工作》，载《人民日报》，2007-12-20。
③ 胡锦涛：《不断巩固和壮大统一战线，共同建设中国特色社会主义》，载《人民日报》，2006-07-13。
④ 《全面贯彻党的宗教工作基本方针，积极主动做好新形势下宗教工作》，载《人民日报》，2007-12-20。
⑤⑥ 《胡锦涛接受第十一世班禅拜见》，载《人民日报·海外版》，2005-02-04。
⑦ 《贾庆林与全国性宗教团体负责人举行迎春座谈》，载《人民日报》，2005-02-02。

良好形象”①。也就是要把中国的历史和现状展现给世界，发挥宗教在与世界沟通方面的作用，宗教要在促进和谐世界建设方面作出努力。

长期以来，在人们的主观印象和实际生活中，一直视宗教的消极作用多于积极作用，宗教的个人行为大于社会作为，对当代中国的宗教问题缺少一个正确的认识和准确的定位。发挥宗教积极作用理论的提出就明确了当代中国的宗教是一个发生了变化的宗教，其积极作用要远远大于其消极作用，我们要做的只是要发挥其积极作用，克服其消极因素；宗教固然是个人的信仰问题，但个人本身就有社会性，更何况宗教团体就是属于社会性的组织，它也可以在社会上起作用，我们要发挥的就是作为信仰者的个体和宗教组织的群体的积极作用，充分体现宗教的社会性和社会作用；发挥宗教的积极作用也是党和国家调动一切积极因素为建设中国特色社会主义与构建和谐社会主义社会理论在宗教领域的反映，这样一方面发挥了宗教中的积极因素，另一方面也有利于化宗教中的消极因素为积极因素。

发挥宗教积极作用的理论是中国共产党人对宗教社会作用问题认识的新的质的飞跃，从此我们更多的是关注、发挥积极作用，“支持和推动宗教界建设爱国守法、与时俱进、关心现实社会、讲求道德理性、致力文化建设、崇尚开放包容的和谐宗教”②，而非防范、限制宗教作用的发挥，中国宗教成了建设中国特色社会主义和构建社会主义和谐社会的重要积极力量。

（二）关于正确处理宗教信仰与共产主义信仰之间关系的理论

共产党员不得信仰宗教。中央 19 号文件指出：“我们党曾经多次作出明确规定：共产党员不得信仰宗教，不得参加宗教活动，长期坚持不改的要劝其退党。这个规定是完全正确的，就全党来说，今后仍然应当坚决贯彻执行。”③ 在这里，党对党员不能信仰宗教和参加宗教活动的态度是十分明确的。2001 年 12 月，江泽民同志指出：“要教育党员、干部坚定共产主义信念，正确理解党的宗教政策，懂得不信仰宗教是做一名合格共产党员的起码条件。共产党员不但不能信仰宗教，而且应该积极宣传无神论，宣传科学的世界观，宣传反对封建迷信的正确观点。”④ 就是说，共产党员不仅不能信仰宗教，而且应主动宣传无神论，反对封建迷信，改造自己的主观世界。

党员信教和参加宗教活动危害巨大。“共产党员是工人阶级的有共产主义觉悟的先锋战士，是无神论者，只能信仰马列主义、毛泽东思想，不得信仰宗教，不得参

① 《广交朋友做和平使者，寻求共识建和谐世界》，载《人民日报》，2006-09-02。

② 《岁末掩卷有三思》，载《中国宗教》，2009（12）。

③ 《新时期宗教工作文献选编》，66～67 页，北京，宗教文化出版社，1995。

④ 《江泽民文选》，第 3 卷，395 页，北京，人民出版社，2006。

加宗教活动。共产党员信仰宗教，参加宗教活动，违背党的性质，削弱党组织的战斗力”[1]，破坏了党的纯洁性，也削弱了中国共产党是全中国各族人民利益的忠实代表这一党性原则。党员信仰宗教和参加宗教活动，在群众中造成了共产党员也可以信教的误导，不仅会引起思想上的混乱，而且大大降低了“党在群众中的威信，也不利于正确贯彻执行党的宗教政策”[2]。对此，党是有清醒认识的。

要把加强教育放在解决党员信教问题的首位。在全民信教的少数民族中，对“还不能完全摆脱宗教影响”的“一部分同志，各级党组织不应当简单地加以抛弃，而应当在充分发挥他们的政治积极性的同时，进行耐心、细致的思想工作”[3]，“各级党组织，尤其是宗教势力影响较大的地方，要经常对党员进行马克思主义无神论的教育，进行党的基本知识和科学文化知识教育。帮助党员树立辩证唯物主义和历史唯物主义的世界观，摆脱唯心主义宗教观念的束缚，正确理解党的宗教政策，懂得不信仰宗教是做一个合格共产党员的起码条件”[4]。做到在思想上解决问题，是解决党员信教的根本之策。

“要按照有关政策妥善解决个别共产党员信仰宗教、参与宗教活动的问题，对笃信宗教、丧失党员条件的，对利用职权助长宗教狂热的，要严肃处理”[5]。《中国共产党纪律处分条例》第五十六条规定：“组织、利用宗教活动反对党的路线、方针、政策，煽动骚乱闹事，破坏国家统一和民族团结的，对策划者、组织者和骨干分子，给予开除党籍处分。对其他参加人员，情节较轻的，给予警告或者严重警告处分；情节较重的，给予撤销党内职务或者留党察看处分；情节严重的，给予开除党籍处分。对不明真相被裹挟参加，经批评教育后确有悔改表现的，可以免予处分或者不予处分。有其他违反党和国家宗教政策的行为，情节较轻的，给予警告或者严重警告处分；情节较重的，给予撤销党内职务或者留党察看处分；情节严重的，给予开除党籍处分。”[6] 这是党处理党员信仰宗教和参加宗教活动的政策界限，所有共产党员都应引起足够的重视。

中国共产党在对待宗教信仰与共产主义信仰关系问题上，明确提出了两者的本质区别，规定了共产党员不能信仰宗教，并提出了处理共产党员信教问题的具体办法。

（三）关于加强党对宗教工作领导的理论

中国共产党一贯重视对宗教工作的领导。2007 年 12 月，胡锦涛同志强调，“各级

---

①② 《新时期宗教工作文献选编》，205 页，北京，宗教文化出版社，1995。

③ 同上书，67 页。

④ 同上书，205 页。

⑤ 《江泽民文选》，第 3 卷，395 页，北京，人民出版社，2006。

⑥ 《〈中国共产党党内监督条例（试行）〉、〈中国共产党纪律处分条例〉条文对照》，52～53 页，北京，中国方正出版社，2004。

党委和政府要从党和国家事业发展全局的战略高度，适应新形势新任务的要求，进一步加强和改善对宗教工作的领导，推动宗教工作不断迈上新台阶”[①]。

思想上高度重视。1990年12月，江泽民同志指出：“宗教问题是个大问题。因为它关系到我们整个国家的安定团结，关系到民族的团结、祖国的统一，关系到我们整个社会主义物质文明和精神文明的建设，也关系到渗透与反渗透、和平演变与反和平演变的斗争。”[②] 这就把党的宗教工作放到建设有中国特色社会主义的高度去认识、去考虑，提高了全党对宗教工作的认识。1993年11月，江泽民同志指出：“民族、宗教无小事。”[③] 2000年12月，江泽民同志提出“没有民族问题、宗教问题的正确解决，就没有国家的团结、稳定和统一”的重要论断。2001年12月，江泽民同志重申：“对宗教问题在当今世界政治社会生活中的影响，绝不可低估。无论是做好国内各项工作，还是开展对外工作，都要求我们密切关注宗教问题”[④]，“全党同志必须从保证党和国家长治久安，促进改革发展稳定大局的政治高度观察和处理宗教问题，充分认识做好宗教工作的重要性，增强责任感和紧迫感。”[⑤] 2007年12月，胡锦涛同志指出：“正确认识和处理宗教问题，切实做好宗教工作，关系党和国家工作全局，关系社会和谐稳定，关系全面建设小康社会进程，关系中国特色社会主义事业发展。我们要从这样的战略高度，充分认识做好新形势下宗教工作的重要性。”[⑥] 明确提出了宗教工作是党和国家工作的重要组成部分，在党和国家工作中占有重要地位，全党在思想上都要重视起来。

措施上落实到位。首先要加强对广大党员干部“进行马克思主义宗教观教育，引导他们贯彻好党的宗教政策和国家的有关法令”[⑦]。2001年12月，江泽民同志指出：“要坚持不懈地对党员、干部进行马克思主义宗教观和党的宗教政策的宣传教育，把宗教理论政策纳入各级党校和行政学院的教学内容。”[⑧] 树立和坚持马克思主义宗教观的指导地位，以加强党对宗教工作的思想领导，增强全党对宗教工作领导的政治意识。其次，加强宗教知识的学习。2001年12月，江泽民同志要求：“各级领导干部特别是高级干部和从事宗教工作的同志，都要尽量较多地掌握有关宗教方面的基本知识。像世界上各大宗教形成和发展的历史、我国宗教形成和发展的历史、世界主要宗教的基本教义和状况以及宗教文化等，都应该有所知晓。不多懂得一些宗教知识，是做不好

---

① 《全面贯彻党的宗教工作基本方针，积极主动做好新形势下宗教工作》，载《人民日报》，2007-12-20。
② 《新时期宗教工作文献选编》，199页，北京，宗教文化出版社，1995。
③ 同上书，250页。
④⑤ 《全国宗教工作会议在京举行》，载《人民日报》，2001-12-13。
⑥ 《全面贯彻党的宗教工作基本方针，积极主动做好新形势下宗教工作》，载《人民日报》，2007-12-20。
⑦ 《新时期宗教工作文献选编》，184页，北京，宗教文化出版社，1995。
⑧ 《江泽民文选》，第3卷，394页，北京，人民出版社，2006。

宗教工作的。”[①] 形成懂宗教、会领导的局面。最后，“完善工作机制，健全管理机构，提高宗教工作干部队伍素质。各地要在党委统一领导下，建立和完善由党委统战部负责的宗教工作协调机制。统战部作为党委的职能部门，要加强对涉及宗教方面重大问题的研究和协调。政府宗教工作部门作为政府的职能部门和行政执法的主体，要依法加强对宗教事务的管理”[②]。要“努力建立一支适应新形势下宗教工作要求，具有很强的政治和大局意识、较高的理论政策水平、丰富的宗教专业知识、严谨细致的工作作风的宗教工作干部队伍”[③]。在组织上保证党对宗教领导的实现。

各有关部门要大力支持做好宗教工作。“宗教是一种复杂的社会现象，与政治、经济、文化、教育等许多方面都有联系”[④]。所以，宗教问题从来都不是孤立存在的，涉及社会生活的诸多方面，具有特殊复杂性。只要有信教群众的地方，就有贯彻落实党的宗教政策的任务，就有宗教工作。江泽民同志指出：“要协调各个方面力量，共同做好宗教工作……宗教工作既是宗教部门的事，但又不单单是宗教一个部门的工作。各地、各部门都要互通情况，密切协作，相互配合，共同做好宗教工作。”[⑤] 贾庆林同志也强调：“各级党委、政府要进一步加强和改善对宗教工作的领导，高度重视和充分发挥宗教团体的积极作用，帮助和指导他们增强自养能力，依法依章做好自我管理，切实维护宗教界合法权益。统战、宗教部门要经常深入基层、加强调研，及时发现、妥善解决影响宗教关系和谐的突出问题。”[⑥] 这就把宗教工作从部门的、局部的工作转变为全党的、全局的工作，只有这样，才能真正做好宗教工作，实现好与维护好宗教界人士和信教群众的合法权益。

加强党对宗教工作的领导，是正确处理宗教问题，做好宗教工作的组织保证。党对宗教工作领导的加强，有利于宗教工作地位的提高、各级组织的健全、各项工作的落实。

中国特色社会主义宗教理论体系，包括马克思主义宗教观的基本原理，认识中国宗教问题的基本理论，解决中国宗教问题的基本政策，还包括中国宗教工作的基本原则、方针和目标。它是邓小平理论、“三个代表”重要思想以及科学发展观等重大战略思想的重要组成部分，是改革开放历史新时期中国共产党推进马克思主义宗教观中国化所取得的理论创新成果。它围绕着什么是宗教，如何认识宗教问题；宗教与国家之间的关系，宗教与社会主义社会相适应，建立和谐宗教关系；宗教与无产阶级政党、

---

① 《江泽民文选》，第3卷，394～395页，北京，人民出版社，2006。

② 同上书，395页。

③ 同上书，396页。

④⑤ 《新时期宗教工作文献选编》，203～204页，北京，宗教文化出版社，1995。

⑥ 《贾庆林与全国性宗教团体负责人举行迎春座谈》，载《中国宗教》，2009（2）。

宗教信仰与共产主义信仰之间的关系，以及加强党对宗教工作的领导等方面，深化和丰富了对宗教问题的认识，是一个科学的宗教理论体系。它既包含有马克思主义宗教观的基本原理，又包含有中华民族的优秀宗教思想，更体现了中国共产党人的实践经验。

浅析民主社会主义思潮的理论焦点与迷失

杨占武

2007年，谢韬先生在《炎黄春秋》第2期发表《民主社会主义模式与中国前途》一文（以下简称“谢文”），对以瑞典为代表的民主社会主义予以充分肯定，认为其是正统的马克思主义，进而以“十月革命一声炮响”，为中国送来的是列宁主义为发端，认为中国过去一直执行的是“左”倾修正主义，经实践检验是错误的，中国应该回归正统的民主社会主义路线，只有民主社会主义才能救中国。

该文的刊出，在学界引起巨大反响，在社会各界也引起了广泛关注。或理解，或批判，或褒扬，在理论界不一而足。理论争鸣的焦点主要在于恩格斯晚年是否为民主社会主义者，民主社会主义是否为马克思主义的正统，暴力革命与和平长入社会主义孰为修正主义，等等。这恰从另一个侧面反映出民主社会主义思潮在国内有着广泛而深远的影响。

1. 民主社会主义的渊源与内涵

有关民主社会主义的起源，国内学界尚无一致看法。徐觉哉先生认为：“民主社会主义”一词，并不是当代社会民主党的发明，在19世纪末它就被使用了。1899年伯恩施坦在《社会主义的前提和社会民主党的任务》一书中已为这个概念明确了最初的前提，他曾断言社会民主党必须集中注意力于改良，改良是走向社会主义的主要道路。① 对此，魏力先生的考证则认为：“民主社会主义”一词最早出现于19世纪七八

① 参见徐觉哉：《对几个社会主义流派名称由来的考察》，载《社会主义研究》，1986（1）。

十年代而且同“社会民主主义”一词一样最先并没有现在那种改良主义的气味，而是工人阶级政治斗争的响亮口号之一。① 魏力先生列举了法国工运杰出代表瓦尔兰 1869 年 5 月 9 日在《国际报》上发表的《民主社会主义党宣言》，同时列举了 1888 年德国社民党领袖威廉·李卜克内西《不要任何妥协》一文。李卜克内西在文中写道：“民主社会主义深信政治问题和社会问题有着密切联系，它力求为社会争取一个民主国家以便在社会主义原则上组织社会。”

关于李卜克内西所提的民主社会主义实质为何，之后的研究有更为深入的讨论。如高放先生认为：李卜克内西的民主社会主义不仅说明民主革命与社会主义革命的联系，而且也包含民主与社会主义的联系。虽然李氏在理论上、政治上犯过很多错误，但是盖棺论定应该肯定他是无产阶级革命家、科学社会主义者。他提出的民主社会主义还正是马克思派于 19 世纪中期起把社会民主主义等同于科学社会主义的重要标志，因此他主张的民主社会主义理应属于科学社会主义的范畴。② 这一观点，与魏力先生的观点前后呼应且互为印证。

近年来的研究对此有更深入的探讨，特别是在谢文发表之后。言及民主社会主义，难免论及社会民主主义。张传鹤女士认为：“民主社会主义”一词是由“社会民主主义”一词演化而来的。它在当时实际上是两种政治派别和两种“主义”的合流，即社会主义与民主主义的合流。马克思主义者在第二国际成立以前，曾经出于策略上的考虑，也就是加强国际工人运动、世界社会主义运动国际团结的考虑，自称为社会民主主义者，但它始终代表社会民主主义政治派别和运动的左翼。③ 钟哲明先生则认为：19 世纪 40 年代的欧洲，民主主义、社会主义、共产主义三大政治思潮相互激荡。在民主主义与社会主义之间，既有一些激进的资产阶级、小资产阶级民主主义者想解决一些社会问题，搞带“社会主义”色彩的民主主义，称为社会民主主义；又有一些资产阶级、小资产阶级社会主义者想解决一些政治问题，搞带“民主主义”色彩的社会主义，称为民主社会主义。在 1847 年，民主主义、社会主义以及民主社会主义、社会民主主义，意味着资产阶级的运动，共产主义则意味着工人的运动。④

也有学者认为，通常而言，社会民主主义者的立场处在资本主义与社会主义之间，而民主社会主义者拥护完全的社会主义，希望通过民主手段废止资本主义。因此，民主社会主义仅仅是更左翼的社会民主主义，因为许多社会民主主义者仍然承认他们

---

① 参见魏力：《再谈“民主社会主义”一词的由来》，载《社会主义研究》，1986（4）。

② 参见高放：《李卜克内西的民主社会主义不属于科学社会主义吗？——与赵永清同志商榷》，载《北京大学学报（哲学社会科学版）》，1994（4）。

③ 参见张传鹤：《民主社会主义是马克思主义的“正统”吗？——与谢韬先生商榷》，载《理论前沿》，2007（16）。

④ 参见钟哲明：《马克思恩格斯对民主社会主义及其变种的评析》，载《政治学研究》，2007（4）。

继承马克思主义。还有学者认为，即使民主社会主义与社会民主主义都有同样的主张，即将资本主义人性化，但那对于民主社会主义而言只是一个在迈向全然的社会主义社会之前的过程而已，而社会民主主义已经抛弃了建立全然的社会主义社会的目标。

上述观点，显然各不相同。笔者认为，发轫于19世纪中叶的各类思潮，本身就随着急剧变化的社会和历史环境而不断演变，民主社会主义或者社会民主主义，难免因人因事因时因地而各有主张且难免交叉与混杂。如魏力所言，民主社会主义表示了工人阶级反对专制（法国的拿破仑三世、德国的威廉二世）、争取民主权利、争取社会主义目标的意志，与当时马恩所宣传的科学社会主义思想是吻合一致的；又如张传鹤所言，马克思主义者曾从策略角度考虑，自称为社会民主主义者；也有学者考证，正因为社会民主主义者已抛弃了建立社会主义社会的目标，他们已经没有理由自称为（民主）社会主义者，已与马克思主义分道扬镳了。钟哲明先生更是认为，社会民主主义与民主社会主义相依互通，同属资产阶级思想体系。

民主社会主义一词起源于19世纪中叶，是绝大多数学者的观点。民主社会主义的内涵随着历史和社会环境的改变而改变，前后多有不同，也是确凿无疑的。魏力的研究说明，虽然公认伯恩施坦、考茨基为民主社会主义的代表，但在反对共产主义、反对无产阶级革命与专政、坚持社会改良主义的意义上使用民主社会主义一词的，应首推奥地利社民党领袖奥托·鲍威尔，他在1920年写成、1921年出版的《布尔什维主义还是社会民主主义》一书中写道："民主社会主义和专制社会主义的区别首先在于实现剥夺生产资料的法律行动和没收剩余价值名目的方式不同。"这明显地将社民党提出的民主社会主义与布尔什维克党的纲领对立起来。此后，社民党人也常把社会主义工人国际称为民主社会主义的国际，社会改良主义意义上的民主社会主义一词也就逐渐传播开来，到1951年社会党国际产生时，它成了各国社民党人的纲领的名称，人们也日益用这一词来代表社民党人的纲领、理论和目标。

关于1923年第二国际的主张与1951年社会党国际的倾向，吴江先生的研究提供了更为详细的资料：20世纪20年代的《社会党国际成立宣言》声明："社会主义的目的，是把人们从对占有或控制生产资料的少数人的依附中解放出来，它的目的是要把经济权力交给全体人民进而创造一个社会，使自由人能以平等的地位在社会中共同工作。"而1951年社会党国际重建时的宣言则表明："不管社会党人把他们的信仰建立在马克思主义的分析社会的方法上，还是建立在其他方法上，不论他们是受宗教原则的启示，或受人道主义原则的启示，他们都是为共同目标而奋斗，这个目标就是一个社会公平分配、生活美好、自由与世界和平的制度。"这一宣言，并未明确写明奋斗的目标是社会主义。①

谢文所推崇的民主社会主义国家的典型瑞典，又是怎样的情形呢？曾在1985年和1988年两度赴瑞典进行考察的杨启先，在《一篇迟到的考察纪要》中记录道：时至今日，他们自己仍然认为，他们是一个社会主义的政党和社会主义的社会。其主要理由是：从瑞典社民党的历史看，在1889年成立时，他们就没有自己的党纲党章，而完全是一字不变地采用了当时由恩格斯创立的德国社会民主工党的党纲党章。但他们特别强调说：他们所讲的社会主义社会是有条件的，即在前面必须加上“民主”两个字，完整地说应该是“民主社会主义社会”。如果不加“民主”两个字，他们宁肯你说他们是资本主义社会，也不愿你说他们是社会主义社会，因为那种社会主义社会，是代表苏联式的社会主义社会。②

综合诸家之言，笔者认为，对社会主义社会的探索与建设，基于不同社会历史条件的民族或国家，有着不同的理论和不同的实践选择。民主社会主义作为诸多理论或思潮中源远流长、影响深远的一支，其内涵或理念或纲领，也是随着历史的发展、社会的进步而不断演变的。有些民主社会主义者显然是马克思主义的信徒，有些则决然不是；有些政党仍将马克思主义列为其理论来源之首，有些则在后期的演变中更注重诸如宗教伦理、人道主义、古典哲学思想等。如1989年德国社会民主党在《柏林纲领》中声称，欧洲的民主社会主义思想渊源来自于基督教、人道主义哲学、启蒙运动思想、马克思主义的历史和社会学以及工人运动的经验。该党的理论刊物《新社会》曾说，基督教关于人的形象的学说与人的伦理要求，法国革命的人权，康德的伦理学和启蒙思想，黑格尔的历史辩证哲学，马克思的资本主义批判，伯恩施坦的批判的马克思主义，卢森堡的自发论，都是民主社会主义的思想来源。③

所以，民主社会主义的内涵是发展的，是受社会存在制约的，这一事实本身，也正是马克思、恩格斯唯物辩证法观点的明证。

2. 恩格斯是民主社会主义者吗？

基于晚年恩格斯的思想，如恩格斯逝世前一年即1894年6月出版的《资本论》第三卷，又如1895年3月恩格斯在《〈法兰西阶级斗争〉导言》中对马克思主义的整个理论体系进行的最后反思和修正，谢文中的结论是：在马克思恩格斯总结革命的经验教训，承认1848年的错误以后，保留资本主义生产方式，和平地长入社会主义，才是《资本论》的最高成果，才是马克思主义的主题，才是马克思主义的正统，这个正统叫

---

① 参见吴江：《瑞典式社会主义考察——读〈一篇迟到的考察纪要〉》，载《马克思主义与现实》，2002（3）。

② 参见杨启先：《一篇迟到的考察纪要——瑞典式社会主义考察》，载《理论参考》，2003（1）。

③ 参见张传鹤：《民主社会主义是马克思主义的“正统”吗？——与谢韬先生商榷》，载《理论前沿》，2007（16）。

做民主社会主义。[①]

谢文的这一观点，正是众多学者争论最为激烈之处。诸多学者也引经据典，重新解读，纷纷发表看法。激烈的有之，理性的有之，不一而足。肖枫先生就认为谢文误读了恩格斯晚年的思想，对国外民主社会主义的复杂情况缺少足够了解，因此，一些论断不符合事实。在恩格斯是否放弃“共产主义”理想这一问题中，肖枫重新逐句解读了恩格斯 1893 年 5 月与法国《费加罗报》记者的谈话，进而提出，应从上下文意思及当时的语境予以整体理解。虽然马克思恩格斯历来是不愿对未来社会做任何具体的预言的，且恩格斯自言：“我们是不断发展论者，我们不打算把什么最终规律强加给人类。”但恩格斯决没有放弃他为之奋斗了一生的“共产主义”理想。[②]

关于共产主义，学者吴江有较为精辟和中肯的论述。他同样认为，马克思是反对对未来社会做任何凭空想象的，但这并不意味着反对对未来社会提出任何原则性的意见。同时，他也认为，将社会主义社会同共产主义社会区别开来，是通过实践尤其是在不发达国家搞社会主义实践得出的结论。“书本上所描述的共产主义社会不是那么容易获得的，那是人类主观上所追求的一种长远理想。”[③] 限于当时的社会和历史条件，马克思恩格斯将共产主义仅作为理想因而较少涉猎，拒绝为共产主义社会提出具体的标准和模式，他们更多关注通过对资本主义的批判而提出如何进入或实现社会主义社会，这一认识应更为客观。这也确凿无疑是马克思恩格斯唯物辩证法在其自身的体现。

有关恩格斯是否民主社会主义者，民主社会主义是否马克思恩格斯的正统，另一焦点在于“暴力革命”与“和平长入”何为恩格斯的主张。谢文以 1895 年 3 月 6 日恩格斯在《〈法兰西阶级斗争〉导言》中表述的观点为证，肖枫则以恩格斯其后的书信和言论为依据指出：“恩格斯坚持认为斗争策略和方式随时随地都要以具体的历史条件为转移”。吴江先生的《试解“共产主义”之谜》一文也考证说：恩格斯在领导第二国际的时候，根据当时情况重新考虑工人阶级斗争策略时，着重地提出工人阶级应当利用普选权作为“新的武器”——最锐利的武器中的一件武器；并且说明：“《宣言》早已宣布，争取普选权，争取民主，是战斗的无产阶级的首要任务之一。”恩格斯也特别说明：“我们的同志绝不会因此不再使用自己的革命权。”

十月革命一声炮响，在生产力和社会发展较为落后的俄罗斯建立社会主义国家，无疑是选择了暴力革命的路线。在西欧和北欧一些生产力和社会发展较为成熟的国家，工人阶级利用普选权这一武器努力赢得执政权，进行社会主义建设实践，无疑是

① 参见谢韬：《民主社会主义模式与中国前途》，载《炎黄春秋》，2007（2）。

② 参见肖枫：《谢韬先生〈民主社会主义模式与中国前途〉之我见》，载《科学社会主义》，2007（2）。

③ 参见吴江：《试解“共产主义”之谜》，载《炎黄春秋》，2005（3）。

选择了和平的路线。这一不同的道路选择发生在20世纪初，根源还在于不同国家的不同社会历史条件。恩格斯从19世纪中叶对法国巴黎公社的褒扬，到19世纪末对普选权这一武器的肯定，同样源于对不断发展的"资本主义"国家社会和历史现实的考察。所谓"仁者见仁、智者见智"，伯恩施坦是全面批判马克思恩格斯的思想也好，还是只重复了"恩格斯的话"，自认为"正统"的科学社会主义者，坚持"暴力革命"的正当与合理，强调无产阶级专政，这些都可以从不断发展的马克思和恩格斯的思想中找到自己的理论依据。在马克思和恩格斯相继离世之后，各方也都各取所需，对马克思和恩格斯的思想进行了不同程度的取舍、修正，包括发展。

恩格斯是否民主社会主义者，何为马克思和恩格斯的正统，理论界的研究和争鸣仍在持续。但可以肯定的是，若为当下的民主社会主义思潮寻求理论的正确和正当，为此贴上马克思和恩格斯的标签，似无必要。若以当下一些民主社会主义国家的成就而粉饰因特定社会和历史条件而存在局限性的马克思和恩格斯的思想，则毫无必要。恩格斯在《〈法兰西阶级斗争〉导言》说道："历史表明我们也曾经错了，我们当时所持的观点只是一个幻想。历史做的还要更多：它不仅消除了我们当时的迷误，并且还完全改变了无产阶级进行斗争的条件。"

所以，恩格斯是否民主社会主义者，当然有理论探讨的价值，但若拘泥于19世纪末和20世纪初的思想与观点，为此而寻求现行改革与发展的依据，或批判改革与发展的正当性，则故步自封是最好的注解。笔者还以为，关于民主社会主义诸多理论焦点的争鸣，也确因此而迷失。

3. 轻舟已过万重山

比较而言，秦刚先生对马克思主义的认识和看法更为客观。他认为：离开本国的实际，离开时代的发展来谈马克思主义，没有什么实际意义；把马克思主义同现实生活割裂开来、对立起来，没有出路。①

西欧和北欧与前苏联和中国的社会基础是截然不同的，西欧和北欧的民主社会主义探索也是随着社会经济与文化的发展而不断演变的。高继文先生的研究提供了如下数据：20世纪末，德国、英国等欧洲国家第三产业的比重已达到60%左右。第一、二产业的传统工人大大减少，第三产业的就业人员大大增加，体力劳动者大大减少，脑力劳动者大大增加。② 这直接道出了如下事实的根本原因：瑞典社会民主党在20世纪80年代的党纲修改宣传材料中载明，工人阶级不仅包括蓝领工人，也包括白领工人。

英国工党对第三条道路的探索令人深思。著名政治学家、伦敦经济政治学院院长

---

① 参见秦刚：《具有决定性意义的探索和回答——对什么是马克思主义、怎样对待马克思主义认识的不断深化》，载《前线》，2009（3）。

② 参见高继文：《欧洲民主社会主义面临的挑战及其政策调整》，载《国际观察》，1999（2）。

安东尼·吉登斯指出，所谓布莱尔的第三条道路就是要超越传统的政治概念，即老右翼所主张的新自由主义和老左翼的社会民主主义，而不是在它们之间。因此，刘建飞先生认为，布莱尔的第三条道路突破了原有政治理论的模式和框架，从一个全新的角度来看待、解释当今的英国社会，进而制定出相应的治国方略，其实质就是不追求代表某一个阶级的利益而是试图代表全民利益的超阶级政治。①

布莱尔第三条道路所体现出的因应时事、勇于变革，在其他欧洲民主社会主义国家也都有体现。苏东剧变以来，在新自由主义思潮的冲击下，社会民主党对传统目标和理念的认同发生了动摇，他们普遍放弃了“国有化”口号和国家直接对经济进行计划调控的做法，并对传统的社会主义目标和理念进行深刻的理论反思。注重理论的德国社会民主党曾围绕是否继续使用“民主社会主义”一词展开了一场旷日持久的理论争论。以至于一位名叫霍·海曼的民主社会主义理论家甚至断言：“社会主义在理论上和实践中设计并实际建立一个替代的经济制度的尝试，应被看做是最终失败了。按纯经济的标准衡量，虽然存在着对资本主义市场经济制度的各种替代选择，但是只有比它更差的，却没有比它更好的。”② 这一论断显然被近一年来的金融危机及之后各国所采取的对策证伪。随着金融危机席卷欧美，“社会主义”这个词越来越多地出现在各类文章和评论中。如美国有人批评保尔森的救市计划走向了“社会主义”，《金融时报》有文《如何让“银行社会主义”从政治上被接受?》，《华盛顿邮报》也有言“我们现在都是中国人了”，还有媒体干脆说，可以称美国为“美利坚社会主义合众国”了！

无论欧美是“社会主义”还是重拾凯恩斯主义，此次金融危机深刻说明了新自由主义的局限，引发了西方主流经济政策的再次转向，从新自由主义转向政府干预。这同时也说明了资本主义的固有矛盾仍在不断发展和演变着。欧美这些国家无论是自称民主社会主义也好还是自称资本主义也好，在全球化的历史潮流之中，政党的理念和纲领、政府的政策和抉择，无不是要顺应历史潮流的。和平与发展是当下历史潮流中的主流。面对这一历史潮流，党的十七大报告明确昭示世界，中国要在新的起点上发展中国特色社会主义，那就是，立足基本国情，以经济建设为中心，坚持四项基本原则，坚持改革开放，解放和发展社会生产力，巩固和完善社会主义制度，建设社会主义市场经济、社会主义民主政治、社会主义先进文化、社会主义和谐社会，建设富强民主文明和谐的社会主义现代化国家。

这意味着，从党的十二大提出“建设有中国特色的社会主义”到党的十七大提出“发展中国特色社会主义”，无论是实践还是理论建设，中国都已取得令世人瞩目的成

---

① 参见刘建飞：《英国工党的第三条道路及其一年的实践》，载《当代世界社会主义问题》，1998 (3)。

② 参见王学东：《当代西欧民主社会主义的危机及其原因》，载《教学与研究》，1997 (12)。

就。以至于外媒惊呼“北京共识”将取代“华盛顿共识”，以至于吴江先生年初有文《世人争议“中国模式”》。可见，主义之争也好，模式之争也好，那仅是“只见树木不见森林”。唯有把“解放思想、实事求是、与时俱进”作为马克思主义活的灵魂，才能更好地把握马克思主义的科学性，更好地运用马克思主义的科学性，更好地用扎根于中国特色的社会主义实践来丰富和发展马克思主义。这也正是马克思主义生命力的体现。

正所谓：两岸猿声啼不住，轻舟已过万重山。摆脱教条的束缚、思维的桎梏，中国已刻不容缓地驶向小康社会这一理性和现实并重的目标了。若国民经济和民主政治得以持续发展，民生得以切实改善，中国特色的、富强民主文明和谐的社会主义现代化国家当指日可待。

建设社会主义和谐社会的路径逻辑分析

——维稳视域下的社会控制机制改革研究

董　佳

自1978年实行改革开放以来，我国迎来了持续30多年的经济高速增长期，国民经济快速发展，人民生活明显改善。然而，由于长期过于强调经济发展速度和规模，尽管各项社会事业取得明显进步，但从总体上看，经济增长和社会发展仍存在着“一条腿长、一条腿短”的问题①，社会建设未能及时跟进，社会发展相对滞后。特别是2008年全球金融危机的爆发，在造成世界经济疲软的同时，也给中国经济带来了前所未有的困难和挑战。在外部需求明显收缩的情况下，全国各地区各行业都普遍存在着产能过剩、企业订单减少、销路不畅、利润缩减的现象；国内亏损企业和亏损行业增多，一批出口型企业破产倒闭，城镇失业人口增加，农民工返乡现象突出。2009年，我国的GDP增速急剧减缓，第一季度下降到6.1%，为17年来最低。可以说，我国遇到了新世纪以来最严重的困难。② 在国内外各种因素的共同作用下，长期以来片面追求经济发展速度和规模，社会建设滞后所积累的一些社会问题与矛盾开始在最近一段时间集中凸显和爆发。各种不协调、不平衡、不和谐的现象普遍增多，协调发展的任务比以往任何时候都显得重要和迫切。现实情况正如2005年2月19日胡锦涛总书记在中央党校所指出的，目前的中国社会正处于“发展黄金期”和“矛盾凸显

① 参见《十六大以来重要文献选编》(上)，763页，北京，中央文献出版社，2005。

② 参见刘云山：《中国应对国际金融危机的实践和启示》，载《求是》，2010 (1)。

期”并存的时代。现实中越来越尖锐的社会收入分配不公、户籍改革、居民住房，以及社会治安的恶化与群体事件等社会矛盾，不仅不利于改革开放政策的进一步推进，还严重地威胁着整个社会的安定团结局面。在改革开放已进入“深水区”的情况下，大力推进社会建设、切实维护社会稳定，无疑是一项艰巨复杂而又亟待解决的任务。

一、当前突出的若干重大社会问题与社会焦虑

1. 国民收入分配的严重失衡与不公

由于长期片面强调经济发展速度和规模，在经济快速发展、市场经济进程加快的同时，社会内部也积累了不少的矛盾和问题。而忽视合理分配社会财富所导致的国民收入分配制度严重失衡，正是社会所广为诟病的突出问题之一。

应该说，现行的社会收入分配机制不健全，缺乏协调和再分配的机制自我纠错能力，是造成收入分配问题突出的主要原因。① 而且，这种由不合理体制所造成的收入分配差距近年来更呈现出加速扩大的趋势。地区、城乡、行业、群体间的收入差距快速加大，分配格局失衡导致部分社会财富向少数人集中。收入差距已经超过基尼系数的警戒“红线”。从 1988 年至 2007 年，全国范围内收入最高 10%的人群和收入最低 10%人群的收入差距，已由 7.3 倍扩大到 23 倍。如果考虑到不同收入人群在消费支出上的差异、生活必需品价格的增加（特别是最近居民消费、住房价格的暴涨），以及资本市场过热所引发的投机性投资和资本财富的累积效应，社会不同群体之间的分配差距则更有两极分化的危险趋势。社会工薪阶层普遍有“干得多、挣得少”的共同感受。而以政策保护和资源垄断为代表的资源要素分配不公，更加剧了社会财富分配的不公，甚至相当一部分财富呈现出了“屁股决定腰包”的不公平特点。而依靠土地、资源、资本等资源禀赋型发展的行业，如房地产、矿业、证券领域等则迅速成为暴利行业，甚至有人借此一夜站到社会财富的顶端。对此，社会民众普遍表示强烈不满，批评现有的社会收入分配体制有悖于社会主义按劳分配原则，扭曲了收入分配格局，在不同行业、不同群体间造成收入悬殊落差的同时，也在人们心里划上了一道深深的鸿沟，成为滋生社会不稳定因素的温床。为此，党和政府曾多次在不同场合誓言要大力

① 分配制度中对于一次分配的不合理规定使“强资本、弱劳动”的趋势不断强化。当前初次分配过于“亲资本”，劳动者报酬占比总体偏低，劳动者工资增长赶不上企业利润增长。在发达国家，工资一般会占企业运营成本的 50%左右，而在我国则不到 10%。在二次分配中，由于现有社保制度不够完善，二次分配领域甚至出现“逆向调节”现象。据全国总工会调查，在城镇就业人员中，养老、医疗保险参保率仅为 62%和 60%；农民工的参保水平更低。而社会救济机制的缺失又导致城市贫困群体数量不断增加，加剧了社会的贫困化。

进行改革。[①] 就当前的状况而言，社会分配的严重不公，不仅已成为国家构建和谐社会道路上的障碍，也严重影响到未来中国经济发展的速度与质量。倘若改革不能有效解决社会收入差距过大的问题，则不但有损党和政府的形象，也会引来社会公众更大的不满与失望，动摇党的执政基础。也正因此，“让全体人民都能够共享改革发展成果”这句话才会有它应有的重量。所以无论是从经济效益角度还是从社会公平视角观察，收入分配制度都不得不改，而且改革的步伐还不能徘徊，必须加快。社会收入分配制度的改革，事关整个改革开放的全局，牵一发而动全身，必须在稳中有序中加快推进收入分配制度的改革。

2. 社会阶层流动渐趋固化

社会结构扭曲、社会阶层失衡是当前存在的另一重大问题。随着经济改革和市场化的推进，垄断权力和市场经济结合之后极易导致社会各阶层流动的固化。处于社会底层的弱势群体不仅在政治、经济和文化领域被边缘化，还缺乏改变自身命运的机会和机制，由此产生了很强的被剥夺感和反社会情绪。而目前很多社会行业对选拔人才的纯天然禀赋标准，则更进一步强化了当前富裕阶层与弱势底层间的利益差距和冲突，其发展态势有强者恒强、弱者恒弱的倾向。“拼爹游戏”、“富二代”、“贫二代”和“蚁族”等社会名词正成为身份化了的社会产物。而原本作为能有效缓和社会矛盾、促进社会多元开放、黏合社会高低阶层的中产阶层，其维护社会稳定的作用也备受掣肘。过去30年的经济高增长和社会利益多元化，并没有使中国形成两头小、中间大的橄榄

① 对收入分配格局进行调整早在5年前即2006年就已正式提上议程。2006年5月26日，中共中央政治局召开会议，提出“推进收入分配制度改革，着力提高低收入者收入水平，扩大中等收入者比重，有效调节过高收入”。2010年2月3日，胡锦涛总书记在“省部级主要领导干部深入贯彻落实科学发展观，加快经济发展方式转变专题研讨班”开班式上即提出了8点关于转变经济发展方式的意见，其中第一点中就提到“加快调整国民收入分配结构”。同年2月4日，国务院总理温家宝也指出，不仅要通过发展，做大社会财富的蛋糕，也要通过合理的收入分配制度，分好蛋糕，让全体人民共享改革发展的成果。“要不断提高城乡居民收入，改革分配制度，逐步扭转收入差距扩大的趋势。”3月22日，温家宝在会见出席中国发展高层论坛年会境外代表时再次表示，官方将逐步提高居民收入占整个国民收入的比重；逐步提高职工工资收入占要素收入的比重；并在二次分配中，运用财税的杠杆，调节收入差距，促进社会公平。后来温家宝又在《求是》杂志的一篇文章里，用充满危机感的语调告诫全党：“必须看到，收入分配制度改革至今仍相对滞后……对这些问题，人民群众意见很大。……当前，收入分配问题已经到了必须下大力气解决的时候。如果收入差距继续扩大，必将成为影响经济发展和社会稳定的重大隐患。”国务院副总理李克强在2月5日的一次讲话中也强调，要更加注重就业和劳动报酬在一次分配中的作用，注重社会保障和公共服务在二次分配中的作用，大力调整国民收入分配格局。在党和政府领导人的多次指示与强调下，财政部和国家发改委也于最近一再表示，要加紧研究相关具体改革的措施，加快收入分配制度的改革。显而易见，短短几年之间，政府高层如此频繁地强调同一个问题，显然表达了中央对于收入分配制度不公所可能引发的社会秩序不稳的隐忧，深刻地意识到中国社会深层正暗涌着的一股不容忽视的不满情绪必须疏导，社会上一些长期存在的不合理现象必须得到纠正。与此同时，一些社会舆论也纷纷指出，当前我国收入分配已经走到亟须调整的十字路口，缩小贫富差距、解决分配不公问题十分迫切。国家必须弱化权力在分配格局中的作用，尽快启动收入分配制度改革，在标本兼治、综合治理、多管齐下、各方配合的共同努力下，通过多个途径，减轻“权力决定收入”的消极影响，合理调整各行业、群体间的收入差距，才能降低社会矛盾“燃点”，平复社会失衡心理，实现和谐与稳定。

型社会结构，反而更类似危险的地雷型。更有甚者，从中产阶级自身的生存状况而言，尽管中国正处于培育中产的黄金时期，但实际上中产阶级的生存空间正在受到“孩奴”和“房奴”等方面的挤压，其生存艰难。

除此以外，现行的户籍管理制度也一直饱受争议。自1958年国家正式施行区分农业户口和非农业户口的《户口登记条例》以来，这种制度既限制了农民进城工作和居住，也限制了中小城市人口往大中城市的流动，事实上造成了城乡二元结构的人为分割。同时由于制度上绑定的住房、生育、教育、社会保障和交通等大量福利，也造成了城乡居民之间、中小城市居民和大城市居民之间的不平等。特别是在北京、上海等大城市，有大量外地人口常年工作纳税却又不能获得户籍、享受城市福利，这是现行户籍制度最突出的矛盾①。而这种国民内部待遇的差异化，也使得该人群（特别是所谓的第二代农民工）存在较强的被剥离感。若长期把该群体排斥在体制外，将其边缘化，漠视他们的物质、精神文化和政治需求，则很容易导致他们产生怨恨心理，不利于社会的治安和稳定。因此，基于以上原因，近年来社会要求改革现行户籍制度的呼声很高。对此，中央曾多次指示相关部门，要求对现行不合理的城市户籍制度进行改革。温家宝总理在2009年底表示，中央要让那些常年在城里打工，有固定工作和固定住所而又没有户籍的人们，尽快融入城市，和城里人一样工作和生活，享受同样的权利和待遇。2010年温总理又在全国人代会上表示，政府“要给人的自由和全面发展创造有利的条件，让他们的聪明才智竞相迸发”。中共中央政治局常委、中央政法委书记周永康也在2010年《求是》杂志的一篇文章中指出，要加快推进户籍管理制度改革，“着力解决流动人口就业、居住、就医、子女就学等问题，探索‘以证管人、以房管人、以业管人’的流动人口服务管理新模式，提升流动人口服务管理水平”。在此情况下，经多部门认真研究，有关各方逐渐明确了分步实施的改革思路。② 事实上，由于中国的户籍制度本身还黏附着各种教育、劳动、就业和社会保障等利益，因此在改革的过程中，不仅需要公安部门的努力推进，还需要各相关权力部门的协同配合，其实际操作难度很大，改革的道路依旧任重道远。

3. 房地产过热与社会群体性事件爆发频频

伴随着20世纪90年代改革政策的推进，我国居民住房逐渐开始由福利房向商品房改革。不过，房价并未急剧飙升，一些地方甚至出现了低价促销、购房退税、买房

---

① 以北京为例，统计资料显示，2009年末北京市常住人口1 755万人，其中外来人口509.2万人，这个比例占到常住人口的29%。如果一个城市将近1/3的人口不能获得正常的市民待遇，他们的权利受到损害，这对社会公平是一个严重的挑战。

② 自2001年放开小城镇户籍，有住所和职业就能落户后，2009年中小城市也进入户籍改革的视野。但对于北京、上海、广州等大城市而言，由于担心一旦放开城市户籍，会有大批人口涌入而引发城市管理的危机乃至社会动乱，故大城市的户籍改革一直难以推进。

解决户口或蓝印户口等诸多优惠政策。进入新世纪后，全国各大城市房价突然像脱缰野马般迅速暴涨。目前社会舆论普遍认为地方政府的土地财政、地产开发商及炒房团的不正当炒作，以及城市拆迁户的漫天要价是推动房价飞涨的主要原因。受中国传统居住文化和消费理念的影响，在快速城市化、政府提供住房缺失和生活需求等刚性因素制约下，几乎所有想要在城市中生存的居民都被迫卷入，无奈地成为房市吞没的对象。一些学者专家指出，当前的中国房地产行业已经不仅仅成为经济领域泡沫现象的代表，更已经变为一种社会剥夺机制。“这种剥夺不仅是强势群体对弱势群体的剥夺，富裕群体对中低收入者的剥夺，同时也是政府、开发商和富人之间的利益联盟对最终住房消费者的无情剥夺，上代人对下代人、原住民对新移民的一种社会剥夺。”[①] 由于房地产在很大程度上聚集了经济、社会和政治等各方面的矛盾与问题，如果居民的居住权被剥夺，社会秩序也就失去了稳定的基础，势必酿成社会与政府之间的紧张关系，因此房价问题业已成为当前政府面临的最大政策挑战。

同时，由于历史形成的“大政府，小社会”格局，政府始终处于社会发展的强势地位。在社会贫富越来越悬殊、权力愈来愈集中的情况下，由于政府和社会民众在维护利益时的力量不对称、政府制度化建设不健全，当遇到拆迁、征地、税收、环境等利益纠纷时，政府与处于边缘底层的民众由于缺乏一个有效的沟通渠道而极易发生轻视甚至漠视民众利益的现象。而严重滞后的官民对话制度平台建设，也阻碍了事件双方的有效认知沟通，极易使看似寻常的利益纠纷演变为激烈的社会对抗冲突。因此，在与政府利益博弈中永远处于弱势地位、缺乏正当渠道来保障自身利益的情况下，民众自然产生了对公力救助的疑惑，只能选择自力救助。所谓“你不给我一个说法，我就给你一个说法”的话语，实际上再清楚不过地折射了当前一些合法权益受侵害的底层群众，由于其正当诉求无法反映或发泄，无奈之下孤注一掷、铤而走险的社会现实。社会群体性事件爆发频频的社会现实凸显了当前政府加快社会建设，特别是加快制度化社会矛盾协调机制建设的重要性和紧迫性。

二、转变维稳思路，推进、深化控制机制改革

加强社会管理，维护社会稳定，不但是人民群众的共同心愿和改革发展的重要前提，也是构建社会主义和谐社会的必然要求。如果对当前的社会问题无法采取有效的解决措施，这些社会矛盾势必集聚而最终演变为社会的不满情绪和大规模的社会群体事件。事实上，党和政府对于这些问题的潜在危害性与解决问题的紧迫性一直保持着

① 吴鹏森：《中国楼市已成为一种社会剥夺机制》，载《联合早报》，2010-03-31。

清醒的认识。改革开放后，针对社会上出现的一些不稳定因素，邓小平就曾多次指出："中国的问题，压倒一切的是需要稳定。没有稳定的环境，什么都搞不成，已经取得的成果也会失掉。"[①] 1994年江泽民同志也提出，要把握好改革发展稳定三者的关系，"没有稳定，改革和发展都无从进行"[②]。2004年9月，胡锦涛同志在党的十六届四中全会上强调，维护社会稳定，保持社会安定团结，是做好各项工作的重要前提，也是建设社会主义和谐社会的必然要求[③]，要正确把握和处理经济社会生活中出现的各种矛盾，加强和改进思想政治工作，健全党和政府主导的维护群众权益机制，及时妥善处理人民内部矛盾。但问题是，在耗费大量社会财富与人力的情况下，社会矛盾为何仍层出不穷，始终难以得到有效遏制？这不能不引起我们的认真思考。或许正如社会学家孙立平所言："这说明我们对于维护稳定以及处理稳定的方法和解决问题的思路存在问题，必须从根本上转变维稳思路，从追求一时的天下太平到追求社会的长治久安转变。"[④] 不改变现有的维稳方式，维稳问题或成为各级政府和社会的一个日益沉重的负担。

1. 中央与地方双管齐下，协力增进政府的制度化建设，从问题源头化解矛盾

社会的公平正义是社会和谐的重要条件。仔细分析当前矛盾产生的社会根源，大多由利益分配不公引起。由于相当一部分公共资源的不合理分配及流动，导致社会对利益分配不满，进而演化为利益冲突。问题的症结就在于：社会缺失一个公正合理且具有强大公信力的制度化规则，民众的合法诉求无法通过正当渠道得到表达，政府无法给出一个合理解释的"说法"。于是，在政府社会公共管理产品提供不足、社会服务缺失的情况下，迫于无奈，民众不得不使用各种手段来维护自身权益。针对当前规则缺失的情况，2004年9月19日党的十六届中央委员会第四次全体会议提出：应大力健全工作机制，落实维护社会稳定的工作责任制；建立社会舆情汇集和分析机制，畅通社情民意反映渠道；建立健全社会预警体系和应急机制，提高保障公共安全和处置突发事件的能力；有效发挥司法机关惩治犯罪、化解矛盾和维护稳定的职能作用。[⑤] 另外，在对问题进行处置、政府进行决断时，还有一个科学决策的问题。各级决策机关都要完善决策的规则和秩序，建立社情民意反映制度，建立与群众利益密切相关的重大事项社会公示制度和社会听证制度，完善专家咨询制度，实行决策的论证制和责

---

① 《邓小平文选》，1版，第3卷，284页，北京，人民出版社，1993。

② 《江泽民文选》，第1卷，365页，北京，人民出版社，2006。

③ 参见《十六大以来重要文献选编》（中），318页，北京，中央文献出版社，2008。

④ 参见2010年1月12日凤凰网记者对清华大学社会学系教授孙立平的专访报道，见 http://news.ifeng.com/special/feidian/yanlun/201001/0112_9182_1507906.shtml。

⑤ 参见《十六大以来重要文献选编》（中），287～288页，北京，中央文献出版社，2006。

任制，以防止决策的随意性。①

应该讲，中央的上述措施是正确的、有针对性的。问题是这些举措如何在实际层面，特别是在广大基层扎实严格地有效推进。尽管中央曾多次强调要加强地方（特别是基层社会）的组织建设，将矛盾化解在基层，但实际效果往往由于得不到中央对于进行制度改革和约束权力的授权而大打折扣。对此，一些社会有识之士指出，中国要实现社会的稳定，特别是彻底解决基层矛盾，必须从体制和机制上入手，实现中央与地方两个维度齐头并进，只有两者在制度化建设上相互配合、相互协调，建成利益诉求与表达的畅通渠道，才能从根本上遏制社会矛盾的产生。这是因为，地方社会是国家政权的根基，国家政权是基层社会发展的向导和保证。没有国家政权的策划和支持，地方变革是不可能成功的。更何况，任何一项新制度的推行势必影响到一些特殊群体的既得利益，最大的阻力就在于少数利益集团的阻挠。因此，国家的制度化建设说到底又是一场中央主导下的体制内的大变革。因此，从某种意义上而言，中国制度化改革的关键在上层，而不在地方基层。只有在中央的统一部署和主导下，整个体制改革才能扭转当前裹足不前的态势。同样，也只有在社会变革的关键时期，特别是改革遇到巨大阻力的时候，中央果断地出台改革措施，才能振奋社会公众的信心，让人们重新看到改革的希望，积极地投身于新的改革之中。②

2. 积极扩大党内民主，加快推进政治体制改革，从机制源头遏制矛盾的产生

从社会主义的本质来说，进行政治体制改革不但是社会主义政治制度的自我完善和发展，是推进社会主义民主政治不断向前发展的动力，也是改革向前推进的标志和进行社会主义现代化建设的内在要求。加快国家的政治体制改革进程，不但可以优化我国的政治生态、增强体制活力，还可以充分调动人民群众的积极性、创造性，维护国家统一、民族团结和社会稳定，促进经济发展和社会进步。

党和国家领导人很早就意识到了推进政治体制改革的重要性。改革开放的总设计师邓小平早在 1986 年 6 月 28 日的政治局常委会上就明确指出，经济体制改革和政治体制改革应同时进行。“只搞经济体制改革，不搞政治体制改革，经济体制改革也搞不通”；“我们所有的改革最终能不能成功，还是决定于政治体制的改革。”③ 在党的十六

---

① 参见《江泽民文选》，第 3 卷，556 页，北京，人民出版社，2006。

② 长期从事基层社会研究的于建嵘认为，随着社会利益日益多样化的发展，“将矛盾化解在基层”的维稳方案将遇到越来越多的困难，因为维稳要求制约权力，地方政府没有能力也没有意愿去这样做。因此，中国要实现基层社会稳定，必须从体制和机制上入手，从高层做起，建立起从中央到地方的相互配合、相互协调的权力制约体系，畅通利益诉求渠道和表达渠道，才能从根本遏制群体性事件的发生。参见虞崇胜：《准确把握中国式民主的三个维度》，中国选举与治理网，http://www.chinaelections.org/newsinfo.asp? newsID=160966。

③ 《邓小平文选》，1 版，第 3 卷，164 页，北京，人民出版社，1993。之前，邓小平曾用否定式的表述方式提出了“没有民主就没有社会主义，就没有社会主义现代化”的重要政治命题，首次将“民主”、“社会主义”和“现代化”视为“三位一体”的有机统一。之后，邓小平曾在不同场合多次强调政治体制改革的必要性，认为“不改革政治体制，就不能保障经济体制改革的成果，不能使经济体制改革继续前进，就会阻碍生产力的发展，阻碍四个现代化的实现”。同上，176 页。

大报告中，江泽民同志也指出："发展社会主义民主政治，建设社会主义政治文明，是社会主义现代化建设的重要目标。"① 在他看来，没有社会主义政治的民主化，是不完全的现代化；没有社会主义政治文明的社会，称不上是文明社会。不过现实情况是，尽管30多年的经济发展使得我们国家的面貌发生了翻天覆地的变化，很多政治制度建设业已到位，但总体而言，中国的政治改革仍远远落后于经济改革的步伐，始终存在着政治体制不完善、监督机制不健全的问题。特别是在防止地方权力腐败方面，所作的努力仍不甚理想，腐败之风仍大行其道、盛行不止。

很显然，在解决政治体制改革相对滞后、消除腐败等政治问题上，中国还有很长的路要走。如何才能彻底根除腐败的毒瘤，或许还应从执政党内部改革着手。更何况，在改革开放不断变化发展的新形势面前，也仍然有一个如何加强党的领导能力和执政能力的问题。在改革的主战场正转向更为复杂的社会综合领域，改革已驶入"深水区"的情况下，改革下一步的对象轮廓渐趋清晰，压力和难度却在明显加大。在这种情况下，如何保证党的改革主体和提高执政能力，成为当前最严峻的政治挑战。我们党一直以来对于加强党的自身建设的重要性和紧迫性有着清醒的认识，对于党风廉政建设和反腐败的态度是一贯而坚定的。② 在2008年12月纪念改革开放30周年的大会讲话上，胡锦涛同志曾严肃地告诫全党要始终保持党的先进性，始终把党的建设作为全党最重要、最关键的问题来抓，丝毫不能有任何放松。③ 问题是，仅靠"头痛医头，脚痛医脚"的临时诊疗方案，不足以破解党内存在的所有问题。解决问题的根源，恐怕仍在于切实推进党内民主。要保证政府政治体制改革的稳步推进，执政党的党内民主是关键。只有以党内民主带动国家政治民主，以增进党内和谐、促进社会和谐，才是推动我国政治体制改革乃至建设中国特色社会主义民主政治的现实选择和有效途径。

令人欣喜的是，党已经在不同场合多次表明，要把党内民主提到头等政治议程。继十六大提出"党内民主是党的生命"、强调"要从制度上确保党内民主实现"之后，十七大更进而提出"人民民主是社会主义的生命"的重要精神。十七大报告在如何发

---

① 《十五大以来重要文献选编》(下)，2416页，北京，人民出版社，2003。

② 自20世纪80年代以来，每届中共中央委员会都有一次全会专题研究党建。例如，十二届二中全会通过的《中共中央关于整党的决定》，十三届六中全会通过的《中共中央关于加强党同人民群众联系的决定》，十四届四中全会通过的《中共中央关于加强党的建设几个重大问题的决定》，十五届六中全会通过的《中共中央关于加强和改进党的作风建设的决定》，十六届四中全会通过的《中共中央关于加强党的执政能力建设的决定》和十七届四中全会通过的《中共中央关于加强和改进新形势下党的建设若干重大问题的决定》等。并根据决议精神，陆续推出若干相关配套措施。

③ 胡锦涛在大会讲话中指出："我们深刻认识到，党的先进性和党的执政地位都不是一劳永逸、一成不变的，过去先进不等于现在先进，现在先进不等于永远先进；过去拥有不等于现在拥有，现在拥有不等于永远拥有。党要承担起人民和历史赋予的重大使命，必须认真研究自身建设遇到的新情况新问题，在领导改革发展中不断认识自己、加强自己、提高自己。"参见胡锦涛：《在纪念十一届三中全会召开三十周年大会上的讲话》，载《人民日报》，2008-12-19。

展社会主义民主的措施上，第一条就是“扩大人民民主，保证人民当家作主”。并明确指出：“人民当家作主是社会主义民主政治的本质和核心。要健全民主制度，丰富民主形式，拓宽民主渠道，依法实行民主选举、民主决策、民主管理、民主监督，保障人民的知情权、参与权、表达权、监督权。”提出了“尊重党员主体地位，保障党员民主权利，推进党务公开，营造党内民主讨论环境”① 的要求。应该说，近年来党对于社会主义民主这个命题的多次提出，展现了中央对于推进党内民主的决心和信念，集中表达了党内广大干部群众对于深化党内民主的一致心声。至于如何推进党内民主，党的十三大已做了差额选举的尝试，近年来全国各级党组织也在不断扩大党内民主的广度和力度。不过，在扩大民主的过程中，还应保证民主的公正和透明，即应明确各种差额选拔制度的制度性，杜绝各种潜规则大行其道。只有在完善党内民主的基础上，才有可能进一步凝聚党内共识，团结党内同志，巩固并提高党的执政地位和执政能力。在当前党作为社会唯一改革主体的情况下，才有可能大力推进政府体制改革，进行政府的制度化、规则化建设，最终取得维护社会稳定的实效。

总之，不管是从技术上着手，建立一个公正合理且具有强大公信力、能有效表达社会诉求的政府制度性规则，畅通政府与社会的沟通渠道，从问题的源头化解社会矛盾；还是积极推进党内民主、深化政府体制改革，从体制根源遏制社会矛盾的产生，党本身和社会民意实际上都无异议，对于解决当前日益蔓延、层出不穷的社会矛盾都有较高的认同。问题在于如何把方法落实为具体的政策和制度。在体制改革已经成为社会共识，一些社会特殊利益集团成为改革障碍的情况下，作为改革的唯一主体、成功引领国家和社会在过去 30 多年快速转型的党，无疑在未来还要继续肩负重任。正如一些社会舆论所指出的，在愈来愈艰巨的困难面前，党和政府要想深化改革，可能不仅仅需要改革攻坚的信心和耐心，更要有危机感，要有破除万难、迎难而上的智慧和勇气。

① 《中国共产党第十七次全国代表大会文件汇编》，50 页，北京，人民出版社，2007。

对“中国模式”的思考

李双伟

一、“中国模式”含义

“中国模式”，或曰“中国道路”、“中国经验”，乃是在全球化背景下，中华民族在中国共产党领导下把科学社会主义原则与当代中国国情和时代特征相结合，走出的一条后发国家的现代化之路。① 实际上，关于“中国模式”这一概念的讨论，国内外主要存在三种观点：一种是认为根本不存在什么“中国模式”，模式应该是已经定型了，有一套固定的价值层面的观念在支撑的概念，中国依然在发展，依然存在着很多问题，更重要的是，如果有什么模式的话，它应该是可以复制的，但这对于所谓的“中国模式”是不符合的；另一种观点是“中国模式”的存在是谁也否认不了的现实，它被证明是成功的，但是并未完全定型；最后一种观点是对“中国模式”的使用比较谨慎、态度不明确，尤其是中国学者。但是，随着我国的持续发展和崛起，国际地位的日益提高，目前国际上对于“中国模式”的讨论越来越多，大多数学者也越来越倾向于认为存在“中国模式”。现在讨论更多的不是存不存在“中国模式”的问题，而是如何看待、理解、评价以及反思“中国模式”的问题。我认为“中国模式”的核心内涵应该包括这样几个方面：坚持中国共产党领导的多党合作的大一

① 参见百度百科，http://baike.baidu.com/view/2583982.htm。

统；坚持中国特色社会主义市场经济；坚持又好又快发展的模式；坚持举国体制和一个领导核心。从上面这些我们可以看出，“中国模式”是一个杂合体，有多种因素构成，从各个方面也都能体现出中国特色。因此，“中国模式”不仅是经济方面的模式，更是一个涵盖经济、政治、文化、外交、生态等领域的综合的、全面的、整体的概念。

二、“中国模式”产生的背景及原因

“中国模式”是如何产生和发展的呢？我认为这可以追溯到近代鸦片战争以来中国人民开始对发展模式或者发展道路的探索。近代以来，中国的发展模式经历了洋务运动、君主立宪、民主共和及中国共产党领导的社会主义，最后证明只有社会主义才能拯救和发展中国。“中国模式”是在列强逼迫下，在民族复兴的旗帜下，由中国共产党人摸索出来的。它大致可以分为这样几个阶段：以毛泽东为核心的中共第一代领导人是“中国模式”的奠基者；以邓小平、江泽民为代表的第二、三代领导核心是“中国模式”的捍卫者；以胡锦涛总书记为核心的中共第四代领导核心进一步发展了“中国模式”。[①] 为什么这样说呢？从“中国模式”的内涵可以看出，它是新中国 60 年发展一个整体的结晶，也就是说它应该包括改革开放前的社会主义建设时期。新中国前 30 年，可以理解为“试错”式发展，是一种继续革命的理论。有学者在讨论“中国模式”的时候，总是强调改革开放 30 年的巨大成就，隐含着对新中国前 30 年的否定，似乎只有全面否定前 30 年才能够解释后 30 年中国的改革成功，由此推理出的一个结论是，中国模式与前 30 年无关。然而，我们看待历史应该从整体上来看，而不是割裂地看，在新中国 60 年的历史框架中正确评价前 30 年毛泽东领导中国人民建设社会主义的历史，是正确认识和准确把握“中国模式”的前提。[②] 正是以毛泽东为主要代表的中国共产党人最先提出了摆脱苏联模式的影响，开展马克思主义与中国建设的具体实际“第二次结合”的重大课题。这一历史时期对中国自己的社会主义建设道路和模式所进行的理论与实践的双重探索，为中国特色社会主义道路的开创提供了物质基础、理论基础和经验基础。我们可以看出，“中国模式”之所以能够产生和发展，是基于中国共产党在党和国家的基本理论、政治制度、意识形态工作等方面的持续性和连续性，无视这一模式的历史渊源和继承性因素，一味将其基本内涵全部视为创新的产物，这样做的结果并不能赋予“中国模式”以更多的光荣。

---

① 参见吴波：《中国模式讨论的缘起与概念》，载《光明日报》，2010-11-02。

② 参见吴波：《中国模式与两个 30 年》，载《光明日报》，2010-11-23。

三、“中国模式”的意义和未来

最后，我想讨论一下“中国模式”提出的意义及其存在的问题。关于这一点，我先从中国改革开放对世界意味着什么开始分析。20 世纪 80 年代初，中国改革开放刚刚起步，西方社会对中国一片欢迎，认为中国很快会演变为另一个西方国家；90 年代初，中国经过十多年的发展，经济社会等各个方面都有很大提高，这时候兴起了一波又一波“中国威胁论”，包括“中国军事威胁论”、“中国经济威胁论”和“中国政治不确定论”等；21 世纪初，西方国家看到中国已经崛起，已经遏制不住，转而导向强调“大国责任论”、“利益相关者论”。[①]“中国模式”对于发展中国家来说是发展经验的问题，而对于西方国家来说则是价值问题的讨论，因此可以看出西方国家对于中国一直是存在着敌视和防范。[②]“中国模式”这一概念最初是由外国学者提出的，而且更多的时候是国外学者热衷于讨论它，目的何在？炒作，再度激起“中国威胁论”？把“中国模式”设计为下一个苏联模式？麻痹中国，阻碍中国的进一步改革开放？目前我们不得而知。但这并不能否认“中国模式”的提出具有一定的意义，至少到目前为止，中国走自己的道路依然发展得很好，增强了国人的信心，中国道路已经超出中国的意义，具有了世界历史的价值。“中国模式”的出现，丰富和发展了世界发展模式，为全球的发展注入了强劲、健康、鲜活的因素。同时，我们也要看到“中国模式”的出现并不代表中国已经完美无缺，可以成为世界的榜样。当今中国还面临着一系列的问题和挑战：中国经济存在着结构性弱点和硬伤，经济的稳定发展缺乏根基；社会发展滞后使经济发展结构失调，社会变得矛盾重重；社会发展与经济增长的不协调，还使就业问题、社会两极分化、城乡差距变得越来越严重。所以我认为，我们应该以平常心看待“中国模式”，既不过分依赖和看重它，又不无视和否认它，继续坚持走中国特色社会主义道路。

---

① 参见郑永年：《中国模式：经验与困局》，3 页，杭州，浙江人民出版社，2010。

② 参见张琳：《当前学术界关于“中国模式”争议的几个问题》，载《政治研究》，2010（9）。

中国共产党生态思想探析

马凤阳

何为生态？1866 年，德国动物学家 E. 海克尔最先把“研究有机体与环境相互关系”的科学命名为生态学。随着生态学成为一种科学的思维方法，“生态”二字有了更深刻的含义、更广泛的群众基础。在顺应时代潮流、把握国内外发展的现实和趋势的基础上，中国共产党的生态思想形成并不断发展和成熟。虽然生态文明这一概念在十七大报告中第一次正式提出，但是生态意识早在以毛泽东为核心的党的第一代中央领导集体中就已经开始觉醒了。随着改革开放和社会主义现代化的开展，自觉性的生态意识形成，经过不断的探索和努力，中国共产党的生态思想日益成熟并逐渐系统化、理论化，形成了一系列重大生态理论成果，极大地推动了我国生态文明的建设和社会主义和谐社会的构建。

一、生态意识的觉醒

在新民主主义革命时期，中国共产党人的工作重点是领导人民进行革命战争，囿于具体的历史环境，生态意识还未开始觉醒。新中国成立后，我们党的工作重心转移到社会主义建设上来，在具体的社会主义实践中，不可避免地会遇到生态问题，以毛泽东为核心的党的第一代中央领导集体逐渐认识到环境保护的重要性，在开展具体的工作中，生态意识逐渐觉醒，这一时期形成的生态思想主要体现在具体的工作和实践中。

1. 林业建设

毛泽东曾多次强调绿化对于工业、农业的重要性，指出南方和北方都要绿化，“这件事情对农业，对工业，对各方面都有利。”① 在《征询对农业十七条的意见》第九条中明确指出：“在十二年内，基本上消灭荒地荒山，在一切宅旁、村旁、路旁、水旁，以及荒地上荒山上，即在一切可能的地方，均要按规格种起树来，实行绿化。”② 以毛泽东为核心的党的第一代中央领导集体非常重视林业的建设，其中，毛泽东关于农林牧副渔关系的论述明显地体现出了生态平衡和可持续发展的思想：“所谓农者，指的农林牧副渔五业综合平衡。蔬菜是农，猪牛羊鸡鸭鹅兔等是牧，水产是渔，畜类禽类要吃饱，才能长起来，于是需要生产大量精粗两类饲料，这又是农业，牧放牲口需要林地、草地，又要注重林业、草业。”③ 农林牧副渔之间相互牵动，互相制约，缺一不可。重视林业建设的思想，蕴涵了我们党的生态意识。另外，周恩来、邓小平、陈云等都对林业建设问题作出了相关指示与论述。

2. 水利建设

水利是农业的命脉，对于农业的可持续发展具有非常重要的意义，无论是革命时期还是建设时期，中国共产党都非常重视水利建设。尤其是在建国后，为了全力建设和发展农业，毛泽东指出：“每县都应当在自己的全面规划中，做出一个适当的水利规划。兴修水利是保证农业增产的大事，小型水利是各县各区各乡和各个合作社都可以办的，十分需要定出一个在若干年内，分期实行，除了遇到不可抵抗的特大的水旱灾荒以外，保证遇旱有水，遇涝排水的规划。这是完全可以做得到的。在合作化的基础之上，群众有很大的力量。几千年不能解决的普通的水灾、旱灾问题，可能在几年之内获得解决。”④ 水利建设对于农业发展的重要性不言而喻，对水利建设做出适当的规划，不仅有利于保障农业的长远可持续发展，而且也体现了我们党正确认识和利用自然规律的思想。

3. 环境污染治理

在西方发达国家的工业化过程中，环境污染和生态破坏问题日趋严重，为保护环境和生态平衡，生态运动在20世纪60年代逐渐兴起。由于意识形态等因素，一些人将环境问题的出现归因于资本主义制度，周恩来对此表示了不同的看法，认为环境问题与社会制度的性质无关，在我国发展中也存在环境污染问题，提出“预防为主”的原则，并注重学习国外环境保护的经验。1973年8月，国务院第一次全国环境保护工

---

① 《毛泽东文集》，第6卷，475页，北京，人民出版社，1999。

② 同上书，509页。

③ 《毛泽东文集》，第8卷，69页，北京，人民出版社，1999。

④ 《毛泽东文集》，第6卷，451页，北京，人民出版社，1999。

作会议召开，确定“全面规划，合理布局，综合利用，化害为利，依靠群众，大家动手，保护环境，造福人民”的32字环境保护方针。陈云亲自为我国环境保护工作开创15周年题词：“治理污染、保护环境、造福子孙后代”，并颁布了《关于保护和改善环境的若干规定（试行草案）》。1974年5月，国务院环境保护领导小组办公室成立，全面负责环境保护工作。同时，还引进了一批先进的环境监测仪器设备。从此，我国的环境保护工作逐渐开展起来。

由此可见，随着社会主义建设的进行，中国共产党逐渐认识到生态平衡和环境保护的重要性，生态意识开始觉醒，寓于各项具体工作之中的生态工作开始逐步展开，这些都有利于我国的生态环境保护。

二、自觉性的生态意识形成

十一届三中全会以后，中国共产党逐渐将工作重心转移到经济建设上来，社会主义现代化建设迅速开展，在优先发展经济的同时，出现了一系列环境问题，粗放型的经济增长方式不仅浪费了大量资源，而且严重污染了环境，环境保护日益成为我国发展的重要议题。面对日渐凸显的环境问题，我们党的生态思想得到了进一步的发展，自觉性的生态意识形成。

1. 环境保护的法制化

早在1978年，邓小平在《解放思想，实事求是，团结一致向前看》的讲话中就明确指出，要制定森林法、草原法、环境保护法。我们党逐渐认识到，必须用法律来保护环境，让环境保护做到有法可依。“根本性的措施是要从制定规划起就要注意保护环境问题。立法很重要，要有严格的保护环境的法律。”① 在以邓小平为核心的党的第二代中央领导集体的环境保护要走法治的道路的思想指导下，我国制定了一系列全国性、地方性的法律法规。在1979年2月23日五届全国人大第六次会上通过了《中华人民共和国森林法（试行）》。9月，五届人大十一次常委会通过了《中华人民共和国环境保护法（试行）》，这是新中国第一部环境保护基本法，也标志着我国的环保工作从此开始走上了法制化道路。此后，《中华人民共和国海洋环境保护法》、《中华人民共和国水污染防治法》等也先后审议通过。此外，国务院还颁布了一系列保护环境、防止污染及其他公害的行政法规。

2. 遵循生态规律，指导经济建设

在发展经济的过程中，我们党逐渐认识到生态环境与社会主义建设之间存在着紧

---

① 《万里文选》，210页，北京，人民出版社，1995。

密的联系，并认为，生态环境在某种意义上决定着建设质量的好坏与快慢，应该把生态平衡作为一项重要原则，指导我们的经济工作。“我们的现代化建设是在一定的自然环境和社会经济条件下进行的，一切经济工作的成效，既受经济规律的制约，又受自然规律的制约。维护生态平衡实际上是尊重自然规律的问题。”① 正是由于我们对于自然规律的认识和运用不够，使得生态环境恶化，从而损害了整个社会主义建设。所以，必须提高全民族的生态意识，尤其是各级领导干部的生态意识，自觉按照自然规律办事，以保证经济建设的顺利进行。

3. 对环境实行科学管理

对于环境问题不仅要重视，还要进行科学的管理。同进行社会主义现代化建设一样，环境问题的解决需要科学的知识、科学的方法以及科学的管理。“对大自然的保护，对各类资源的开发和利用，对各种环境污染的防治，都要实行科学的管理，既要有科学的态度，又要有科学的方法”②，发展生态科学和环境保护技术，以科学的方法治理环境，做到综合利用资源，合理利用资源，改善生态环境。

无论是制定法律法规，保护生态环境，还是在实际的经济建设过程中自觉遵循生态规律，运用科学来管理环境问题，都表明我们党形成了自觉性的生态意识，在开展各项工作的过程中，注意保护生态环境。

三、生态思想走向成熟

一方面，经过二十多年的改革开放和社会主义工业化的推进，我国经济虽然有了很大的发展，但是生态环境遭到了严重的破坏，环境保护已成为我国现代化建设的重要问题，保护生态环境势在必行；另一方面，环境问题逐渐成为全球性问题，引起世界范围内的广泛关注，中国当然不能置身事外。以江泽民同志为核心的党的第三代中央领导集体对于环境保护的重要性和紧迫性有了深刻的认识，中国共产党的生态思想日益成熟，初步形成了一些理论成果，实行可持续发展战略就是其体现。

1. 正确处理经济建设与人口、资源、环境的关系

在社会主义现代化建设过程中，中国共产党逐渐认识到经济发展与人口、资源、环境之间存在着相互制约的关系，党的十四届五中全会明确提出了要实施可持续发展战略。我国人口众多，人均资源相对短缺，随着经济的发展和人口的增长，生态环境保护的难度加大，所以，在实施可持续发展战略中，必须节约各种资源。在发展工农

---

① 《万里文选》，211页，北京，人民出版社，1995。

② 同上书，313页。

业时，做到高效、低耗、优质；控制人口数量，提高人口素质；选择有利于环境保护和资源节约的消费方式，提高广大干部和人民的环境保护意识，实现经济发展与人口、资源、环境的良性循环，走生产发展、生活富裕、生态良好的文明发展道路。

2. 利用科学技术推进生态环境保护

科学技术是第一生产力，极大地促进了经济的发展，但是科技不仅要面向经济建设，也要面向社会发展领域，面向生态环境保护工作。《中共中央、国务院关于加速科学技术进步的决定》指出："在人口、资源、环境、医药卫生等社会发展的重点领域，抓好一批综合性、关键性的重大科技项目和研究开发基地。"① 加强关于重大疾病的诊断和防治研究，提高人们的健康水平；加强国土资源、海洋资源开发和综合利用等科技问题的研究，做到经济、环境、社会效益相统一；大力开发、推广清洁能源技术、清洁生产技术、污染治理技术，依靠科技进步，促进生态环境保护和资源利用开发。另外，江泽民同志在《科学的本质是创新》中还提到了科技伦理问题，科技在运用到生产中时带来了一系列的问题，如水污染、空气污染、植被破坏等，尤其是信息科学和生命科学的发展提出了人类健康、尊严、生态安全和环境保护问题，引起了人们的广泛关注，这就要求建立和完善高尚的科学伦理，以维护全人类的根本利益，保障人们的生态安全。

3. 开展生态环境保护的国际合作

20 世纪六七十年代出现了首次世界性的环境保护运动高潮。80 年代以来，伴随环境污染和大范围的生态破坏，出现了战后第二次环境保护运动高潮，人们逐渐感受到资源环境危机。1992 年，在里约热内卢召开了联合国环境与发展大会，通过和签署了《环境与发展宣言》、《21 世纪议程》，我们党也向世界承诺，严格遵守国际环境公约，开展环境保护方面的国际合作。1994 年，江泽民同志在印度尼西亚召开的亚太经合组织会议上指出："人类面对的许多挑战往往超越国界的限制。……环境保护、人口控制、减灾救灾、禁绝毒品、预防犯罪、防止核扩散和防止艾滋病等诸多方面，都是全球性问题，是相互依存的，无一不需要开展国际合作。"② 1995 年，在联合国成立五十周年特别纪念会议上，江泽民同志发表了《让我们共同缔造一个更美好的世界》的讲话，讲话指出，我们生活在共同的星球上，要共同应付人类生存和发展面临的挑战，生态环境恶化、人口膨胀等问题是人类生存和发展的全球性问题，"这些全球性问题的逐步解决，不仅要靠各国自身的努力，还需要国际上的相互配合和密切合作"③。我们党已经认识到在生态环境领域开展国际合作的必要性，也指出要维护我国生态环境保

---

① 《十四大以来重要文献选编》(中)，1351 页，北京，人民出版社，1997。

② 《江泽民文选》，第 1 卷，415 页，北京，人民出版社，2006。

③ 同上书，480～481 页。

护的权益，承担与我国发展水平相适应的国际义务，为全球生态环境保护作出贡献。

这一时期，我们党的生态思想逐渐走向成熟，对于环境保护的重要性有了充分的认识，制定了一系列的方针政策加强我国的生态环境保护，坚持生态环境保护与生态环境建设并举，加强领导和协调，建立生态环境保护综合决策机制，加强法制建设，增强全民族的生态环境保护意识。

四、生态思想的系统化、理论化

进入新时期新阶段，经过不断的探索与努力，中国共产党的生态思想在这一时期已经逐步系统化、理论化，形成了生态思想的重大理论成果。

1. 坚持科学发展观，保障人民的生态权益

世界各国的发展实践证明，发展不仅仅是经济增长，而且也是经济社会等的全面协调发展、人与自然的协调发展。新世纪新阶段，我国进入了发展的关键时期、改革的攻坚时期和社会矛盾的凸显时期，我们党顺应国内外发展现实和趋势，提出："坚持以人为本，树立全面、协调、可持续的发展观，促进经济社会和人的全面发展。"① 科学发展观不仅是发展理念的重大探索成果，其中更深刻地包含了我们党的生态思想。要坚持科学发展观，就是要不仅注重发展速度，还要注重发展质量和效益，不能单纯靠牺牲环境和资源为代价；就是要坚持以人为本，不仅维护人们的物质利益，还要保障好人们的生态利益，使人民群众在一个良好的生态环境中生产生活；就是要全面协调可持续的发展，建设以资源环境承载力为基础、以自然规律为准则、以可持续发展为目标的资源节约型、环境友好型社会；就是要统筹兼顾，实现人与自然的和谐发展。

2. 构建社会主义和谐社会，实现人与自然的和谐发展

党的十六大报告把社会更加和谐列为全面建设小康社会的一项重要目标。2005 年 2 月，胡锦涛同志在中央党校省部级主要领导干部提高构建社会主义和谐社会能力专题研讨班上发表重要讲话，指出："我们所要建设的社会主义和谐社会，应该是民主法治、公平正义、诚信友爱、充满活力、安定有序、人与自然和谐相处的社会。"② 社会是由多方面构成的有机系统，任何一个方面的不和谐都会对其他方面造成影响，人与自然关系的不和谐，往往会影响到人与人的关系、人与社会的关系。如果经济发展与资源能源矛盾紧张，生态环境恶化，人与人的和谐、人与社会的和谐是很难实现的，所以构建社会主义社会，必须做到促进人与自然的和谐发展，这样人与人、人与社会

① 《十六大以来重要文献选编》（上），465 页，北京，中央文献出版社，2005。

② 《十六大以来重要文献选编》（下），765 页，北京，中央文献出版社，2005。

的和谐发展才有可能实现；另一方面，人与人、人与社会的和谐发展，也会为人与自然的和谐发展提供有利的条件和保障。社会主义和谐社会的构建，必将有力地促进人与自然的和谐发展。

3. 建设社会主义生态文明，引导人们自觉践行生态观念

中国共产党在十七大报告中正式提出建设生态文明，把生态建设提升到文明建设的高度，把生态文明纳入到了与社会主义物质文明、政治文明、精神文明并列而成的社会主义文明体系之中，这是对我国多年来在生态建设与可持续发展方面所取得的成果的总结，是我们党生态思想的重大理论成果。生态文明的崛起将是一场涉及生产方式、生活方式和价值观念的革命。建设生态文明，一方面要求作为主体的人们在生产生活中一定要牢固树立生态观念，树立正确的自然观、消费观和幸福观，改变不利于环境保护的生产方式和生活方式，将生态意识内化为人们行为的信念，自觉践行生态文明观；另一方面也要求将生态文明观外化为法律、法规和日常行为准则，引导人们按照自然规律和生态原则办事，在全社会倡导一种绿色、健康、良性、科学的生产和生活方式。将生态建设上升为一种文明来建设，无疑将极大地促进我国物质文明、政治文明、精神文明的健康持续发展，推动社会主义和谐社会的建设。

坚持以人为本的科学发展观、构建社会主义和谐社会以及建设社会主义生态文明都是我们党在总结我国发展实践经验、借鉴国外发展经验教训的基础上，按照中国的国情和现实，提出来的重大生态理论成果，这些理论成果蕴涵了科学的自然观和社会观，有利于实现人与自然、人与人、人与社会的和谐发展。

中国共产党与高等教育

北京高校党的思想理论建设工作的思考与展望

马俊杰

思想理论建设是党的根本建设，党的思想理论创新引领各方面的创新。高校思想理论建设关系到我国高等教育能否始终贯彻党的教育方针，坚持社会主义办学方向等重大战略问题。新中国成立60多年特别是改革开放30多年来，首都高校党的思想理论建设工作取得了令人瞩目的成就，为首都高等教育发展作出了重大贡献。进入新世纪以来，世情、国情和党情发生了前所未有的变化，只有坚持不懈地加强和改进高校思想理论建设，才能使北京高校各项事业又好又快发展。

一、进一步提高认识，把意识形态问题作为推动高校思想理论建设的重中之重

1. 科学认识意识形态领域的新形势，增强思想理论建设工作的忧患意识

当前，世界政治格局和经济格局的深刻变化，使人们的生活方式和思想观念都发生了多样性变化。在追求和平、促进发展、构建和谐日益成为全球共识的背景下，整个世界的资本、人才、信息流动日益频繁，人们的生活越来越面临多元时代的冲击。报刊、广播、电视、网络等大众传媒的迅速发展，极大地拓展了人们与世界各地的信息联系。在这样一个日益开放的时代，要保持马克思主义在意识形态领域的指导地位，是一件极其复杂而艰巨的任务。同时，由于西方资本主义国家对社会主义国家采取和平演变战略、进行文化渗透一刻也没有停止，两种社会制度之间在意识形态领域的斗

争并未停止，有时甚至异常激烈，这使得意识形态领域的情况更加复杂。首都高校作为首都和全国的人才信息集聚地，向来是意识形态领域最为敏感的核心地带，首都高校的意识形态问题无疑更加严峻和突出。

面对如此严峻的国内外复杂形势，首都高校党委要充分认识意识形态问题所面临的困难和挑战，增强危机感、紧迫感和使命感，通过采取行之有效的方式方法加强高校的思想理论建设。

2. 充分认识党的指导思想一元化的极端重要性，进一步增强对党的指导思想一元化的科学理解和把握

坚持马克思主义在意识形态领域的指导地位，说到底就是要坚持马克思主义作为指导思想的一元化，即我们的社会主义现代化建设事业只能以马克思主义为指导，而不能以任何别的思想体系作为指导。社会主义初级阶段指导思想的“多元化”和人们文化观念的多样性有着本质区别。所谓多元化，是指在意识形态领域存在着多个分别服务于不同阶级的政治思想、法律思想和道德规范，这些思想平行地影响着人们的精神生活，左右着社会的精神面貌；而所谓多样性，则是指在一种意识形态的主导下，多种价值取向、思想观念同时存在。我们在坚持指导思想一元化的同时，坚持“双百”方针，实际上体现了指导思想一元化和文化发展多样性的统一。文化的多样性要求我们，在马克思主义指导下，只要有益于社会主义、集体主义的价值观念，都是允许和鼓励的。

能否坚持马克思主义的指导地位，直接关系到党和国家的性质，直接关系到立国之本。宣扬指导思想多元化，实质上是要取消马克思主义的指导地位，势必导致人心浮动、天下大乱，给党和国家带来灾难性后果，北京高校思想理论建设应紧紧把握好这个重大原则。

3. 提高首都高校思想理论工作的创新能力和水平，更好地发挥对北京以外高校乃至全国高校的示范效应

由于首都特殊的区位优势，党和国家历来高度重视首都高校的意识形态状况。首都高校不仅学生数量多、思想活跃、政治觉悟高、对重大政治事件敏锐、大局意识强，而且思想理论建设水平和意识形态研究水平在全国长期保持领先优势。长期以来，首都高校的思想理论建设对全国高校发挥着引领、辐射和示范的作用。

如何增强首都高校思想理论工作的创新能力、提高理论创新水平，是首都高校思想理论建设的工作重点。哲学社会科学领域是社会主义意识形态重要的思想阵地，也是思想理论建设的学理基础。因此，创新思想理论工作首先要创新哲学社会科学的研究与实践。要用马克思主义中国化的最新成果来统领高校思想理论工作。对于错误思潮，必须站在马克思主义与中国特色社会主义理论的立场上，予以坚决抵制。

二、紧密联系高校发展实际，把高校党的思想理论建设转化为高校凝心聚力谋发展的强大推动力

1. 一切从高校实际出发，把又好又快发展作为高校党的思想理论工作的出发点和落脚点

促进人的全面发展是中国特色社会主义教育的根本任务，也是现代教育的任务。改革开放以来，高校党的思想理论建设的重要经验就是，必须一切从高校实际出发，坚持育人为本，着力培养具有良好思想理论水平、德智体美全面发展的中国特色社会主义事业的合格建设者和可靠接班人。

“育人为本”，源于“大学之道在于育人，而非制器”。尽管长期以来就如何培养人才有着众多的流派和不同的理念，但为社会发展塑造精英却是大学长期追求的目标。就目前实际来看，按照又好又快的高校发展目标要求，高校不仅要有大楼，还要有大师、大气；不仅要有规模，还要有质量、效益；不仅要有硬件，还要有软件；不仅要有形象，还要有声誉。

2. 把思想理论建设与高校创特色、上水平结合起来，全面提升高等教育的核心竞争力

随着《国家中长期教育改革和发展规划纲要（2010—2020 年）》的颁布和实施，我国高等教育改革和发展已经处在一个历史新起点上，机遇前所未有，挑战也前所未有。这个机遇，就是建设中国特色社会主义的伟大事业，这是我国高等教育最大的优势和特色。紧紧抓住这个机遇，就要认真思考“为谁办大学”、“办一个什么样的大学”和“怎么办好大学”等根本性问题。

曾经有段时期，中国高校出现了一波又一波的合并高潮和综合化趋势，大而全的发展模式成为各类高校的发展目标。但是，无论世界上哪一所大学标榜其如何综合全面，事实上无所不包的综合性大学是根本不存在的。那么，如何提升高校整体的办学水平与核心竞争力，特色化就成为体现又好又快科学发展的唯一出路。对此，高校要集中自身优质资源，突出重点、以少胜多、以强带弱，促进人才培养质量的稳步提高，通过加强思想理论建设，促进高校理清办学思路、明确办学方向、树立办学信心，增强我国高校的中国特色、中国风格、中国气派。

3. 进一步改进和加强师资队伍建设、学科建设和教材建设，把思想理论建设落实到学校发展的长远规划中

面对复杂的国际环境和激烈的国际竞争，我们要建设现代化的强国，在国际竞争中牢牢把握自己的命运，必须造就一大批高素质的创新人才。党中央实施“科教兴

国”、“人才强国”战略，就是把人才队伍建设放在更加突出的地位。高校的发展关键在教师人才队伍建设，要大力培养具有远大理想、自觉为祖国为人民奉献的大批优秀教师，大力加强教师队伍建设，充分激发教师的创造力，最大限度地发挥教师育人的主观能动性。

高校的学科建设是学校能否长远发展，真正提高办学水平的关键。因此，新一轮高校发展的重点在于提高学科建设的整体水平。一个学校发展的根本在于人才培养的质量，而质量的保证根本在于学科建设的上特色、上水平。必须以学科建设为龙头，整合资源，突出特色，打造精品专业、精品学科，培养优秀人才。

4. 深入挖掘思想理论建设的精神力量和文化内涵，为构建和谐校园提供良好保证

当前，把握我国高等教育事业的发展方向，必须要把握世界高等教育的深刻变革，根据我国高等教育社会主义本质的历史定位，始终坚持中国特色社会主义办学方向，为共和国培养合格的建设者和接班人。

建设和谐校园是培养合格人才的基本要求，是中国特色社会主义大学的基本特征，也是高校思想理论建设的重要内容。高校要充分利用思想政治理论课、党校和团校以及学习小组等渠道和形式，在广大青年教师和学生中深入持久地进行马克思主义思想和社会主义道德教育，用中国特色社会主义理论体系武装青年教师和学生，帮助他们学会用历史的眼光、辩证的思维来分析问题，增强理想信念，抵制西方“普世价值”的蛊惑，树立中国特色社会主义的共同理想。正如胡锦涛总书记指出的：“理想信念，是一个政党治国理政的旗帜，是一个民族奋力前行的向导。”① 同时，要大力弘扬爱国主义、集体主义精神，用先进文化构筑大学生的精神世界。

三、加强高校各级党的领导班子建设，把高校建设成为学习实践马克思主义最新理论成果的主阵地

1. 加强校级党委领导班子的理论水平和能力建设，为全校的思想理论建设引领方向

社会主义大学必须坚持党对高校的领导，坚持社会主义办学方向和人才培养方向。高校实行党委领导下的校长负责制，是以党委集体领导为前提的。党委要发挥好领导核心作用，总揽全局，协调各方，通过政治、思想和组织等方面的领导，推动学校发展思路和奋斗目标的顺利实现，推动学校的和谐发展。

党的十七届四中全会强调指出：“建设马克思主义学习型政党，提高全党思想政治水平。”“必须按照科学理论武装、具有世界眼光、善于把握规律、富有创新精神的要

① 《十六大以来重要文献选编》（中），636页，北京，中央文献出版社，2006。

求，把建设马克思主义学习型政党作为重大而紧迫的战略任务抓紧抓好。”① 高校校级党委领导班子是全校思想建设、组织建设和作风建设的领导者与示范者。高校校级领导干部必须树立热爱学习的理念，通过行之有效的党委理论中心组学习、干部理论学习培训等方式，把学习体会和成果转化为谋划工作的思路、促进工作的措施、领导工作的本领，更好地推动科学发展，促进校园和谐。

2. 增强院系领导班子的学习宣传能力，为全校的思想理论建设提供精神动力和智力支持

高校院系党组织是党在高校的中间组织，是密切联系广大师生的桥梁和纽带，是学校党委工作的延伸和支撑，承担着把党的理论、路线、方针、政策落实到基层，把科学发展观落到实处的重要责任。

在学校党委的统一领导下，院系党委（总支、支部）领导班子要努力学习马克思主义理论，提升理论素养和宣传能力。高校院系党组织领导干部不仅应是某些专业领域内有一定造诣的专家，而且应是在政治理论方面具有相当水平的专家。由于院系党组织在高校中处于“中间地带”，因此，一方面要把学校党委的思想理论成果贯彻落实到各个教工党支部和学生党支部之中，切实解决实际问题；另一方面，也要发挥院系自身的学术研究能力和自身特色，为全校的思想理论建设和各项工作提供有益的智力支持。

3. 加强班级党支部和团支部的模范带头作用，把学校的思想理论成果转化为学生的具体行动

高校基层党组织拥有雄厚的组织资源和社会基础，是解决学生实际问题的主要力量。高校学生党支部和团支部是党在学生中的最基层组织，学生党支部、团支部是在高校学生中贯彻落实党的路线、方针、政策的重要力量，也是维护党的纯洁性、先进性的关口。只有建设好学生党支部、团支部，才能促进学校思想理论建设水平的不断提高。

在党的十七大报告中，胡锦涛总书记提出了全面推进党的建设的六项工作，其中一项就是要全面巩固和发展先进性教育活动的成果，着力加强基层党的建设。因此，在新的历史时期，抓好基层党支部特别是学生党支部和团支部的建设，是高校党的各项工作落实的基础。

4. 通过各种社团建设开辟思想理论建设传播的新途径，促进思想理论建设开展和学生综合素质提高的有机结合

高校学生社团活动是开辟思想理论建设的重要途径和有效方式，在丰富校园文化

---

① 《中共中央关于加强和改进新形势下党的建设若干重大问题的决定》，10页，北京，人民出版社，2009。

生活、提高学生综合素质等方面发挥着重要作用。随着我国经济社会的不断发展，教育改革不断深入进行，高校学生社团在加强高校思想理论建设和校园文化建设中的作用也越来越重要。

加强高校学生社团建设，不但有利于青年学生健康成长和综合素质的全面推进，更是关系到学校思想理论建设事业不断发展和党的青年工作永葆生机活力的大事。譬如，理论学习型社团通过活动引导学生对社会热点问题进行理性思考，解除学生心中的迷惘和困惑；志愿服务类社团通过服务社会和他人，培养学生自觉奉献的意识和为人民服务的社会责任感。通过学生在社团活动中潜移默化地接受教育，提升明辨是非真伪的能力，极大地促进了高校思想理论建设水平的提高。

四、创新工作思路，做好高校思想理论建设工作与国家和首都发展战略规划相统一的长远布局

1. 适应国内外形势发展需要，进一步增强思想理论教育的现实性、针对性和理论深度，提高思想理论教育的吸引力、感召力和说服力

新世纪以来，世界形势继续发生深刻而复杂的变化，西方敌对势力仍在进一步通过各种渠道加强对高校的思想、政治和文化渗透。从国内看，随着改革发展进入关键阶段，我国进入剧烈的社会转型时期，社会经济成分和社会利益、社会生活方式、社会组织形式、就业方式日益多样化，大学生思想活动的独立性、选择性、多样性、差异性明显增加。

面对国内外复杂的思想意识环境，如何增强思想理论教育的现实性、针对性和理论深度，提高思想理论教育的吸引力、感召力和说服力，成为高校思想理论建设的重点与难题。适应新形势、新任务的需要，必须造就一支既能够自觉运用马克思主义的立场、观点、方法解决理论问题和现实问题，又有学术造诣和创新能力的马克思主义理论队伍，牢牢控制高校意识形态理论阵地的制高点。

2. 保护学生爱国主义热情，引导学生把对国家民族的深厚感情转化为热爱学习、报效祖国的具体行动

改革开放 30 多年来，中国共产党团结带领全国人民以一往无前的进取精神和波澜壮阔的创新实践，谱写了中华民族自强不息、顽强奋进的新的壮丽史诗。今天，广大学子对我们伟大的祖国怀着深厚的感情，对中华民族伟大复兴充满信心，更加坚定了走中国特色社会主义道路的信念。

要鼓励和保护广大学生的爱国热情，但爱国主义不是抽象的，它是具体的和务实的，是与国家、民族的根本利益紧紧联系在一起的。要把青年学生的爱国热情转化为

刻苦学习、报效国家的具体行动，鼓励和引导他们自觉到基层一线去发挥才干，到艰苦的环境里去经受锻炼，到祖国和人民最需要的地方去建功立业，切实走好迈向社会的第一步，开辟事业发展的新天地。

3. 把思想理论建设与师生工作学习实际紧密结合起来，形成高校思想理论建设的立体网络和宽广平台

大学生的思想政治教育工作是关系到国家民族未来兴旺发达的大事。只有牢固树立马克思主义意识形态在高校思想政治教育工作中的指导地位，才能保证高校思想政治工作的正确方向。要充分发挥课堂教学在大学生思想政治教育工作中的主渠道、主阵地作用，把中国特色社会主义理论体系融入思想政治理论课教材建设和课堂教学中，使中国特色社会主义理论体系贯穿课堂教学的全过程。《中共中央国务院关于进一步加强和改进大学生思想政治教育的意见》特别强调："要联系改革开放和社会主义现代化建设的实际，联系大学生的思想实际，把传授知识与思想教育结合起来，把系统教学与专题教育结合起来，把理论武装与实践育人结合起来，切实改革教学内容，改进教学方法，改善教学手段。"①

通过高校的思想理论建设，不断提高教师教书育人的水平，促进学校良好的学风、教风、校风的形成，全面提升学校的整体形象。在科学建设规划中，要把思想理论建设贯穿到学校工作的各个环节中，使得学科建设全面体现中国特色社会主义的思想指导与精神实质。

4. 加强首都高校之间的紧密联系和协同攻关，形成一大批具有鲜明时代特色、能够解决国家重大理论与现实问题的思想理论建设成果

经过新中国 60 多年特别是改革开放 30 多年的发展，我国高等教育事业取得了举世瞩目的巨大成就，为各行各业输送了大批优秀人才，为中国特色社会主义事业的兴旺发达提供了可靠的人才保障。随着改革开放事业向纵深推进，国家对高等教育提出了新的更高要求，事关国家战略的重大决策，需要高等学校提供充分的理论准备和强大的智力支持。因此，全国高校特别是首都高校，站在新的历史起点上，使命光荣、责任重大。

首都高校要充分认识思想理论建设的重大意义，要把当前国家所面临的重大理论与现实问题作为思想理论建设的重大课题。不仅要鼓励敢于创新的争先勇气，也要加强首都各高校团结协作、集体攻关的工作联系，形成一个具有国家智库特点、代表国家最高水平的理论创新团队，不断推出理论创新成果，更好地服务于我国改革开放和现代化建设的伟大实践。

---

① 《中共中央国务院关于进一步加强和改进大学生思想政治教育的意见》，载《人民日报》，2004-10-15。

试论中国共产党高等教育思想的形成和发展

陈立鹏　范海浪

中国共产党在 90 年的光辉发展历程中，在以毛泽东同志、邓小平同志、江泽民同志为核心的党的三代中央领导集体和以胡锦涛同志为总书记的党中央领导下，开辟了中国特色社会主义教育发展道路，建成了世界最大规模的教育体系，实现了教育事业一次又一次的飞跃。

在这一过程中，中国共产党始终高度重视高等教育工作，根据各个历史时期高等教育事业发展的需要，提出了一系列发展高等教育事业的主张，形成了具有中国特色和鲜明时代特征的高等教育思想，有力地指导和推动了我国高等教育事业的改革与发展。纵观中国共产党高等教育思想的形成和发展过程，可以分为既相互联系又有所区别的六个发展阶段，即初步奠基期（1921—1949 年）、发展形成期（1949—1965 年）、挫折反复期（1966—1976 年）、恢复发展期（1977—1989 年）、发展创新期（1989—2002 年）、成熟繁荣期（2002 年至今）。

一、初步奠基期（1921—1949 年）

1921 年 7 月中国共产党的诞生开辟了中国历史的新纪元，谱写了中国革命和建设事业的崭新篇章。在高等教育方面，以毛泽东、刘少奇、周恩来等为代表的中国共产党人创造性地运用马克思主义教育基本原理，并与中国具体实践相结合，初步形成和发展了党的高等教育思想。其主要内容包括：

1. 强调党对高等教育的绝对领导

毛泽东、周恩来在对王明“一切经过统一战线”右倾错误思想的批判斗争过程中，明确指出坚持党的领导是办好大学的重要保证，并采取多种措施保证党对学校的绝对领导。例如，在抗日军政大学领导机构的建设过程中，成立了抗大委员会，毛泽东亲自担任委员会主席，同时在学校大队以上单位配备政委。

2. 强调高等教育必须坚持正确的政治方向

“这既是由无产阶级的历史使命所决定的，也是客观教育规律的要求，更是高等教育完成教书育人任务的重要保证。”① 为了保证高等教育坚持正确的政治方向，毛泽东多次对此进行阐述。1937 年他为抗日军政大学规定的教育方针是：“坚定正确的政治方向，艰苦朴素的工作作风，灵活机动的战略战术。”② 1938 年他讲到陕北公学的任务时指出：“我们要造就大批的民族干部，他们是有革命理论的，他们是富于牺牲精神的，他们是革命的先锋队。”刘少奇在谈到大学负责人的选择标准时也强调：“在原有人员中为大多数群众所反对者及坚决的反动分子，必须撤换，新任命的负责人员亦必须忠实愿意执行我们的教育方针。”③

3. 强调高等教育要服务于革命和建设

毛泽东清楚认识到，只有培养出成千上万的优秀人才，才能取得革命和建设的最终胜利，他明确指出：“伟大的抗战必须有伟大的抗战教育运动与之相配合。”1938 年，毛泽东在《论新阶段》的报告中进一步指出：“文化教育方面实行抗战教育政策，使教育为长期战争服务。”④ 1937 年，刘少奇在论及抗日政府的教育政策时也指出：“改组大学成为各种军事政治及技术干部的训练班，缩短修业期限至数个月或一年以下。”⑤

4. 强调高等教育必须坚持理论联系实际的原则

毛泽东一贯倡导在高等教育领域坚持理论联系实际的原则。1941 年，针对高校中出现的主观主义、教条主义等不良倾向，毛泽东在《改造我们的学习》一文中指出：“在学校教育中，在在职干部教育中，教哲学的不引导学生研究中国革命的逻辑，教经济学的不引导学生研究中国革命的策略，教军事的不引导学生研究适合中国特点的战略和战术，诸如此类，其结果谬种流传，误人不浅”。刘少奇也指出：“我们学习不仅要联系中国的实际，而且要联系外国的实际；不但要研究现在的实际，而且要联系历

---

① 周光迅：《略论毛泽东高等教育思想的主要特征》，载《石油大学学报》，1993（增刊）。

② 《毛泽东同志论教育》，43 页，北京，人民教育出版社，1992。

③ 中共中央文献研究室、中央教科所：《刘少奇论教育》，58 页，北京，教育科学出版社，1998。

④ 《毛泽东同志论教育》，57 页，北京，人民教育出版社，1992。

⑤ 中共中央文献研究室、中央教科所：《刘少奇论教育》，6 页，北京，教育科学出版社，1998。

史的实际。”①

这一时期，在以毛泽东为代表的共产党人的高等教育思想指引下，党的高等教育事业逐步建立和发展。第一次国内革命战争时期，干部教育作为党的高等教育的主要形式取得了初步发展，如毛泽东在湖南创办了湖南自修大学。土地革命时期，党创办了红军大学、苏维埃大学、马克思共产主义大学等。抗日战争时期，党的高等教育事业快速发展，初步建立起适应革命和建设需要的高等教育体系。有专门培养中国共产党高、中级领导干部的学校，如中共中央党校；有专门培养高级军事干部的学校，如中国人民抗日军政大学；有综合性的干部学校，如延安大学；有专门培养妇女干部的学校，如延安女子大学；有专门培养少数民族干部的学校，如延安民族学院；有专门培养青年干部的学校，如泽东青年干部学院；也建立起一批艺术类和科研类学校，如鲁迅艺术学院、延安自然科学院等。这一时期党的高等教育事业的建立和发展，既适应了党的革命和建设事业对各类人才的需求，也为新中国成立后我国高等教育事业的健康发展打下了良好基础。

二、发展形成期（1949—1965 年）

1949 年，中国人民经过一个多世纪艰苦卓绝的斗争，终于赢得了国家独立和民族解放，取得了新民主主义革命的伟大胜利，建立了中华人民共和国，高等教育事业也掀开了新的一页。在党中央、毛主席的领导下，这一时期我国取得了社会主义革命和建设的巨大成就，党的高等教育思想也随着高等教育实践活动的不断深入而有了新的发展。

1. 提出新时期社会主义高等教育事业发展的指导方针

建国初期，在“以俄为师”思想的指导下，我国高等教育完全接受苏联高等教育的办学经验，以苏联高等教育为模板创建的中国人民大学更是成为当时学习苏联的典型范例，而由于不顾我国实际情况，盲目照搬，如照搬苏联教授的工作量制度等，也产生了一些负面后果。刘少奇敏锐地发现了这一问题，1956 年 10 月，他在听取高等教育部的报告后提出：“学习苏联经验要有分析，必须独立思考。应该考虑一下，外国的这个经验是好还是坏，即使它的经验好，在我们这里能不能行得通。”1957 年，毛泽东在《关于正确处理人民内部矛盾的问题》一文中更是明确指出：“我们的教育方针，应该使受教育者在德育、智育、体育几方面都得到发展，成为有社会主义觉悟的有文化的劳动者。”这一方针成为我国教育事业发展的根本指导方针和行动指南，极大

① 中共中央文献研究室、中央教科所：《刘少奇论教育》，49 页，北京，教育科学出版社，1998。

地促进了我国教育事业的健康有序发展。1958年，毛泽东在视察天津大学时又进一步阐述："高等学校应抓住三个东西：一是党委领导，二是群众路线，三是把教育同生产劳动结合起来。"① 在毛泽东、刘少奇的亲自过问下，我国高等教育逐步突破了苏联教育思想的束缚，开始强调将外国经验与本国实际相结合，并积极探索中国特色高等教育发展道路。

2. 提出一切从实际出发、实事求是的高等教育办学指导原则

实事求是是毛泽东思想的精髓，毛泽东也一贯强调在高等教育领域必须贯彻实事求是原则。针对一些高校所出现的脱离实际、脱离生产实践的弊病，毛泽东提出了教育与生产劳动相结合的教育方针，强调学校教育要密切联系社会实际。刘少奇对高等院校也提出了"以实事求是的精神学习、工作"的总要求，并根据我国实际情况提出"两种教育制度、两种劳动制度"的想法。周恩来对这一问题也进行了深入思考，1964年12月，他在《政府工作报告》中正式提出"教学、科研、生产三结合"的方针举措。中国共产党在探索高等教育办学规律过程中始终坚持一切从实际出发、实事求是的原则，对出现的问题进行认真研究，提出解决措施，使这一时期的高等教育获得迅速发展。

3. 提出均衡协调发展的高等教育办学理念

在高等教育和经济建设的相互关系方面，刘少奇明确指出高等教育"必须同经济建设的发展相适应，保持适当的比例关系；既要考虑经济建设和人民群众的需要，又不能超过实际的可能性，不能要求过急"②。在高等教育的发展规模方面，针对高等教育领域出现的跃进倾向，周恩来指出，如果"不断地增加数量，那就会得到相反的结果，会降低质量，那就不是办教育的正确方针"，必须"特别注意教育质量，提高教育质量，这是我们目前的主要问题"。在党中央正确办学理念的指导下，高等教育成功克服了"大跃进"所带来的不良影响，获得了显著发展，也为新时期高等教育的发展积累了宝贵的经验。

这一时期，在毛泽东高等教育思想的指引下，党和国家首先通过对国民党政权遗留下来的高等教育体系进行接收改造、收回接受外国津贴高校的教育主权、接管私立高校等一系列措施，实现了对旧高校的甄别清理。接着创办了中国人民大学、哈尔滨工业大学等新型高校。然后进行初次院系调整，对全国高校的院系、学科进行调整，新设立了地质、水利、航空、钢铁等应用性较强的理工学科，调整、取消了一批基础性学科，虽然此次调整影响了一些学校和社会科学的长远发展，但短期内适应了经济

---

① 龚海泉：《高等学校思想政治教育史》，22页，北京，人民出版社，1992。

② 中共中央文献研究室、中央教科所：《刘少奇论教育》，243页，北京，教育科学出版社，1998。

社会建设的需要。总的来说，这一时期的探索取得了重大成就，初步建立起适应建国后我国经济社会发展需要的高等教育体系，为各领域培养了大批急需的专业人才，为党和国家顺利完成社会主义过渡、实现社会主义革命和建设的伟大胜利发挥了重要作用。当然，这一时期的探索也存在盲目跃进的情况，一定程度上影响了高等教育的质量提高，但也为以后的改革发展积累了宝贵的经验教训。

三、挫折反复期（1966—1976 年）

1966 年，毛泽东错误地估计了当时阶级斗争的形势，认为“学术界、教育界、新闻界、文化界、出版界等文化领域，都是资产阶级专了无产阶级的政”，从而引起了众多高校的批斗运动，由此拉开了“文化大革命”的序幕。这一时期，毛泽东的教育思想有许多错误和失误，例如他提出“要在文化大革命中，彻底改变资产阶级知识分子统治我们学校的现象”；提出工人宣传队永远领导学校，贫下中农管理农村学校；提出“大学还是要办的”，可是“主要说的是理工科大学还要办”等。

在这些思想的指引下，“文化大革命”期间高等教育受到重创：一大批院校被停办或合并，高等学校多年不招生，工农兵上大学，“斗、批、改”盛行，高校受到运动冲击，高等教育管理规则被废除，高校管理处于实际瘫痪状态，一批优秀师资被下放甚至迫害致死，我国高等教育濒临崩溃的边缘。即使仍在勉强维持的高等学校，课程体系和教学内容也是大量突出政治学习、思想改造等内容，专业知识学习基本被废止。

四、恢复发展期（1977—1989 年）

1978 年 12 月，党的十一届三中全会召开，重新确立了马克思主义的政治路线、思想路线和组织路线，高等教育秩序得以恢复。邓小平、陈云等党的第二代中央领导人非常重视教育的发展，1983 年 6 月，陈云在中共中央工作会议上专门强调“科技教育事业的发展是国家建设的重点”。正是在党中央的高度重视下，我国的高等教育事业重新恢复生机，并取得了迅速发展。这一时期，以邓小平为核心的党的第二代中央领导集体在推进中国特色社会主义高等教育改革实践的伟大征程中，丰富和发展了毛泽东的高等教育思想，主要包括以下几个方面：

1. 提出社会主义新时期高校招生的制度和原则

1977 年，邓小平复出后不久就提出“恢复从高中毕业生中直接招考学生，不要再搞群众推荐。从高中直接招生，我看可能是早出人才、早出成果的一个好办法”。关于招生条件，邓小平指出：“招生主要抓两条：第一是本人表现好，第二是择优录取。”

在邓小平的直接过问下，教育部召开全国高等学校招生工作会议，决定停止工农兵推荐入学制，以统一考试、择优录取的方式选拔人才上大学，因为“文化大革命”而中断长达十年之久的高考制度正式恢复。恢复高考保证了高校的生源质量，为高等教育的恢复发展打下了坚实基础。

2. 重新确立“两条腿走路”、多种形式发展高等教育的方针

1977 年邓小平在《关于科学和教育工作的几点意见》中提出：“教育还是要两条腿走路。就高等教育来说，大专院校是一条腿，各种半工半读的和业余的大学是一条腿”①。在邓小平的指示下，1983 年教育部、国家计委在《关于加速发展高等教育的报告》中明确提出“高等教育要采取多种形式，开辟新的门路，调动各方面的积极性，继续贯彻‘两条腿走路’的方针”。此后各地、各部门通过创办广播电视大学、函授大学、管理干部学院、教育或教师进修学院等成人院校，改变了过去高等教育的单一发展模式，为我国高等教育的发展注入了新的活力。

3. 提出高等教育的发展要有“统一的规划”

邓小平始终强调高等教育的发展需要科学的规划。1977 年邓小平在科学和教育工作座谈会上指出：“高等学校的专业，哪些要合，哪些要分，哪些要增加，哪些要减少，哪些要取消，也要有一个统一的规划。”② 1978 年他又在全国教育工作会议上强调：“要研究发展什么样的高等学校，怎样调整专业设置、安排基础理论课程和进行教材改革”③。邓小平的这些指示，促进了我国高等教育的科学健康发展。

4. 提出高等教育“三个面向”的指导思想

为应对新时期国际、国内形势的深刻变化，1983 年邓小平提出“教育要面向现代化，面向世界，面向未来”的指导思想。教育要“面向现代化”，就是要按照现代化的要求来培养人才，按照现代化的要求来改革教学内容和教学方法；“面向世界”，就是要善于了解和吸收世界上最先进的教育科学成就来改进我们的教育教学工作；“面向未来”，就是要着眼于发展，以超前的眼光来培养人才。“面向现代化”、“面向世界”、“面向未来”三者相互联系，又各有侧重，是一个统一的有机整体。“三个面向”是邓小平高等教育战略思想的集中体现，高度概括了高等教育改革发展的基本规律，为我国高等教育的改革、发展和创新指明了方向。

这一时期，在以邓小平为代表的共产党人的高等教育思想指引下，高等教育领域进行了一系列相应改革。一是颁布了《中华人民共和国学位条例》等高等教育领域的重要法律法规，加快了教育法律法规建设步伐；二是出台了《中共中央关于教育体制

---

① 《邓小平文选》，2 版，第 2 卷，54 页，北京，人民出版社，1994。

② 同上书，52 页。

③ 同上书，108 页。

改革的决定》、《高等教育管理职责暂行规定》等制度文件，积极推进高等教育体制改革；三是采取调整高校专业结构、增设应用文理科专业和新兴边缘学科专业等多种措施优化高等学校学科专业设置。这些举措既为新时期高等教育事业的全面发展奠定了坚实基础，也为下一阶段进一步深化高等教育改革积累了宝贵经验。

五、发展创新期（1989—2002 年）

这一时期在以江泽民同志为核心的党的第三代中央领导集体的领导下，中国进入建设社会主义市场经济体制的新阶段，高等教育也迎来了新的发展机遇期。以江泽民同志为核心的党的第三代中央领导集体，在继承毛泽东、邓小平高等教育思想的基础上，对高等教育的地位和作用、素质教育与高等教育培养目标、建设世界一流大学等问题进行了精辟论述和深刻阐述，是新的历史条件下党的高等教育思想的发展和创新。

1. 明确提出高等教育的战略地位和重要作用

1996 年 3 月，江泽民同志在与四所交通大学负责人座谈会上指出："高等教育在整个教育事业中处于龙头地位，高等教育的发展程度和质量，不仅影响整个教育事业，而且关系到社会主义事业的未来。"① 1998 年 5 月，江泽民同志在庆祝北京大学建校 100 周年大会上的讲话中又指出："我们的大学应该成为科教兴国的强大生力军"。1999 年 6 月，朱镕基同志在第三次全国教育工作会议上强调："从根本上说，要加速实现国家现代化，显著增强综合国力和国际竞争力，迎接新世纪的机遇和挑战，就必须落实科教兴国战略，真正把教育放在优先发展的战略地位。" 2001 年 4 月，江泽民同志在庆祝清华大学建校 90 周年大会上的讲话中再次强调："大学应该成为科教兴国的强大生力军"。党和国家领导人的多次讲话为我们明确阐述了高等教育的战略地位和重要作用。

2. 明确提出素质教育及高等教育的人才培养目标

江泽民同志站在新的历史的高度，特别是针对我国教育发展中存在的问题，鲜明地提出了素质教育思想。1999 年在第三次全国教育工作会议上，江泽民同志深刻指出："各级各类教育都要把全面推进素质教育，提高受教育者的全面素质，作为教育工作的战略重点。既要重视和不断加强、改进文化知识教育，又要重视和不断加强、改进思想道德教育。" 素质教育要 "以提高国民素质为根本宗旨，以培养学生的创新精神和实践能力为重点"。"要说素质，思想政治素质是最重要的素质。不断增强学生和群众的爱国主义、集体主义、社会主义思想，是素质教育的灵魂。"

---

① 江泽民：《同四所交通大学负责人座谈时的讲话》，载《人民日报》，1996-03-29。

关于高等教育的人才培养目标，江泽民同志在庆祝北京大学建校 100 周年大会上和在庆祝清华大学建校 90 周年大会上的讲话中做了全面系统的回答。他对当代大学生提出了“四个统一”和“五点希望”的要求，即“坚持学习科学文化与加强思想修养的统一”、“坚持学习书本知识和投身社会实践的统一”、“坚持实现自身价值与服务祖国人民的统一”、“坚持树立远大理想与进行艰苦奋斗的统一”；殷切希望当代大学生成为“理想远大、热爱祖国的人”、“追求真理、勇于创新的人”、“德才兼备、全面发展的人”、“视野开阔、胸怀宽广的人”、“知行统一、脚踏实地的人”。“四个统一”和“五点希望”明确了高等教育的人才培养目标，为当代大学生的健康成长指明了方向。

3. 明确提出高等教育国际化、大众化的发展目标

为应对经济社会发展深刻转型的挑战，江泽民同志提出高等教育国际化、大众化的发展主张，他强调：“要密切关注世界教育发展的大趋势，在继承中华民族优秀教育传统的基础上，积极吸收人类文明的一切优秀成果，借鉴世界上先进的办学经验和管理经验，提高我国教育的国际竞争力”①；“采取多种形式积极发展高等教育特别是社区性高等职业教育，扩大现有普通高校和成人高校的招生规模，尽可能满足人民群众接受教育的要求”②。朱镕基同志进一步指出：“积极鼓励和支持社会力量以多种形式办学，形成以政府办学为主体、公办学校和民办学校共同发展的格局。凡符合国家有关法律法规的办学形式，都可以大胆试验。在发展民办教育方面可以迈出更大的步伐。鼓励社会力量以各种方式举办高中阶段和高等职业教育，有条件的也可以举办民办普通高等学校。”

4. 明确提出我国要建设若干所世界一流大学

江泽民同志在庆祝北京大学建校 100 周年大会上和庆祝清华大学建校 90 周年大会上的讲话中，明确提出了要在我国建设若干所世界一流大学的思想。江泽民同志指出：“为了实现现代化，我国要有若干所具有世界先进水平的一流大学”。“这样的大学，应该是培养和造就高素质的创造性人才的摇篮，应该是认识未知世界、探求客观真理、为人类解决面临的重大课题提供科学依据的前沿，应该是知识创新、推动科学技术成果向现实生产力转化的重要力量，应该是民族优秀文化与世界先进文明成果交流借鉴的桥梁。”建设世界一流大学思想的提出，适应了我国建设创新型国家，加快高等教育事业发展，提高高等教育质量的需要。

这一时期，在以江泽民同志为代表的共产党人的高等教育思想指引下，高等教育领域硕果累累。1998 年 8 月全国人大颁布了《中华人民共和国高等教育法》，该法的

---

① 《江泽民文选》，第 3 卷，501 页，北京，人民出版社，2006。
② 《江泽民文选》，第 2 卷，333 页，北京，人民出版社，2006。

颁布标志着我国高等教育法律法规体系的基本框架已经形成，对保证落实“科教兴国”战略、促进我国高等教育的健康发展具有重要意义。这一时期党和国家还颁布了《中国教育改革和发展纲要》、《面向21世纪教育振兴行动计划》、《普通高等学校评估暂行规定》等重要制度文件，科学规划我国教育事业发展，优化高校办学和管理体制。同时，党中央还实施了“211工程”和“985工程”，实现重点建设高校整体实力的显著提高。并通过扩大高等教育规模，以多种形式积极发展高等教育，推动了我国高等教育事业的跨越式发展。

六、成熟繁荣期（2002年至今）

进入新世纪以来，以胡锦涛同志为总书记的党中央面对新的国际国内形势，审时度势，对我国高等教育事业的改革与发展提出了许多富有洞见的新观点、新主张，进一步丰富和发展了江泽民同志的高等教育思想。

1. 明确提出提高质量是高等教育发展的核心任务

早在2006年11月，温家宝同志在同教育专家座谈时就提出：“高等教育要切实把重点放在提高质量上，希望高等教育能培养出大师级人才。”2010年7月，党中央、国务院公布的《国家中长期教育改革和发展规划纲要（2010—2020年）》明确指出：“提高质量是高等教育发展的核心任务，是建设高等教育强国的基本要求。”2011年4月，胡锦涛同志在庆祝清华大学建校100周年大会上的讲话中再次强调：“高等学校要把提高质量作为教育改革发展最核心最紧迫的任务，完善中国特色现代大学制度，加强领导班子建设，创新教育教学方法，强化实践教学环节，形成人才培养新优势，努力出名师、育英才、创一流。”

2. 明确提出人民满意是高等教育发展的终极目标

胡锦涛同志指出，“教育涉及千家万户，惠及子孙后代，是体现发展为了人民、发展依靠人民、发展成果由人民共享的重要方面”，一定要“努力办好让人民群众满意的教育”。2008年3月，温家宝同志在十一届全国人大一次会议上作政府工作报告时也强调：“要坚持优先发展教育。要让孩子们上好学，办好人民满意的教育，提高全民族的素质。”纵观党的高等教育思想，人民满意的高等教育应该是：在发展观上，始终坚持又好又快发展；在战略观上，始终坚持优先发展；在价值观上，始终坚持以人为本；在公平观上，始终坚持机会均等；在育人观上，始终坚持以德为先。①

① 参见顾成敏：《胡锦涛高等教育观概要》，载《商业时代》，2009（21）。

3. 明确提出高等教育科学发展的具体内涵

科学发展观是对党的三代中央领导集体关于发展的重要思想的继承和发展，实现高等教育科学发展是科学发展观在高等教育领域的具体要求。胡锦涛同志指出："坚持以科学发展观统领我国教育事业发展全局，统筹教育发展的规模、结构、质量、效益"，努力"提高高等教育质量"。温家宝同志进一步阐述："有必要适当控制招生增长幅度，相对稳定招生规模，这样做，有利于集中必要的财力，改善办学条件，优化育人环境；有利于集中精力，加快学科专业结构调整，深化人才培养方式改革；有利于逐步解决当前高校存在的矛盾和问题，特别是缓解高校毕业生就业的压力，从而实现高等教育的可持续发展。"

4. 明确提出高等教育优先发展的具体要求

2007年，中国共产党十七大作出了"优先发展教育，建设人力资源强国"的战略部署。2010年7月，胡锦涛同志在全国教育工作会议上的讲话中明确指出："要把优先发展教育作为贯彻落实科学发展观的基本要求，切实保证经济社会发展规划优先安排教育发展、财政资金优先保障教育投入、公共资源优先满足教育和人力资源开发需要，并尽快形成科学规范的制度。"在江泽民同志高等教育"龙头地位"的基础上，胡锦涛同志进一步提出高等教育优先发展的具体要求和举措，并设定具体指标以保证这一目标的实现，"2012年实现国家财政性教育经费支出占国内生产总值的4%，并保持稳定增长"。

这一时期，在以胡锦涛同志为代表的共产党人的高等教育思想指引下，我国采取了多种措施，努力提高高等教育质量，建设人民满意的高等教育。一是开展高校本科教学评估。高校本科教学评估活动开展以来，对促进高校建设、实现高校的跨越式发展发挥了重要的推动作用。二是实施研究生培养制度改革。从2007年起，在北京大学等17所高校开始进行研究生培养机制改革。研究生不再有公费和自费之分，实行不同级别的奖学金和助学金制度，同时建立起以科学研究为主的导师责任制和导师资助制。这次改革通过建立新型管理体制，鼓励研究生教育的自主创新，促进了研究生培养质量的提高。三是建立新的助学政策体系。通过进一步建立健全家庭经济困难学生的资助政策体系，加大财政投入力度，为经济困难家庭学生提供更为便利、优惠的助学经费扶持。四是通过颁布《关于进一步加强和改进大学生思想政治教育的意见》、《普通高等学校学生管理规定》等政策文件，加强大学生思想政治教育，大力培养社会主义事业合格建设者和可靠接班人。这一系列措施推动我国高等教育进入一个科学健康发展的新时期。2011年4月，国家统计局发布了第六次全国人口普查主要数据公报，公报显示"每10万人中具有大学文化程度的由2000年的3 611人上升为8 930人"，体现了进入新世纪以来，我国高等教育发展所取得的巨大成就。

重在养成自觉成才的素质

——学习胡锦涛总书记人大“9·9”讲话的点滴体会

王学军

2010年9月9日，胡锦涛总书记在中国人民大学考察时，语重心长地对学生们说：“希望同学们继续努力，把自己培养成国家、社会所需要的杰出人才！”① 话虽不多，却十分发人深省。他告诉当代在校大学生（以下简称“在校生”），要想成为国家和社会所需要的人才，首要的是应做到自觉要求自己。辅导员要指导在校生领悟总书记这句话的深刻含义，就应努力引导其认清：主动践行人才培养目标，积极参与人才遴选过程，以及自觉履行为国成才的职责等，是在校生走向成才过程的要件。

一、主动践行人才培养目标

对在校生来说，应努力达到的人才培养目标共有三级。这三级培养目标间的关系，是相互关联、相互作用，且由高及低一级包含一级，由低至高一级服务一级的。其中，第一级是党和国家为各级各类学校提出的人才培养总目标，即要培养“中国特色社会主义事业合格建设者和可靠接班人”。第二级为各级各类学校依据人才培养总目标，所设定的人才培养抽象目标，如：中国人民大学以“国民表率、社会栋梁”为人才培养目标。第三级目标是在前两级目标的基础上，由各学科专业为培养专门人才所设定的

---

① 降瑞峰、陈骊骊、谢天武、魏薇：《金风送爽，澎湃汪洋意——胡锦涛总书记考察中国人民大学纪实》，载《中国人民大学校刊》，2010-09-13。

具体目标。为保证在校生达到人才培养目标，高校应针对其在学的全过程给予系统科学的安排、设计和要求，引导在校生于在学期间主动发挥学习主动性、独立性和合作性，以利其自觉践行各级目标的要求，有效完成在校知识学习和素质养成的各项任务。

在校生自觉践行成才目标的具体表现，在于能否专心向学。三国的诸葛亮在教育后代时谈到："夫君子之行，静以修身，俭以养德。非淡泊无以明志，非宁静无以致远。夫学须静也，才须学也，非学无以广才，非志无以成学。"这段话的核心是说，青年学子要做到潜心向学，务必要"主动"学知、"静心"研读、"励志"成才。在我国，国民教育体系内的人才培养过程主要分为学前教育、普通教育和高等教育三个阶段。在学前教育和普通教育阶段，在校生的学习过程或多或少都会带有一定的被动性。这期间，为适应综合素质的需要，在校生的知识学习过程多需受外界的敦促或压力的影响。在普通教育阶段，在校生的学知过程被划分为初等教育和中等教育两个时期。在初等教育时期，在校生对学知过程的认识多以被动为主，教师只是要求在校生懂得自学的重要，因此，这一阶段的学知模式以称"认识自学阶段"为宜；在中等教育时期，随着在校生综合素质的提高，在校生开始了解自学的实际意义，但还缺少对科学的自学手段和方法的认知，仍需教师的指导和帮助，以利其在长时间的知识学习过程中养成自觉学习的本领，因此，这一阶段的学知模式以称"学会自学阶段"为宜。进入高等教育阶段，在校生自觉学知的综合素质已经具备，又因保证科学文化知识学习质量的需要，要求在校生的学知过程需以主动学习为主。似此，在校生步入高校，就有了实践和接受自觉学知的必要，并需逐步实现由知识学习的"自觉"走向创立新知的"自立"。因此，这一阶段的学知模式以称"实践自学阶段"为宜。在大学，自觉学习不应是由在校生自己瞎子摸象式地完成，而应是由教师科学预制、设计、安排和指导，在在校生对学习目标有清晰完整的认知以及主观的执著追求的情况下才能实现。正因如此，在校生尤需明了"非宁静无以致远"的学知意义，需要自觉践行确立与明确自身的奋斗目标和志向。

在校生践行成才目标，应认清"自觉"与"自由"的相悖关系。所谓"自觉"，就是要做到"自律"、"自警"和"自悟"，就是要时刻用目标明确、科学规范的行为约束自己。所谓"自由"，则是表现无序、违规、违纪，就是以目标含混、非科学规范的个人意愿引导行动。在学知过程中，在校生应切忌把"自觉"和"自由"混为一谈。"自觉"常表现为在校生学习目标清晰的主动学习过程，也就是人们常说的"会学习"。"自由"常导致的结果则是那种缺乏虚心求教的态度，以及好高骛远的浮躁之气。诺贝尔奖获得者杨振宁先生在学时，喜欢听他的量子力学老师泰勒教授讲课。他回忆说："他（指泰勒）是美国的氢弹之父，讲课非常随意，从不备课，还经常出错。"但杨振宁先生很喜欢看到他出错，原因是这位先生"出错时脑袋就像插上了两根天线，四处寻找出路"。而恰恰就是在这一过程中，杨振宁先生敏锐地"体会到了宝贵的洞察力"。这一案例正是"自觉"学习的具体表现。与此相反，在校生在学如果不追求自觉，而是把学知的责任完全推给老师，自己却随心所欲，那就不是"自觉"，而只能是"自由"了。关于强调在校生自觉学习的意义，教育家叶圣陶先生说："凡为教，目的在于达到不需要教。"这里所说的"不需要教"，并不是说知识不需教师传授，而是说教师传授知识的最高境界是使在校生能够自觉掌握知识，自觉践行人才培养目标。

在校生践行育人目标，重在"自觉"学知的素质。为此，高校应规范在校生在人才培养各级目标的引导下，充分发挥主观能动作用，使其做到：第一，学会发现。即：在校生应能在学习过程中做到善于发现问题、思考问题和解决问题。第二，学会实践。即：在校生应能在学习过程中做到积极关注知识与实践的关系，关心知识在实践中的应用，以及学会运用所学检验实践成果。第三，学会创建。即：在校生应在学习过程中做到主动厘清知识脉络，捕捉思想火花，形成创新成果。为此，在校生在学应要求自己始终沿着各层级人才培养目标的指引前行，自觉要求自己专心向学，高水平、高质量地完成学业，切忌"做一天和尚，撞一天钟"，避免当"混世魔王"。

二、积极参与人才遴选过程

在校生践行人才培养目标，重在实践把自己培养成杰出人才的过程。关于"杰出"一词，《现代汉语词典》的释义为："（才能、成就）出众"。这说明，杰出人才在人群中总是少数。把成千上万的在校生都培养成各学科专业方面的杰出人才，显然不可能。在这种前提下，高校要保证实现杰出人才的培养目标，就应考虑人才的遴选。在高校，遴选人才的重点不是简单的"优胜劣汰"，而是要保证师生都应自觉参与科学的人才分流、推举、选拔和输送过程，尤其是保证每个在校生都向有利成长的方向发展，进而保证杰出人才的成长。

在《现代汉语词典》中，关于"遴选"一词的释义为："选拔（人才）"。其中"遴"字的释义为："谨慎选择"。在这里，之所以要谈谨慎提拔、挑选等，是因为"遴选"在人才培养过程中的作用不是单向的，而是需要师生双方协力完成的。在现实中，师生参与遴选的角度不同，教师教书的职责是选育，在校生学知的任务则是选择。多少年来，教师的教学工作似乎只是"灌输知识"，在校生的成才任务也只是"接受培养"。这种一方主动、一方被动的育人模式，在今天已很难适应实际的需要。客观上，培养杰出人才既离不开教师的物色、扶持和推荐过程，也离不开在校生的参与人才竞争和选拔过程。在此前提下，科学认知人才培养过程，务必要有“教”和“学”的双向交流视角，尤其是在校生一方的积极响应和主动配合。否则，教师传授知识的手段和方法再高明，也只能是对牛弹琴。因此，在校生完成学业既需教师认真地“教”，亦需在校生自觉地“学”。师生务必要通过知识的灌输和学习、素质的涵养，形成双向沟通，才可能达到人才培养的共有目标。这也是师生都要参与和从事人才遴选过程的必然要求。

如今，“培养拔尖创新人才”是一项国策。这项国策具体化到高校，就是要培养具备较高综合素质的人才。客观地说，无论是培养“拔尖”还是“杰出”人才，都应是经过科学完整的人才“遴选”过程选育精英。面对这一过程，在校生自然应有自觉的参与意识，以及全境界和全过程的立体眼光，才能顺利经历人才的遴选过程。对在校生来说，自觉实践人才的培养目标应执著于其在学全过程，努力做到高瞻远瞩，心胸坦荡，选准目标，盯紧方向，切忌急于求成，半途而废。国家实施“培养拔尖创新人才”工程的目标是宏大的，它具有“不拘一格降人才”的特征。但这并不是说，在校生可以盲目选择成才目标。为科学成才，在校生应做到善于律己，即：遵循和敬重知识学习的科学规律，主动掌握知识运用的正确方法，实践自学的自然能力。同时，注意发挥身边软硬件条件的辅助作用，勇敢迎战各种可能的艰难险阻，力争获得优良的学习实效。国家所需杰出人才，是那些能在生活和学习中“脚踏实地，仰望星空”的人，是那些能通过运用科学的基础理论和思辨方法，发现、验证、分析和解决自然与社会问题的人，是那些能通过运用所学推动社会进步、引领人类文明、奉献国家建设和发展的人。对各学科专业的在校生来说，只有自觉要求自己坚信“只要功夫深，铁杵磨成针”，才可能在这一人才培养列阵中顺利成才。

对高校的教学管理人员来说，关注人才的遴选过程，就要着力发挥在校生的学知自觉性。早在1920年6月6日，美国教育学家约翰·杜威在我国的一次讲演中说：“社会生活和组织，可以比之于布。布是由经纬线组织成功的，社会是由许多老人和青年人组合成功的；由新陈代谢的理解，老人所做的事总有一天要交代，而继起的人必定是青年。这等青年，必定要由学校里培养很好的人格，才可以担负责任。如果没有受过训练、没有什么陶冶，径直去做社会上的事务，那社会必定不能完善。”这段讲话很值得深思。无论是“训练”，还是“陶冶”，实际都是强调要培养在校生自觉学知和用知的能力，尤其是自觉地参与人才遴选的能力。在高校，无论是对在校生，还是对教师来说，人才的培养目标都不是虚幻的，它需要师生共同把人才的培养与成长过程奉献给党和国家建设与发展事业，它是每一个在校生自觉把自己遴选为合格和可靠的“杰出”人才的实实在在的过程。

三、自觉履行为国成才的职责

在校生参与人才遴选过程的关键，是要自觉掌握用于未来服务国家、社会的知识技能和综合素质。在《现代汉语词典》中，“服务”一词的释义为：“为集体（或别人的）利益或为某种事业而工作”。对毕业后进入社会用人单位履行职责的在校生来说，在学期间就应自觉确立掌握履行服务岗位工作本领的意识，这是十分必要的。基于对“服务”一词的理解，毛泽东在《为人民服务》一文中指出：“我们的共产党和共产党所领导的八路军、新四军，是革命的队伍。我们这个队伍完全是为着解放人民的，是彻底地为人民的利益工作的。”① 在《论联合政府》一文中，他进一步指出：“我们共产党人区别于其他任何政党的又一个显著的标志，就是和最广大的人民群众取得最密切的联系。全心全意地为人民服务，一刻也不脱离群众；一切从人民的利益出发，而不是从个人或小集团的利益出发；向人民负责和向党的领导机关负责的一致性，这些就是我们的出发点。”② 做具体工作需要有这样的意识和素质，作为在校生要把自己培养成国家和社会所需要的人才，更需要养成这样的自觉意识和素质。

如果说“服务”是自觉履行应有的义务和职责，那么认知为人民服务的含义，亦应是为人民履行职责。在今天，一些高校制定自身要实现“人民满意，世界一流”的办学目标，就是为了要做到：知识学习要服务人民的利益，为履行国家建设和发展的职责尽心尽力。对在校生来说，“服务”人才培养目标是贯穿在学习过程的内容，也是履行学业职责所需经常思考和约束自身执行力的内容。在校生在自觉践行人才培养目标以及自觉参与人才遴选过程的基础上，为保证服务学业职责的履行，应自觉要求自己在认识上做到：一是树立“服务”理念，始终着眼于人才培养目标；二是发扬“服务”精神，努力完成知识学习和素质养成任务；三是盯准“服务”目标，严格把握学知和成才的质量。为此，在校生于在学过程中，要做到履行职责第一，做好点、线、面、心的全程实践“服务”；要在学习态度、方式和目的实现等方面，自觉追求全身心地投入；要注意提醒自己谨防短视、窄视或旁视，集中精力于本学科专业的服务职责。通过这样，以利保证在校生正确掌握服务国家建设和发展的职责。

总书记在中国人民大学视察期间与校长纪宝成有过这样的对话，总书记问：“纪宝成校长，你们办学讲八个字？”纪校长回答：“八个字，‘立学为民、治学报国’。”总书记接着问：“‘立学为民、治学报国’，‘治’是法治的‘治’？”纪校长答：“对，我们把

① 《毛泽东选集》（合订本），905页，北京，人民出版社，1996。

② 同上书，996页。

它概括为人大精神。”总书记笑着说：“是个宗旨。”总书记又问：“这八个字最早的出处在哪？”纪校长答：“最早是 70 周年校庆时提出的，根据人大的历史经验概括出来的。大家一致认可。”总书记若有所思：“因为当初确定为‘人民’大学，‘立学为民’可以从命名看出来。”“‘治学报国’有什么含义？”总书记追问。纪校长答：“因为培养万千建国干部。”总书记点点头，笑着说：“‘治学报国’，做学问是以报国为目的。”纪校长应道：“对，就是这个意思。”简短的对话告诉我们：办学宗旨根本离不开人才培养目标。“立学为民”，强调办学目标；“治学报国”，强调育才目标。作为在校生，理应主动配合学校达到人才培养的应有目标，这正是自觉履行学业职责的关键。总书记在中国人民大学考察时说：“中国人民大学是我们党创办的第一所新型大学。60 年来，中国人民大学始终秉持‘立学为民、治学报国’的宗旨，培养了一大批优秀的人才，取得了一系列重大的科研成果，为党和国家的事业做出了重要贡献。”长期以来，中国人民大学所以能获得应有的成绩，关键是始终坚持以实现人才培养目标为努力方向，始终坚持要求在校生自觉向人才培养目标奋斗的要求。对于一所大学来说，其所做的一切都应是服务培养人才，应是服务党和国家要求实践的人才培养目标。正因如此，总书记在考察期间始终在谈实现人才培养目标方面的问题，并提出了殷殷期望，他说：“希望同志们弘扬光荣传统，不断改革创新，突出办学特色，提高办学质量，培养更多更好的创新型人才，提供更多的人文社会科学的研究成果，为我们国家的现代化建设事业做出更大的贡献！”总书记在中国人民大学考察期间反复谈人才培养目标方面的问题，不仅是他个人的意愿，也是代表党和国家对高校怎样办好学提出的具体要求。总书记的讲话，对辅导员来说，要求其努力做到：新生入学时，要指导其努力完成由高中生向大学生的转身，并使其知晓实践自学的必要性；学生在学期间，要引导其主动把握实践人才培养目标的发展方向，并使其有序地实践学业步骤；学生在结业期间，要敦促其自觉检验学业成果，并使其顺利地完成就业过程。对在校生来说，是要求其明确认知：要为践行人才培养目标而努力，就要自觉参与人才遴选过程，自觉履行学业职责，自觉成为有益于国家建设和发展，有益于人民满意的人。这或许就是总书记要求在校生“把自己培养成国家、社会所需要的杰出人才”的意义所在吧。

后　记

理论是政党的精神旗帜，是国家和民族的思想指南。中国共产党作为一个用科学理论孕育催生、用科学理论武装锤炼起来的马克思主义政党，在 90 年波澜壮阔的历史进程中，始终高度重视理论建设，重视发挥科学理论对事业发展的强有力指导作用。从在苦苦追寻中举起马克思主义伟大旗帜到鲜明提出“马克思主义中国化”的重大命题，从毛泽东思想的创立到中国特色社会主义理论体系的形成，从在马克思主义基本原理指导下走出农村包围城市的正确道路到确立社会主义制度并成功开创中国特色社会主义道路，党的理论建设接力推进，硕果累累。总结我们党 90 年来波澜壮阔的革命、建设、改革伟大历程和宝贵经验，是时代赋予高校学者的庄严使命和光荣职责。

作为中国共产党亲手创办的第一所新型正规大学，中国人民大学历经 70 多年的发展，已成为马克思主义教学与研究的高地、我国人文社会科学高等教育的重镇、“人民共和国的建设者”和各行各业领袖人才的摇篮，为马克思主义在中国的传播与普及，为我国哲学社会科学的发展和繁荣，为社会主义革命、建设和改革事业作出了重要贡献。为纪念中国共产党成立 90 周年，发挥中国人民大学的理论研究优势，进一步彰显学校作为马克思主义理论教学与研究高地的独特地位，经学校党委批准，党委宣传部、中国人民大学中国特色社会主义理论体系研究中心面向全校师生开展了纪念中国共产党成立 90 周年理论文章征集活动。本论文集就是优秀征文的汇编。

文章的作者中既有德高望重、年逾古稀的资深专家，也有年富力强的中青年学术骨干，还有年轻的在校博士生和硕士生。这些文章坚持理论联系实际，从历史与现实、理论与实践的结合上深入研究阐释了中国共产党 90 年的伟大成就和历史经验，研究阐释了我们党推进马克思主义中国化、时代化、大众化取得的重大成果，研究阐释了推进中国特色社会主义经济建设、政治建设、文化建设、社会建设以及生态文明建设和党的建设的一系列重大理论与现实问题，为广大读者深入了解我们党 90 年的光荣历史、丰功伟绩、宝贵经验提供了一些新的启发和思考。

当然，由于本论文集不是专著，所以各个组成部分之间也不可能像专著那样环环相扣。同时，在编辑过程中，也对一些论文进行了删改，不周之处在所难免，恳请各位作者和广大读者给予谅解。

本论文集的策划和编选工作，得到了中国人民大学程天权书记、牛维麟常务副书记、王利明副书记兼副校长的大力支持，中国人民大学党建基金给予了出版资助，具体工作由中国人民大学党委宣传部郑水泉、侯衍社、吉昌华、韩宇等同志负责。中国人民大学校长助理、出版社社长贺耀敏教授，马克思主义学院院长秦宣教授为本书的出版工作提出了许多宝贵意见，在此一并表示感谢。

编者

2011 年 12 月

图书在版编目（CIP）数据

使命与探索：中国人民大学纪念建党 90 周年文集/中国人民大学党委宣传部，中国人民大学中国特色社会主义理论体系研究中心组织编写. —北京：中国人民大学出版社，2012.1
ISBN 978-7-300-14008-7

Ⅰ.①使… Ⅱ.①中…②中… Ⅲ.①中国共产党-党史-文集 Ⅳ.①D23-53

中国版本图书馆 CIP 数据核字（2012）第 006109 号

使命与探索
——中国人民大学纪念建党 90 周年文集
中国人民大学党委宣传部
中国人民大学中国特色社会主义理论体系研究中心 组织编写
Shiming yu Tansuo

出版发行	中国人民大学出版社		
社　　址	北京中关村大街 31 号	**邮政编码**	100080
电　　话	010－62511242（总编室）		010－62511398（质管部）
	010－82501766（邮购部）		010－62514148（门市部）
	010－62515195（发行公司）		010－62515275（盗版举报）
网　　址	http://www.crup.com.cn		
	http://www.ttrnet.com（人大教研网）		
经　　销	新华书店		
印　　刷	涿州市星河印刷有限公司		
规　　格	185 mm×260 mm　16 开本	**版　　次**	2012 年 1 月第 1 版
印　　张	26 插页 2	**印　　次**	2012 年 1 月第 1 次印刷
字　　数	487 000	**定　　价**	78.00 元